ADRIENNE TONNER

OH MY GUT,
IST DAS LECKER!

95 WOHLFÜHLREZEPTE, DIE DEM
DARM UND DER FIGUR GUT TUN.

Wissensdurst

KAPITEL 1: „DARM VERSTEHEN"

Die Reise ins Innere	18 – 19
Die Bakterien-WG in unserem Darm	20 – 23
Darm an Hirn: „Bitte melden!"	24 – 25
Was falsche Ernährung im Darm anrichtet	26 – 27
Warum uns die Herrschaft der guten Mikroben schlank macht	28 – 35

KAPITEL 2: „DER ERNÄHRUNGSGUIDE"

Gib deinen Bakterien was zum Futtern	36 – 37
Gutes Bakterienfutter	38 – 47
Bakterienkiller	48 – 63
Das Wichtigste auf einen Blick	64 – 65

KAPITEL 3: „DAS 4-WOCHEN-PROGRAMM"

Warum vier Wochen	68
Wie fit sind deine Bakterien im Darm	69 – 71
Einsteigen, bitte	72 – 73
Happy-Gut-Morgenritual	74 – 77
Naschen strengstens erlaubt	78 – 81
Die Happy-Gut-Vorratskammer	82 – 84
Planung ist alles	85 – 87
Lass uns Pläne schmieden	88 – 97

INHALTSVERZEICHNIS

Genusshunger

FRÜHSTÜCK 100–129

Von Granola über Müsliriegel bis hin zum wärmenden Porridge für kalte Tage

BROTZEIT 130–151

Sauerteig, Vinschgauer Stangen, Sesam-Miso-Knäckebrot, gesundes, franzosentaugliches Baguette und vieles mehr

SALATE 152–187

Salate, die nicht nur satt, sondern auch noch Freude machen

COMFORTFOOD 188–251

Suppen, Eintöpfe, Currys, Pasta, Burger und Pommes – so gesund, dass aus Junkfood Schlankfood wird

SEELENFUTTER 252–285

Süßes für die Seele mit naschen ohne Reue – von Apfelkuchen mit Tonkabohne bis Mousse au Chocolat

----

ANHANG 286–299

Gut-Food-Glossar / Rezeptverzeichnis / Literaturverzeichnis / Danksagung / Impressum

Schön, dass du dieses Buch liest

Es ist der Guide für deine kulinarische Reise zu einer gesünderen, darmfreundlichen Ernährung. Bevor das Abenteuer losgeht, packen wir erst einmal unsere Koffer – und zwar voller Wissen. Das hilft dir dabei, deinen Körper besser zu verstehen und dein Ziel zu erreichen. Denn egal, ob du dir mehr Energie, weniger Kilos auf den Hüften oder eine stärkere Immunabwehr wünschst, der Weg dorthin führt durch den Verdauungstrakt. Damit dieser optimal arbeiten kann, ist es gut zu wissen, wie er funktioniert und was er dafür braucht.

Darum zeige ich dir – nach etwas grundlegendem Wissen über den Darm –, welche Lebensmittel ihm gut tun und auf was du im Sinne seiner Gesundheit lieber verzichten solltest. Im Anschluss heißt es dann: „An die Töpfe, fertig, los!" Denn mit 95 leckeren, pflanzenbasierten Rezepten, die voller guter Zutaten stecken, kannst du deine Ernährung optimieren.

Falls du auf deiner Reise gerne etwas an die Hand genommen werden möchtest, ist das 4-Wochen-Programm in diesem Buch ideal für dich. Mit Ernährungsplänen, praktischen Meal-Prep-Ideen und Einkaufslisten bietet es dir einen einfachen Einstieg.

Ich bin mir sicher, wenn du erst einmal festgestellt hast, wie gut diese Ernährung tut, möchtest du sie – wie ich – nicht mehr missen. Doch um an diesen Punkt zu kommen, braucht es manchmal einen kleinen Anstupser, vielleicht dieses Buch.

Darf ich mich vorstellen? Ich bin Adrienne und deine Reisebegleiterin auf deiner Expedition zu mehr Darmgesundheit und Wohlbefinden. Ich bin zertifizierte Ernährungsberaterin mit einer Schwäche für Schokolade. Ich weiß also nur zu gut, wie schwer es ist, den ganzen Versuchungen zu widerstehen, die einem täglich leise: „Iss mich!" ins Ohr flüstern. Darum bin ich der festen Überzeugung, dass eine Ernährungsumstellung nur funktionieren kann, wenn sie Alternativen schafft, statt irgendetwas zu verbieten.

Da ich nicht nur mit Freude mein Ernährungswissen teile, sondern auch leidenschaftlich gerne koche, habe ich vor einiger Zeit meinen Food- und Wissensblog „Ohmygut" ins Leben gerufen. Ins Deutsche würde man den Blognamen mit „Oh, mein Darm" übersetzen.

Wie der Titel schon sagt, dreht sich hier alles um den Verdauungstrakt. Und das aus gutem Grund. Denn der Darm ist ein Schlüsselelement auf dem Weg zu mehr Wohlbefinden. Meine Ausbildung zur Ernährungsberaterin, die intensive Auseinandersetzung mit dem Thema Darmgesundheit und eine Analyse der aktuellen Ernährungstrends ließen mich zu dieser Erkenntnis kommen.

Schon vor dem Studium zur Ernährungsberaterin fragte ich mich immer wieder, wie kann es sein, dass es so viele gegensätzliche Ernährungsmodelle gibt, die sich in ihrer Philosophie zum Teil völlig widersprechen?

Um auf diese Frage eine Antwort zu finden, schaute ich mir nicht nur die wissenschaftlichen Fakten hinter den einzelnen Ernährungsprinzipien an, sondern auch, was die jeweiligen Diäten mit unserer Darmflora machen.

Schnell wurde mir klar, dass leider insbesondere die so gehypten Diäten wie „Keto", „Low Carb" oder „Paleo" die Darmflora ordentlich aus der Balance bringen können, wenn sie falsch umgesetzt werden. Kurzfristig versprechen diese Ernährungsmodelle eine schnelle Gewichtsreduktion.

Langfristig programmieren sie unsere Darmflora aber durch zu viel Fett auf eine schnelle Gewichtszunahme – sobald wir wieder normal essen.

Durch meinen Fokus auf einen intakten, ausbalancierten Darm wurde mir klar, dass gerade die „verteufelten Kohlenhydrate" alles andere als böse sind. Im Gegenteil, wenn wir uns an den richtigen Kohlenhydratquellen bedienen, profitiert unsere Darmflora enorm von ihnen.

Ich habe mich deshalb von dem – von mir selbst lange gehegten – Dogma befreit, Kohlenhydrate zu meiden. In ihrer komplexen Form enthalten sie reichlich Ballaststoffe, die unsere Darmflora nähren.

Dies bringt viele Vorteile mit sich. Denn ein gesunder Darm verwertet Lebensmittel anders. Er produziert mehr Sättigungshormone und hilft so dabei, schlanker zu werden. Und das langfristig, im Gegensatz zu den meisten Diäten.

Den Beweis dafür lieferten mir nicht nur diverse Studien, sondern auch mein persönlicher Selbstversuch. Je mehr Wissen ich mir zum Thema Darmgesundheit aneignete, desto neugieriger wurde ich. Ich stellte kurzerhand meine Ernährung konsequent um. Meine bessere Hälfte zog motiviert mit. Wir bauten viele Lebensmittel in unseren Speiseplan ein, die die Darmflora wieder ins Gleichgewicht bringen und mieden alles, was ihr schadet.

Die Ergebnisse ließen nicht lange auf sich warten. Schon nach ein paar Wochen fühlte ich mich energiegeladener und wacher. Ich schlief zudem besser. Auch die Heißhungergefühle, die ich öfter nachmittags verspürte, ließen nach. Ich hatte mein Essverhalten sehr viel besser im Griff, was für mich als „kleiner Vielfraß" eine echte Bereicherung war.

Nach ein bis zwei Monaten bemerkte ich auch, dass die Hose lockerer saß, der Körper sich weniger aufgedunsen anfühlte und die Verdauung ordentlich angekurbelt wurde.

Wir beide reduzierten mit der Zeit merklich Körperfett und Gewicht. Insbesondere das Fett am Bauch schmolz dahin. Während ich durch die Ernährungsumstellung fünf Kilo leichter wurde, verlor mein Freund sage und schreibe 13 Kilo – und das ohne Hunger oder lästiges Kalorienzählen.

Wenn du auch Lust auf eine solche Reise hast, wie wir sie unternommen haben, dann freue ich mich sehr, wenn ich dich mit diesem Buch dabei begleiten darf.

Deine Adrienne

Wissen

sdurst

Die Reise ins Innere

Niemand startet eine Expedition ohne das nötige Equipment. Auch auf unserer Reise sollte eine Sache nicht fehlen: Wissen. Denn je besser wir verstehen, warum der Darm so wichtig für unsere Gesundheit ist, desto eher kümmern wir uns auch um ihn.

Darum lass uns erst einmal einen Abstecher ins Innere unseres Körpers machen und entdecken, was der Darm so alles drauf hat.

Der Darm ist ein Teil der bis zu acht Meter langen Nahrungsautobahn, die vom Mund bis zum Anus reicht. Er ist das größte innere Organ in unserem Körper. Durch seine Auffaltungen und Millionen von Ausstülpungen, auch Zotten genannt, schafft es der Darm auf eine Oberfläche von unglaublichen 400 bis 500 Quadratmetern.

Im Laufe eines Lebens bahnen sich etwa 30 Tonnen Nahrung und 50.000 Liter Flüssigkeit ihren Weg durch dieses aufgeschlängelte Organ. Und mit ihnen zahllose Krankheitserreger und Giftstoffe.

Auf der einen Seite muss der Verdauungstrakt die schlechten, schädlichen Stoffe abwehren, auf der anderen Seite die wertvollen Nahrungsbestandteile aufspalten und in den Organismus überführen.

Millionen Nervenzellen in der Darmwand helfen ihm dabei. Da sie unseren Nervenzellen im Gehirn sehr ähnlich sind, werden sie auch Darmhirn oder Bauchhirn genannt.

Der Darm ist folglich weit mehr als nur ein Verdauungsapparat. Er ist ein autark gesteuertes Organ mit einem

KAPITEL 1: **„DARM VERSTEHEN"**

eigenen „Gehirn" und zugleich unsere wichtigste Instanz der Immunabwehr. In der Schleimhaut des Dickdarms befinden sich über 70 % aller Immunabwehrzellen unseres Körpers. Unterstützt werden sie von Billionen nützlicher Bakterien und Pilze, die man auch unter dem Namen Darmflora oder Mikrobiom kennt.

Aus diesem Grund entscheidet der Darm maßgeblich mit, ob uns beispielsweise ein grippaler Infekt umhaut oder ob wir ihm die kalte Schulter zeigen. Je gesünder die Darmschleimhaut und die Darmflora sind, desto besser können Krankheitserreger und Giftstoffe unschädlich gemacht werden. Das Immunsystem und der Darm sind untrennbar miteinander verbunden.

Der Verdauungstrakt kann jedoch noch weit mehr. Er sorgt nämlich auch für gute Laune. Denn die zahlreichen kleinen Bakterien der Darmflora produzieren unzählige Botenstoffe, die unmittelbar in unserem Gehirn ankommen. Zu diesen Botenstoffen gehört auch das Glückshormon Serotonin, das uns die Welt ein bisschen positiver sehen lässt. Zu ca. 90 % wird es im Darm gebildet. Darum macht uns eine gesunde Darmflora nicht nur abwehrstärker, sondern auch glücklicher.

Unter den Darmbakterien gibt es besonders gute, aber auch ein paar schädliche Gesellen. Wie die Forschung zeigen konnte, entscheidet vor allem das richtige Verhältnis der einzelnen Bakterienstämme zueinander darüber, wie gut es uns geht und wie leicht die Kilos bei einer Diät purzeln. Während die guten Bakterien beim Abnehmen helfen, machen uns die schlechten moppelig.

Versuche mittels Stuhltransplantationen bei Menschen mit Darmproblemen stützen diese Forschungsergebnisse. Denn in vielen Fällen zeigten übergewichtige Patienten, denen Stuhl eines gesunden, schlanken Menschen transplantiert wurde, nach der Behandlung eine starke Gewichtsabnahme. Der Grund? Durch den Eingriff gelangten mehr gute Darmbakterien in ihren Dickdarm. Dies veränderte die Darmflora zugunsten der guten Darmbewohner und brachte so für viele Patienten die Kehrtwende in der Gewichtsspirale.

Um von den zahlreichen positiven Effekten des Mikrobioms profitieren zu können, braucht es zum Glück nicht unbedingt eine nicht ganz risikofreie Stuhltransplantation. Mit der richtigen Ernährung können wir bereits viel bewirken. Denn die Bakterien sind – wie der Mensch, der sie in sich trägt – hungrig. Sie möchten gefüttert werden.

Mit den richtigen Lebensmitteln können wir die guten Darmbakterienstämme gezielt stärken. So helfen sie uns, gesund, gut gelaunt und schlank zu bleiben oder es zu werden.

Die Bakterien-WG in unserem Darm

Dass der Darm so viele unterschiedliche Aufgaben und Effekte auf den gesamten Organismus hat, haben wir den winzigen Bakterien zu verdanken, die in unserem Körpern kostenlos zur Miete wohnen. Grund genug, einen genauen Blick auf sie zu werfen.

Das Mikrobiom, die Summe aller Darmbakterien, ist das wohl größte körpereigene Ökosystem. Es beheimatet mehr Bakterien, als es Sterne am Himmel gibt. Weil unsere kleinen Mitbewohner unfassbar winzig sind, können sie sich in unserem Darm ohne Probleme in Massen tummeln. Dabei machen sie nicht einmal zwei Kilo unseres Körpergewichts aus.

Der persönliche Hotspot unserer Untermieter ist der Dickdarm. 95 % aller Mikroben hängen dort hausbesetzermäßig ab und drängen sich dicht an dicht wie im angesagtesten Club der Stadt. Wer unter ihnen den Titel VIB – very important bacterium – ergattert, hängt von ihrer Durchsetzungsstärke ab. Die besonders starken haben die Nase vorne und können das Zepter übernehmen. Haben die guten Darmbakterien die Oberhand, geht es uns gut. Sind jedoch die schlechten am Zug, kann dies zu einer Vielzahl von Beschwerden führen. Oder – um in der Nightlife-Analogie zu bleiben – zu einem fiesen Kater für unser Immunsystem.

Rund 1.400 verschiedene Arten von Mikroorganismen, die im menschlichen Darm vorkommen, konnten bislang identifiziert werden. In unserer westlichen Welt ist der Nährboden für all diese Bakterienstämme jedoch beschränkt. Durch besondere Reinlichkeit, Umweltbelastungen, zunehmenden Stress, Antibiotikatherapien bei Krankheiten, Kaiserschnittgeburten und nicht zuletzt aufgrund einer tendenziell zu ballaststoffarmen und zuckerhaltigen Ernährung geht man davon aus, dass es nur etwa 160 – 500 Mikrobenarten schaffen, im Darm sesshaft zu werden.

DIVERSITÄT TUT GUT!

Je mehr unterschiedliche Bakterien wir in uns beheimaten, desto besser. Die Forschung hat gezeigt, dass Vielfalt unserer Gesundheit gut tut. Auch vermeintlich schlechte Bakterien sollten ihren Platz im Darm finden, jedoch nicht die Oberhand gewinnen. In Sachen Darmdiversität sieht es in unseren westlichen Gesellschaften allerdings nicht so rosig aus. Der Trend zeigt: Das Mikrobiom wird immer artenärmer.

Glücklicherweise können wir aktiv etwas für mehr Artenvielfalt in unserer Darm-WG tun. Eine möglichst bunte und vielfältige Ernährung, Stressreduktion, Probiotika und Darmkuren verhelfen uns wieder zu einer guten Balance und unterstützen die nützlichen Bakterienstämme bei ihrer Vermehrung.

Die zahlreichen Bakterien lassen sich grob in drei Großfamilien unterteilen. Doch wie das bei Großfamilien so ist, sind hier zwar alle miteinander verwandt, aber dennoch ist jeder für sich sehr unterschiedlich. Die einzelnen Bakterien innerhalb einer Familie können daher verschiedene Eigenschaften aufweisen. Aus diesem Grund kann man auch nicht pauschalisieren und sagen, diese Darmbakterienfamilie ist durchweg gut und die andere durchweg schlecht. Jedoch hat sich herauskristallisiert, dass einzelne Gruppen mehr wohltuende und andere weniger gesundheitsförderliche Bakterien aufweisen.

Grundsätzlich gilt: Jedes Bakterium hat seine Daseinsberechtigung. Das Verhältnis der einzelnen Familien zueinander entscheidet, in welche Richtung sich unsere Gesundheit und unser Körpergewicht entwickeln.

LA FAMILIA BACTEROIDES

„Ciao, ragazzi! Isse schön, disch kennenzulernen! Wir sorgen dafür, dass du bleibste schön schlanke! Bellissima, oder?" So ähnlich würde sich vielleicht die Familie der Bacteroides auf Italienisch vorstellen. Denn sie sind wahre Schlankmacher. Der Grund dafür ist, dass sie das schöne Leben – la bella vita – im Darm lieben und es sich darum gerne gemütlich machen. Hart arbeiten und aus jedem Salatblatt die maximale Energie herausziehen? Viel zu anstrengend. Sie kümmern sich lieber um das Wesentliche: Vitamine, Mineralstoffe und natürlich auch Energie – aber nur so viel wie nötig.

Kurzum: Die Bacteroides sind keine besonders fleißigen Nahrungsverwerter. Wenn wir viele dieser Bakterien im Darm haben, verdauen wir die Nahrung weniger gründlich und scheiden aufgenommene Kalorien zu einem Teil wieder aus. Essen landet somit weniger schnell auf den Hüften. Erfreulich, nicht wahr?

Studien haben gezeigt, dass es für uns gut ist, wenn die Bacteroides die Anführer im Darm sind. Schlanke Menschen weisen oft bis zu 90 % dieser Bakterien auf und nur 10 % der dick machenden Firmicutes-Bakterien, zu denen wir auch gleich noch kommen.

DIE BIFIDO-CREW

Diese Crew ist von der ersten Stunde an ein treuer Begleiter. Mit unserer Geburt und dem ersten Stillen an der Brust der Mutter gelangt die Super-Crew in unseren Darm und sorgt dafür, dass wir besser gedeihen und als Kinder schlank und gesund bleiben. Auch werdenden Müttern tut eine große Anzahl von Bifido-Bakterien im Darm gut. Denn sie passen auf, dass die Schwangeren nicht allzu viel an Gewicht zulegen. Doch das tun die wohltätigen Bifidos nur, wenn wir uns auch um sie kümmern und sie gut nähren. Sie lieben präbiotische Lebensmittel wie Yacon[1], Schwarzwurzel, Pastinaken, Artischocken, Chicorée, Spargel und Zwiebeln. Hingegen hassen sie fettes Essen. Eine fettreduzierte Ernährungsweise mit geringen Mengen vorwiegend ungesättigter Fettsäuren statt gesättigter Fette tut ihnen gut und schützt uns davor, dass die kleinen Schlankmacher in unserem Darm die Biege machen.

DER AKKERMANSIA-MUNCINIPHILIA-TRUPP

Nicht nur der Name ist sehr speziell, sondern auch seine kulinarische Vorliebe. Denn diese Bakterien lieben Schleim. Darum futtern sie den alten Schleim von der Darmwand. Ihre Futterlust hat für unsere Gesundheit einen ganz wunderbaren Effekt. Durch den Schleimabbau werden die Becherzellen in der Schleimhaut dazu angeregt, neuen Schleim zu produzieren. Das sorgt für eine kontinuierliche Schleimerneuerung und eine starke sowie intakte Darmbarriere. Entzündungen der Darmschleimhaut können reduziert und Stoffwechselprozesse verbessert werden. Studien belegten, dass ein hohes Maß an Akkermansia den Fettabbau ankurbeln und das Körpergewicht reduzieren kann. Sie sind wahre Fatburner-Bakterien. So sehr wie die Akkermansia Schleim lieben, genauso sehr hassen sie fettes Essen. Eine fettreiche Ernährung kann den Bakterien schnell den Lebenswillen rauben. Und dies hat Folgen für unser Immunsystem, denn ohne sie können Schädigungen der Darmbarriere leichter entstehen und der Darm kann löchrig werden.

DIE FIRMICUTES-BANDE

Kommen wir nun zu den weniger erfreulichen Gesellen in unserem Darm. Die Firmicutes-Bakterien sind übermotivierte Futterverwerter. Sie ziehen selbst aus kalorienarmen Lebensmitteln jede Menge Energie. Sie können sowohl Fette wie auch Eiweiße und Kohlenhydrate abbauen. Diese kommen aber meist nur selten in unserem Dickdarm an, da sie bereits im Dünndarm verwertet werden. Auch extrem schwer verdauliche Bestandteile wie Zellulose, das zur Papierherstellung verwendet wird, sind vor den Firmicutes-Bakterien nicht sicher. Prof. Dr. Axt-Gadermann schreibt in ihrem Buch „Schlank mit Darm" (2019) dazu: „Wer viele Hüftgoldbakterien im Darm hat, könnte zum Frühstück eine Tageszeitung futtern und würde daraus noch Energie gewinnen."

In dieser Aussage zeigt sich das Tückische an diesen Bakterien. Wenn sie im Darm in der Überzahl sind, können sie selbst aus gesundheitsfördernden Ballaststoffen in unserer Nahrung unzählige Kalorien ziehen und so gesundes Essen zu Hüftgoldfutter machen. Ein Apfel verbucht bei einem Menschen, bei dem Firmicutes-Bakterien im Darm dominieren,

---

[1] Knollgemüse aus den Anden, aus dem man auch einen Zuckerersatz herstellen kann.

plötzlich weit mehr Kalorien, als es bei Menschen mit einer Bacteroides-Dominanz der Fall ist. Dies erklärt auch das Phänomen, warum manche Menschen essen können, was sie wollen, während andere schon bei einem kleinen Stückchen Schokolade immer dicker werden.

DIE GESPALTENE LACTOBACILLUS-FAMILIE

Dass man die Bakterienfamilien nicht einfach in gut und schlecht einteilen kann, zeigt sich bei den Lactobacillus-Bakterien sehr deutlich. Die Milchsäure-Bakterien, von Joghurt- und Milchproduktherstellern als gesund angepriesen, werden aus wissenschaftlicher Sicht der Dickmacher-Bakterienfamilie Firmicutes zugeordnet.

Diese Bakterien kommen gerne in der Tier- und Mastzucht als Nahrungszusatz zum Einsatz, um die Gewichtszunahme von Schweinen und Hühnern zu beschleunigen. Tiere, die mit diesen Bakterien gefüttert werden, sind rund 10 % dicker als ihre natürlich gefütterten Artgenossen. Auch bei Kindern ließ sich dieser Effekt in einem Versuch nachweisen. Wurden ihnen mit der Flaschenkost Milchsäure-Bakterien verabreicht, legten sie mehr Gewicht zu als jene, denen die Bakterien nicht beigemischt wurden. Jedoch bieten Milchsäure-Bakterien auch viele gesundheitsförderliche Vorteile. Eine Studie aus Finnland belegte, dass die Verabreichung von Lactobacillus GG das Risiko, an Neurodermitis zu erkranken, auf etwa die Hälfte reduzieren konnte, wenn die Mutter das besagte Probiotikum während der Schwangerschaft und Stillzeit eingenommen hatte.

Ob Milchsäure-Bakterien gut oder eher schlecht für uns sind, hängt vom individuellen Bakterientypus ab – wie die folgende Auflistung der nützlichen Milchsäure-Bakterien zeigt.

Die nützlichen Milchsäure-Bakterien:

„Lactobacillus rhamnosus GG"
kann das Risiko reduzieren, an Neurodermitis und Allergien zu erkranken. Zudem kann er akute Durchfallerkrankungen lindern und das Immunsystem stärken.

„Lactobacillus plantarum"
lindert die Beschwerden bei Reizdarmsyndrom und unterstützt Menschen bei der Gewichtsabnahme.

„Lactobacillus gasseri"
wirkt ebenso wie sein Bruder „plantarum" förderlich bei einer Gewichtsreduktion.

Darm an Hirn: „Bitte melden!"

Die beschriebenen Bakterienfamilien stehen in jedem Moment im direkten Konkurrenzkampf zueinander. Jede Familie möchte die Darm-Vorherrschaft erlangen und so den Ton angeben.
Die Redewendung „Ton angeben" beschreibt die Tätigkeit der Bakterien übrigens ziemlich gut. Schließlich können sie mithilfe der Darmzellen tatsächlich mit anderen Organen kommunizieren. Dabei geben die Bakterien natürlich keine wirklichen Töne von sich, dafür aber Botenstoffe, die ähnlich wie Worte beim Empfänger ankommen. Doch wie funktioniert das genau?

Der Darm ist das einzige Organ im Körper, das unabhängig vom Gehirn agieren kann. Er bringt nämlich sein eigenes Nervennetz mit. Das sogenannte enterische Nervensystem (ENS), das auch Darm- oder Bauchhirn genannt wird. Dies ermöglicht es unserem Verdauungsorgan, eigenständige Entscheidungen zu treffen.

Dabei hilft ihm ein Geflecht von Nervenzellen, welches sich von der Speiseröhre bis zum Anus durchzieht. Laut Forschung besteht es zu einem großen Teil aus genau jenen Gewebestoffen, die man auch im Gehirn findet. Das von zahllosen millimeterkleinen Schaltkreisen durchzogene Nervennetz hat jede Menge zu tun. So viel, dass es schier zu viel Arbeit für das Gehirn wäre. Darum können wir uns glücklich schätzen, dass unser Verdauungstrakt so etwas Smartes wie ein Darmhirn besitzt.

Seine Sensoren scannen in jedem Moment, welche Bakterien sich gerade im Darminneren vermehren, welche Substanzen sie ausscheiden und was chemisch im Nahrungsbrei vor sich geht. Und dann heißt es: An die Arbeit, Blutfluss überprüfen. Check! Nachbarorgane über die Lage im Darm informieren. Check! Feststellen, welche Stoffe in den Körper transportiert werden dürfen und welche nicht. Check! Freigegebene Stoffe auf die Reise schicken. Doppelcheck!

Die Stoffe, von denen hier die Rede ist, nennt man auch Neurotransmitter. Du kennst sie vielleicht auch unter dem Namen Hormone. Bekannte Repräsentanten sind zum Beispiel das Dopamin, das Adrenalin oder das Serotonin. Mit ihrer Hilfe können Gehirn und Darm miteinander kommunizieren. Doch welche Botschaften werden dabei versandt?

Das hängt ganz von den Eigenschaften der Neurotransmitter ab. Glückshormone hellen die Stimmung auf. Stresshormone lassen uns unruhig werden und Appetitzügler machen uns satt. Mit über 30 Neurotransmittern werden zahlreiche unterschiedliche Reaktionen auf die „Message aus dem Darm" im Gehirn erzeugt. Mittlerweile weiß man, dass über 90 % der Informationen, die zwischen Gehirn und Darm ausgetauscht werden, vom Darm ans Oberstübchen gehen. Die restlichen 10 % werden in die entgegengesetzte Richtung – also vom Gehirn zum Verdauungstrakt – transportiert. Der Darm hat somit einen enormen Einfluss auf unser Denken und Fühlen.

Damit die Botschaften auch an entsprechender Stelle im Gehirn ankommen, nutzen die Informationsübermittler den Vagusnerv als Transportweg. Er ist so etwas wie die 5G-Highspeed-Leitung zwischen Gehirn und Darm. Mit seiner Hilfe kommen die Nachrichten direkt im limbischen System an. Das heißt, genau dort, wo unsere Gefühlswelt zu Hause ist.

Hier werden die Botenstoffe speziell für geistige Prozesse wie das Lernen, Erinnern und Motivieren genutzt. Aber auch unsere Stimmungslage wird in diesem Gehirnareal bestimmt. So kann das Glückshormon Serotonin zum Beispiel Euphorie und gute Laune im Gehirn auslösen und dadurch Depressionen lindern. Ein Mangel an Botenstoffen hingegen kann zu Vergesslichkeit und Stimmungstiefs führen.

Es wird vermutet, dass die Informationen, die zwischen Darm und Gehirn ausgetauscht werden, auch mit zahlreichen Erkrankungen wie Autismus, Parkinson und ADHS in Verbindung stehen – beziehungsweise dass diese Erkrankungen mit Veränderungen im Gehirnstoffwechsel einhergehen.

Welche Botenstoffe verstärkt im Darm produziert und an das Gehirn gesendet werden, hängt nicht unwesentlich von der Aktivität unserer kleinen Darmmitbewohner ab. Mit dem Verzehr der richtigen Lebensmittel können wir ihre Leistungsfähigkeit fördern.

Je mehr Bakterienfutter ihnen serviert wird, desto aktiver werden sie. Mit der richtigen Ernährung kann man sich also doch – im wahrsten Sinne des Wortes – „glücklich" futtern!

Was falsche Ernährung im Darm anrichtet

Kommen wir nun zur Kehrseite der Medaille. Wo Licht ist, gibt es bekanntlich auch Schatten. Und dieser kann zutage treten, wenn wir unseren Darm über einen längeren Zeitraum nicht sonderlich gut behandeln.

Als selbst ernannter „Schokoholic" weiß ich, wie lecker Schokolade und andere Süßigkeiten sind. Doch was mir und vielleicht auch dir so wunderbar schmeckt, bekommt unseren guten Darmmitbewohnern leider gar nicht. Und das spüren wir mit der Zeit auch.

Denn mit einer sehr zuckerreichen und nährstoffarmen Ernährung lassen wir unsere guten Bakterien förmlich am gedeckten Tisch verhungern, während sich die schlechten satt futtern können. Klingt ganz schön fies, oder?

Im echten Leben würden wir unseren Freunden so etwas nie antun. Wenn es um unsere Freunde im Darm geht, sind wir jedoch erbarmungslos. Bei Eiscreme und Chips hört eben die Freundschaft auf.

Wie im echten Leben sollten wir uns auch in puncto Darmgesundheit lieber die richtigen Freunde suchen. Denn die falschen tun uns alles andere als gut. Bei der Verdauung von Zucker und Fetten erzeugen sie schädliche Nebenprodukte, die den Appetit und Entzündungen fördern und die Darmschleimhaut schädigen können.

Eine geschädigte Darmbarriere wirkt sich ungünstig auf unsere Immunabwehr aus. Denn sobald die Darmbarriere durch die Schädigungen löchrig wird, können Toxine und schädliche Nahrungsbestandteile weniger effektiv bekämpft werden. Der Verdauungstrakt kann zudem nicht mehr richtig arbeiten. Nähr- und Vitalstoffe werden infolgedessen schlechter aufgenommen und Mineralstoffe unzureichend resorbiert. Die körpereigene Produktion von Vitaminen wie Folsäure, B-Vitaminen und Biotin, die der Darm zu einem Teil selbst produzieren kann, läuft ebenfalls nicht mehr rund. Vitamin- und Mineralstoffmängel können die Folge sein. Müdigkeit, eine erhöhte Infektionsanfälligkeit, Hautprobleme und ein beeinträchtigter Stoffwechsel sind typische Symptome, die auf einen eventuellen Mangel hindeuten.

Die Entstehung eines löchrigen Darms zieht jedoch noch weitere Gefahren nach sich. Denn durch die offenen Stellen können sich unverdaute Nahrungspartikel, toxische Stoffe oder Verdauungsendprodukte, die eigentlich abgehalten werden sollen, nun den Weg durch die Darmbarriere bahnen und so das Immunsystem überstimulieren.

Die Immunzellen in der Darmwand schlagen Alarm und versuchen, diese Stoffe abzuwehren. Das führt nicht nur zu einer Entzündungsreaktion, sondern auch zu Dauerstress für das Immunsystem.

Jeder, der schon einmal durch eine stressige Phase im Leben gegangen ist, weiß, was das bedeutet. Dauerstress ist zermürbend, kostet Kraft und führt im schlimmsten Fall sogar zum Burnout oder zu chronischen Erkrankungen. Beim Darm ist das nicht anders. Auch er kann an dauerhafter Überforderung kaputtgehen.

Wenn er bei all den Abwehrreaktionen nicht mehr hinterherkommt, bleibt die Regeneration auf der Strecke. Die Folge ist das „Leaky-Gut-Syndrom" – eine Darmbarriere voller Löcher. Es wird von Medizinern und Forschern mit der Entstehung zahlreicher Erkrankungen in Verbindung gebracht. Die Bandbreite reicht vom chronischen Müdigkeitssyndrom über chronisch-entzündliche Darmerkrankungen, das Reizdarmsyndrom, Allergien, Lebensmittelunverträglichkeiten, rheumatische Erkrankungen, Asthma, Arthritis, Hautekzeme, Autoimmunerkrankungen, Multiple Sklerose, Schizophrenie und Depressionen bis hin zur Alzheimer-Krankheit.

Wie genau diese Erkrankungen durch das Leaky-Gut-Syndrom entstehen, ist noch nicht ausreichend geklärt. Jedoch arbeitet die Forschung seit einigen Jahren verstärkt an der Entschlüsselung der sogenannten „darmassoziierten Erkrankungen".

Eines ist jedoch bereits klar: Die falsche Ernährung kann nicht nur dick machen, sondern leider auch krank.

Durch den Verzehr der richtigen, darmfreundlichen Lebensmittel können wir aktiv etwas dagegen tun. Das tut nicht nur der Gesundheit, sondern auch der Figur gut, wie das nächste Kapitel zeigt.

Warum uns die Herrschaft der guten Mikroben schlank macht

Das Wort „Darmflora" kommt nicht von ungefähr. Wie in einem bunten Garten können die Mikroben in ihrer Wahlheimat – dem Dickdarm – sprießen, wachsen und gedeihen. Vorausgesetzt wir gießen und düngen sie regelmäßig und befreien sie von lästigem Unkraut, das ihnen den Nährboden streitig machen möchte.

Beim Unkraut handelt sich nicht um Disteln, Moos oder Löwenzahn, sondern um dick machende Bakterien, die um die Vorherrschaft im Darm kämpfen.

Darum sollten wir alles dafür tun, dass die guten Mikroben die Oberhand behalten. Schließlich haben sie zahlreiche beeindruckende Eigenschaften, die uns das Abnehmen leichter machen.

Welche genau, erfährst du jetzt.

1 ENTZÜNDUNGEN BEKOMMEN DURCH SIE IHR FETT WEG

Die Bifido- und Lactobacillus-Bakterien beweisen, dass sauer doch lustig macht. Denn bei der Verdauung von Präbiotika und Ballaststoffen bilden die Bakterienstämme Säuren. Sie sorgen für einen niedrigen pH-Wert im Darm. Für krankheitserregende Keime ist dieses Umfeld mehr als ungemütlich und erschwert ihnen so die Ansiedelung. Je geringer die Chance, sich sesshaft zu machen, desto weniger Entzündungen können sie erzeugen. Die guten Bakterien behalten so die Oberhand und produzieren unbeschwert weiter gute Botenstoffe wie das Gute-Laune-Hormon Serotonin.

Auch unsere unaussprechlichen Freunde – die Akkermansia-Muciniphila-Bakterienfamilie – sind für einen entzündungsarmen Darm im Einsatz. Indem die kleinen Schleimliebhaber kontinuierlich unsere Darmschleimhaut reparieren, werden versteckte Entzündungsherde ausgemerzt.
Dass wenig Entzündungen grundsätzlich etwas Gutes sind, erscheint sicher logisch. Doch: Was hat das Ganze mit dem Schlankwerden zu tun?

Sehr viel sogar. Entzündungen stehen in einem engen Zusammenhang mit der Speicherung von Körperfett. Dies zeigten die Forschungsergebnisse einer schwedischen Studie mit Frauen, die hohe Entzündungswerte im Darm aufwiesen. Sie verzeichneten ebenfalls einen erhöhten Wert an stoffwechselaktivem Bauchfett, auch viszerales Fett genannt, sowie vermehrten Fettdepots im Bereich der Hüften.

Prof. Dr. Axt-Gadermann geht davon aus, dass es sich bei der Fettspeicherung um einen Schutzmechanismus handelt. Da der Körper im Kampf gegen Entzündungen Energie aufwenden muss, fängt er vermutlich an, Energiereserven in Form von Fett zu bunkern. Dies macht sich dann folglich leider an Hüften und Bauch bemerkbar.

SIE SCHEIDEN KALORIEN UNGENUTZT WIEDER AUS

2

Es gibt Menschen, die können scheinbar essen, was sie wollen und setzen trotzdem kein Gramm Körperfett an. Andere wiederum müssen nur einmal den Käsekuchen anschauen und fühlen sich schon zwei Kilo schwerer. Wie kann das sein? „Das sind die Gene." „Alles Veranlagung" wird dann gern schnell gerufen.
Das stimmt allerdings nur zu einem kleinen Teil – um genauer zu sein – zu einem Drittel.
Die anderen zwei Drittel werden durch unseren Lebensstil und unsere Darmbakterien bestimmt. Denn je nachdem, welche Darmbakterien in unserem Körper dominieren, verarbeiten wir Lebensmittel unterschiedlich. Ob es für uns „one second on the lips lifetime on the hips" heißt, entscheidet die Bande in der Darm-WG. Warum?

Gute Darmbakterien nutzen das Energiepotenzial der Nahrungsmittel nicht so intensiv aus, wie es die schlechten tun. Sie ziehen ca. 10 % weniger Kalorien aus den aufgenommenen Lebensmitteln und scheiden somit einen Teil wieder ungenutzt aus. Dies hilft uns dabei, schlank zu bleiben, auch wenn wir ordentlich essen. Übrigens: 10 % klingt erst einmal nicht viel. Jedoch sind 10 % von 2.000 Kalorien am Tag satte 200 Kalorien. Auf die Woche gerechnet können wir uns mit den richtigen Darmbakterien rund 1.400 Kalorien mehr gönnen als Menschen, die mit weniger freundlichen Darmuntermietern ausgestattet sind.

SIE HABEN DIE HORMONE IM GRIFF

Ja, die lieben Hormone! Die Frauen unter uns wissen genau, was die kleinen Botenstoffe mit einem machen können. Schließlich durchlaufen wir im Laufe unseres Zyklus regelmäßig ein Wechselbad der Gefühle aka Hormone. Dass Serotonin und Dopamin zu einem großen Teil in unserem Darm entstehen, haben wir bereits gelernt. Doch diese beiden Glücklichmacher sind nur zwei von vielen weiteren Hormonen, die von den Mikroben im Darm gesteuert, reguliert oder sogar produziert werden.

Mit dieser Fähigkeit können die Darmmikroorganismen auf das gesamte Körpersystem einwirken. Sie entscheiden mit, wie viel sexuelle Lust wir empfinden, wie viel Appetit wir haben und wie gut unser Stoffwechsel funktioniert. Egal, ob es sich um das Stresshormon Cortisol, die Sättigungshormone Peptid YY oder Leptin, die weiblichen Östrogene oder die Schilddrüsenhormone handelt – das Mikrobiom hat immer seine Finger mit im Spiel.

Je besser die Hormonproduktion durch einen gesunden Darm unterstützt wird, desto leichter purzeln auch die Pfunde. Warum zeigt sich bei einem genaueren Blick auf die einzelnen Hormontypen. Also, let's go!

 ## STRESSHORMONE

Stresshormone wie Adrenalin, Noradrenalin oder Cortisol können den Körper in Alarmbereitschaft versetzen. In gewissen Gefahrensituationen ist dies durchaus sinnvoll. Kurzzeitiger Stress macht uns leistungsfähiger und aktiver. Langanhaltender Stress hingegen bewirkt das Gegenteil.

Die Forschung hat gezeigt, dass eine dauerhafte Stresshormonproduktion negative Effekte auf unsere Darmgesundheit hat. Der Grund dafür liegt in der Verbindung zwischen Gehirn und Verdauungstrakt. Sie sind im ständigen Austausch miteinander. Durch eine vermehrte Produktion von Stresshormonen gelangen diese über den Vagusnerv in die Zellen der Darmschleimhaut und lösen dort Entzündungen aus. Dies führt zu einer Schwächung der „Tight Junction". Das sind die Verbindungen zwischen den einzelnen Darmzellen, die die Darmwand abdichten und uns so davor schützen, dass Stoffe aus dem Darminneren in den Organismus gelangen.

Gehen sie aufgrund von Stress kaputt, wird die Darmwand durchlässig. Toxische Stoffe oder Nahrungsbestandteile können hindurchdiffundieren und so heftige Immunabwehrreaktionen auslösen. Diese führen wiederum zu weiteren Entzündungen – ein Teufelskreis. Dauerhafter Stress kann somit zur Entstehung chronischer Darmentzündungen beitragen.

Cortisol ist nicht nur in Anbetracht der negativen Effekte auf die Darmbarriere mit Vorsicht zu genießen. Denn es ist ein echtes Moppelhormon, das sich ungünstig auf den Blutzuckerspiegel auswirkt. Zusammen mit Insulin regelt es den Blutzuckerhaushalt. In stressigen Zeiten möchte uns das Cortisol viel Energie liefern, damit wir akute Belastungen problemlos durchstehen

können. Dafür gibt das Hormon der Leber das Signal, gespeicherte Fette in Glukose umzuwandeln und als Energie bereitzustellen. Zuckermoleküle wandern in den Blutkreislauf und lassen so den Blutzuckerspiegel ansteigen. Um die Energie an den Ort zu transportieren, wo sie benötigt wird, muss daraufhin vermehrt Insulin produziert werden.
Der daraus resultierende Insulinüberschuss im Blut führt dazu, dass zu viel Zucker abtransportiert wird. Der Blutzuckerspiegel fällt dadurch wieder auf ein niedriges Niveau, das uns Heißhungergefühle beschert. Cortisol regt somit den Appetit an.

Eine japanische Studie aus dem Jahr 2016 zeigt, dass die Einnahme von Probiotika[2] über acht Wochen den Cortisolspiegel bei Studenten, die kurz vor einer Prüfung standen, senken konnte. In der entsprechenden Placebogruppe hingegen stieg der Cortisolspiegel immer stärker an, je näher die Prüfung rückte. Die Studie lieferte so den Beweis, dass sich eine gute Darmbalance – in diesem Fall gefördert durch Probiotika – positiv auf die Psyche und regulierend auf das Stresslevel auswirken kann.

Eine probiotikareiche Ernährung gepaart mit cortisolsenkenden, magnesium- und Omega-3-reichen Lebensmitteln ist neben Entspannungstechniken wie Yoga, Meditation und ausreichend Schlaf ein guter Weg, um das dick machende Stresshormon in Schach zu halten.

SCHILDDRÜSEN-HORMONE

Unsere Schilddrüse produziert für uns Hormone, die den Stoffwechsel ankurbeln, die Bewegung des Darms verstärken und das Bauchhirn – also die zahlreichen Nervenzellen in unserer Darmwand – regulieren. Dies führt zu einer guten Verdauung, einem schnellen Stoffwechsel und einer schlanken Linie.
Werden jedoch zum Beispiel durch eine Schilddrüsenunterfunktion zu wenig dieser Hormone produziert, dann wird unser Stoffwechsel träge. Verstopfungen, eine Gewichtszunahme, Müdigkeit und viele weitere Symptome sind die Folge. Um erfolgreich abnehmen zu können, muss die Schilddrüse einwandfrei arbeiten können.

Die Schilddrüse produziert ein Hormon mit dem Namen Thyroxin. Zu einem großen Teil liegt es als inaktives Hormon, auch T4 genannt, vor. Es muss erst in seine aktive Form, das T3, umgewandelt werden, bevor es wirken kann. Ist dieser Prozess gestört, kommt unser Hormonhaushalt durcheinander.

Schilddrüsen- und Darmerkrankungen koexistieren häufig. Hashimoto[3] und die Basedow-Krankheit[4] sind die verbreitetsten autoimmunen Schilddrüsenerkrankungen. Sie treten häufig zusammen mit Zöliakie[5] und Nicht-Zöliakie-Weizensensibilität[6] auf. Der Grund liegt in der geschädigten Darmbarriere, die bei diesen Darmerkrankungen vorliegt. Sie können zu einer durchlässigen Darmwand führen, durch die Antigene leichter gelangen. Aktivieren die Antigene unser Immunsystem, lehnt sich unser Körper gegen körpereigene Stoffe auf. Dies ist der Anfang der Entstehungsgeschichte vieler Autoimmunerkrankungen. Im Falle eines diagnostizierten Schilddrüsenproblems ist ein Darm-Check-up darum ebenfalls sinnvoll.

---

[2] lebende Mikroorganismen, die in ausreichender Menge einen gesundheitlichen Nutzen für die Darmgesundheit bieten // [3] autoimmunbedingte chronische Entzündung der Schilddrüse // [4] Autoimmunerkrankung, die zu einer Schilddrüsenüberfunktion führt // [5] Entzündung der Schleimhaut des Dünndarms aufgrund einer Überempfindlichkeit des Körpers gegen Gluten // [6] Unverträglichkeit gegenüber Bestandteilen von Weizen

Egal, ob eine Schilddrüsenerkrankung vorliegt oder nicht. Die Darmgesundheit ist enorm wichtig für die Schilddrüse. Sie gewährleistet ihre Arbeitsfähigkeit.

Denn das Mikrobiom hat einen großen Einfluss auf die Verfügbarkeit von essenziellen Mikronährstoffen für die Schilddrüse. Jod, Eisen und Kupfer für die Schilddrüsenhormonsynthese, Selen und Zink für die Umwandlung von T4 in T3 sowie Vitamin D, das bei der Regulierung der Immunantwort hilft, werden im Darm resorbiert.

Mangelnde Bakterienvielfalt, eine geschädigte Darmschleimhaut oder chronische Entzündungen können zu einer unzureichenden Aufnahme der essenziellen Mikronährstoffe führen und so die Produktion der Schilddrüsenhormone herabsetzen. Dies ist vor allem bei Jod ungünstig. Es ist der Grundstoff für die Produktion der Schilddrüsenhormone. Fehlt es, ist eine Schilddrüsenunterfunktion vorprogrammiert.

Last but not least hat die Forschung gezeigt, dass auch das inaktive Thyroxin zu einem Fünftel von der Darmflora zu aktivem T3 umgewandelt wird. Durch ein gestörtes Mikrobiom sinkt somit – selbst wenn keine Mikronährstoffe fehlen würden – der Wert der aktiven Schilddrüsenhormone.

Das heißt: Je besser es unserem Darm geht, desto weniger leidet die Schilddrüse, die uns maßgeblich dabei hilft, Kilos purzeln zu lassen.

ÖSTROGENE

Östrogene haben vielfältige Funktionen. Sie spielen zum Beispiel eine große Rolle bei der weiblichen Fortpflanzung. Aber auch bei Männern sind sie für die Entwicklung von Spermien und für die Libido verantwortlich. Des Weiteren regulieren Östrogene das Körperfett, sie halten unsere Gefäße elastisch und wirken förderlich auf den Herz-Kreislauf-Apparat. Östrogen gilt als weibliches Schönheitshormon. Sowohl die Haut- als auch die Haarqualität ist östrogengesteuert. Das Hormon hilft der Haut, Flüssigkeiten zu speichern und regt die Erneuerung der obersten Hautschicht an. Zudem hat es Einfluss auf die Knochengesundheit und die Zellteilung.

Wir haben viele frei zirkulierende Östrogene in unserem Körper. Mittlerweile gibt es Erkenntnisse, dass ihre Regulation stark vom Mikrobiom beeinflusst wird. Das sogenannte Östrobolom, eine Sammlung verschiedener Bakterien, steht in diesem Prozess im Fokus. Es moduliert den Kreislauf der Östrogene im Körper. Denn es produziert die sogenannte Beta-Glucuronidase, ein Enzym, das Östrogen in seine aktive Form umwandelt.

Eine unausgewogene Darmflora kann folglich die Menge des im Körper vorhandenen aktiven Östrogens reduzieren oder auch erhöhen.

Zu viel Östrogen ebenso wie zu wenig davon kann gleichermaßen zu einer Gewichtszunahme führen. Ersteres ist der Fall, da Östrogen ein Förderer des Gewebewachstums im ganzen Körper ist, wodurch auch die Zunahme von Fettgewebe begünstigt wird.

Aber auch zu wenig Östrogen kann dazu führen, dass wir Fett ansetzen, in diesem Fall vermehrt am Bauch. Dies zeigt sich im Besonderen bei Frauen in den Wechseljahren. Mit der Abnahme der weiblichen Östrogene kommt es zu einem relativen Überschuss am männlichen Sexualhormon Testosteron, welches die Fettablagerung, vor allem im Bereich des Bauches, begünstigt. Es ist dafür verantwortlich, dass Männer eher einen Bierbauch entwickeln können als Frauen. Das Östrogen hingegen fördert die Fettablagerungen im Bereich der Hüften und Beine. Darum neigen Frauen von der Statur her zu einer „Birnenform", während Männer zu einer fülligen Mitte tendieren und somit eher einem „Apfel" gleichen.

Ein gut funktionierendes Östrobolom sorgt für einen ausbalancierten Östrogen-Hormonhaushalt und beugt einer unerwünschten hormonbedingten Gewichtszunahme vor.

SÄTTIGUNGS- & HUNGERHORMONE

Die Zellen in der Darmwand verfügen über Rezeptoren. Nahrungsbestandteile, Darmbakterien und ihre Stoffwechselprodukte können sie besetzen und damit Signale auslösen, die zur Freisetzung von Hormonen führen. Dazu gehören unter anderem GLP-1 und Peptid YY (PYY), die eine sättigende Wirkung haben. Über die Darm-Hirn-Achse senden sie dem Gehirn die Botschaft: „Puh, bin ich satt!"

Geben wir unseren Darmbakterien viel gutes Bakterienfutter wie zum Beispiel Präbiotika[7], können sie daraus neue Substanzen bilden. Dazu zählen zum Beispiel kurzkettige Fettsäuren, die entzündungshemmend wirken. Aber auch Abbauprodukte, die die Konzentration von Sättigungshormonen erhöhen.

Menschen, die das Gefühl haben, gar nicht mehr richtig satt zu werden, sind gut beraten, wenn sie verstärkt präbiotische Lebensmittel in ihre Ernährung integrieren. Dies ist ein wichtiger Schritt, um das eigene Sättigungsempfinden wieder zurückzuerlangen.

Um diesen Effekt zu verstärken, lohnt es sich, Ballaststoffe und Präbiotika gezielt mit eiweißreichen Lebensmitteln zu kombinieren. In diesem Fall fährt das Sättigungshormon Peptid YY zu Hochtouren auf. Kombinationen wie Spargel (präbiotisch) + Linsen (Proteinquelle) oder Endiviensalat (präbiotisch) + Lachs oder Kichererbsen (Proteinquelle) erweisen sich daher als besonders sättigend und hormonfreundlich.

Da Präbiotika und Ballaststoffe von unseren Verdauungsenzymen nicht aufgespalten werden können, bringen sie noch einen weiteren tollen Effekt für unsere Figur mit sich: Sie versetzen eines unserer wichtigsten Hormone – das Insulin – in den Stand-by-Modus. In ihrer unverdaulichen Form können sie nicht in den Blutkreislauf gelangen. Der Blutzuckerspiegel bleibt stabil. Das heißt für die Langerhans-Inseln in der Schilddrüse, die Insulin für uns produzieren, dass sie sich entspannt zurücklehnen können.

Diese Tatsache tut unserer Figur gut. Denn Insulin veranlasst Körperzellen dazu, Fett einzuspeichern. Im selben Atemzug gibt Insulin der Leber das Signal, keine Energie mehr aus den Fettzellen in Form von Zucker ins Blut abzugeben. Die Fettverbrennung wird somit gehemmt.

Wer lernt, seinen Insulinspiegel durch die richtige Lebensmittelauswahl stabil zu halten, bekommt so auch langfristig seine Gewichtsprobleme in den Griff. Die guten Darmbakterien und ihr Bakterienfutter helfen fleißig dabei.

---

[7] Nahrungsbestandteile, die in den Dickdarm gelangen und dort von der Darmflora abgebaut werden. Präbiotika stimulieren das Wachstum bestimmter Bakterien im Darm.

4 SIE SCHÜTZEN UNS VOR DEM „EMOTIONAL EATING"

Dass Hormone von Östrogen bis Peptid YY maßgeblich mitentscheiden, wie gut uns die Ernährungsumstellung und die daraus resultierende Gewichtsreduktion gelingt, hat Punkt 3 gezeigt. Doch es gibt noch einen weiteren Aspekt, der wichtig für den Erfolg einer Ernährungsumstellung ist: die Psyche.

Wenn wir mit guter Laune und positiven Gefühlen Veränderungen in unserem Leben angehen, dann können wir sie sehr viel leichter umsetzen. Auch hier helfen uns wieder die Hormone! Diesmal jedoch vor allem das Glückshormon Serotonin, das viel positive Energie durch unseren Körper strömen lässt. Serotonin hilft uns, schlechte „Essverhaltensmuster" besser zu überwinden. Denn wer sich gut und fröhlich fühlt, neigt weniger zum „Emotional Eating".
Bei negativen Gefühlen wie Stress, Langeweile oder Kummer greifen viele zur Schokolade oder anderen Seelentröstern. Durch ein Mikrobiom, das unser Gehirn regelmäßig mit „Glücksbotschaften" versorgt, sind wir weniger anfällig dafür, unsere Gefühle in uns hineinzufressen!

5 SIE SIND DIE WAHREN FATBURNER

Fatburnertraining im Fitnessstudio? Super Idee! Aber wie wäre es denn mal mit einem Fatburnerprogramm für den Darm?
Denn auch die kleinen Mikroorganismen können ordentlich Fett verbrennen. Dafür musst du noch nicht mal unbedingt viel schwitzen. Etwas Sport ist dennoch nicht verkehrt. Denn das regt die Aktivität der schlank machenden Bakterien an, während die Moppelmikroben ausgebremst werden. Eine Win-win-Situation.
Für ein Win-Triple möchte ich nun noch einen weiteren beeindruckenden Fakt über unsere Schlankmacher-Bakterien in den Ring werfen. Unter den Stoffen, die sie bilden, gibt es auch einige, die die Fähigkeit besitzen, sich an Fettzellen anzudocken. Durch diese Verbindung sind die Zellen für das blutzuckersenkende Insulin blockiert. Infolgedessen kann das Insulin der Zelle nicht mehr den Befehl zur Fettspeicherung erteilen. Da Zuckermoleküle und Fettsäuren dadurch nicht so leicht als Hüftgold weggeschlossen werden, fällt dem Körper die Verbrennung der Fette leichter – womit wir wieder beim Thema Sport wären: Ein effektives Mittel zur Fettverbrennung. Zufall?

Es gibt auch noch einen weiteren schönen Nebeneffekt. Die Dominanz von guten Mikroben schwächt im Gegenzug die Arbeitsfähigkeit der schlechten Bakterien. Eine der Aufgaben der Moppelmikroben ist unter anderem, das Enzym Lipoproteinlipase zu aktivieren, das bei der Einlagerung von Körperfett mitwirkt. Je mehr die Moppelbakterien daran gehindert werden, ans Werk gehen zu können, desto weniger kann auch dieses Enzym zur Tat schreiten und den Körper zur Hüftgoldproduktion anregen.

Gib deinen Bakterien was zum Futtern

DER ERNÄHRUNGSGUIDE
FÜR EINE GESUNDE DARMFLORA, DIE
ÜBERFLÜSSIGE KILOS PURZELN LÄSST

KAPITEL 2: **„DER ERNÄHRUNGSGUIDE"**

Die erste Etappe unserer Reise liegt inzwischen hinter uns. Wir haben den Darm nun etwas besser kennengelernt und entdeckt, welches Potenzial für das Immunsystem, die Psyche und eine schöne Figur in ihm schlummert. Zeit, dieses Potenzial zu entfalten. Dafür starten wir jetzt die nächste Etappe unserer Reise. Im Ernährungsguide werfen wir einen genauen Blick auf all die nützlichen Lebensmittel, die den guten Darmbakterien als Nahrung dienen. Und natürlich auch auf all die Dinge, die unseren guten Freunden im Darm eher schaden.

Je mehr Bakterienfutter mithilfe der folgenden Nährstoff- und Lebensmittelübersicht in die Ernährung integriert werden, desto besser.

Im Gegenzug empfiehlt es sich, die Dinge, die zu den Bakterienkillern zählen, so gut es geht zu meiden. Das unterstützt die Schlankmacher-Mikroben dabei, wieder das Zepter in der Darm-WG an sich zu reißen. Klingt gut? Dann, los geht's!

Gutes Bakterienfutter

BALLASTSTOFFE

Ballaststoffe sind ein wunderbares Bakterienfutter. Bei ihnen handelt es sich um Pflanzenbestandteile, die von den Verdauungsenzymen im Magen und Dünndarm nicht aufgespalten werden können. So gelangen sie unverdaut in den Dickdarm, wo sie den Mikroben als Nahrung dienen. Das sorgt dafür, dass unsere kleinen Freunde immer schön satt werden.

Bei den Ballaststoffen unterscheidet man zwischen löslichen und unlöslichen. Die erste Gruppe wird besonders gut von den Mikroorganismen abgebaut. Aber auch unlösliche sind sehr nützlich. Sie dienen ebenfalls als Bakterienfutter und verstärken zudem die Bewegung des Darms, wodurch verdaute Lebensmittel schneller ausgeschieden werden.

LÖSLICHE BALLASTSTOFFE:

HAFERKLEIE, HAFERFLOCKEN, GERSTE, NÜSSE UND SAMEN WIE SESAM, LEINSAMEN, FLOHSAMENSCHALEN ODER CHIASAMEN, KOKOSRASPEL, SOJABOHNEN UND SOJAPRODUKTE (TOFU, TEMPEH, JOGHURT, MILCH), TROCKENFRÜCHTE, SCHWARZWURZEL, ALLE KOHLSORTEN, MÖHREN, FENCHEL, KARTOFFELN, OBST WIE ÄPFEL, BROMBEEREN, JOHANNISBEEREN, KIWI, ZITRUSFRÜCHTE, HÜLSENFRÜCHTE WIE KICHERERBSEN, LINSEN, ERBSEN.

UNLÖSLICHE BALLASTSTOFFE:

WEIZENKLEIE, FLOHSAMENSCHALEN, ALLE GETREIDESORTEN, HÜLSENFRÜCHTE.

(In einigen Lebensmitteln liegen Ballaststoffe in beiden Formen vor wie zum Beispiel bei Hülsenfrüchten und Flohsamenschalen.)

PRÄBIOTIKA

Präbiotika sind eine besondere Form der Ballaststoffe. Sie sind nicht nur Bakterienfutter. Sie steigern auch die Aktivität sowie das Wachstum der Bakterien und regen ihre Vermehrung an. Bei der Fermentation durch die Darmmikroben entstehen Säuren, die ein günstiges Klima für unsere schlank machenden Bifido-Baktieren schaffen. Bei niedrigen pH-Werten fühlen sich die eher schädlichen Bakterien, zum Beispiel Clostridien, weniger wohl, was ihre Aktivität hemmt und so deren negative Wirkung auf die Darmflora minimiert. Der durch die Präbiotika gesenkte pH-Wert im Darmmilieu verbessert außerdem die Kalzium-, Eisen- und Magnesiumaufnahme. Denn diese Mineralstoffe werden durch das saure Milieu leichter löslich.

Zu Präbiotika zählen Inulin, Oligosaccharide und resistente Stärke. Sie sind in zahlreichen pflanzlichen Lebensmitteln enthalten.

INULIN- & OLIGOSACCHARIDE-QUELLEN:

SCHWARZWURZEL, ARTISCHOCKEN, CHICORÉE, YACON-SIRUP/-PULVER, LÖWENZAHN, PORREE, SPARGEL, KNOBLAUCH, ZWIEBEL, PASTINAKEN, TOPINAMBUR, WEIZEN, GERSTE, HAFER, ROGGEN, WEIZENKLEIE, GETREIDEKAFFEE, ENDIVIENSALAT, BANANEN.

QUELLEN FÜR RESISTENTE STÄRKE:

ERKALTETE GEKOCHTE KARTOFFELN UND REIS, MAIS, KALTES PORRIDGE, KERNIGE HAFERFLOCKEN, BOHNEN, ERBSEN, LINSEN, VOLLKORNHAFERBROT, HIRSE, MANIOKWURZEL.

PROBIOTIKA

Probiotika sind lebende Bakterienkulturen, die durch die Fermentation von Lebensmitteln und einen langen Reifeprozess entstehen. Sie sind so etwas wie Gastarbeiter, die sich über den Nahrungsweg zu den Darmbakterien gesellen und ihnen bei ihrer Arbeit unter die Arme greifen. Probiotika sind jedoch keine Wundermittelchen, die einmal eingenommen, die Darmflora wieder in Balance bringen.
Es gibt einiges zu beachten, wenn man von den gesundheitlichen Vorteilen der Bakterienkulturen profitieren möchte. Hierzu findest du auf Seite 41 hilfreiche Tipps.
Probiotika kann man entweder durch eine schlaue Lebensmittelauswahl oder durch die Aufnahme von Probiotikapräparaten in den täglichen Speiseplan integrieren. Letzteres ergibt besonders dann Sinn, wenn man Bakterienkulturen gezielt zur Linderung von Krankheitssymptomen verwenden möchte.

PROBIOTISCHE LEBENSMITTEL:

FRISCHER, NICHT WÄRMEBEHANDELTER NATURJOGHURT, KEFIR, WASSERKEFIR, KOMBUCHA, SAURE GURKEN, APFELESSIG, NICHT WÄRMEBEHANDELTES SAUERKRAUT, KIMCHI ODER ANDERES FERMENTIERTES GEMÜSE, MISOPASTE, TEMPEH, NICHT PASTEURISIERTE KÄSESORTEN/MÖGLICHST LANGE GEREIFTER KÄSE WIE CHEDDAR, GRUYÈRE, MITTELALTER GOUDA, MOZZARELLA, PARMESAN.

TIPP: Bei Milchprodukten wie Joghurt oder Kefir sollte man einen Blick auf das Haltbarkeitsdatum werfen. Je frischer ein Lebensmittel ist, desto höher ist die Konzentration an lebenden Bakterienkulturen. Die Population lässt mit der Zeit nach. Darum immer schön weit hinten im Kühlregal kramen!

PRÄPARATE:

Bei Erkrankungen wie chronisch entzündlichen Darmerkrankungen, Neurodermitis und schweren Darmentzündungen bei Kleinkindern können Probiotika wertvolle Helfer sein. In diesem Fall werden sie in Tablettenform eingenommen. Zudem sollte die Behandlung von einem Arzt, der auf das jeweilige Krankheitsbild spezialisiert ist, begleitet und überwacht werden.

Ballaststoffe. Echte Alleskönner!

Dass Ballaststoffe ein gefundenes Fressen für die guten Darmbakterien sind, wissen wir bereits. Doch sie können noch weit mehr, als das Mikrobiom ernähren. **Sie kurbeln die Verdauung und Darmbewegung an** und sorgen so dafür, dass Essensreste nicht allzu lange im Darmtrakt verweilen. **So wirken sie Darmerkrankungen und Verstopfungen entgegen.**

Bei der Verdauung der Ballaststoffe bilden unsere gesundheitsfördernden Mikroben außerdem kurzkettige Fettsäuren, die nachweislich **entzündungshemmend im Darm wirken** und so unter anderem Darmkrebs vorbeugen können. Da sich ein Großteil aller Immunzellen im Dünn- und Dickdarm befindet, wirkt sich ein gesundes Mikrobiom förderlich auf unser Immunsystem aus. Die Immunabwehrzellen im Darm bekämpfen schädliche Mikroorganismen, die mit der Nahrung oder durch die Umwelt aufgenommen werden. Unterstützung bekommen sie dabei auch von den Ballaststoffen. Denn diese besitzen die besondere Fähigkeit, **toxische Stoffe sowie Cholesterin an sich zu binden**.

Dies haben wir ihren besonderen Quelleigenschaften zu verdanken, durch die sie Gallensäure aufnehmen können. Gallensäure ist wichtig für die Verdauung von Fetten, da sie diese bindet. Cholesterin zählt auch zu den Fetten und wird von der Gallensäure emulgiert und aufgenommen. Sobald Ballaststoffe eine Verbindung mit Gallensäure eingehen, nehmen sie das Cholesterin huckepack und transportieren es zum Dickdarm, wo es mit den Nahrungsresten ausgeschieden wird. Die Folge: Der Cholesterinspiegel im Blut sinkt! **Ballaststoffe wirken somit cholesterinsenkend.**

Auch für Abnehmwillige ist der Verzehr von ausreichend Ballaststoffen hilfreich. Denn die Fettsäuren, die durch die Verdauung von Ballaststoffen gebildet werden, bahnen sich einen direkten Weg zum Gehirn. Dort **geben sie das Signal zur Sättigung** und schützen uns so vor übermäßigem Essen. Ballaststoffe können darum helfen, wieder **mehr Kontrolle über das eigene Essverhalten zu erlangen**.

Zudem verweilen Ballaststoffe länger im Magen und quellen dort auf, was uns eine **schnelle und lang anhaltende Sättigung ermöglicht**. Durch die große Nahrungsmenge, die im Magen verweilt, werden mehr Verdauungssäfte im Dünndarm freigesetzt, was die Verdauung noch einmal so richtig ankurbelt.

Ballaststoffe wirken sich außerdem **günstig auf den Blutzuckerspiegel** aus. Denn die aufgenommenen komplexen Kohlenhydrate, die wir zusammen mit einer ballaststoffreichen Mahlzeit zuführen, können erst von den Verdauungsenzymen aufgespalten werden, wenn der Körper die Ballaststoffe aus dem Weg geräumt hat. Dies sorgt dafür, dass **Kohlenhydrate sehr viel langsamer ins Blut gelangen**. Der Blutzuckerspiegel steigt nicht so schnell an. Infolgedessen wird nur wenig Insulin produziert. Kurzum: Der Blutzuckerspiegel fährt keine Achterbahn mehr. So wird vermieden, dass das Insulin den Fettabbau hemmt und die Speicherung von Körperfett fördert. **Das ist enorm wichtig für alle, die ein paar Kilos verlieren wollen.**

Probiotika richtig verwenden!

Damit Probiotika einen positiven Effekt auf unsere Darmflora ausüben können, müssen wir etwas Disziplin walten lassen. Hin und wieder eine Portion Sauerkraut ist leider nur ein Tropfen auf dem heißen Stein. Darum gibt es hier alle wichtigen Tipps zur Verwendung von Probiotika – auf einen Blick!

1) REGELMÄSSIGKEIT IST DER SCHLÜSSEL

Gelegentlich eine Portion Kimchi oder ein probiotischer Joghurt bringt nicht viel. Die Bakterien werden im Darm leider nicht sehr schnell sesshaft. Darum entfalten sie nur kurz ihre Wirkung. Damit Probiotika wirklich einen Effekt erzielen können, müssen sie regelmäßig eingenommen werden. Hierfür sollten probiotische Lebensmittel mehrfach in der Woche auf dem Speiseplan stehen. Wer keine Lust auf Sauerkraut oder Tempeh hat, kann Probiotika auch als Nahrungsergänzungsmittel einnehmen.

2) UND TÄGLICH GRÜSST DAS MURMELTIER

Bakterien können sich langfristig nur dann ansiedeln, wenn sie dem Körper immer wieder zugeführt werden. Darum ist es sinnvoll, nicht ständig die Probiotikaquelle zu wechseln. Lieber auf eine Quelle oder ein Supplement setzen und dieses konstant und stetig, am besten täglich, konsumieren. Das hilft am meisten.

3) MORE IS MORE

Damit Probiotika auch wirklich etwas bringen, muss die Keimanzahl stimmen. Mindestens 100 Millionen Keime sollten aufgenommen werden. Da die Summe der Bakterien mit der Zeit in probiotischen Lebensmitteln abnehmen kann, ist es wichtig, einen Blick auf das Verfallsdatum zu werfen! Das Gleiche gilt übrigens auch für Darmkur-Präparate.

4) DIE FRAGE NACH DEM „WARUM?"

Vor dem Griff zu Nahrungsergänzungsmitteln ist erst die Frage zu klären, was damit erreicht werden soll. Ein paar Kilos verlieren? Dann helfen am besten bifidolastige Probiotika. Das Immunsystem stärken? Dann ist ein Präparat mit Lactobacillus rhamnosus GG Bakterien das Richtige. Bei Reizdarmsyndrom oder womöglich Morbus Crohn ist es ratsam, einen Arzt nach dem optimalen Supplement zu fragen. Studien haben gezeigt, dass hier die Bakterienstämme Saccharomyces boulardii und Lactobacillus plantarum helfen können.

5) GIB DEN GASTARBEITERN WAS ZU ESSEN

Probiotika am besten immer in Kombination mit Präbiotika einnehmen. Finden die von außen zugeführten Keime Bakterienfutter im Darm, fällt es ihnen wesentlich leichter, sich anzusiedeln und zu vermehren. Wer auf Nahrungsergänzungsmittel setzt, kann für ausreichend Keimfutter auf sogenannte „Synbiotika" setzen. Hierbei handelt es sich um ein Probiotika-Präparat, dem Präbiotika, zum Beispiel in Form von Inulinpulver, hinzugefügt wurden.

LECITHIN

Lecithin ist der Name für eine Gruppe von Fetten, die am Aufbau vieler Biomembranen in unserem Körper beteiligt sind. Sie kommen sowohl in tierischen wie auch in pflanzlichen Lebensmitteln vor und haben positive Effekte auf die Darm- und Magenschleimhaut. Sie werden aktiv in den Schleim abgesondert und führen dort zu einer Festigung der Haut, was den Schleimhautschutz verstärkt. Sie sollen das Gewebe zudem vor oxidativen Schäden schützen und cholesterinsenkend wirken. Aus dem Lecithinbestandteil Cholin werden Botenstoffe gebildet (Glycin, Sarkosin & Acetylcholin), die die Nervengesundheit fördern.

LECITHINREICHE LEBENSMITTEL:

EIGELB, SOJABOHNEN UND SOJAPRODUKTE, SONNENBLUMENKERNE, LEINSAMEN, HANFSAMEN, KÄSE, FISCH, HEFE, BUTTERMILCH, WEIZENKEIME, LUPINEN, HÜLSENFRÜCHTE, NÜSSE (WALNÜSSE, ERDNÜSSE), MAIS.

OMEGA-3-FETTSÄUREN

Omega-3 gehört zu den mehrfach ungesättigten Fettsäuren und ist essenziell, das heißt lebensnotwendig, für uns. Es wirkt entzündungshemmend und kann somit heimliche Entzündungen im Darm reduzieren. Damit es diese Wirkung entfaltet, sollte es im richtigen Verhältnis zu seinem Gegenspieler, der entzündungsfördernden Omega-6-Fettsäure, vorliegen.
Ein ideales Verhältnis von 1:1 ist in der heutigen Ernährungsweise schwer zu erreichen. Darum gilt ein 1:4 oder 1:5 Verhältnis als realistischer Wert. Bei den meisten Menschen sieht die Bilanz jedoch etwas anders aus. In Deutschland liegt das Verhältnis im Durchschnitt bei ca. 1:20.

TIERISCHE QUELLEN:

FETTER FISCH WIE LACHS, MAKRELE, THUNFISCH.

PFLANZLICHE QUELLEN:

LEINÖL, LEINSAMEN, HANFSAMEN, CHIASAMEN, RAPSÖL, WALNÜSSE, WALNUSSÖL, AVOCADOS, ALGEN.

Bei Omega-3-Fettsäuren unterschiedet man in zwei Gruppen: Zum einen in die aktiven Formen Eicosapentaensäure (EPA) und Docosahexaensäure (DHA), die in tierischen Produkten zu finden sind. Und zum anderen in die inaktive Form Alpha-Linolensäure (ALA), aus pflanzlichen Nahrungsquellen. Damit die Omega-3-Fettsäuren aus pflanzlichen Lebensmitteln in unserem Körper aktiv wirken können, müssen sie erst über viele Prozesse in EPA und DHA umgewandelt werden. Wie effizient das gelingt, hängt von unterschiedlichen Faktoren ab wie zum Beispiel, ob einschränkende Erkrankungen wie Adipositas, Diabetes, metabolisches Syndrom, Arteriosklerose, Hypertonie, Herz-Kreislauf-Erkrankungen oder Alzheimer vorliegen. Auch Alkoholkonsum, Nikotin, Stress, Koffein sowie ein Vitamin- und Mineralstoffmangel können die Enzymaktivität im Körper herabsetzen und so die Bildung von EPA (welche später weiter in DHA umgewandelt wird) reduzieren.

Unter idealen Bedingungen wäre eine bedarfsgerechte Deckung von Omega-3-Fettsäuren durch rein pflanzliche Quellen möglich. Da dies jedoch bei vielen Menschen oft nicht der Fall ist, empfehle ich Veganern, gegebenfalls die Einnahme von Omega-3-Kapseln. Mischköstler, Flexitarier, Vegetarier und insbesondere Pescetarier[8] können ihren Omega-3-Bedarf durch die richtige Lebensmittelauswahl in der Regel ohne Probleme decken.

[8] Vegetarier, die hin und wieder Fisch essen.

ENTZÜNDUNGSHEMMER

Neben Omega-3-Fettsäuren gibt es noch viele weitere entzündungshemmende Stoffe, die wir in unseren Lebensmitteln vorfinden. Dazu zählen vor allem die Antioxidantien Vitamin A, E und C sowie einige Spurenelemente wie Eisen, Zink und Selen. Sie sind besonders wirkungsvoll im Kampf gegen freie Radikale, die mit Zellschädigungen, schneller Hautalterung und erhöhten Entzündungwerten im Körper in Verbindung stehen.

Antioxidantien finden wir übrigens nicht nur unter den Vitaminen und Spurenelementen. Auch die pflanzeneigenen Schutzstoffe, die sogenannten sekundären Pflanzenstoffe, sind hervorragende Entzündungshemmer. Wir können sie ebenfalls über den Verzehr von Gemüse, Obst und Gewürzen aufnehmen.

ANTIOXIDANS-VITAMINE:

VITAMIN A & BETA-CAROTIN:
FARBENFROHES GEMÜSE, OBST, MANDELN, PISTAZIEN, LEBER, THUNFISCH, HERING, VOLLMILCHPRODUKTE, EIGELB.

VITAMIN C:
BEEREN, ZITRUSFRÜCHTE, KIWI, MANGOLD, PAPRIKA, BLUMENKOHL, BROKKOLI, GRÜNKOHL, LAUCH, SPINAT, FENCHEL, ÄPFEL.

VITAMIN E:
WEIZENKEIME, MANDELN, LEINSAMEN, ROGGEN, GRÜNKOHL, WALNÜSSE, SONNENBLUMENÖL, MAKRELE, LACHS, HERING.

SPURENELEMENTE:

EISEN:
GEMÜSE, KRÄUTER, HÜLSENFRÜCHTE, PILZE, HASELNÜSSE, MANDELN, PISTAZIEN, SONNENBLUMENKERNE, PINIENKERNE, WEIZENKEIME, HIRSE, VOLLKORN.

ZINK:
HÜLSENFRÜCHTE, GETREIDE, KAROTTEN, HAFERFLOCKEN, KÄSE, MILCH, FLEISCH.

SELEN:
KOKOSNÜSSE, STEINPILZE, PISTAZIEN, WEIZENKLEIE, FISCH, EIER, PARANÜSSE.
(Achtung: Paranüsse können radioaktiv belastet sein, darum empfiehlt das Bundesamt für Strahlenschutz, nicht mehr als zwei Paranüsse am Tag zu essen.)

SEKUNDÄRE PFLANZENSTOFFE:

CAROTINOIDE:
KAROTTEN, KÜRBIS, TOMATEN, PAPRIKA, GRÜNES GEMÜSE, MELONE, APRIKOSEN.

PHYTOÖSTROGENE:
GETREIDE, HÜLSENFRÜCHTE, LEINSAMEN, SOJABOHNEN, SOJAPRODUKTE.

GLUCOSINOLATE:
KOHLSORTEN JEDER ART, SENF, RETTICH, KRESSE, RADIESCHEN.

SULFITE:
ZWIEBELN, LAUCH, KNOBLAUCH, SCHNITTLAUCH.

PHENOLSÄURE:
VOLLKORNPRODUKTE, HAFER, NÜSSE, KAFFEE, TEE.

FLAVONOIDE:
BEEREN JEDER ART, ÄPFEL, BIRNEN, KIRSCHEN, PFLAUMEN, GRÜNKOHL, AUBERGINE, SOJA, GRÜNER TEE.

OPC:
IN DER SCHALE VON FRÜCHTEN, IN GEMÜSE UND DEN BLÄTTERN, BESONDERS VIEL IN TRAUBEN, GRÜNEM TEE, ERDBEEREN, HEIDELBEEREN UND ÄPFELN.

GOLDENE REGEL:

Je bunter du isst, desto mehr antioxidative Stoffe nimmst du zu dir.

DARMFREUNDLICHE GEWÜRZE & KRÄUTER

Gewürze zählen im Ayurveda, der indischen Lehre vom Leben, zu den wichtigsten Bausteinen. Sie werden als tägliches Heilmittel eingesetzt und zur Linderung unterschiedlicher Leiden verwendet. Ingwer zum Beispiel trägt zahlreiche Antioxidantien in sich, wirkt verdauungsfördernd, immunstärkend und antibakteriell. Auch Kurkuma, ein Gewürz, das in Indien in nahezu jedem Currygericht Anwendung findet, ist eine kleine Wunderknolle. Neben seiner verdauungsfördernden Wirkung beeindruckt es vor allem mit seinem Inhaltsstoff Kurkumin, der stark entzündungshemmend wirkt und so einen großen Beitrag für eine gesunde Darmflora leistet. Doch nicht nur Ingwer und Kurkuma sind nützlich im Kampf gegen Entzündungen. Es gibt viele Gewürze in unserem Küchenregal, die nicht nur lecker sind, sondern auch antioxidativ, entkrampfend oder verdauungsfördernd wirken. Es lohnt sich darum, Gewürze öfter in der alltäglichen Küche zu verwenden.

GEWÜRZE, DIE DEN APPETIT ANREGEN:

CHILI, INGWER, SALBEI, WERMUT, LIEBSTÖCKEL, SCHAFGARBE, KORIANDER, ESTRAGON, BASILIKUM, FENCHEL, CURRY, PFEFFER, PAPRIKA, PIMENT, SENF, VANILLE, ZIMT.

GEWÜRZE, DIE DIE VERDAUUNG FÖRDERN:

SENF, KÜMMEL, KORIANDER, DILL, OREGANO, FENCHEL, CHILI, NELKEN, KNOBLAUCH, BASILIKUM, KURKUMA, INGWER, KARDAMON, LIEBSTÖCKEL, MUSKATNUSS, PETERSILIE, THYMIAN, VANILLE, WACHOLDER.

GEWÜRZE, DIE VERKRAMPFUNGEN UND BLÄHUNGEN MILDERN:

ANIS, BASILIKUM, ESTRAGON, DILL, GÄNSEFINGERKRAUT, SALBEI, BOHNENKRAUT, MELISSE & PFEFFERMINZE, SAFRAN, KNOBLAUCH, KAMILLE, KORIANDER, LAVENDEL, KORIANDER, KÜMMEL, MAJORAN, OREGANO, ROSMARIN, FENCHEL, MUSKATNUSS, PETERSILIE, THYMIAN, ZIMT.

ANTIOXIDATIVE, ENTZÜNDUNGSLINDERNDE GEWÜRZE:

SCHWARZKÜMMEL, KURKUMA, MUSKATNUSS, INGWER, FENCHEL, ROSMARIN, OREGANO, SALBEI, KORIANDER, MAJORAN, THYMIAN, KAMILLE, NELKEN, PIMENT.

Warum tun uns Antioxidantien gut?

Antioxidantien stecken in Gemüse, Obst, Gewürzen und Kräutern. Sie zählen zu den wertvollsten Nahrungsbestandteilen im Kampf gegen freie Radikale. Doch was sind freie Radikale überhaupt und warum lohnt es sich, sie mit den richtigen Lebensmitteln zu bekämpfen?

WAS SIND FREIE RADIKALE?

Freie Radikale sind Zwischenprodukte unseres Stoffwechsels, die in jeder Zelle des menschlichen Körpers entstehen können. Sie sind extrem reaktionsfreudige, aggressive Sauerstoffmoleküle oder organische Verbindungen – mit einem freien Elektron ausgestattet. Dieses Single-Elektron sucht verzweifelt nach einem Partner, mit dem es eine Verbindung eingehen kann. Dafür wartet es jedoch nicht auf das nächste frei werdende Elektron. Es entreißt anderen intakten Atomen oder Molekülen stattdessen lieber einfach ein Elektron. Dadurch wird das einst intakte Molekül selbst zu einem freien Radikal, das nun ebenfalls nach dem Elektronen-Partner sucht. So wird eine Kettenreaktion in Gang gesetzt. Aus vielen Molekülen mit „glücklichen Elektronen-Pärchen" wird eine wilde Molekül-Singlebörse, bei der jeder auf der Jagd nach dem perfekten Elektronen-Match ist.

Freie Radikale sind in der Lage Blutgefäße sowie Proteine und Fettsäuren zu schädigen. Zudem können sie auch mit dem Zellkern und der Erbinformation (DNS), die sich darin befindet, reagieren. Das Ergebnis dieser Schädigungen sind beispielsweise Veränderungen der Erbinformationen oder Enzymstörungen, die möglicherweise zu Einschränkungen der Zellfunktionen und zu Problemen bei Zellstoffwechselprozessen führen.

WIE FANGEN ANTIOXIDANTIEN FREIE RADIKALE?

Antioxidantien habe eine besondere Eigenschaft. Sie können ihre Elektronen an freie Radikale abgeben oder Wasserstoffatome aufnehmen, ohne sich dabei in reaktionsfähige Moleküle zu verwandeln. So bauen sie die Zahl der freien Radikale im Körper ab und vermeiden Schädigungen von Zellen und Gefäßen durch oxidativen Stress. Viel Gemüse, Obst und Gewürze zu verwenden, ist darum der beste Schutz gegen freie Radikale im Körper.

Bakterienkiller

Kommen wir nun zu den Faktoren, die unser Mikrobiom aus der Balance bringen. Dazu zählen äußere Bedingungen wie ein übertrieben reinliches Elternhaus, eine geringe Wasserqualität oder Luftverschmutzung, aber auch viele Faktoren, die wir selbst verändern können – wie zum Beispiel unsere Lebensmittelauswahl. Sicher lässt sich nicht jeder kulinarische „Bakterienkiller" aus dem Leben verbannen. Aber es gibt ganz bestimmt viele Dinge auf den folgenden Seiten, bei denen es gelingt. Fangen wir mit den leichten an und nehmen dann die „schwierigeren" Dinge in Angriff. Es muss nicht von Anfang an alles perfekt sein. Der Weg ist das Ziel – wie auf jeder guten Reise.

ZUCKER

Glukose und Fruktose, die Hauptbestandteile des Haushaltszuckers, sind schnell resorbierbare Kohlenhydrate. Sie gehen direkt ins Blut und liefern sofort Energie. Dies veranlasst unseren Körper jedoch dazu, viel zu viel Insulin zu produzieren. Das belastet den Organismus, führt zu schnell wiederkehrendem Heißhunger und blockiert die Fettverbrennung. Da wir Energie ebenso gut aus komplexen Kohlenhydraten wie Vollkornbrot und Gemüse ziehen können, sind wir auf einfache Zucker faktisch nicht angewiesen. Im Gegenteil, mit ihren Ballast- und Nährstoffen sind natürliche, komplexe Kohlenhydrate definitiv der bessere Energielieferant. Hinzu kommt, dass Zucker die Zusammensetzung des Mikrobioms verändern kann. Studien haben gezeigt, dass Menschen aus Regionen, in denen viel Weißmehl und Zuckerhaltiges verzehrt wird, mehr dick machende Firmicuten in sich tragen. Zudem fühlen sich Pilze und Hefebakterien im Darm besonders wohl, wenn Zucker auf dem täglichen Speiseplan steht. Fehlt es in der Ernährung außerdem noch an Ballaststoffen, können diese Pilze von den guten Darmbakterien kaum in Schach gehalten werden und breiten sich ungestört aus. Insbesondere der Hefepilz Candida albicans, den jeder von uns in sich trägt, richtet bei übermäßiger Population viel Schaden an. Er kann die Darmschleimhaut löchrig machen und sich über die Grenzen des Darms hinaus ausbreiten. Nagelpilz, Scheidenpilz, oraler Pilzbefall und Ekzeme können die Folge sein.

DON'TS IM ZUCKERREGAL:

HAUSHALTS-/KRISTALLZUCKER, KANDIS, HAGELZUCKER, PUDERZUCKER, ABER AUCH NATURBELASSENERE FORMEN WIE (VOLL-)ROHRZUCKER, PANELA, MUSCOVADO, MASCOBADO, KOKOSBLÜTENZUCKER.

ACHTUNG:

Naturbelassenere Zuckeralternativen sind vitamin- und mineralstoffreicher als raffinierter Zucker. Jedoch bestehen sie wie Haushaltszucker aus Glukose und Fruktose, das heißt aus schnell resorbierbaren Kohlenhydraten, die die Insulinproduktion in die Höhe treiben. Die negativen Effekte auf unseren Organismus sind darum weitgehend dieselben.
Auch kalorisch bringen sie kaum Vorteile. Sie bewegen sich alle im Rahmen von 350–400 kcal auf 100 g.

DON'TS IM KÜHLREGAL UND IM TIEFKÜHLREGAL:

74 % aller abgepackten Lebensmittel im Supermarkt sind mit Zuckerzusätzen versehen. Dazu zählen:

FERTIGGERICHTE, TIEFKÜHLPIZZA, INSTANTFOOD, FRUCHTSÄFTE, FRUCHTJOGHURTS, AUFSCHNITT, AUFBACKBRÖTCHEN, FERTIGDESSERTS, SÜSSIGKEITEN, KNABBERZEUG, KEKSE, GEBÄCK UND CO. KURZUM: ALLES, WAS IRGENDWIE INDUSTRIELL VERARBEITET WURDE.

Grundsätzlich gilt, alles, was mehr als drei Inhaltsstoffe auf der Zutatenliste hat, ist mit Vorsicht zu genießen und sollte auf Zuckerzusätze gecheckt werden. Eine Liste aller industriellen Zusätze, hinter denen sich Zucker versteckt, findet sich in der Infobox unten. Sie hilft, versteckte Zucker leichter zu entdecken.

Gut, dass keiner weiß, dass ich Zucker heiß!

Zucker ist raffiniert. Er tarnt sich perfekt und nimmt alle möglichen Namen an. Beim zuckerfreien Einkauf ist darum ein echtes detektivisches Talent gefragt. Damit der Halunke sofort in gekonnter Sherlock-Holmes-Manier entlarvt werden kann, gibt es hier all seine Codenamen:

Kristallzucker, Haushaltszucker, Apfelsüße, Agavendicksaft, Ahornsirup, Reissirup, Dextrine, Dextrose, Fruchtdicksaft, Fruchtextrakt, Fruchtpüree, Fruchtsaftkonzentrat, Fruktose, Gerstenmalz, Gerstenmalzextrakt, Glukose, Glukosesirup, Glukose-Fruktose-Sirup, Honig, Invertzucker, Isomaltulose, Joghurtpulver, Kandis, Kokosblütenzucker, Laktose, Magermilchpulver, Maltodextrin, Maltose, Malzextrakt, Molkenerzeugnis, künstliche Oligofruktose, Polydextrose, Raffinade, Raffinose, Saccharose, Süßmolkenpulver, Tagatose, Traubensüße, Vollmilchpulver, Weizendextrin, Zuckerkulör, Panela, Vollrohrzucker, Muscovado, Cane-Sugar und eigentlich alles, was auf „-ose" endet.

Wie Zucker auf unseren Organismus wirkt:

1. NÄHRSTOFF MIT SUCHTFAKTOR

Deutsche Suchtforscher belegten in einer Studie, dass das Gehirn anders auf Süßigkeiten reagiert als auf zuckerfreie Lebensmittel. Nur stark zuckerhaltige Speisen aktivieren das Belohnungssystem. Das Gehirn reagiert auf Zucker ähnlich wie auf Alkohol oder andere Suchtstoffe. Es aktiviert die gleichen Hirnareale und schüttet vermehrt Dopamin aus. Zucker kann somit ein „suchtähnliches Verhalten" auslösen. Tierversuche belegten, dass hoher Zuckerkonsum zu Veränderungen an den Synapsen führt, was den Körper geradezu auf Zucker eicht. Wissenschaftler halten es für wahrscheinlich, dass diese Prozesse auch beim Menschen stattfinden.

2. ZUCKER HEMMT DEN FETTABBAU

Diesen Effekt haben wir dem Insulin zu verdanken. Denn ist reichlich Zucker im Blut, versucht der Körper, den Zuckerwert wieder auf sein Idealmaß zu reduzieren. Dafür möchte er den Zucker mithilfe von Insulin in kürzester Zeit wegschaufeln – beispielsweise in die Leber oder das Fettgewebe. Hohe Insulinwerte im Blut signalisieren den Körperzellen jedoch: „Hey! Hier ist genug Energie am Start, lass das Fett mal lieber dort, wo es ist!" Der Körper lagert dadurch Fett ein, statt es abzubauen.

3. ZUCKER FÖRDERT DIABETES

Wenn Zellen ständig vom Insulin dazu veranlasst werden, Zucker zu bunkern, werden sie irgendwann träge und reagieren nicht mehr auf das Insulin, das anklopft. Auch die Bauchspeicheldrüse, die das Insulin produziert, ist mit der Zeit erschöpft. So kann Diabetes mellitus Typ 2 entstehen.

4. LEBER IM AUSNAHMEZUSTAND

Auch die Leber ist ganz schön beschäftigt, wenn wir uns zu oft Süßes gönnen. Sie fängt an, den vielen überschüssigen Zucker in Form von Fett einzulagern. Langfristig verfettet die Leber. Ist die Belastung zu groß, kann es zu irreparablen Schäden des Lebergewebes kommen.

5. VERSTOPFTE ARTERIEN

Dauerhaft zu viel Insulin wird für die Entstehung von Arteriosklerose verantwortlich gemacht. Es sorgt für eine Verdickung und Versteifung der Gefäßwände – eine sogenannte Arterienverkalkung. Es entstehen Plaques, die abreißen können. Blutgerinnsel sind möglich, die Thrombosen, Lungenembolie, Schlaganfälle und Herzinfarkte verursachen. Werden kleine Gefäße in Mitleidenschaft gezogen, können Nierenschwäche, Erblindung oder Impotenz die Folge sein.

6. SCHNELLE ENERGIE VS. KARIES

Zucker schießt direkt ins Blut und gibt so schnelle Energie. Manchmal kann das hilfreich sein. Jedoch können wir Energie auch aus nährreicheren Quellen beziehen wie komplexen Kohlenhydraten zum Beispiel. Sie geben lang anhaltend Energie und schaden nicht den Zähnen. Während Zucker kariesfördernd wirkt, können komplexe Energiequellen wie Brot aus grob geschrotetem Getreide sogar zahnreinigend wirken. Durch die raue Oberfläche der Körner werden Zahnbeläge sanft abgetragen. Zähne putzen müssen wir natürlich trotzdem.

SÜSSSTOFFE / ZUCKERALKOHOLE

Auch Süßstoffe wie Aspartam und Sucralose können laut Studien die Darmflora verändern und dadurch sogar mitunter eine Glukoseintoleranz auslösen. Zudem werden Süßungsmittel mit dem Verlust von Diversität in der Darmflora in Verbindung gebracht. Da sie sich an die gleichen Geschmacksrezeptoren binden wie herkömmlicher Zucker, wird im Mund der Geschmack von Süße vermittelt. Dies beeinflusst die Rezeptoren im Darm und führt zu einer Ausschüttung von Hormonen, die die Freisetzung von Insulin fördern und die Appetitregulation steuern. Was bei Zucker Sinn ergibt, bringt bei Süßstoffen den Stoffwechsel und das Essverhalten durcheinander, weil diese kaum verwertbare Energie enthalten. Zuckeraustauschstoffe wie Xylit, Sorbit oder Erythrit gelten als weniger schädlich. Jedoch wirken sie in zu hohen Dosen abführend und können so die Mineralstoff- und Vitaminaufnahme im Darm herabsetzen. Sie sollten deshalb nur in kleinen Mengen konsumiert werden.

LIEBER MEIDEN:

Lightprodukte wie Lightpuddings und Lightjoghurts. Ebenso Diät-Softdrinks und Limonaden. Auch bei Konserven mit der Aufschrift „zuckerreduziert" hilft ein Blick auf die Zutatenliste. Wenn dort einer der folgenden Namen oder eine dieser E-Nummern auftaucht, lieber die Finger davon lassen:

ACESULFAM K (E 950), ASPARTAM (E 951), CYCLAMAT (E 952), SACCHARIN (E 954), SUCRALOSE (E 955), THAUMATIN (E 957), NEOHESPERIDIN (E 959), STEVIOGLYCOSIDE (E 960), NEOTAM (E 961), ASPARTAM-ACESULFAM-SALZ (E 962), ADVANTAM (E 969), ISOMALT (E 953), LACTIT (E 966), MALTIT/MALTITOL (E 965), MANNIT (E 421), SORBIT/OL, GLUDITOL, HEXANHEXOL (E 420).

UND WAS IST MIT STEVIA?

Im Zuckerregal findet man den Steviazucker in Form von „Stevioglycosiden". Bei diesem weißen Pulver handelt es sich um ein stark industriell verarbeitetes Laborprodukt, das so gut wie nichts mehr mit der natürlichen Steviapflanze zu tun hat.
Stevioglycoside schmecken leicht bitter und sind 300-mal süßer als Zucker. Das kann leicht dazu führen, dass wir unsere Geschmacksknospen auf „süß" programmieren und infolgedessen noch mehr den Drang nach süßen Speisen verspüren.

FLÜSSIGE ZUCKERALTERNATIVEN

Die Infobox auf Seite 49 hat gezeigt, dass auch natürliche Zuckeralternativen wie Honig und Agavendicksaft auf der Zuckerliste stehen. Durch ihre geringere industrielle Verarbeitung sind sie natürlicher und daher auch noch reicher an Mineralstoffen und einigen Vitaminen. Jedoch bestehen sie wie raffinierter Zucker vor allem aus Glukose und Fruktose. Deshalb haben sie einen ähnlich negativen Effekt auf unseren Organismus und unsere Darmgesundheit. Zucker also einfach durch ein natürlicheres Süßungsmittel zu ersetzen, ist darum leider nicht des Rätsels Lösung. Aber keine Sorge, wie naschen dennoch weiter möglich ist, wird auf Seite 78 erklärt.

LIEBER MEIDEN:

AGAVENDICKSAFT, HONIG, AHORN-SIRUP, APFELDICKSAFT, REISSIRUP, KOKOSBLÜTENSIRUP, INDUSTRIELL GEFERTIGER DATTELSIRUP.

TRANSFETTE

Während das entzündungshemmende Omega-3-Fett dem Darm in moderaten Mengen richtig gut tun kann, sieht es bei den Transfetten anders aus. Transfette finden wir vor allem in industriell gefertigtem Essen wie Chips, Croissants und Pommes. Sie wurden ursprünglich für ein besseres Geschmackserlebnis entwickelt. Die Lebensmittelindustrie kam auf die Idee, flüssige Fette künstlich zu härten. Dafür wurde die Molekularstruktur der Öle gezielt verändert. Was uns eine streichzarte Pflanzenöl-Margarine oder eine Schokocreme in optimaler Konsistenz beschert, bringt leider auch einige Nachteile mit sich. Denn Transfette werden durch ihre veränderte Struktur vom Körper nicht mehr erkannt. Der Organismus steht plötzlich vor einem Problem: Er soll verstoffwechseln, was er gar nicht kennt. Weil er die Problemstellung nicht unmittelbar lösen kann, schiebt er sie erst mal beiseite. Genauer gesagt, in die Fettdepots an den Hüften und dem Bauch. Dadurch wird das Wachstum von entzündlichem Fettgewebe – auch Viszeralfett genannt – gefördert, welches ebenfalls Entzündungen im Darm begünstigt. Transfette lagern sich jedoch nicht nur dort ab. Auch in den Gefäßwänden und in den Zellen können sie sesshaft werden und so Gefäße versteifen oder verengen. Zellen werden durch ihr Einwirken in ihren Eigenschaften und biologischen Funktionen verändert und im schlimmsten Fall sogar zerstört. Je nachdem, welche Zellen geschädigt werden, können daraus unterschiedliche Erkrankungen entstehen.

Laut der Deutschen Gesellschaft für Ernährung spielen Transfette deshalb eine große Rolle bei der Entstehung von Herz-Kreislauf-Erkrankungen wie Herzinfarkt oder Schlaganfall. Der Gehalt des „schlechten" Cholesterins (LDL) im Blut wird durch Transfett nachweislich erhöht. Die Ablagerung von Cholesterin in den Gefäßwänden kann zu Arteriosklerose führen. Nach Schätzungen der World Health Organization (WHO) sind weltweit mehr als 500.000 Todesfälle pro Jahr auf den übermäßigen Verzehr von Transfetten zurückzuführen.

DON'TS UNTERWEGS & IM SUPERMARKT:

FAST FOOD WIE POMMES, PIZZA, BURGER UND FERTIGGERICHTE MIT GANZ ODER TEILGEHÄRTETEN FETTEN, DAZU ZÄHLEN SCHOKOCREMES, MARGARINEN SOWIE AUFSTRICHE MIT MILCHFETTANTEIL. AUCH VIELE BACKWAREN SIND TRANSFETTLIEFERANTEN, INSBESONDERE FETTREICHE WIE CROISSANTS, BERLINER UND KEKSE. KNABBERZEUG WIE CHIPS, FLIPS UND POPCORN SOLLTE WEGEN DES HOHEN TRANSFETTGEHALTS EBENFALLS GEMIEDEN WERDEN.

TIPP: Achte beim Kauf darauf, dass in der Zutatenliste kein „gehärtetes", „teilgehärtetes" oder „hydrogenisiertes" Pflanzenfett zu finden ist.

Bei all den Hiobsbotschaften nun auch ein paar gute News: Popcorn, Schokocremes, Pizza und Co. kannst du trotzdem weiterhin essen, wenn du sie dir einfach selbst frisch zubereitest. Dann weißt du, dass keine Transfette enthalten sind. Die passenden gesunden Rezepte dafür findest du im Rezeptteil „Genusshunger" ab Seite 98!

DON'TS IN DER KÜCHE:

Transfette sind nicht nur künstlich gehärtete Fette. Sie entstehen auch beim Erhitzen und Braten von ungesättigten Fettsäuren. Die richtige Wahl des Öls beim Braten, Garen oder Schmoren ist ein wichtiger Faktor, um Transfette zu umgehen. Werden leicht verderbliche Öle, die aus vielen mehrfach ungesättigten Fettsäuren bestehen, zu hoch erhitzt, entstehen daraus ebenfalls Transfetten. Zudem werden gesundheitsschädliche Spaltprodukte wie das toxische Acrolein oder Peroxide gebildet. Zum Braten solltest darum lieber folgende Öle verwenden:

ERDNUSSÖL, BRATÖL, HELLES SESAMÖL (RAFFINIERT), RAFFINIERTES RAPSÖL, RAFFINIERTES SONNENBLUMENÖL.

Für die kalte Küche sind hingegen diese Öle geeignet:

KALTGEPRESSTE ÖLE, LEINÖL, NATIVE NUSS- UND SAMENÖLE WIE WALNUSSÖL, KÜRBISKERNÖL, NATIVES OLIVENÖL, SONNENBLUMENÖL, SOJAÖL, DUNKLES SESAMÖL, ARGANÖL.

TIPP: Öle wie kaltgepresstes Rapsöl oder Olivenöl können bei niedrigen Temperaturen (unter 160 °C) auch zum Braten verwendet werden. Hier muss man jedoch gut aufpassen. Wenn das Öl in der Pfanne zu rauchen beginnt, ist das ein Zeichen dafür, dass es über den Rauchpunkt erhitzt wurde und sich folglich molekular verändert hat. Dieses Fett solltest du nicht mehr zum Braten weiterverwenden!

MEINE ESELSBRÜCKE:

Kaltgepresste Öle für die kalte Küche.
Verarbeitete Öle für die Verarbeitung in der Pfanne.

GESÄTTIGTE & OMEGA-6-FETTE

Wie bereits erwähnt, essen wir tendenziell zu viel Omega-6-Fettsäuren und zu wenig Omega-3. Um die beiden Fettsäuren wieder in eine gute Balance zu bringen, ist es wichtig, nicht nur gezielt Omega-3-reiche Lebensmittel mit der Nahrung aufzunehmen, sondern auch den Anteil von Omega-6-reichen Nahrungsmitteln zu verringern. Da diese Lebensmittel in der Regel auch viele gesättigte Fettsäuren enthalten, die das „schlechte" LDL-Cholesterin und die Blutfettwerte erhöhen können, lohnt sich der Verzicht gleich doppelt. Denn gesättigte Fette stehen in einem engen Zusammenhang mit der Entstehung von koronaren Herzerkrankungen.

Der beste Weg, um die Fettsäuren in eine gesunde Balance zu bringen, ist eine pflanzenbasierte Ernährung, bei der du folgende Lebensmittel meidest:

FLEISCH JEDER ART, VERARBEITETE FLEISCHWAREN WIE AUFSCHNITT, SALAMI, LEBERWURST, WÜRSTCHEN, SCHWEINESCHMALZ, INNEREIEN, ABER AUCH CAMEMBERT UND ZU VIEL EIGELB.

Es gibt auch pflanzliche Lebensmittel, die Omega-6-reich sind. Sie sollten ebenfalls weitestgehend gemieden werden:

DISTELÖL, WEIZENKEIMÖL, MAISKEIMÖL, TRAUBEN-KERNÖL, SONNENBLUMENÖL, SOJAÖL, SESAMÖL (BESSER NUR IN KLEINEN MENGEN VERWENDEN).

Fisch enthält ebenfalls Omega-6-Fettsäuren, jedoch auch viel gutes Omega-3. Das Verhältnis der beiden Fettsäuren ist hier sehr gut. Für eine ausgeglichene Fettsäurenbalance können darum auch **THUNFISCH, LACHS UND MAKRELE IN STRENG KONTROLLIERTER BIO-QUALITÄT** verzehrt werden.

KONSERVIERUNGSSTOFFE & EMULGATOREN

Fertigprodukte enthalten neben leeren Kalorien und Zucker auch jede Menge Zusatzstoffe. Eine Studie lässt darauf schließen, dass Emulgatoren die Dickdarmschleimschicht verändern. So fand man in Versuchen mit Mäusen heraus, dass die schützende Barriere zwischen Bakterien und der obersten Schleimhautzellschicht durch Emulgatoren dünner wurde. Zudem veränderten die getesteten Emulgatoren die Zusammensetzung des Mikrobioms. Die Anzahl schleimlösender, entzündungsfördernder Keime erhöhte sich deutlich.

Wer versucht, sich die Namen aller Konservierungsstoffe und Emulgatoren zu merken, dürfte schnell verzweifeln, darum möchte ich das Erkennen der schädlichen Stoffe leichter machen.

KONSERVIERUNGSSTOFFE SIND MIT DEN E-NUMMERN E 260 BIS E 297 DEKLARIERT. EMULGATOREN MIT DEN NUMMERN E 426 BIS E 445 UND E 470 BIS E 495.

Noch einfacher wird das Ganze, wenn man auf das E-Nummern-Checken verzichtet und dafür lieber auf natürliche, frische Lebensmittel statt Fertiggerichte setzt. Frisch gekocht schmeckt es doch eh am besten! Also: „Tschüss, Fertigpizza. Hallo, selbst gemachte Pizza!"

ANTIBIOTIKA

Klar, es gibt Infektionen, bei denen muss man einfach Antibiotika nehmen. Wann immer es sich aber vermeiden lässt, ist ein Verzicht empfehlenswert. Denn Antibiotika bekämpfen nicht nur die krank machenden Bakterien in unserem Körper, sondern auch die guten Keime im Dickdarm. Eine Antibiotikabehandlung gleicht einem Waldbrand, nach dem von der bunten Darmflora nicht mehr viel übrig bleibt. Darum ist es enorm wichtig, nach einer Antibiotikatherapie dem Darm Aufbauhilfe zu leisten. Dafür eignen sich Synbiotika8-Kuren, bei denen Probiotika in Kombination mit Präbiotika eingenommen werden.

Bevor du dir Antibiotika verschreiben lässt, frage deinen Arzt, ob es alternative sinnvolle Behandlungsmöglichkeiten gibt. Manchmal sind auch pflanzliche Präparate bei harmloseren Infektionen geeignet. Wenn sich Antibiotika nicht meiden lassen, informiere dich, ob auch ein Ein-Tages-Antibiotikum infrage kommt. Im Fall einer Blasenentzündung werden diese mittlerweile wirkungsvoll eingesetzt. Man nimmt sie vor dem Schlafengehen ein, sodass das Antibiotikum direkt in der Blase über die Nachtstunden wirken und die krank machenden Keime abtöten kann.

IM SUPERMARKT:

Wenn du Fleisch nicht vollständig von deinem Speiseplan streichen möchtest, achte auf kontrollierte Bio-Qualität. Demeter, Neuland und Bioland sind Bio-Siegel, auf die du vertrauen kannst. Nur bei streng kontrolliertem Bio-Fleisch kannst du dir sicher sein, dass es frei von Antibiotika ist. Viele Fleischhersteller verabreichen ihren Tieren auch Mast-Probiotika, damit sie schneller dick werden. Auch diese Probiotika können deine Darmflora aus der Balance bringen.

CHLOR

Jeder kennt es aus dem Urlaub. Man dreht den Wasserhahn auf und plötzlich riecht es nach Chlor. Der Fall ist klar: Hier läuft gechlortes Wasser durch die Leitungen. Das Chlor hat in diesem Fall natürlich seinen Zweck. Es tötet krank machende Bakterien im Wasser und schützt uns so vor Infektionen. Keiner möchte schließlich im Urlaub mit Magen-Darm-Infekt im Bett liegen. Leider sorgt das Chlor im Wasser dafür, dass gute Darmbakterien ebenfalls die Guillotine verpasst bekommen.

DON'TS IM URLAUB:

KEIN GECHLORTES WASSER AUS DEM WASSERHAHN TRINKEN. WASSERRATTEN TUN IHREM DARM ZUDEM ETWAS GUTES, WENN SIE INS MEER STATT IN DEN POOL SPRINGEN, DENN DIESE SIND OFT SEHR STARK GECHLORT.

ZU HAUSE:

Das deutsche Wasser aus dem Hahn ist in der Regel unbedenklich. Solltest du dennoch aus irgendwelchen Gründen unsicher sein, ob das Wasser trinkbar ist, kannst du einen Wassertest machen. Teststreifen bekommst du zum Beispiel online bei **WWW.QUELLKLAR.DE**.

ALKOHOL

Dass Alkohol Leber und Hirn schädigt, ist allgemein bekannt. Bereits nach zwei bis drei Gläsern Bier ist die Leber nicht mehr in der Lage, richtig zu arbeiten. Doch welche Wirkung hat Alkohol auf unseren Darm?

Der wohl wichtigste Effekt ist, dass Alkohol antibakteriell wirkt. Nicht ohne Grund sind viele Desinfektionsmittel auf Alkoholbasis hergestellt. Was schlechte Keime in unserem Umfeld töten soll, tötet oral eingenommen leider auch viele gute Bakterien in unserer Darmflora.

Aus diesem Grund bedingt regelmäßiger Alkoholkonsum eine geringere Diversität im Mikrobiom. Des Weiteren sorgt Alkohol im Magen-Darm-Trakt für eine verstärkte Durchblutung. Die Produktion von Verdauungsenzymen und Salzsäure in der Magen- und Dünndarmschleimhaut wird dadurch angekurbelt, was mittelfristig zu einer Übersäuerung im Magen führen kann.

Der Körper hat bei regelmäßigem Alkoholkonsum einen erhöhten Mineralstoffbedarf und greift, sobald alle Mineralstoffdepots im Darmtrakt geleert sind, auf die Reserven in den Knochen zurück. Häufiger Alkoholgenuss kann so die Entstehung von Osteoporose begünstigen.

Die toxischen Abbauprodukte des Alkohols führen außerdem zu einer Reizung der Magen- und Darmschleimhaut und können eine akute Gastritis oder akute Darmentzündungen zur Folge haben. Magen-Darm-Beschwerden wie Übelkeit, Erbrechen und Durchfälle sind typische Symptome. Zudem schwächen die toxischen Abbauprodukte die Darmbarriere und infolgedessen das Immunsystem.

NIE WIEDER ALKOHOL?

Der Verzicht auf ein Glas Wein oder ein Bierchen, wenn wir mit Freunden unterwegs sind, fällt vielen aus gesellschaftlicher Sicht nicht so leicht. Wer mit seinem Wasserglächen auf der Party steht, gilt schnell als Spaßbremse und die möchte schließlich keiner gern sein.

Mittlerweile drängen erfreulicherweise immer mehr alkoholfreie und wirklich gute Alternativen auf den Markt. Ein alkoholfreier Gin, der schmeckt? Noch vor einigen Jahren wäre das undenkbar gewesen. Doch heute gibt es Marken, die zeigen, wie gut alkoholfreier Genuss schmecken kann. Auch in der Bierindustrie hat sich einiges getan. Viele Brauereien bieten mittlerweile eine alkoholfreie Alternative an und sogar Craft-Biere werden mit 0,0–0,5 Vol.-% gebraut.

Teste dich vor der nächsten Party doch einmal durch die Welt der alkoholfreien Spirituosen und versorge dich vorab mit deiner Lieblingsalternative.

Ein richtiges Bier oder ein Glas Sekt zum Anstoßen sind immer noch erlaubt. Laut Deutscher Gesellschaft für Ernährung sollten Frauen jedoch nicht mehr als 10 g und Männer nicht mehr als 20 g reinen Alkohol täglich konsumieren, bei zwei alkoholfreien Tagen in der Woche. In Getränken umgerechnet heißt das, dass Frauen höchstens ein 0,3 l Glas Bier, ein 0,1 l Glas Wein oder ein kleines Schnapsglas trinken sollten. Männer dürfen doppelt zugreifen. Doch alles, was darüberliegt, ist zu viel.

Auch wenn nur kleine, moderate Mengen Alkohol konsumiert werden, sollte der tägliche Genuss von Alkohol vermieden werden. Je weniger wir davon zu uns nehmen, desto besser für unsere Gesundheit.

NIKOTIN

Dass das Rauchen Mund-, Rachen-, Lungen- und Kehlkopfkrebs verursachen kann, ist keine Neuigkeit. Neu ist jedoch, dass es auch Einfluss auf unser Mikrobiom hat und Erkrankungen bei Rauchern nicht selten auf einer unausgewogenen Darmflora beruhen.
Studien zum Mikrobiom bei Rauchern zeigten, dass die Mikroben-Diversität bei Rauchern stark reduziert ist. Darunter leidet auch das Immunsystem, was die Entstehung von Krankheiten begünstigt. In Mikrobiom-Analysen erkannte man, dass die Zusammensetzung einer Raucher-Darmflora der von Menschen ähnelt, die an Adipositas oder entzündlichen Darmerkrankungen leiden. Die schlank machenden und antientzündlichen Lactobacillus- und Bifido-Bakterien sind hier stark reduziert. Somit wird durch das Rauchen mikrobiell der Grundstein für das Dickwerden gelegt.

STEP 1: VITAMINDEPOTS AUFFÜLLEN.

Der Abbau von Nikotin erzeugt einen erhöhten oxidativen Stress. Der Wert an freien Radikalen und toxischen Stoffen ist wesentlich höher. Damit das keine Folgen für den Organismus hat, kämpft der Körper gegen sie an. Um sie unschädlich zu machen, benötigt er viele Antioxidantien aus der Nahrung. Aus diesem Grund haben Raucher einen erhöhten Bedarf an Vitaminen, sekundären Pflanzenstoffen, Mineralstoffen und Spurenelementen. Bei unzureichender Zufuhr dieser Vitalstoffe kann es zu einem Mangel kommen, der Stoffwechsel- und Regenerationprozesse erschwert. Eine bunte, pflanzenbasierte Ernährung sorgt aktiv für prall gefüllte Vitaminspeicher.

STEP 2: GOODBYE, KIPPE!

Das Rauchen aufzugeben, ist nicht leicht. Für viele ist es mehr als das körperliche Bedürfnis nach Nikotin. Es ist Gewohnheit, Belohnung und manchmal auch ein Mittel zur Emotionsbewältigung, zum Beispiel bei Stress. Das macht einen Entzug nicht leichter, dennoch lohnt es sich. Für ein gesünderes und längeres Leben, einen schlank machenden Darm und mehr Energie im Alltag.

STEP 3: EXIT OHNE EXTRAKILOS?

Einige Raucher befürchten, dass sie zunehmen, wenn sie aufhören zu rauchen. Tatsächlich nehmen viele nach der Rauchentwöhnung ca. vier bis fünf Kilo zu. Das kann an der Kompensation durch häufigeres Essen liegen. Zu einem großen Teil liegt dies aber auch am Mikrobiom. Der Wissenschaftler Gerhard Rogler vom Universitätsspital Zürich wies durch Stuhlproben von Rauchentwöhnern nach, dass sich die Zahl der Dickmacher-Bakterien durch das plötzliche Fehlen des Nikotins verdoppelte. Um diesem Effekt entgegenzuwirken, hilft es, verstärkt „Bakterienfutter" zu essen. Das unterstützt die guten Mikroben beim Kampf gegen die wachsende Population der Dickmacher-Bakterien. Auch eine Synbiotika-Kur ist bei einer Rauchentwöhnung sinnvoll.

ENTZÜNDUNGSFETT

Das Fett, das wir an unserem Körper tragen, hat ebenfalls einen Einfluss auf unsere Darmgesundheit. Hierbei ist ein genauerer Blick auf die Zusammensetzung unseres Körperfetts wichtig. Denn Fett ist nicht gleich Fett. Es gibt zwei Formen von Körperfett. Das viszerale Fett und das subkutane Fett. Ein Übermaß an Viszeralfett drückt sich oft durch einen runden „Bierbauch" aus. Dieses Fett ist mit Vorsicht zu genießen. Denn es ist kein passives Fett, das es sich einfach nur an unserem Körper bequem macht. Es ist stoffwechselaktiv und sendet hunderte Botenstoffe aus. Darunter befinden sich auch viele entzündungsfördernde Stoffe. Zu viel Viszeralfett befeuert aus diesem Grund heimliche Entzündungen im Körper. Dazu zählen natürlich auch jene, die sich im Darm verstecken.

Je mehr Vizeralfett wir mit uns herumtragen, desto größer ist das Risiko für Herz-Kreislauf-Erkrankungen wie Arteriosklerose und Herzinfarkt sowie für Stoffwechselerkrankungen wie Diabetes mellitus Typ 2. Viszeralfett wird auf einer Skala von 0–20 gemessen. Alles über neun gilt als kritisch, alles darunter ist gesundheitlich verträglich. Jedoch kann man grundsätzlich sagen: Je weniger Viszeralfett, desto besser!

EINE TEUFLISCHE SPIRALE

Je mehr entzündungsförderndes Fett wir am Körper tragen, desto größer ist das Risiko für Entzündungen im Körper. Studien haben gezeigt, dass erhöhte Entzündungswerte in Verbindung mit einer vermehrten Körperfettspeicherung stehen. Insbesondere das viszerale Fett nimmt in diesem Fall zu. Mit einer darmfreundlichen Ernährung, die Entzündungen bekämpft, kann man folglich auch unnötiger Fettspeicherung vorbeugen.

DER ZWEITE IM BUNDE

Der Vollständigkeit halber sei an dieser Stelle noch erwähnt, dass es neben dem „bösen" Viszeralfett auch noch das subkutane Fett gibt. Es handelt sich hierbei um Unterhautfettgewebe. Es befindet sich zwischen der Hautschicht und der Faszienschicht, die sich um die Muskeln legt. Oft sitzt es vermehrt an Hüften und Po. Das subkutane Fett speichert Energie für schlechte Tage, isoliert und hält uns schön warm. Dieses Fett ist passiv und schützt uns. Man kann es darum als „gutes" Fett bezeichnen. Wir brauchen es. Aber natürlich auch nicht mehr als nötig.

Bist du ein „Tofi?"

Nein, nicht Tofu! Tofi. Das sind die dünnen, schlank aussehenden Menschen, bei denen man erst bei der Körperfettmessung feststellt, dass sie jede Menge Fett mit sich herumschleppen. Doch wie kann das sein? Der Grund dafür ist, dass diese Tofis (Thin outside. Fat inside.) viel innen liegendes Viszeralfett am Körper mit sich tragen. Dieses Fett ist überwiegend am Bauch, in der Bauchhöhle und an den Organen (zum Beispiel Leber und Darm) vorhanden. Bei dem einen drückt sich ein Übermaß an Viszeralfett durch einen runden „Bierbauch" aus. Beim anderen jedoch versteckt sich das Fett gekonnt. Genau das ist tückisch, da es nicht so schnell erkannt wird. Durch seine stoffwechselaktiven Eigenschaften fördert es die Entstehung von Entzündungen und zahlreichen Folgeerkrankungen, die bereits erwähnt wurden. Eine Körperfettmessung gibt Aufschluss über das Verhältnis der Fette im Körper. Man kann sie in der Regel beim Arzt oder im Fitnessstudio durchführen lassen.

Was ist ein guter Körperfettwert?

Da Frauen von Natur aus mehr Körperfett besitzen als Männer, sind die idealen Körperfettwerte je nach Geschlecht unterschiedlich. Für eine optimale Versorgung des Kindes und der Mutter in der Schwangerschaft und Stillzeit wurde die Frau von der Natur mit höheren Energiereserven in Form von Fett ausgestattet. Zudem fördert das weibliche Sexualhormon Östrogen eine Fettablagerung im Bereich der Hüften und des Pos. Darum neigen Frauen bei der Gewichtszunahme eher zu einer Birnenform (in der Mitte schmal, an den Hüften und am Po dick) und Männer zu einer Apfelform (oben schmal, am Bauch dick, unten schmal).

ALTER	KÖRPERFETTANTEIL FRAUEN				KÖRPERFETTANTEIL MÄNNER			
(Jahre)	niedrig	normal	hoch	sehr hoch	niedrig	normal	hoch	sehr hoch
20–39	<21%	21–33%	33–39%	≥39%	<8%	8–20%	20–25%	≥25%
40–59	<23%	23–34%	34–40%	≥40%	<11%	11–22%	22–28%	≥28%
60–79	<24%	24–36%	36–42%	≥42%	<13%	13–25%	25–30%	≥30%

In ihrer Körperzusammensetzung sind Männer und Frauen verschieden. Frauen haben grundsätzlich mehr Körperfett als Männer und infolgedessen auch im Verhältnis weniger Muskelmasse als das männliche Geschlecht. Der Muskelanteil variiert je nach Alter. Mit zunehmendem Alter nimmt bei Frauen wie auch bei Männern die Muskelmasse ab. Der Körperfettanteil hingegen wächst.

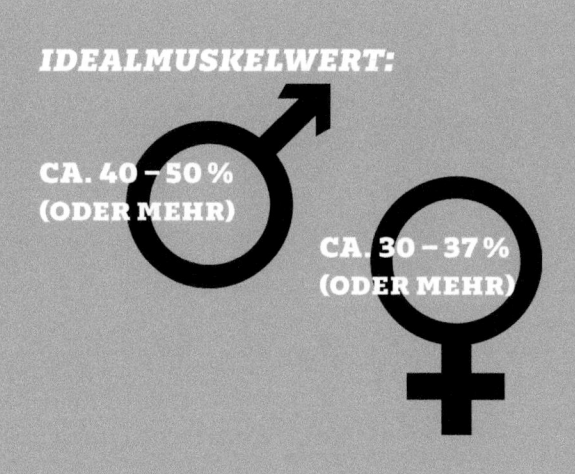

IDEALMUSKELWERT:

♂ CA. 40–50% (ODER MEHR)

♀ CA. 30–37% (ODER MEHR)

Erste Hilfe bei der Verdauung

WIE DU DEINEM DARM MIT EIN PAAR TRICKS BEIM VERDAUEN UNTER DIE ARME GREIFEN KANNST

WASSER MARSCH

Du willst deinen Darm auf Vordermann bringen und darum ballaststoffreicher essen? Hervorragend! Damit dein Darm von den vielen Ballaststoffen profitieren kann, braucht er Wasser. Ballaststoffe quellen nämlich stark auf. Ohne ausreichend Flüssigkeit kann es zu Verstopfungen und Darmbeschwerden kommen. Trinke darum regelmäßig und zu jeder Mahlzeit, insgesamt zwei bis drei Liter am Tag. Das hilft übrigens nicht nur deinem Darm, es steigert auch deine Leistungs- und Denkfähigkeit. Denn Wasser ist wichtig für eine gute Reizweiterleitung der Nerven in Muskeln und Gehirn. Wasser trinken lohnt sich also gleich mehrfach.

BITTERES FÜR MEHR SÄURE

Bitterstoffe steigern die Magen- und Gallensaftsekretion und wirken damit verdauungsfördernd. Durch den bitteren Geschmack können sie auch den Appetit auf Süßes reduzieren. Lebensmittel, die Bitterstoffe enthalten, sind Chicorée, Radicchio, Rucola, Grapefruit, Endivien und Artischocken. Spezielle Bittertropfen vor dem Essen sind auch eine gute Idee, wenn man mit Verdauungsproblemen zu tun hat. Durch die vermehrte Gallen- und Magensäure fällt die Verdauung wesentlich leichter.

BE A KAUBOY/KAUGIRL

Die Verdauung unseres Essens beginnt bereits im Mund. In unserem Speichel befinden sich Verdauungsenzyme, die dabei helfen, Kohlenhydrate in ihre Einzelteile aufzuspalten. Durch gründliches Kauen nehmen wir unserem Verdauungstrakt schon einen Teil seiner Arbeit ab.

„AGNI"-GERECHT ESSEN

Unser „Verdauungsfeuer", das im Ayurveda auch „Agni" genannt wird, ist laut der indischen Lehre zu bestimmten Tageszeiten unterschiedlich stark. Während es morgens und abends eher schwach ist, hat es zur Mittagszeit sein Hoch. Um unserer Verdauung einen Gefallen zu tun, ist es gut, wenn wir unsere Ernährung an der Verdauungsleistung orientieren. Diese Philosophie ist übrigens nicht nur in Indien etabliert. Schließlich kennen wir doch alle den Spruch: „Iss morgens wie ein Kaiser, mittags wie ein König und abends wie ein Bettler.", oder? Schwer verdauliche Lebensmittel sollten wir eher zur Mittagszeit zu uns nehmen. Dazu zählen in erster Linie fett- und proteinreiche Speisen und Rohkost. Morgens und abends hingegen empfehlen sich leicht verdauliche Gerichte und kleine Portionsgrößen. Da warme, gegarte Speisen leichter verdaulich sind als kalte, rohe Nahrungsmittel, sind ein warmes Porridge am Morgen oder ein heißes Süppchen am frühen Abend ideale Gerichte, um das Agni zu unterstützen.

CALM DOWN & RELAX

Unser Darm reagiert sehr sensibel auf Stress. Die Darmflora kann dadurch leicht aus dem Gleichgewicht geraten. Durch vermehrte Stresshormone im Blut wird zudem die Darmwand durchlässiger, was sich negativ auf die Schutzfunktion der Darmbarriere auswirkt. Akuter Stress drückt sich in einer gesteigerten Darmbewegung aus, durch die mehr Wasser, Schleim und Elektrolyte ins Darminnere abgegeben werden. Die Folgen sind Durchfall und Mineralstoffverlust. Bei lang anhaltendem Stress kann die Darmbewegung hingegen herunterfahren und so zu Verstopfungen führen.
Hör auf deinen Körper und nutze entspannungsfördernde Maßnahmen zur Stressreduktion. Yoga, Meditation, Achtsamkeitsübungen, aber auch eine Runde Sport, ein Spaziergang oder eine Mütze Schlaf können Wunder wirken.

PAUSE FÜR DEN DARM

Von der Resorption von Nährstoffen über die körpereigene Vitaminproduktion bis hin zur Aussendung von Botenstoffen leistet unser Darm Enormes. Um ihn bei all der Arbeit etwas Entlastung zu gönnen, ist es sinnvoll, ständiges Snacken zu vermeiden. Hier mal ein Keks, dort mal ein Milchkaffee – dies lässt den Verdauungstrakt 24/7 ackern. Ohne die Snacks hingegen kommt der Verdauungstrakt zwischen den Mahlzeiten auch mal zur Ruhe. Mit drei vollwertigen, ballaststoff- und eiweißreichen Mahlzeiten sorgst du für ausreichend Sättigung über den Tag. So kannst du dir unnötige Zwischenmahlzeiten ersparen.

Eine weitere Möglichkeit zur Darmregeneration ist das Intervallfasten. Das Frühstück oder das Abendessen gelegentlich ausfallen zu lassen, schenkt deinem Darm bis zu 18 Stunden Regenerationszeit. Zudem kurbelt es die körpereigene Fettverbrennung an.

Wenn du wegen einer speziellen Vorerkrankung oder der Einnahme von Medikamenten nicht fasten solltest, dann ist diese Methode möglicherweise nicht für dich geeignet. Konsultiere in diesem Fall deinen Arzt und lass dich individuell beraten.

CHECK-UP AUF UNVERTRÄGLICHKEITEN

Laktose? Histamine? Weizen? Gluten? Fruktose? Es gibt viele Unverträglichkeiten, die für die Betroffenen oft mit Verdauungsproblemen einhergehen. Solltest du nach dem Essen bestimmter Nahrungsmittel öfter Bauchgrummeln, Blähungen oder Magenkrämpfe bekommen, dann lass dich auf Unverträglichkeiten beim Arzt testen. Der dauerhafte Verzehr von Lebensmitteln, die du nicht verträgst, kann deine Darmschleimhaut reizen, die Darmbarriere schädigen, das Immunsystem schwächen und zur Ausbildung von chronischen Darmerkrankungen führen.

Mach darum bei Beschwerden einfach einen Test, dann hast du Klarheit! Es ist ohnehin nie verkehrt, sich einmal beim Arzt ordentlich durchchecken zu lassen.

Übrigens: Die Entwicklung von Unverträglichkeiten und Allergien ist oft das Resultat einer gestörten Darmflora. Für alle, die darunter leiden, ist eine darmfreundliche Ernährung umso empfehlenswerter.

SPORT HILFT BEIM VERDAUEN

Eine Studie aus Illinois belegte, dass Sport das Mikrobiom positiv verändern kann. Hierfür absolvierten die Probanden der Studie dreimal pro Woche ein 30- bis 60-minütiges Herz-Kreislauf-Training. Danach wurde mithilfe einer Stuhlprobe festgestellt, ob sich durch den Sport Veränderungen innerhalb der Darmflora abzeichneten. Und tatsächlich: Die Probanden wiesen sehr viel mehr schlank machende Darmbakterien auf, speziell jene Mikroben, die die kurzkettige Fettsäure Butyrat produzieren. Butyrat wirkt regenerierend auf die Darmschleimhaut. Es kann das Immunsystem stärken und sogar Rheuma und Diabetes vorbeugen. Vor allem bei schlanken Menschen, also jenen, die schon von Haus aus mehr gute Mikroben im Darm beheimaten, wuchs die Population von Butyrat produzierenden Bakterien besonders stark. Bei übergewichtigen Menschen war das Wachstum etwas schwächer. Es ist anzunehmen, dass die Dominanz der dick machenende Darmbakterien es den Butyrat produzierenden Bakterien schwerer macht, sesshaft zu werden.

Wie bei der Ernährung ist auch beim Sport Kontinuität wichtig. Denn die Studie zeigte zudem, dass sich das Mikrobiom wieder zurückentwickelt, sobald die sportlichen Aktivitäten wieder eingestellt wurden.
Der Weg zur Darmgesundheit und einer dauerhaften schlanken Linie ist also kein Sprint, sondern ein Langstreckenlauf. Mit der Kombination aus Sport und einer darmfreundlichen Ernährung kannst du das Wachstum der guten Darmbakterien noch einmal richtig boosten.

Iss viel Bakterienfutter:

+ **BALLASTSTOFFREICHE & PRÄBIOTISCHE LEBENSMITTEL**

+ **PROBIOTISCHE LEBENSMITTEL**

+ **LECITHINREICHE LEBENSMITTEL**

+ **OMEGA-3-FETTSÄURE-QUELLEN**

+ **ENTZÜNDUNGSHEMMENDES & VERDAUUNGSFÖRDERNDES GEMÜSE, OBST, KRÄUTER UND GEWÜRZE**

Wie?

> Verwende statt verarbeiteter, besser naturbelassene Zutaten.

> Verzichte auf Fertiggerichte und koche lieber frisch.

> Setze viele vollwertige Getreideprodukte ein wie Haferflocken, Hirse, Vollkornmehle, Quinoa, Naturreis, Vollkornnudeln, Vollkorn- oder geschrotetes Brot.

> Integriere regelmäßig Leinöl, Walnussöl, Lein-, Hanf- und Chiasamen in deine Ernährung (Mischköstler können auch ein- bis zweimal die Woche Omega-3-reichen Bio-Fisch essen).

> Iss möglichst bunt, vielseitig und auch mal bitter. Nimm viel Gemüse und Obst zu dir.

> Würze nicht nur mit Salz und Pfeffer, sondern bediene dich an der gesamten Bandbreite der Kräuter- und Gewürzwelt.

> Nimm täglich fermentierte Lebensmittel oder andere probiotische Lebensmittel wie Joghurt oder Kefir zu dir.

> Unterstütze deine Verdauung durch ausreichendes Trinken, gutes Kauen, Bitterstoffe (zum Beispiel in Chicorée, Radiccio oder Rucola) und kleine Portionen am Abend.

Meide Bakterienkiller:

- RAFFINIERTER ZUCKER, SÜSSUNGSMITTEL, ZUCKERALTERNATIVEN (AUSSER YACON)

- TRANSFETTE & GESÄTTIGTE, TIERISCHE FETTSÄUREN

- KONSERVIERUNGSSTOFFE UND EMULGATOREN

- ANTIBIOTIKA (NUR IM NOTFALL), FLEISCH – INSBESONDERE NICHT-BIO-FLEISCH, DAS ANTIBIOTIKARÜCKSTÄNDE ENTHALTEN KANN

- GECHLORTES WASSER

- ALKOHOLISCHE GETRÄNKE & ZIGARETTEN

Wie?

> Grundsätzlich: Beobachte, welche Lebensmittel dir nicht gut tun. Mache im Zweifel einen Check-up auf Unverträglichkeiten beim Arzt. Meide die Lebensmittel, die du nicht verträgst.

> Schaff dir gesunde süße Alternativen, die ohne raffinierten Zucker auskommen (hierfür findest du leckere Rezepte im „Genusshunger"-Teil).

> Süße lieber mit Yacon, Datteln oder Banane.

> Iss keine Fertiggerichte oder abgepackten Snacks.

> Meide Fastfood und frittierte Speisen.

> Setze statt auf Fleisch lieber auf pflanzliche Proteine wie Hülsenfrüchte, Sojaprodukte oder Gemüse.

> Benutzte Antibiotika nur im Notfall.

> Trinke kein Leitungswasser im Urlaub.

> Greif lieber zu alkoholfreien Alternativen wie zum Beispiel alkoholfreiem Bier.

> Für Raucher: Versuche, dem Glimmstängel Lebewohl zu sagen.

Das 4-Wochen-Programm

DER STEP-BY-STEP-PLAN, DER DEIN MIKROBIOM WIEDER IN BALANCE BRINGT

KAPITEL 3: „DAS 4-WOCHEN-PROGRAMM"

Auf deiner Reise durch den Ernährungsguide hast du Bakterienfutter und Bakterienkiller kennengelernt. Mit dem Wissen, was deinem Darm gut tut und was nicht, kannst du nun deine Ernährung Stück für Stück selbst optimieren.

Wenn du dir bei diesem Schritt noch mehr Unterstützung wünscht, dann ist das folgende 4-Wochen-Programm genau das Richtige für dich. Es ist das All-inclusive-Angebot für deine Reise zu mehr Darmgesundheit.
Mit einem Plan für die perfekte Vorratskammer, einem Darm-Wohlfühl-Morgenritual, Ernährungsplänen mit zahlreichen Meal-Prep-Optionen, die dir die Essensplanung für die Woche leicht machen sowie passenden Einkaufslisten zum Download wird die Umstellung auf eine gesunde Ernährungsweise auch im Alltag ohne zu viel Aufwand umsetzbar.

Weil jeder Körper anders ist, habe ich das Programm möglichst individuell aufgesetzt. Neben unterschiedlichen Ernährungsplänen gibt es auch zwei Möglichkeiten für den Einsteig in das 4-Wochen-Programm. Welcher Einstieg für dich der richtige ist, hängt von deiner „Startposition" ab.
Wenn du Gewichtsprobleme oder Darmbeschwerden hast, dann sind deine gesundheitsfördernden, figurfreundlichen Mikroben vermutlich noch in der Unterzahl. Als kleines „Gallisches Dorf" sind sie schnell überfordert, wenn sie von einer Armada an Ballaststoffen und Präbiotika überrollt werden. In ihrer knappen Besetzung schaffen sie es nicht, das gesamte Bakterienfutter zu verdauen. Das führt zur Bildung von Gasen, zu unangenehmen Blähungen, Darmgrummeln oder sogar Krämpfen.
Um diese Symptome zu verhindern, biete ich dir im 4-Wochen-Programm einen „sanften Einstieg" mit dem du die Menge des Bakterienfutters peu à peu erhöhst. So kann die Population der schlank machenden Mikroben Stück für Stück wachsen. Je mehr gute Bakterien mit der Zeit im Darm sesshaft werden, desto weniger Probleme hast du mit den Ballaststoffen. Wenn du Ballaststoffe bereits gut verträgst, ist der Einstieg ins Programm auch direkt möglich. Finde deinen Weg.

Warum vier Wochen?

Drei Möhren gefuttert und schwups ist die Darmflora wieder in Balance? So einfach geht es leider nicht. Seinen Darm komplett zu regenerieren, kann bis zu drei Monate dauern. Im Speziellen wenn konkrete Beschwerden und Entzündungen vorliegen.

Jedoch zeigten Studien, dass sich bereits nach vier Wochen das Bakterienverhältnis durch den Einsatz probiotischer Bakterienstämme und präbiotischer Ballaststoffe nachweislich verändert. Die guten schlank machenden Bakterien nehmen während dieser Zeit messbar in ihrer Population zu, während sich die Anzahl der dick machenden Firmicutes-Bakterien verringert. Durch diese neue Mikroben-Balance wird der Grundstein für die Ausheilung und Regeneration des Darms gelegt.

Das neue Bakterienverhältnis ermöglicht es den guten Darmbakterien, mehr kurzkettige Fettsäuren zu bilden, die bei der Verdauung von Präbiotika entstehen. Diese Fettsäuren reparieren die Darmschleimhaut, schließen löchrige Stellen in der Darmwand, reduzieren dadurch Entzündungen und stärken die Immunabwehr. Ein gesunder Darm braucht darum erst einmal ein gut ausbalanciertes Mikrobiom. Das 4-Wochen-Programm begleitet dich auf dem Weg dorthin.

In den ersten vier Wochen geht es nicht darum, möglichst schnell viele Kilos zu verlieren. Es geht darum, deinen Körper wieder in Balance zu bringen. Der Rest kommt mit der Zeit ganz von allein. Vorausgesetzt du gibst deinen guten Kollegen im Darm weiterhin das Bakterienfutter, das sie brauchen.

Auch wenn das primäre Ziel der ersten Wochen kein schneller Gewichtsverlust ist, kann es dennoch passieren, dass du während des Programms ein paar Kilos verlierst. Den Probanden in den schon zitierten Studien erging es ähnlich. Viele nahmen bereits in den ersten vier Wochen ein paar Kilos ab und verspürten mehr Sättigung nach dem Essen. Vielen von ihnen fiel es sehr viel leichter, die Kalorienaufnahme im Rahmen einer Diät zu reduzieren. Die Körperfettmessungen und Blutanalysen zeigten, dass sich der Körperfettanteil und die Blutfettwerte positiv veränderten.

Wenn es dir im Zuge des 4-Wochen-Programms genauso ergeht, freue ich mich sehr für dich. Dennoch solltest du die Zahl auf der Waage nicht als Maßgabe deines Erfolgs erachten. Wie leicht die Kilos purzeln, hängt von deiner individuellen Ausgangslage ab. Die Zeit, die das Mikrobiom benötigt, um wieder in Balance zu kommen, kann von Typ zu Typ variieren. Betrachte das Modell der darmfreundlichen Ernährung deshalb nicht als Sprint, sondern als Langstreckenlauf. Das 4-Wochen-Programm ist nur der Startblock und liefert dir den nötigen Rückenwind.

Wie fit sind deine Bakterien im Darm?

Bevor wir loslegen, bitte ich dich, den folgenden Test zu machen. Er hilft dir dabei, zu identifizieren, wie es um deine guten Freunde im Dickdarm steht. Wie fit deine guten Darmbakterien sind, hängt stark davon ab, wie du sie bis jetzt mit Nahrung versorgt hast.
Mit dem folgenden Test werfen wir einen Blick auf deine aktuelle Ernährungsweise und analysieren damit das „Fitnesslevel" deiner guten Mikroben. Das Ergebnis des Tests ist die Basis für dein individuelles 4-Wochen-Programm. Also zück den Stift und kreuze die Antworten an, die auf dich zutreffen.

	Ja	Nein
WURDEST DU NATÜRLICH GEBOREN? (KEINE KAISERSCHNITTGEBURT)	☐	☐
HAST DU ALS KIND MEHRFACH ANTIBIOTIKA ERHALTEN?	☐	☐
HAST DU IN DEN LETZTEN SECHS MONATEN ANTIBIOTIKA EINGENOMMEN?	☐	☐
LEIDEST DU HÄUFIG AN VERSTOPFUNGEN?	☐	☐
WENN JA, BENUTZT DU IN DIESEM FALL ABFÜHRMITTEL?	☐	☐
HAST DU LEBENSMITTELUNVERTRÄGLICHKEITEN?	☐	☐
HAST DU NAHRUNGSMITTELALLERGIEN?	☐	☐
HAST DU SONST IRGENDWELCHE ALLERGIEN?	☐	☐
LEIDEST DU AN NEURODERMITIS, AKNE, EKZEMEN ODER JUCKREIZ?	☐	☐
FÜHLST DU DICH OFT MÜDE UND ENERGIELOS?	☐	☐
HAST DU EINE CHRONISCH-ENTZÜNDLICHE DARMERKRANKUNG WIE MORBUS CROHN ODER COLITIS ULCEROSA?	☐	☐
HAST DU EIN REIZDARMSYNDROM?	☐	☐
HAST DU ÜBERGEWICHT?	☐	☐
HAST DU DAS GEFÜHL, SCHNELL AN GEWICHT ZUZULEGEN UND SCHWER WIEDER GEWICHT ZU VERLIEREN?	☐	☐
HAST DU IN DEN LETZTEN SECHS MONATEN MIT DEM RAUCHEN AUFGEHÖRT?	☐	☐

Der Test geht auf der nächsten Seite weiter.

	Ja	Nein
COUCHPOTATO (JA-BOX) ODER SPORTSKANONE (NEIN-BOX)?	☐	☐
HAST DU VIEL STRESS IM ALLTAG?	☐	☐
SCHLÄFST DU WENIGER ALS SECHS STUNDEN PRO NACHT?	☐	☐
VERWENDEST DU DESINFEKTIONSMITTEL ZUM PUTZEN ODER EINE DESINFIZIERENDE SEIFE ZUM HÄNDEWASCHEN?	☐	☐
ISST DU MEHR ALS DREIMAL DIE WOCHE FLEISCH UND TIERISCHE PRODUKTE WIE KÄSE, QUARK UND MILCH?	☐	☐
TRINKST DU REGELMÄSSIG ALKOHOL? (MEHRMALS DIE WOCHE MEHR ALS EIN BIS ZWEI GLÄSER BIER/WEIN PRO TAG)	☐	☐
FÄLLT ES DIR SCHWER, BALLASTSTOFFE (AUS HÜLSENFRÜCHTEN, VOLLKORNPRODUKTEN, NÜSSEN, BEEREN ODER GEMÜSE) IN JEDE MAHLZEIT EINZUBAUEN? (EINE PORTION PRO MAHLZEIT = EINE HANDVOLL)	☐	☐
ISST DU GERN SCHNELL VERDAULICHE KOHLENHYDRATE WIE WEISSMEHLPRODUKTE, NUDELN, BASMATIREIS, TOAST, LAUGENBRÖTCHEN ODER HELLES GEBÄCK?	☐	☐
NASCHST DU GERNE? (SÜSSIGKEITEN, KUCHEN, EISCREME)	☐	☐
ISST DU VIELE FERTIGPRODUKTE? (FERTIGGERICHTE, TK-GERICHTE, INSTANT-POTS, TO-GO-GERICHTE, FRUCHTJOGHURTS, SÜSSE AUFSTRICHE)	☐	☐
TRINKST DU SOFTDRINKS WIE COLA, LIMO UND CO? (NORMAL UND/ODER ALS ZERO- ODER LIGHT-VERSION?)	☐	☐
IST DEINE ERNÄHRUNG EHER EINSEITIG?	☐	☐

AUSWERTUNG:

Der Problem-Darm

DU HAST VON DEN 15 FRAGEN AUF SEITE 69 EINE ODER MEHR MIT „JA" BEANTWORTET.

Deine Darmflora könnte aus dem Gleichgewicht geraten sein. Vielleicht ist der Zustand deines Darm sogar bereits spürbar. Probleme mit der Verdauung, Hautprobleme, Allergien und Unverträglichkeiten können die Folge eines Ungleichgewichts der Darmbakterien sein.
Das 4-Wochen-Programm ist für dich darum ideal. Es hilft dir, deine Darmflora wiederaufzubauen. Unterstützend würde ich dir noch eine Synbiotika-Kur empfehlen, um deine Darmflora bei der Regeneration zu unterstützen.

Ernährungsbedingte Dysbiose

DU HAST ALLE FRAGEN AUF SEITE 69 MIT „NEIN", ABER 3 FRAGEN ODER MEHR AUF SEITE 70 MIT „JA" BEANTWORTET.

Als Dysbiose bezeichnet man ein Ungleichgewicht innerhalb der Darmflora. Wenn du vor allem die Fragen zu deiner Ernährungsweise auf Seite 70 mit „Ja" angekreuzt hast, dann kann es sein, dass deine Darmflora durch einen ungünstigen Lebensstil aus dem Gleichgewicht geraten ist. Eine Umstellung auf eine darmfreundliche, gesündere Ernährung ist daher empfehlenswert, um die guten und schlechten Darmbakterien wieder in ein gesundes Verhältnis zu bringen.

Der Happy-Gut

DU HAST KEINE FRAGE DES TESTS MIT „JA" BEANTWORTET.

Sensationell! Das Risiko einer Dysbiose ist bei dir eher gering. Eine gezielte 4-Wochen-Darmkur schadet trotzdem nicht. Wenn du Lust hast, kannst du dich auch an den Ernährungsplänen orientieren. Du kannst die Rezepte im Buch aber auch einfach als Inspiration für deinen ohnehin schon sehr gesunden Ernährungsstil sehen. Weiter so und viel Freude mit den Rezepten!

Einsteigen, bitte!

ZWEI MÖGLICHKEITEN, UM IN DIE DARMFREUNDLICHE ERNÄHRUNG EINZUSTEIGEN

1 Der sanfte Weg

Wenn du die letzten fünf Fragen des „Darm-Fitness-Tests" größtenteils mit „JA" beantwortet hast, dann finden ballaststoffreiche, prä- und probiotische Lebensmittel vermutlich eher selten den Weg auf deinen Teller. Das wollen wir jetzt ändern!

Da dein Mikrobiom zum aktuellen Zeitpunkt jedoch noch nicht daran gewöhnt ist, Bakterienfutter in großen Mengen serviert zu bekommen, sollten wir die Sache entspannt angehen. Ein Blitzstart von 0 auf 100 kann deine Freunde im Darm schnell überfordern. Um das zu vermeiden, ist für dich der sanfte Einstieg der richtige!

UND DER FUNKTIONIERT SO:

Lass die Ernährungspläne von Seite 90–97 noch einmal ein bis zwei Wochen ruhen. Wenn du möchtest, kannst du sie für deine Frühstückswochenplanung heranziehen. Du kannst dich aber auch nach Lust und Laune von den Frühstücksrezepten in diesem Buch inspirieren lassen.
Der Fokus in den ersten zwei Wochen liegt nämlich nicht auf der Befolgung fester Essenspläne, sondern vor allem darauf, die Bakterienkiller von deinem alltäglichen Speiseplan zu entfernen.
Dies gelingt dir, wenn du die folgenden sechs Regeln zu deinen Ernährungseckpfeilern machst:

1 STEIG VON ALKOHOL AUF ALKOHOLFREIE GETRÄNKE UM.

2 BEVORZUGE VEGETARISCHE GERICHTE. (WENN DU DOCH MAL FLEISCH ISST, ACHTE AUF BIO-QUALITÄT.)

3 KOCHE SELBST! BASMATIREIS, HELLE NUDELN, KARTOFFELN – IN DER ERSTEN WOCHE SIND FÜR DICH AUCH NOCH SCHNELL VERDAULICHE KOHLENHYDRATE ERLAUBT. HAUPTSACHE DU ISST KEINE FERTIGPIZZA ODER IMBISSSNACKS. PROBIERE ABER AUCH GERN SCHON EINMAL KOMPLEXERE KOHLENHYDRATQUELLEN WIE VOLLKORNNUDELN, NATURREIS ODER SÜSSKARTOFFELN AUS.

4 SAG DEM ZUCKER: „GOODBYE". DU LIEBST SÜSSES? DANN BEREITE DIR EINE GESUNDE NASCHALTERNATIVE AUS DIESEM BUCH ZU WIE ZUM BEISPIEL DAS ZEBRA-ERDNUSS-BANANENEIS (S. 268), DIE GESUNDEN QUINOA-NIPPONS (S. 259) ODER DIE CARROT-CAKE-ENERGYBALLS (S. 277). WENN DER JIEPER KOMMT, KANNST DU HIER OHNE REUE ZUGREIFEN.

5 INTEGRIERE DAS HAPPY-GUT-MORGEN-RITUAL VON SEITE 74–77 IN DEINEN ALLTAG.

6 MACH DIR MORGENS EIN PRÄBIOTISCHES FRÜHSTÜCK AUS DIESEM BUCH. MITTAG- UND ABENDESSEN KANNST DU FREI GESTALTEN (UNTER BERÜCKSICHTIGUNG DER REGELN 1–4).

Wenn dein Verdauungstrakt diese Ernährung gut annimmt, kannst du das „Bakterienfutter" in Woche zwei erhöhen. Dafür bereitest du dir abends nun auch immer ein Gericht aus diesem Buch zu.

In der dritten und vierten Woche startest du dann voll durch und integrierst auch mittags ein Rezept aus diesem Buch in deinen Speiseplan. Nutze dafür gern einen der Ernährungspläne, um dir die Essensplanung für die Woche zu erleichtern.

ACHTUNG:

Solltest du feststellen, dass dein Darm in der zweiten Woche mit den ballaststoffreichen Lebensmitteln noch etwas überfordert ist, dann hänge einfach noch eine weitere Woche nach diesem Prinzip dran und starte erst in der vierten Woche mit der Integration von Ballaststoffen in allen Mahlzeiten.
Wichtig: Verlängere in diesem Fall auch die Gesamtzeit des Programms um ein bis zwei Wochen.

Wichtig!

ACHTE AUF UNVERTRÄGLICHKEITEN:

Egal für welchen Weg und Ernährungsplan du dich entscheidest, achte darauf, dass die darin enthaltenen Rezepte zu dir passen. Wenn du merkst, dass dir Gluten, Weizen, zu viel Fruktose oder bestimmte Lebensmittel wie zum Beispiel Nüsse nicht gut tun, dann passe die Pläne und Rezepte individuell an. Ersetze Lebensmittel, die du nicht verträgst, mit anderen, die dir gut tun.

2 Der direkte Weg

Wenn Gemüse und Ballaststoffe kein Fremdwort für dich sind und du sie bereits regelmäßig in deiner Küche verwendest, dann kannst du dir den sanften Einstieg sparen und gleich mit Vollgas in die darmfreundliche Ernährung starten.
Deine Mikroben – auch wenn sie vielleicht noch nicht in optimaler Besetzung in deiner Darmflora vorhanden sind – können die ballaststoffreichen Rezepte in der Regel bereits ausreichend verdauen.

Um loszulegen, suche dir einen der Ernährungspläne aus, die du auf Seite 90–97 findest. Je nachdem, ob du viel oder nur wenig Zeit zum Kochen hast oder ob du abnehmen möchtest oder nicht: Die von mir erstellten Ernährungspläne sind auf deine individuellen Wünsche angepasst. Suche dir deinen passenden Plan aus und orientiere dich an den Rezeptempfehlungen.
Keine Sorge, du musst dich nicht sklavisch daran halten. Du kannst Gerichte tauschen oder neu miteinander kombinieren. Die Ernährungspläne dienen dir lediglich als Orientierungshilfe, um auf Spur zu bleiben.

Happy-Gut-Morgenritual

Für den einen ist es der Kaffee am Morgen, für den anderen die Joggingrunde oder das Lesen der morgendlichen Nachrichten. Jeder von uns hat sein Morgenritual. Diese Rituale tun uns gut, sie gehören uns allein und sind für viele Menschen – speziell für Eltern oder Menschen, die beruflich stark eingespannt sind, die einzige richtige „Me-Time" am Tag.

Ich möchte diesen wunderbar achtsamen Moment gern um drei Dinge ergänzen, die deinem Darm gut tun und dir Power für den Tag geben.

Egal, ob du den sanften oder den direkten Weg wählst, das folgende darmfreundliche Morgenritual soll für dich der neue, gesunde Start in den Tag werden.

WORAUS BESTEHT DAS „HAPPY-GUT-MORGENRITUAL"?

1. **TRINKE NOCH VOR DER ERSTEN TASSE KAFFEE ODER TEE EIN GROSSES GLAS STILLES WASSER.**

2. **TRINKE DANACH JEDEN MORGEN ZUR DARMREGULIERUNG EIN GLAS KURKUMA-INGWER-SHOT.**

3. **GÖNNE DIR EIN PRÄBIOTISCHES FRÜHSTÜCK.**

Das Glas Wasser

Sieben bis acht Stunden schlafen wir in der Regel. Dies sind sieben bis acht Stunden, in denen wir nichts trinken. Ohne es zu merken, schwitzen wir in der Nacht und verlieren dabei zwischen ein bis zwei Liter Wasser. Nach der Morgentoilette ist unsere Blase dann vollends geleert und alle Wasserdepots im Körper sind ausgetrocknet wie die Wüste Gobi. Höchste Zeit, den Wasserhaushalt wieder ins Lot zu bringen. Denn ohne ausreichend Wasser kommen unser Stoffwechsel, unsere Organe, unsere Muskeln und vor allem unser Gehirn ganz schön ins Straucheln. Die Reizweiterleitung funktioniert schlechter. Das Blut ist dicker und zähflüssiger und das Herz muss ordentlich pumpen, um es weiterhin an alle Stellen des Körpers transportieren zu können.

Um das zu verhindern, sollte deine erste Amtshandlung nach dem Aufstehen immer das Trinken eines großen Glases Wasser sein. Besser noch wären zwei, gerade an heißen Tagen. Wasser kurbelt die Verdauungs- und Stoffwechselprozesse an, wirkt reinigend auf den Organismus und sorgt für einen klaren Kopf. Kaffee hingegen wirkt entwässernd. Er sollte deshalb nicht das erste Getränk des Tages sein. Darum: Erst Wasser, dann Kaffee!

Kurkuma-Ingwer-Shot

Darf ich vorstellen? Dieser Shot ist ein echter Alleskönner in Sachen Darmgesundheit. Er liefert alles, um die Selbstheilungskräfte des Darms zu aktivieren. Dazu zählen unter anderem das entzündungshemmende Kurkumin aus der Kurkumaknolle, durchblutungs- und stoffwechselfördernder Ingwer, jede Menge Vitamine aus der Orange und Äpfeln ebenso wie präbiotisches Bakterienfutter in Form von Apfelpektin. Außerdem hat der orange Powerdrink noch eine Portion Omega-3-Fettsäuren aus Leinöl mit im Gepäck, um heimliche Entzündungen im Darm zu bekämpfen. Kurzum: Der ideale Wellness-Cocktail für deine Darmschleimhaut!

Zubereitung für 3 kleine Gläser:

1 große Handvoll frische Bio-Kurkuma
1 große Bio-Ingwerknolle
2 Orangen
2–3 Bio-Äpfel (mit Schale)
1 Prise schwarzer Pfeffer
1 EL Leinöl

Kurkuma, Ingwer und Äpfel entsaften. Zusammen mit frisch gepresstem Orangensaft, einer Prise Pfeffer und Leinöl mixen.

Übrigens: Das Piperin aus dem schwarzen Pfeffer erhöht die Resorption des Kurkumin um das 2.000-Fache. Darum auf keinen Fall den Pfeffer weglassen.

ALLTAGSTIPP: Damit du nicht jeden Morgen den Entsafter bemühen musst, bereite dir deine Shots am besten im Drei-Tage-Intervall zu, zum Beispiel immer mittwochs und sonntags. Die fertigen Shots halten sich einige Tage im Kühlschrank. Wichtig ist jedoch, dass du sie in eine lichtundurchlässige Flasche füllst und luftdicht verschließt. Vitamin A und E reagieren nämlich sensibel auf Licht. Vitamin C und Omega-3-Fettsäuren hingegen oxidieren schnell mit Sauerstoff. Darum am besten Grün- oder Braunglas-Flaschen verwenden. Damit sich nichts absetzt: Shots vor dem Trinken immer gut schütteln.

Präbiotisch frühstücken

Nachdem du die Dehydrierung der Nacht durch reichlich Wasser ausgeglichen und deinen Körper mit dem Kurkuma-Ingwer-Shot mittels heilsamer Pflanzenpower versorgt hast, ist der perfekte Moment für ein leckeres Frühstück gekommen.

Im Rezeptteil dieses Buches findest du im Kapitel „Frühstück" viele gesunde und leckere Ideen. Darunter sind einige besonders schnelle Varianten wie die Bircher-Overnight-Oats (S. 107), die Choco-Dream-Cream (S. 108) oder die Energieriegel (S. 124), die du am Wochenende vorbacken kannst.

Wenn du es am Morgen eilig hast, sind diese Rezepte ideal für dich. Du kannst sie entweder schnell morgens oder schon am Vorabend zubereiten. Zudem sind sie für Meal Prep geeignet und somit ideal für unterwegs und alle „Spätstücker".

Wenn du eher ein ausgiebiger Frühstücker bist, dann kannst du dir auch etwas aufwendigere Gerichte wie ein Porridge zubereiten.

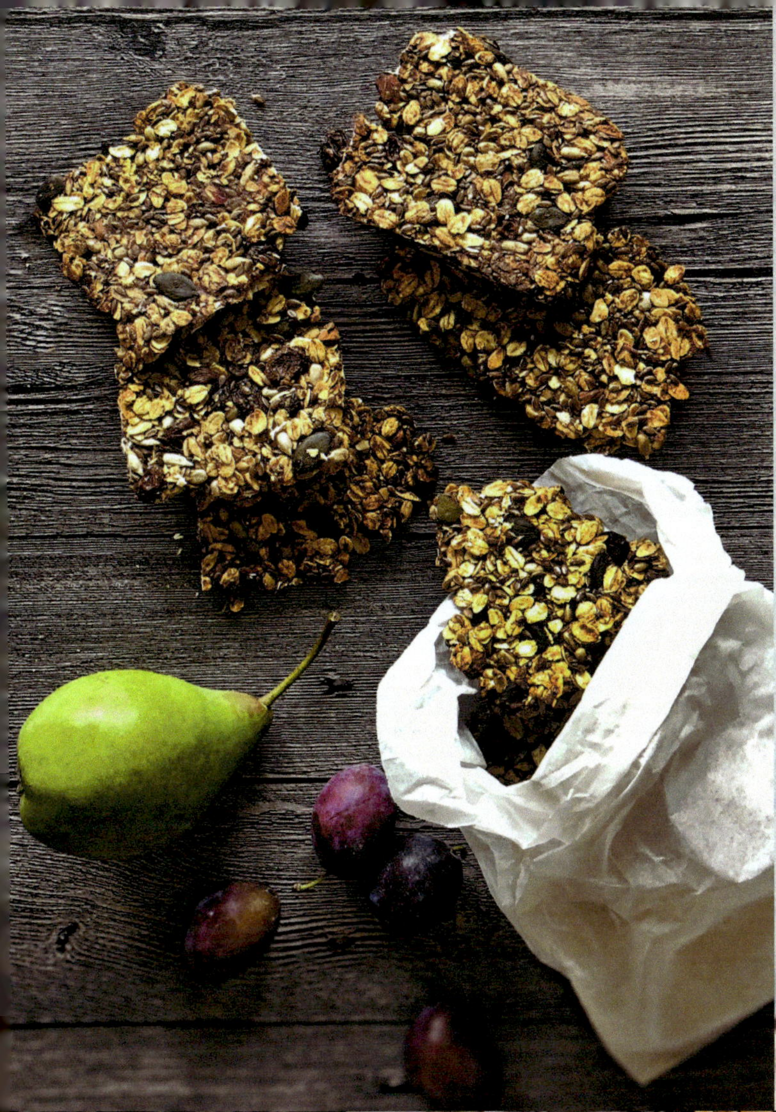
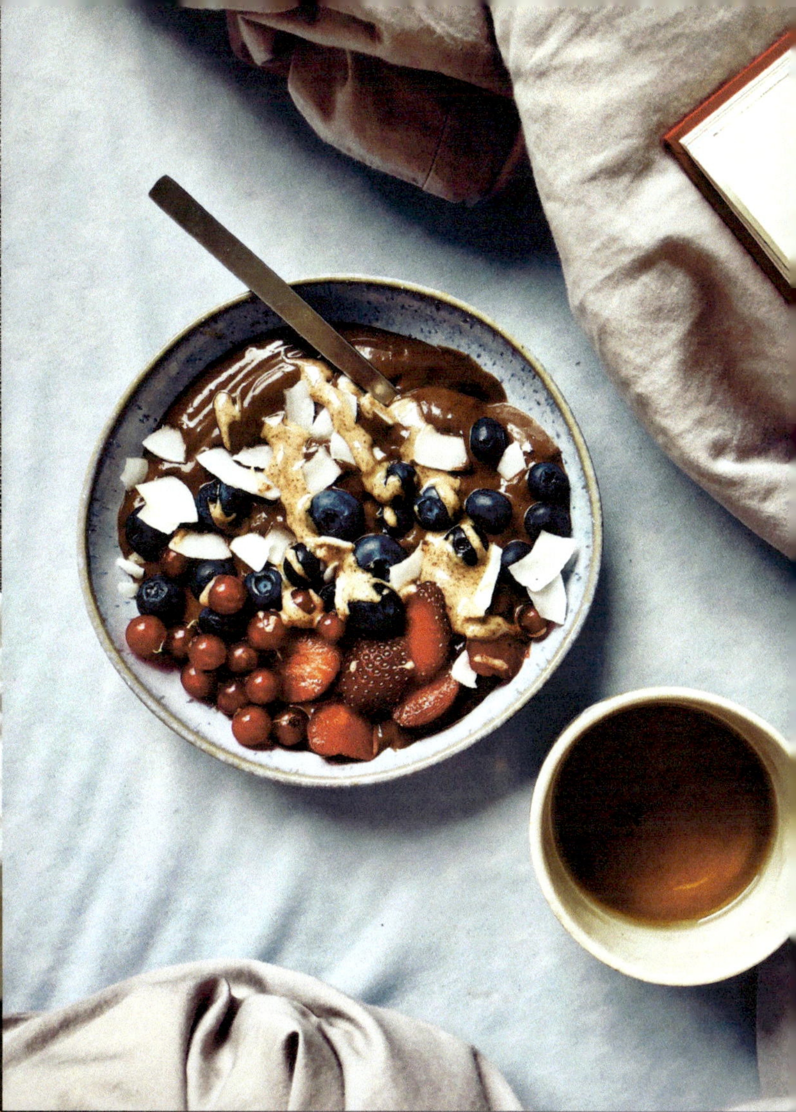
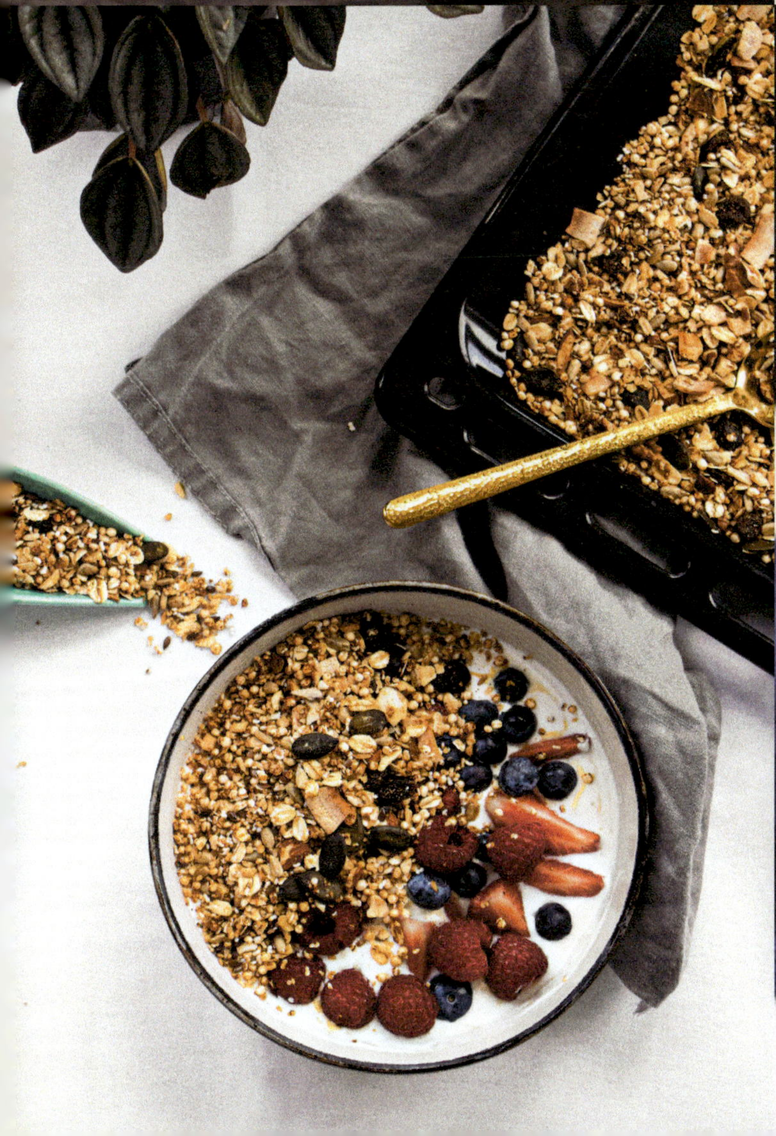
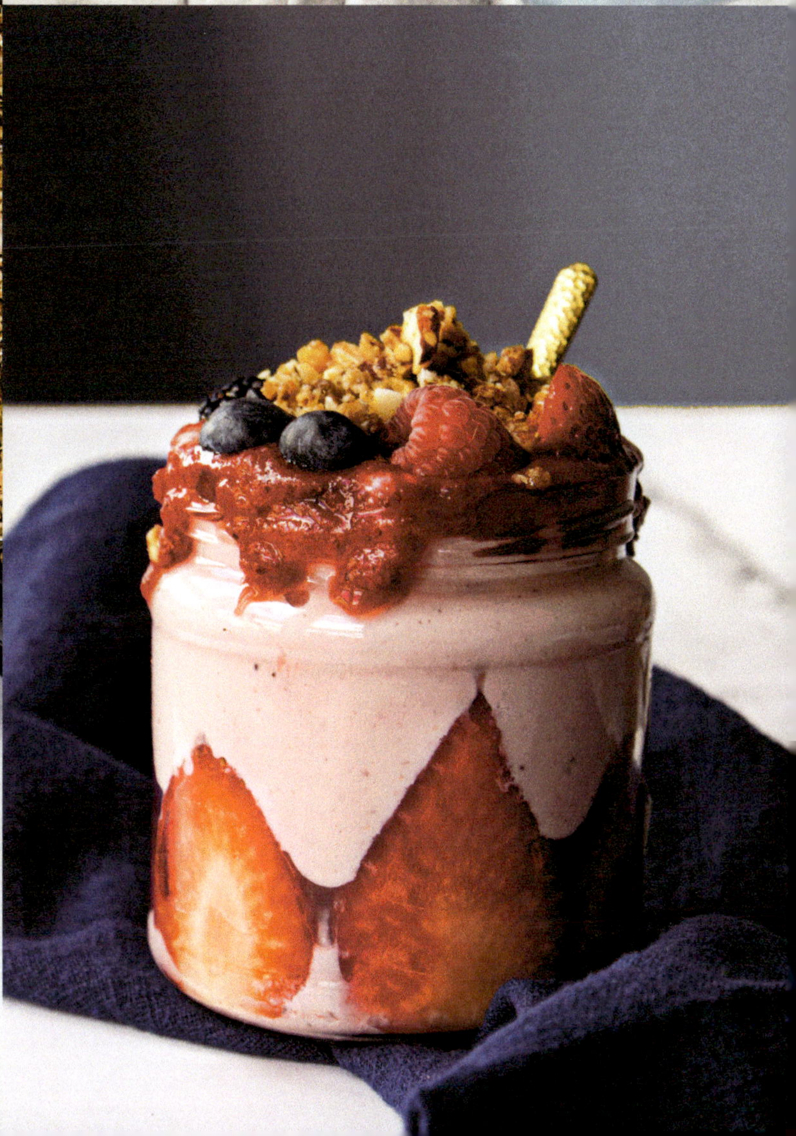

Naschen strengstens erlaubt

WIE DIE LUST AUF SÜSSES DEINEN DARM REGENERIEREN UND DIR BEIM ABNEHMEN HELFEN KANN

Wenn du ein Tier wärst, was wärst du? Vielleicht eine Naschkatze? Wenn Schokolade, Kuchen und Eiscreme vor dir nicht sicher sind, dann habe ich fantastische Neuigkeiten für dich. **Im 4-Wochen-Programm ist das Naschen weiterhin erlaubt.**

Vielleicht fragst du dich nun: „Wie soll das gehen?" Schließlich ist raffinierter Zucker ein Bakterienkiller. Auch sein Schwippschwager, der Süßstoff, und seine vermeintlich gesünderen, entfernten Verwandten, die natürlichen Zuckeralternativen, sind nicht besonders förderlich für das friedliche Zusammenleben innerhalb der Bakterien-WG im Darm.

Ja, all das stimmt. Doch es gibt tatsächlich ein Süßungsmittel, das dem Darm nicht schadet. Es wird aus einer der präbiotikareichsten Pflanzen der Welt gewonnen und erinnert geschmacklich an eine leicht malzige Version des Ahornsirups. Die Rede ist von Yacon-Sirup.

Auch wenn dieser Sirup wesentlich teurer ist (um die 6–9 € pro 100 g) als alles, was man sonst auf dem Markt findet, so ist er meiner Ansicht nach jeden Cent wert. Denn Yacon-Sirup ist weit mehr als nur ein Süßungsmittel. Er ist eine präbiotische Nahrungsergänzung, die Gerichte zum wertvollen Bakterienfutter macht. Yacon beweist, dass gesunde, darmfreundliche Ernährung nichts mit Verzicht zu tun haben muss. Denn statt sich selbst das Naschen zu verbieten, kann man mit diesem ballaststoffreichen Süßungsmittel einfach seine guten Darmbakterien mitnaschen lassen. Dafür habe ich für dich viele leckere Rezepte für gesunde Süßigkeiten entwickelt. Du findest sie im Kapitel „Seelenfutter" ab Seite 252.

Yacon, was?

Yacon-Sirup ist der wohl süßeste Import aus den Anden, seit es Alpakas gibt. Zwar sehen die Knollen nicht so putzig aus wie ihre puscheligen Kontinentmitbewohner, aber sie schmecken dafür so süß. Die Pflanze, die botanisch auch Smallanthus sonchifolius genannt wird, zählt zur Familie der Korbblütler. Als Verwandte der Topinamburpflanze bildet sie essbare Wurzelknollen aus, die bis zu 25 Zentimeter lang und bis zu 10 Zentimeter dick werden können. Optisch erinnert sie an eine Süßkartoffel.

Yacon wird in Höhenlagen von ca. 2.000 bis 3.100 Metern in warmen und subtropisch gemäßigten Tälern der Anden angebaut. Auch in Europa versuchen sich mittlerweile einige Bauern am Yacon-Anbau, hauptsächlich kommt das Produkt jedoch weiterhin aus Südamerika. Frische Yacon-Knollen bestehen bis zu 90 % aus Wasser und schmecken angenehm süß. Im Hochland der Anden wird es nicht nur als Lebensmittel, sondern seit Jahrhunderten medizinisch als Präbiotikum eingesetzt. Dank seines hohen Inulin- und Fructooligosaccharide-Gehalts (FOS) bietet Yacon jede Menge Bakterienfutter.

Direkt nach der Ernte weisen die Knollen den höchsten FOS-Wert auf. Sobald sie nachreifen, werden die FOS teilweise zu einfachen Zuckern abgebaut und büßen so einen Teil ihrer präbiotischen Wirkung ein.

Für die Qualität des Sirups ist es darum enorm wichtig, die Knollen direkt nach der Ernte zu verarbeiten oder den Nachreifungsprozess durch Kälte zu verhindern. Für die Herstellung des Sirups werden die Knollen geschält, gepresst und gefiltert. Der Wasseranteil wird verdampft, bis ein Sirup entsteht.

Wer Yacon-Sirup fertig kaufen möchte, der sollte beim Einkauf einen Blick auf die FOS- und Ballaststoffwerte in der Nährwerttabelle werfen und überprüfen, ob der Sirup schonend bei niedrigen Temperaturen zubereitet wurde. In diesem Fall enthält er die meisten Nährstoffe. Außerdem empfehle ich, Yacon-Sirup in Bio-Qualität zu kaufen.

Durch sein angenehmes Aroma lässt sich Yacon-Sirup wunderbar als Süßungsmittel verwenden. Er ist jedoch etwas weniger süß als andere süßende Dicksäfte, Zucker oder Honig. Dafür ist er aber extrem ballaststoffreich und mit ca. 200 kcal auf 100 g wesentlich kalorienärmer als Zucker und viele andere Zuckeralternativen.

Wenn du raffinierten Zucker oder Honig durch Yacon-Sirup ersetzen möchtest, empfehle ich, für 100 g Zucker ca. 140–150 g Sirup zu verwenden.

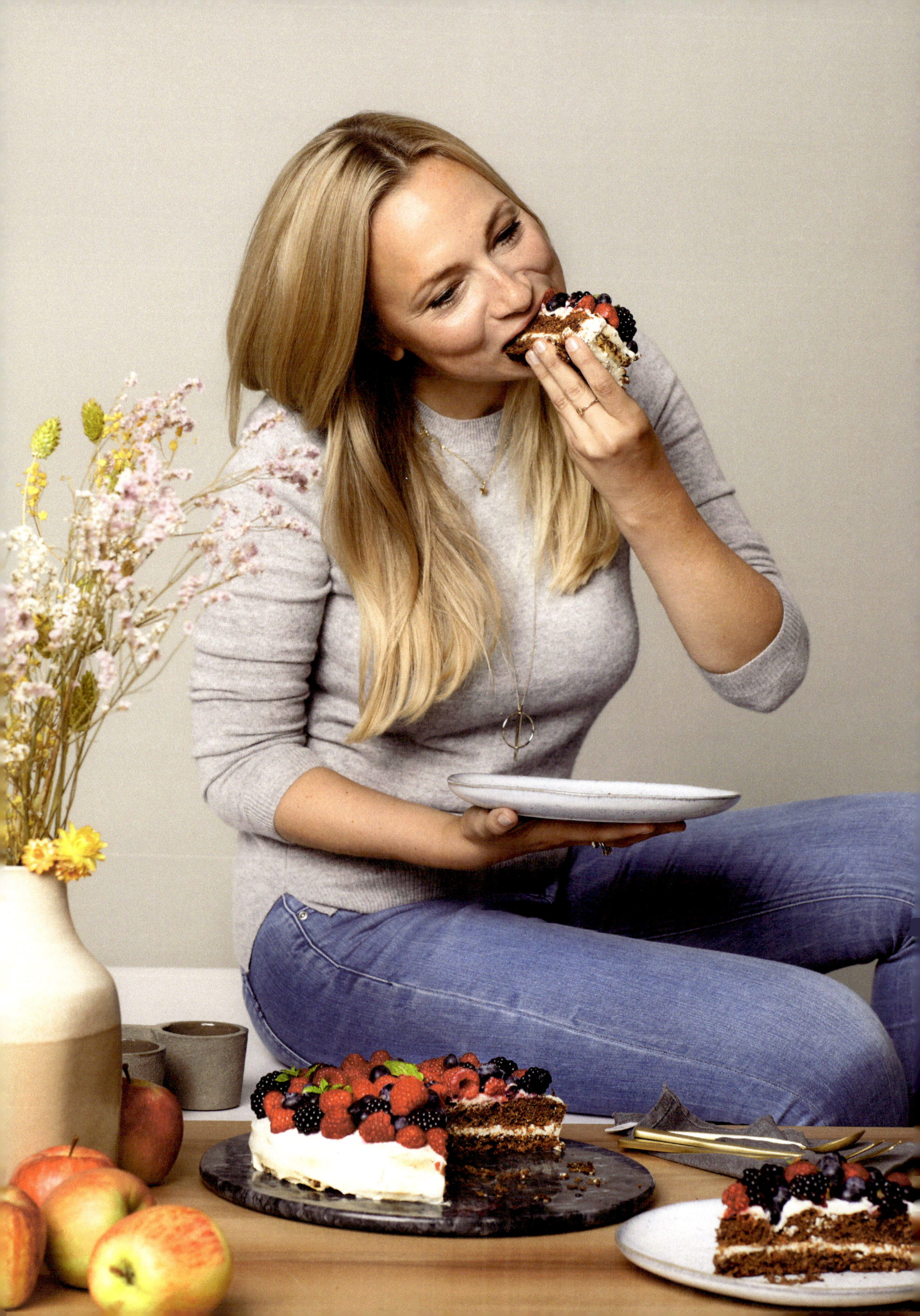

Was steckt in der Wunderknolle?

WENIGER KALORIEN

Der Kaloriengehalt der Yacon-Knolle liegt bei 20 kcal auf 100 g. Als Sirup verarbeitet beträgt die Kalorienzahl je Sorte zwischen 150–250 kcal. Die kalorienärmste Variante weist damit gerade mal ein Drittel der Kalorien von normalem Zucker auf.

VIELE BALLASTSTOFFE

Yacon besteht im Wesentlichen aus Kohlenhydraten. Jedoch liegen diese in besonderer Form vor. 40 bis 80 % sind Fruktane. Dies sind miteinander verknüpfte Fruktoseeinheiten, die der Mensch während der Verdauung nicht aufspalten kann. Darum zählen sie zu den Präbiotika, die den schützenden Dickdarmbakterien als Nahrung dienen und ihr Wachstum fördern. Die Fruktane der Yacon-Knolle heißen Inulin und Fructooligosaccharide. Als Präbiotika sind sie ein wunderbares Futter für die ballaststoffliebenden Bakterien.

NIEDRIGER GLYKÄMISCHER INDEX

Der glykämische Index, auch GI genannt, gibt an, wie stark kohlenhydrathaltige Lebensmittel auf den Blutzuckerspiegel wirken. Je höher der Wert ist, desto mehr Zucker ist im Blut. Der GI unterliegt unterschiedlichen Faktoren wie zum Beispiel der Zusammensetzung eines Lebensmittels und dessen Verarbeitungsgrad. Je weniger das Lebensmittel verarbeitet wird, desto größer ist der Anteil an komplexen Kohlenhydraten. Diese sowie die Menge an Ballaststoffen in einem Lebensmittel entscheiden darüber, wie hoch der GI ist. Fett- oder proteinreiche Lebensmittel verringern den Wert ebenfalls. Je niedriger der GI ist, desto flacher verläuft die Blutzuckerkurve nach dem Essen. Mit über 30 g Ballaststoffen auf 100 g wirkt sich Yacon-Sirup kaum auf den Blutzuckerspiegel aus. Einige Quellen sprechen sogar von einem GI unter 1, wobei man ergänzend erwähnen sollte, das die genaue Ermittlung des GIs Schwankungen unterliegen kann. Doch im Vergleich zu Haushaltszucker mit einem GI von 65 und Honig, der einen GI von 73 aufweist, sticht Yacon-Sirup mit bemerkenswerten Werten hervor und ist darum ideal für Diabetiker geeignet.

Für wen ist Yacon-Sirup nicht geeignet?

Menschen mit Reizdarm vertragen oft keine Fruktane. In diesem Fall verordnet der Arzt häufig eine sogenannte LOW-FODMAP-Diät. Bei dieser Diät werden fermentierbare (F) Oligosaccharide (O), Di- (D) und Monosaccharide (M) sowie mehrwertige Alkohole (A), auch Polyole (P) genannt, unter dem Begriff FODMAP zusammengefasst. Yacon, das zu großen Teilen aus Fructooligosacchariden besteht, gehört ebenfalls in diese Gruppe. Um Blähungen, Durchfall und Schmerzen zu vermeiden, solltest du Yacon-Sirup lieber nicht verwenden, wenn dein Arzt bei dir eine FODMAP-Unverträglichkeit diagnostiziert hat. Als FODMAP-arm gelten Ahornsirup und Haushaltszucker.

Die Happy-Gut-Vorratskammer

Damit die Ernährungsumstellung in den nächsten vier Wochen für dich gut zu meistern ist, empfehle ich dir, dich entsprechend vorzubereiten. Mit den richtigen Lebensmitteln im Haus musst du nicht ständig zum Supermarkt rennen, kannst entspannt Essen für die nächsten Tage vorbereiten und die Zeit, in der du etwas für dich und deine Gesundheit tust, voll genießen.

Die meisten Dinge, die du in der Liste findest, halten sich lange und können gut bevorratet werden. Vielleicht hast du einige Lebensmittel ohnehin schon in deiner Küche parat. Irgendwo hat schließlich jeder ein paar Nüsse oder Haferflocken gebunkert. Ich könnte mir auch vorstellen, dass du einige Zutaten auf den folgenden Seiten entdecken wirst, denen du beim Einkauf bisher weniger Beachtung geschenkt hast. Für den einen sind es die Weizenkeime, für den anderen der Sauerteig-Starter. Trau dich ruhig, mal was Neues auszuprobieren und nimm die folgenden Lebensmittel in dein Küchenrepertoire auf: Es lohnt sich!

TOPPINGS & ADD-ONS FÜR MEHR OMEGA-3 & BALLASTSTOFFE

- **Leinsamen, Chiasamen, Hanfsamen**
- **Kokosflocken/Kokoschips**
- **Nüsse wie Walnüsse, Mandeln, Cashewkerne, Pekannüsse**
- **Weizenkeime**
- **Sesam, Kürbis- und Sonnenblumenkerne**
- **gepopptes Amaranth oder Quinoa**

Verfeinere Müslis, Porridges, Salate, Bowls und Brot mit diesen Toppings. So landen mehr entzündungshemmende Fette, essenzielle Aminosäuren, Vitamine, Mineralstoffe und Ballaststoffe auf deinem Teller.

HÜLSENFRÜCHTE FÜR REICHLICH PROTEINE

Hülsenfrüchte sind reich an Präbiotika und Eiweiß. Sie sättigen lang anhaltend und liefern den guten Bakterien jede Menge Futter. Sie finden deshalb in allerlei Rezepten Verwendung. Besorge dir darum:

- **Kichererbsen (Glas oder Dose)**
- **schwarze Bohnen**
- **grüne Bohnen (frisch oder TK)**
- **rote Linsen**
- **Berg-, Pandina- oder Puylinsen**
- **Edamame (Sojabohnen) (TK)**

SÜSSUNGSMITTEL

- **Yacon-Sirup**
- **Erythrit in Bio-Qualität** (in geringen Mengen für den Darm ok)
- **Medjool-Datteln** (in kleinen Mengen, da sie den Blutzuckerspiegel beeinflussen)
- **Trockenobst** wie Aprikosen, Weinbeeren und Feigen (immer ungeschwefelt kaufen)

BACKZUTATEN

- Dinkelmehl
- Roggenmehl

TIPP: Setze lieber auf Dinkelvollkorn- statt auf Weizenvollkornmehl, da dieses weniger hochgezüchtet ist und darum weniger Amylase-Trypsin-Inhibitoren (ATI) enthält. Es kann Entzündungen im Körper begünstigen.

Menschen mit Zöliakie oder die sensibel auf Weizen reagieren, können auf folgende Getreide ausweichen:
- Buchweizenmehl
- Vollkornreismehl
- Hirsemehl
- glutenfreier Universal-Mehl-Mix
- Kichererbsenmehl

WEITERE ZUTATEN:
- Flohsamenschalen
- Pfeilwurzelmehl
- Haferflocken
- Apfelmark
- Sauerteig-Starter
- Trockenhefe
- Weinsteinbackpulver
- als Kuvertüre beim Backen: Schokolade mit hohem Kakaoanteil (mindestens 70 %) oder noch besser: zuckerfreie Schokolade, z. B. Dattelschokolade oder die Schokodrops von Xucker

Bitte was?

Flohsamenschalen? Weizenkeime? Quinoa? Wenn du dich nun fragst: „Was ist das? Und warum genau brauche ich diese Lebensmittel?" Dann schau auf Seite 288–291 in mein kleines „Gut-Food-Glossar".

BALLASTSTOFFREICHE SÄTTIGUNGSBEILAGEN

Nudeln, Reis, Bulgur und Kartoffeln sind die Klassiker unter den Sättigungsbeilagen. Im 4-Wochen-Programm greifen wir lieber auf ihre ballaststoffreicheren, vollwertigeren und nährstoffreicheren Verwandten zurück:

- Vollkornnudeln, Linsennudeln, Konjaknudeln
- Naturreis oder kalter Reis, kalte Reisnudeln
  (beim Erkalten von Reis entsteht resistente Stärke, die wertvolles Bakterienfutter ist)
- Süßkartoffeln oder kalte Kartoffeln
  (auch bei diesen Lebensmitteln bildet sich durchs Abkühlen resistente Stärke)
- Quinoa, Amaranth, Hirse

PFLANZLICHE MILCH

Kuhmilch enthält Wachstumhormone, die ein Kälbchen schnell groß und stark werden lassen. Dies kann den Hormonhaushalt und die Darmflora eines erwachsenen Menschen durcheinanderbringen. Außerdem vertragen viele Menschen nur geringe Mengen Laktose, da sie zu wenig Laktase bilden, um den Milchzucker abzubauen. Greife darum lieber zu pflanzlichen Milchalternativen.

- Kokosmilch
- Hafermilch
- Sojamilch
- Mandelmilch
- Cashewmilch
- Erbsenmilch

TIPP: Achte darauf, dass du immer die zuckerfreie Variante und mit Kalzium angereicherte Milch kaufst, vor allem, wenn du Kinder hast. Für sie ist Kalzium zur Ausbildung starker Knochen sehr wichtig.

ÖLE FÜR DIE KALTE KÜCHE

- Walnussöl
- Leinöl
- extra natives Olivenöl

ÖLE ZUM BRATEN

- Erdnussöl
- Bratöl
- Kokosöl
- **Olivenöl** (nicht zu heiß erhitzen/ mittlere Temperatur)

NUSSMUSE

- Mandelmus
- Haselnussmus
- Cashewmus
- **Tahini** (Sesampaste)

Wenn dir die Nussmuse im Supermarkt zu teuer sind, dann kannst du sie auch selbst herstellen. Dafür benötigst du allerdings einen leistungsstarken Mixer. Hierzu die Nüsse im Ofen bei 170 °C (Umluft 150 °C/Gas Stufe 3) für ca. 10–15 Minuten rösten und dann im Mixer so lange verarbeiten, bis die Nüsse zu Mus werden – das braucht etwas Zeit. Erst ist die Masse nur krümmelig, doch mit der Zeit wird sie cremig.

GEWÜRZE

GETROCKNET:
- Kurkuma
- Ingwer
- Zimt
- Nelken
- Kardamon
- Kümmel
- Anis
- Fenchel
- Kreuzkümmel
- Paprikapulver
- Safran
- Ras el Hanout

FRISCH:
- Kurkuma
- Ingwer
- Zwiebeln
- Knoblauch

WÜRZMITTEL

- Harissapaste
- Tomatenmark
- zuckerfreies Gemüsebrühepulver
- Misopaste
- Sojasauce
- Hefeflocken
- Apfelessig
- Weißweinessig
- Balsamicoessig
- Reisessig
- No-Fish-Sauce oder Fischsauce
- Dijon-Senf
- geröstetes Sesamöl

Planung ist alles

DAS RICHTIGE REZEPT ZUR RICHTIGEN ZEIT.

Morgens muss es schnell gehen, mittags isst man häufig unterwegs und abends soll es nicht nur dir, sondern der ganzen Familie schmecken und vielleicht sogar noch den Freunden deiner Kinder, die zum Abendessen bleiben: Jede Mahlzeit hat andere Anforderungen. Morgens unter der Woche Pancakes für alle zu backen, ergibt darum genauso wenig Sinn wie mittags im Büro Kartoffelpüree zu stampfen. Praktikabilität ist Trumpf, wenn gesundes Essen nicht in Stress ausarten soll.

Darum findest du in diesem Buch für jede Lebenslage das richtige Rezept. Damit du sofort fündig wirst, habe ich meine Rezepte mit Labels versehen. Du erkennst sie am Rezeptseitenrand – schräg gestellt:

MEAL PREP
Im Rezeptteil findest du diverse Frühstücks- oder Mittagsgerichte, die sich gut am Vorabend vorbereiten lassen. Das spart morgens Zeit und du isst auch unterwegs oder im Büro immer gesund. „MEAL PREP" ist einfach super! Probier es mal aus.

WEEKEND-FOOD
Am Wochenende haben wir in der Regel mehr Zeit zum Kochen und auch mehr Lust dazu. Dann gönnen wir uns auch gern mal ein etwas aufgiebigeres Frühstück oder ein raffiniertes Mittagsessen mit der Familie oder Freunden. Passende Gerichte, für die etwas mehr Zeit eingeplant werden muss, sind darum mit dem Label „WEEKEND-FOOD" gekennzeichnet.

VORBEREITUNGSTAGE
Brötchen, Brote, Schupfnudeln, Bürgerpatties und Krautsalat sind nicht mal eben schnell gemacht. Hefe und Sauerteig brauchen Zeit zum Gehen und Gären, Krautsalat zum Fermentieren und Schupfnudeln wollen per Hand geformt werden. Dennoch lohnt es sich, diese und andere tolle Dinge selbst zuzubereiten. Sie sind vollwertiger und nährstoffreicher, zudem garantiert 100 % zuckerfrei. Damit das Ganze auch umsetzbar ist, hilft es, das Wochenende als „VORBEREITUNGSTAGE" zu nutzen.
Es ist ein regnerischer Tag? Der perfekte Moment, um sich in der Küche auszutoben. Und das Beste daran ist: Einmal gemacht, hast du lange etwas davon. Denn Brot, Brötchen, Patties und Co. lassen sich super einfrieren. Krautsalat oder Marmeladen halten sich lange, wenn du sie einweckst. Wer am Wochenende kocht, spart sich langfristig viel Zeit unter der Woche, weil er immer noch etwas im Tiefkühler hat.

LEICHTES ABENDESSEN

Abends fährt unsere Verdauungsleistung runter und der Körper stellt sich auf die nächtliche Bettruhe ein. Eine Zeit, die voll im Zeichen von Regenerationsprozessen steht. Wenn wir unseren Körper abends nicht mehr dazu nötigen, schwere Verdauungsarbeit zu leisten, kann er sich ungestört der Regeneration widmen. Zudem benötigen wir in der Nacht nur wenig Energie, da wir uns nicht bewegen oder schwere Denkleistungen erbringen müssen. Darum ergibt es Sinn, seinem Körper abends nur wenig Kohlenhydrate – die zu den schnellen Energielieferanten zählen – zuzuführen. Leichte, fettarme Low- oder Slow-Carb-Gerichte sind hingegen ideal. Diese Rezepte sind für dich mit dem Label „LEICHTES ABENDESSEN" gekennzeichnet.

KINDERGERICHT

Alle Rezepte habe ich von dem Sohn meines Freundes auf Kindertauglichkeit testen lassen. Pizza, Nudeln, Ketchup und Apfelkuchen kommen bei Kindern natürlich besonders gut an – auch in der gesunden, darmfreundlichen Version. Sie sind mit dem Label „KINDERGERICHT" versehen.

LABELS FÜR SPEZIELLE ERNÄHRUNGSFORMEN

VEGETARISCH VEGAN

Um Veganern und Vegetariern gleichermaßen gerecht zu werden, habe ich viele Rezepte vegan gestaltet oder in zwei Versionen entwickelt. Vegane Lebensmittelalternativen sind in der Zutatenliste immer in Klammern vermerkt. Damit du für deine Ernährungsweise schneller findest, was du suchst, gibt es auch hierfür die entsprechenden Labels.

GLUTENFREI

Schon kleinste Mengen des Klebeeiweißes Gluten, das in vielen Getreiden enthalten ist, reichen bei Zöliakie (Glutenunverträglichkeit) aus, um den Darm in Unruhe zu versetzen. Durchfall, Bauchschmerzen oder Blähungen sind die Folge. Die körpereigene Abwehr lehnt sich gegen die Glutenüberreste, die in den Dünndarm gelangen, auf. Es kommt zu einer Entzündung der Dünndarmschleimhaut. Zusätzlich richtet sich die Körperabwehr gegen den Teil der Dünndarmschleimhaut, an den sich Gluten bindet. Dies zerstört langfristig die Darmschleimhaut. Die Schleimhautfalten, die den Nahrungsbrei am Durchmarsch hindern, und die Zotten, über die Nährstoffe ins Blut transportiert werden, verkümmern mit der Zeit. Die Folge ist Nährstoffmangel. Für alle, die an Zöliakie leiden, habe ich versucht, ausreichend glutenfreie Rezepte anzubieten. Sie sind entsprechend gelabelt.

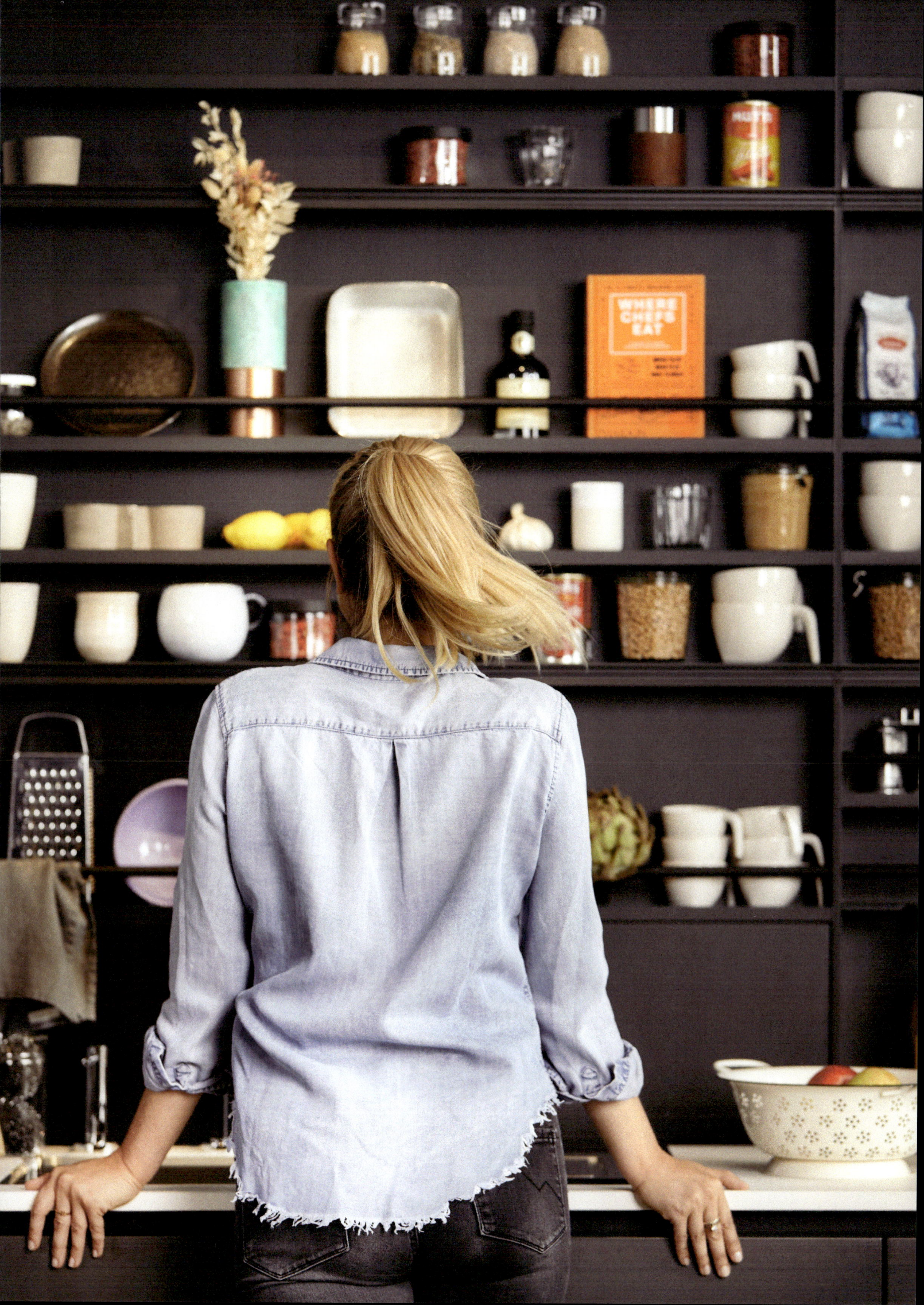
WHERE CHEFS EAT

Lass uns Pläne schmieden

Auf den folgenden Seiten findest du vier exemplarische Wochenpläne, die du entweder einfach hintereinander verwenden oder individuell – je nach Schwerpunkt – nutzen kannst. Ich habe bei allen Plänen darauf geachtet, dass du stets ausreichend Präbiotika und Probiotika sowie pflanzliche Proteine, entzündungshemmende Omega-3-Fettsäuren und Gewürze zu dir nimmst. Mit dieser vielseitigen und nährstoffreichen Ernährungsweise kommt der Darm ganz natürlich Stück für Stück wieder ins Gleichgewicht. Die Ernährungspläne wurden für eine Person konzipiert. Wer den Plan zusammen mit der Familie oder dem Partner umsetzen möchte, sollte die Mengenangaben entsprechend anpassen. Die meisten Rezepte im Buch sind für mindestens zwei Personen geeignet. In meinen Plänen wurde die zweite Portion oft fürs Mittagessen am nächsten Tag eingeplant.

Damit dir die Umsetzung leichter fällt, ist es sinnvoll, die Pläne an einem Montag zu beginnen und das Wochenende davor zur Vorbereitung zu nutzen. Am Samstag kannst du zum Beispiel alle frischen Zutaten für die Woche einkaufen. Hierfür habe ich für dich zu jedem Plan eine Einkaufsliste zusammengestellt. Wenn du deine Speisekammer bereits wie auf den Seiten 82–84 vorgeschlagen mit darmfreundlichen Lebensmitteln aufgestockt hast, brauchst du größtenteils nur noch die frischen Lebensmittel auf den jeweiligen Einkaufslisten zu besorgen und es kann losgehen!

Die Quick-and-easy-Wochen

Zwei Wochenpläne wurden mit dem Schwerpunkt der Alltagstauglichkeit konzipiert. Unter der Woche hat man oft kaum Zeit. Mit unkomplizierten Mittagsrezepten für die Woche, Meal-Prep-Optionen und Wochenendvorbereitungen kommst du entspannt durch die Arbeitswoche. Für den Samstag und Sonntag sind etwas aufwendigere Rezepte eingeplant.

Da Woche zwei auf Woche eins aufbaut, empfehle ich dir, die Pläne nacheinander zu verwenden. Für das 4-Wochen-Programm nimmst du die zwei Wochen einfach zweimal hintereinander. Wenn du Lust hast, weitere leckere Rezepte auszuprobieren, die es nicht in den 4-Wochen-Plan geschafft haben, kannst du den Plan nach deinen kulinarischen Vorlieben modifizieren. Weil jedes Rezept in diesem Buch ohnehin darmfreundlich konzipiert ist, darfst du frei aus dem Potpourri an Rezeptideen für deine individuelle Woche schöpfen.

Die vorgefertigten Quick-and-easy-Wochenpläne gibt es über den folgenden QR-Code zum Ausdrucken und An-den-Kühlschrank-Pinnen:

Die Fatburner-Wochen

Wenn du bereits in den ersten vier Wochen etwas Gewicht verlieren möchtest, dann sind die zwei Fatburner-Pläne wie für dich gemacht. Da auch diese Pläne aufeinander aufbauen, nutze erst den Plan für Woche eins, gefolgt von Woche zwei und wiederhole die Wochen dann noch einmal.

Auch bei den Fatburner-Wochenplänen helfen dir Meal Prep und Vorbereitungstage am Wochenende dabei, gut durch die Woche zu kommen. Die Abendessen sind besonders leicht verdaulich und noch kohlenhydratärmer als im Quick-and-easy-Plan. So kurbelst du deine Fettverbrennung über die Nacht zusätzlich an.

Für alle, die ihre Woche individuell gestalten wollen, befindet sich unter dem QR-Code rechts eine Ernährungsplanvorlage zum Download:

Die vorgefertigten Fatburner-Wochenpläne gibt es über diesen QR-Code zum Ausdrucken. So verlierst du deine Wochenplanung nicht aus dem Blick:

Snacken oder nicht snacken? Das ist hier die Frage!

Wie du bereits im Wissensteil gelesen hast, tut es dem Darm sehr gut, wenn er ab und zu einmal zur Ruhe kommt. Darum empfehle ich dir, möglichst nur drei Mahlzeiten am Tag zu dir zu nehmen. Wenn du jedoch nachmittags immer einen Jieper bekommst, dann sei nicht so streng mit dir.
Radikale Verbote führen nur dazu, dass man am Ende die Ernährungsumstellung aufgibt. Darum iss ruhig eine kleine Zwischenmahlzeit, wenn du sie brauchst. Damit die kleinen Snacks nicht zu den heimlichen Kalorienbomben auf deinem Speiseplan werden, findest du in jedem Plan Snackideen, die deinem Darm gut tun und die dir durch das Nachmittagstief helfen.
Sie sind im Plan nur optional. Wenn du merkst, dass du sie eigentlich nicht benötigst, weil du noch vom Mittagessen satt bist, dann lass sie weg. Wenn dein Körper jedoch danach verlangt, gönn sie dir!

Übrigens: Nach einigen Wochen wirst du merken, dass das Bedürfnis zu snacken nachlässt. Der Grund dafür liegt in der ballaststoffreichen, zuckerfreien Ernährung, die deinen Blutzuckerspiegel stabil hält und die Bildung von Sättigungshormonen fördert! Yeah!

Woche 1 Quick-and-easy-Plan

	Montag	Dienstag	Mittwoch
Morning-Ritual			1 großes stilles Wasser
Frühstück	1–2 Energieriegel (S. 124) + 1 Apfel	Bircher-Overnight-Oats (S. 107)	1 Energieriegel (S. 124) + 1 nicht ganz reife Banane
Mittag	Omega-3-Sauerteigbrot (S. 141) + Avocado + Tomate + Kurkuma-Karotten-Salat (S. 177)	Ziegenkäse-Rucola-Salat mit Johannisbeeren (S. 159)	Artischocken-Nudelsalat (S. 167)
Snack *(optional)*	Präbiotische Rote Grütze (S. 271)	1 Energieriegel (S. 124)	2 Reiswaffeln für zwischendurch (S. 278)
Abendessen	Sadis türkische Linsensuppe (S. 195)	Artischocken-Nudelsalat (S. 167)	Koriander-Zucchini-Puffer (S. 182) + probiotischer Cole Slaw (S. 184)
Meal Prep *(für den nächsten Tag)*	Bircher-Overnight-Oats (S. 107)		Kurkuma-Ingwer-Shots (S. 75) für die nächsten 3 Tage

Die Einkaufsliste für diese Woche gibt's hier:

SCAN ME

Donnerstag	Freitag	Samstag	Sonntag
| Kurkuma-Ingwer-Shot jeden Morgen			
Probiotischer Joghurt + Beeren-Chia-Marmelade (S. 123)	Bircher-Overnight-Oats (S. 107)	Sri-Lanka-Brei mit Zimtpflaumen (S. 116)	Vinschgauer Kurkumastangen (S. 135) + Rote-Beete-Meerrettich-creme (S. 137)
Avocado-Sellerie-Apfelsalat mit Kichererbsen (S. 181)	Veggie-Lasagne deluxe (S. 224–225) + Feldsalat + Yacon-Tahini-Dressing (S. 186)	Schmorgurken mit Räuchertofu (S. 210)	Auberginen-Shakshuka (S. 246) + 1 Vinschgauer Kurkumastange (S. 135)
1 Energieriegel (S. 124)	1 Apfel	1 Zebra-Erdnuss-Bananeneis (S. 268)	Präbiotische Rote Grütze (S. 271)
Veggie-Lasagne deluxe (S. 224–225)	Pizza Skinny-Bella-Donna (S. 238)	Vinschgauer Kurkumastange (S. 135) + Hummus mit gerösteter Roter Beete (S. 150)	Mein weltbester Veggie-Burger (S. 232)
Bircher-Overnight- Oats (S. 107)	Zebra-Erdnuss-Bananeneis (S. 268)		Kurkuma-Ingwer Shots (S. 75) für die nächsten 3 Tage

Woche 2 Quick-and-easy-Plan

	Montag	Dienstag	Mittwoch
Morning-Ritual			1 großes stilles Wasser
Frühstück	2 Scheiben Omega-3-Sauerteigbrot (S. 141) + Hüttenkäse + Paprika	2 Scheiben Omega-3-Sauerteigbrot (S. 141) + Avocado + Zitronen + Tomate + Basilikum	1 Gurken-Spinat-Smoothie (S. 110)
Mittag	Antientzündlicher Krautsalat (S. 178) + mein weltbester Veggie-Burger (S. 232) + Vollkornbrötchen	Sauerteig-Panzanella (S. 172) vom Vortag	Kurkuma-Ziegenkäse im Kürbismantel (S. 174)
Snack (optional)	1 Präbiotische Rote Grütze (S. 271) vom Vortag	1 Joghurt (150 g) + Apfelstückchen + Yacon-Nüssen (S. 115)	Omega-3-Beerenquark + Yacon-Nüsse (S. 115)
Abendessen	Sauerteig-Panzanella (S. 172)	Ayurveda-Bratkartoffeln mit Gurken-Raita (S. 212)	Präbiotische Reisbowl (S. 161)
Meal Prep (für den nächsten Tag)		Mandel-Karotten-Batzen (S. 133)	Yacotella (S. 122) + Paprika-Tomaten-Creme (S. 146)

Die Einkaufsliste für diese Woche gibt's hier:

Donnerstag	Freitag	Samstag	Sonntag
1 Kurkuma-Ingwer-Shot jeden Morgen			
3 Scheiben Mandel-Karotten-Batzen (S. 133) + Yacotella (S. 122) + Paprika-Tomaten-Creme (S. 146)	2 Scheiben Mandel-Karotten-Batzen (S. 133) + Paprika-Tomaten-Creme (S. 146) + antientzündlicher Krautsalat (S. 178)	1 Müslibrocken (S. 126) + probiotischer Joghurt + Früchte	1 Müslibrocken (S. 126) + probiotischer Joghurt + Früchte
Präbiotische Reisbowl (S. 161)	Ofenfalafel mit Sesamsauce (S. 240) + Quinoa-Hirse-Taboulé (S. 243) vom Vortag	Veggie-Bullar in Schlemmersauce (S. 206)	Crunchy Tofusticks (S. 165) + Spitzkohl-Koriander-Salat (S. 171)
2 Reiswaffeln für zwischendurch (S. 278)	1 Apfel	1 Mousse au Chocolat (S. 260)	1 Mousse au Chocolat (S. 260) vom Vortag
Ofenfalafel mit Sesamsauce (S. 240) + Quinoa-Hirse-Taboulé (S. 243)	Süßkartoffel-Pommes (S. 200) + Avocado-Dip (S. 202)	Gratinierter Feta auf Yacon-Zwiebeln (S. 216) + 1 Scheibe Mandel-Karotten-Batzen (S. 133)	Veggie-Bullar in Schlemmersauce (S. 206) vom Vortag
Kurkuma-Ingwer-Shots (S. 75) für die nächsten 3 Tage			Kurkuma-Ingwer-Shots (S. 75) für die nächsten 3 Tage

Woche I Fatburner-Plan

	Montag	Dienstag	Mittwoch
Morning-Ritual			1 großes stilles Wasser
Frühstück	Fiberpower-Granola (S. 103) + probiotischer Joghurt + Beeren	Omega-3-Beerenquark + Yacon-Nüsse (S. 115)	Probiotischer Joghurt + Beeren-Chia-Marmelade (S. 123)
Mittag	Wildkräuter-Koriander-Pesto (S. 228) + Zoodles gemischt mit Vollkorn-/Linsennudeln	Weltbester Som-Tam-Salat (S. 156)	Geröstete Paprika-Kürbis-Süßkartoffelsuppe (S. 198) vom Vortag
Snack *(optional)*	2–3 Kokos-makronen mit Schokoglasur (S. 267)	1 Apfel	Rosmarin-Kichererbsen-Kräcker (S. 217) + Kohlrabisticks
Abendessen	Sadis türkische Linsensuppe (S. 195)	Geröstete Paprika-Kürbis-Süßkartoffelsuppe (S. 198)	Zoodles alla Norma (S. 220)
Meal Prep *(für den nächsten Tag)*			Kurkuma-Ingwer-Shots (S. 75) für die nächsten 3 Tage

Die Einkaufsliste für diese Woche gibt's hier:

SCAN ME

Donnerstag	Freitag	Samstag	Sonntag
Kurkuma-Ingwer-Shot jeden Morgen			
Fiberpower-Granola (S. 103) + probiotischer Joghurt + Beeren	Choco-Dream-Cream (S. 108)	Kokos-Hirse-Porridge (S. 121)	Omega-3-Beerenquark + Yacon-Nüsse (S. 115)
Powerlinsensalat mit Kürbis (S. 154)	Koriander-Zucchini-Puffer (S. 182) + probiotischer Cole Slaw (S. 184) vom Vortag	Ratatouille – Roter Evergreen + Vollkornreis (S. 204)	Ratatouille – Roter Evergreen + Vollkornreis (S. 204) vom Vortag
2 Kokosmakronen mit Schokoglasur (S. 267) + 1 Apfel	Gemüsesticks + Hummus mit gerösteter Roter Beete (S. 150)	Haselnuss-Zwetschgen-Kuchen (S. 257)	Haselnuss-Zwetschgen-Kuchen (S. 257) vom Vortag
Koriander-Zucchini-Puffer (S. 182) + probiotischer Cole Slaw (S. 184)	Auberginen-Shakshuka (S. 246)	Sellerieschnitzel mit Wurzel-Zwiebelpüree und Bohnen (S. 192)	Blumenkohl-Süßkartoffel-Curry (S. 249)
			Kurkuma-Ingwer-Shots (S. 75) für die nächsten 3 Tage

Woche 2 Fatburner-Plan

	Montag	Dienstag	Mittwoch
Morning-Ritual			1 großes stilles Wasser
Frühstück	Mango-Avocado-Lassi (S. 112)	2 Sesam-Miso-Knäcke (S. 138) + Zwetschgenmus (S. 123)	2 Sesam-Miso-Knäcke (S. 138) + Hüttenkäse + Frühlingszwiebeln + Paprika
Mittag	Blumenkohl-Süßkartoffel-Curry (S. 249) vom Vortag	Bunter Reisnudelsalat (S. 162) vom Vortag	Safranquinoa mit kandierten Feigen (S. 244) vom Vortag
Snack *(optional)*	1 Apfel + 2 Carrot-Cake-Energyballs (S. 277)	2–3 Handvoll Yacon-Popcorn (S. 281)	2 gesunde Quinoa-Nippons (S. 259)
Abendessen	Bunter Reisnudelsalat (S. 162)	Safranquinoa mit kandierten Feigen (S. 244)	Scharfer, beschwipster Linseneintopf (S. 196)
Meal Prep *(für den nächsten Tag)*			

Die Einkaufsliste für diese Woche gibt's hier:

Donnerstag	Freitag	Samstag	Sonntag
Kurkuma-Ingwer-Shot jeden Morgen			
Probiotischer Joghurt + Beeren-Chia-Marmelade (S. 123)	2 Sesam-Miso-Knäcke (S. 138) + Zwetschgenmus (S. 123)	Sri-Lanka-Brei mit Zimtpflaumen (S. 116)	Peanut-Banana-Porridge (S. 118)
Präbiotische Reisbowl (S. 161)	Vegane Möhren-Sellerie-Schupfnudelpfanne (S. 190) vom Vortag	Geröstete Zimttomaten mit Brokkoli-Linsen-Quinoa (S. 215)	Veganer Kaiserschmarrn mit Bratapfelkompott (S. 274)
1 Birne + 2 Carrot-Cake-Energyballs (S. 277)	2 gesunde Quinoa-Nippons (S. 259)	1 Apfel	Brauchst du nicht, der Kaiserschmarrn hält dich super satt!
Vegane Möhren-Sellerie-Schupfnudelpfanne (S. 190)	Präbiotische Reisbowl (S. 161)	Sadis türkische Linsensuppe (S. 195)	Linsen aus Fernost (S. 250)
Kurkuma-Ingwer-Shots (S. 75) für die nächsten 3 Tage			Kurkuma-Ingwer-Shots (S. 75) für die nächsten 3 Tage

Genuss

unger

Frühe

tück

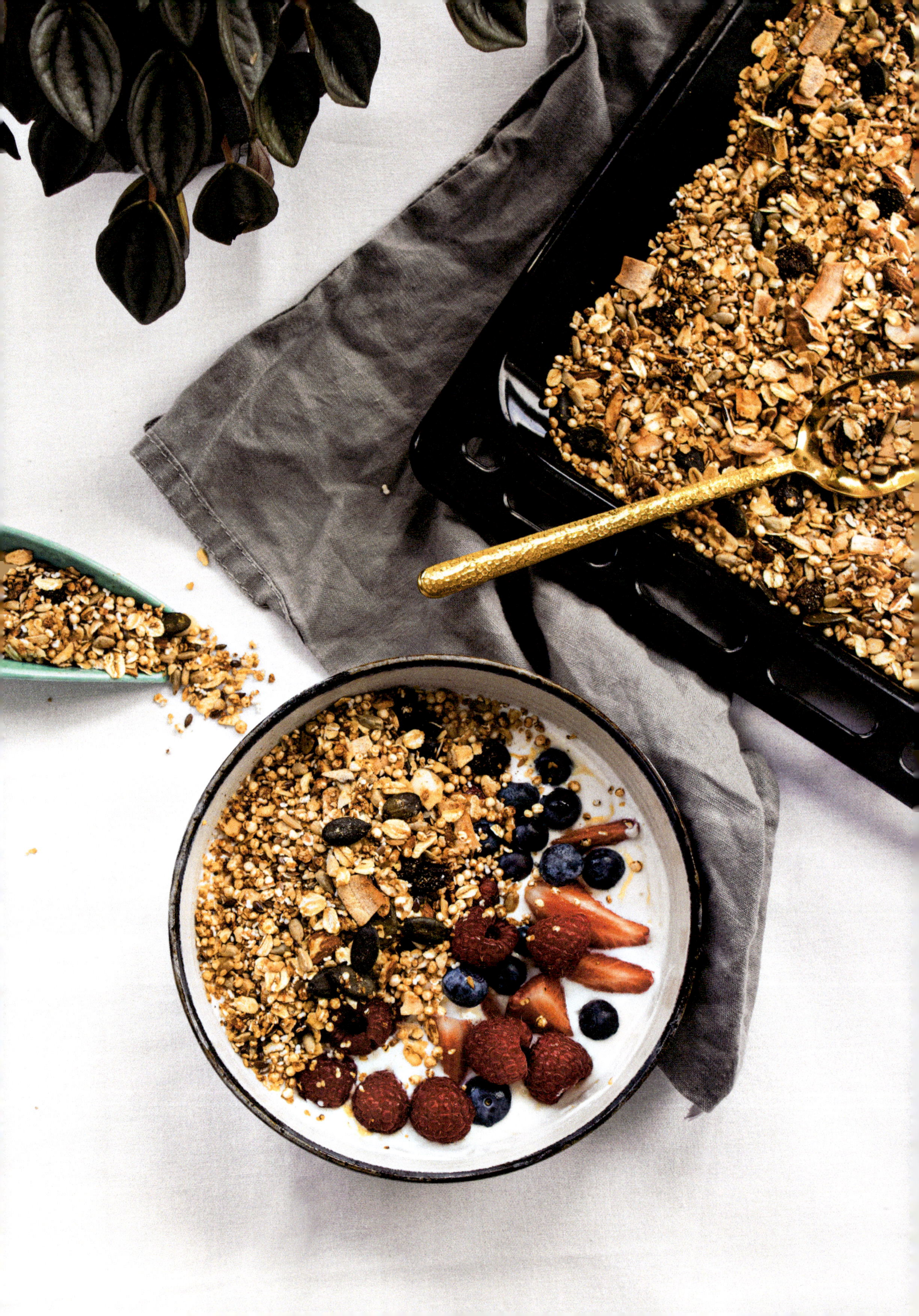

Fiberpower-Granola

OFEN | 30 MIN. | 2 GR. GLÄSER | EASY

Walnüsse	150 g
Mandeln	200 g
Cashewkerne	100 g
Sonnenblumenkerne	150 g
Kürbiskerne	100 g
Leinsamen	50 g
Chiasamen	30 g
Sesam	60 g
Kokoschips, geröstet	100 g
Amaranth, gepoppt	50 g
Quinoa, gepoppt	50 g
Zimt	3 EL
Yacon-Sirup	4 EL
Kokosöl	3 EL
Getrocknete Aprikosen, ungeschwefelt	10
Weinbeeren	100 g
Haferflocken (glutenfrei)	300 g

ZUBEREITUNG:

Backofen auf 190 °C (Umluft 175 °C/Gas Stufe 4) vorheizen. Walnüsse, Mandeln und Cashewkerne in einer Küchenmaschine oder per Hand grob hacken. Alles in eine große Schüssel geben.

Sonnenblumenkerne, Kürbiskerne, Leinsamen, Sesam, gepopptes Amaranth und Quinoa sowie Haferflocken hinzufügen.

Kokosöl in einem Topf schmelzen, dann Yacon-Sirup und 2 Esslöffel Zimt unterrühren. Die süße, flüssige Mischung zu den trockenen Granolazutaten geben und gut vermengen.

Mischung auf zwei Backbleche mit Backpapier verteilen und 15–20 Minuten im Ofen rösten – bis es in der Küche nach gerösteten Nüssen und Zimt duftet. Getrocknete Aprikosen derweil in kleine Stückchen schneiden.

Sobald das Müsli goldbraun ist, Blech aus dem Ofen nehmen und abkühlen lassen. In einer großen Schüssel mit Aprikosen, Weinbeeren, Kokoschips und Chiasamen vermengen. Dann Granola in große Aufbewahrungsgläser füllen. Darin hält es sich bis zu 3 Monaten, vorausgesetzt es wird nicht vorher schon aufgefuttert.

LECKER MIT:

frischem probiotischen Joghurt/Magerquark/pflanzlicher Milch/Choco-Dream-Cream (S. 108)/frischem Obst wie Beeren, Apfel, Banane usw.

VEGAN | GLUTENFREI (OPTIONAL) | KINDERGERICHT | MEAL PREP | VORBEREITUNGSTAGE

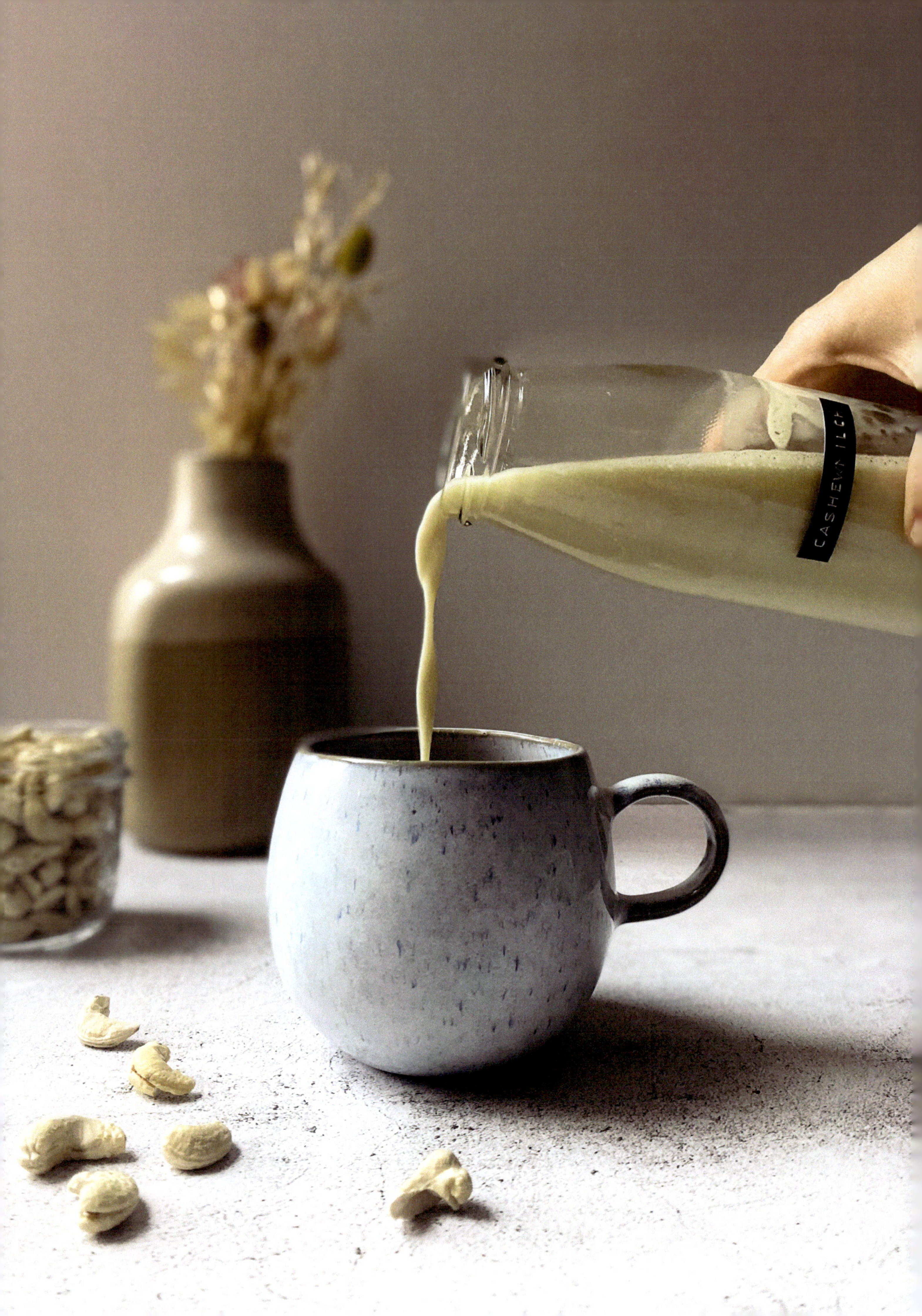

Hafermilch

MIXEN · **5 MIN.** · **1 FLASCHE** · **EASY**

Haferflocken (glutenfrei)	60 g
Wasser	1 Liter
Salz	1 Prise
Zimt	1/2 TL
Vanilleschote (optional)	1/2
Yacon-Sirup	1 TL

ZUBEREITUNG:

Haferflocken mit Wasser in einem Mixer auf hoher Stufe zu einer Milch mixen. Dann die Milch durch ein feines Sieb oder Nussmulltuch sieben. Die nun von Haferresten befreite Milch mit Zimt, Vanilleschote und Yacon-Sirup abschmecken. Im Kühlschrank hält sich die Milch mindestens drei Tage.

Easy-peasy-Nussmilch

MIXEN · **5 MIN.** · **1 FLASCHE** · **EASY**

Nussmus (z. B. Cashewmus oder Mandelmus)	3 EL
Wasser	1 Liter
Salz	1 Prise
Zimt	1/4 TL
Yacon-Sirup	2 TL

ZUBEREITUNG:

Dieses Rezept ist so einfach, dass es sich eigentlich gar nicht Rezept nennen darf. Denn um die Nussmilch herzustellen, braucht es nur 3 Esslöffel Nussmus (ich persönlich finde Cashewmus super zur Milchzubereitung), 0,5 l Wasser, eine Prise Salz, Zimt und etwas Yacon-Sirup. Alles in den Mixer, fertig! Die Nussmilch hält sich mindestens 1 Woche im Kühlschrank.

VEGAN · GLUTENFREI (OPTIONAL) · VORBEREITUNGSTAGE

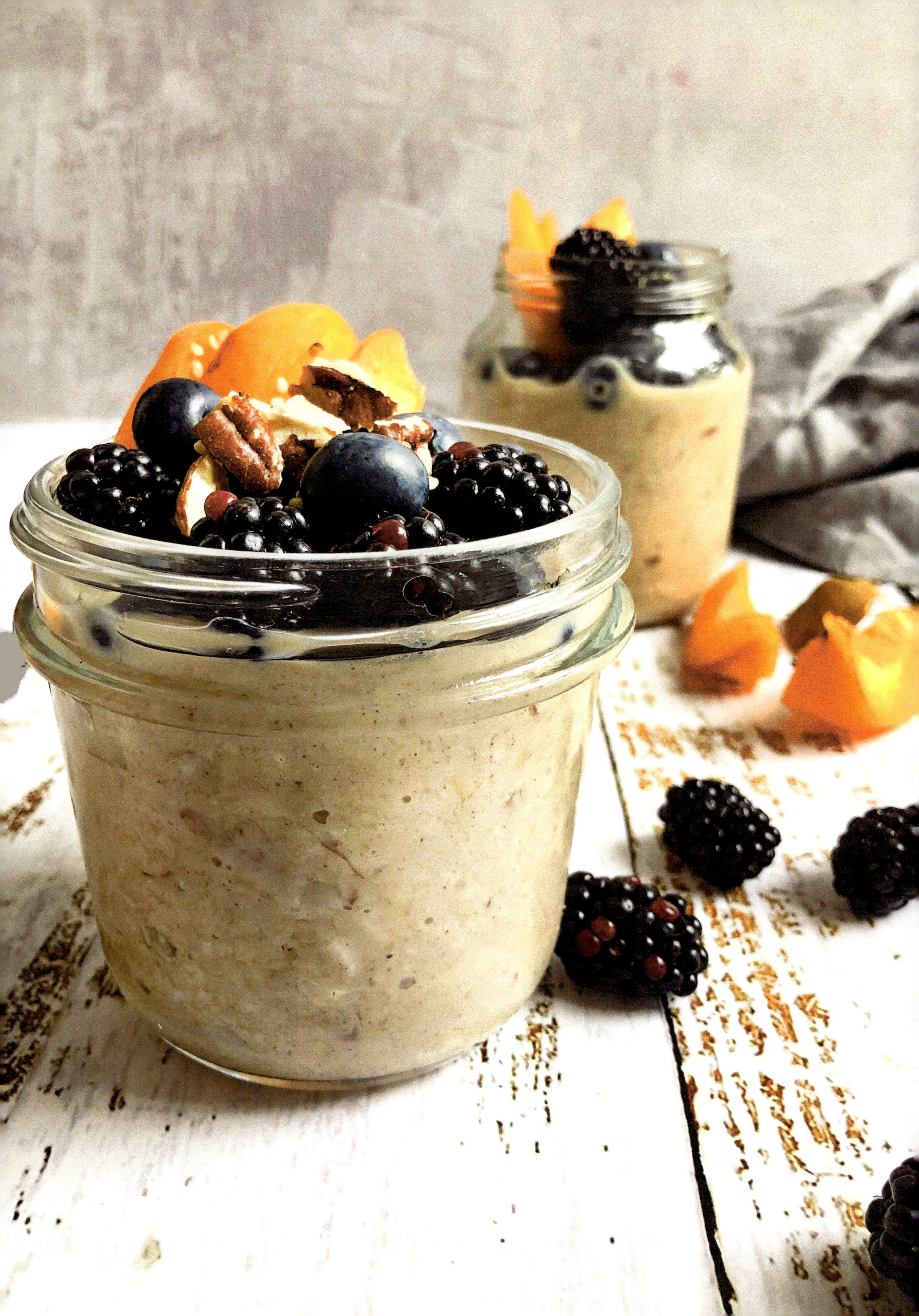

Bircher-Overnight-Oats

MISCHEN | 10 MIN. | 2 PORTIONEN | EASY

Mandeln	15 g
Wal- oder Pekannüsse	15 g
Haferflocken (glutenfrei)	60 g
Apfel, süß-säuerlich	1
Leinsamen, ganz	1 EL
Pflanzenmilch	250 ml
Medjool-Dattel	1–2
Salz	1 Prise
Zimt, gemahlen	1 TL
Brombeeren	50 g
Heidelbeeren	50 g
Aprikose	1

ZUBEREITUNG:

Mandeln und Walnüsse oder Pekannüsse grob hacken und in einer Pfanne ohne Öl bei mittlerer Hitze rösten.

Apfel fein raspeln und in eine Schüssel geben. Haferflocken und Leinsamen dazurühren. Datteln entkernen, in kleine Stückchen schneiden und ebenfalls hinzufügen. Die fertig gerösteten Nüsse daruntermischen.

Mit pflanzlicher Milch aufgießen, Salz und Zimt zugeben. Alles gut miteinander vermengen. Dann die Overnight-Oats in zwei mittelgroße Schraubgläser à ca. 400 ml füllen.

Brombeeren, Heidelbeeren und Aprikose gut abwaschen. Aprikose entkernen und in kleine Stückchen schneiden. Dann die zwei Gläser mit dem Obst toppen und zugeschraubt über Nacht in den Kühlschrank stellen. Wer mag, kann das Obst auch erst am Morgen frisch dazugeben.

VEGAN | GLUTENFREI (OPTIONAL) | KINDERGERICHT | MEAL PREP

Choco-Dream-Cream

MIXEN | 10 MIN. | 2 PORTIONEN | EASY

VEGAN · GLUTENFREI · KINDERGERICHT · MEAL PREP

Avocado	1
Banane	1
Kakao, stark entölt	2 TL
Yacon-Sirup	3 EL
Mandelmus, braun	2 EL
Tonkabohne, gemahlen	2 Prisen
Vanilleschote	1/4 TL
Espressopulver (optional)	1/4 TL

ZUBEREITUNG:

Avocado, Banane, Kakao, Yacon-Sirup und Mandelmus in einen Mixer geben und pürieren, bis eine schöne, cremige Konsistenz entsteht.

Für die besondere Note gebe ich gern etwas gemahlene Tonkabohne hinzu. Bourbonvanille oder 2–3 Prisen Espressopulver sind auch sehr lecker und setzen noch einmal einen tollen Akzent.

WIE GESUND IST DAS DENN?

Statt leerer Kalorien bekommt man bei diesem Frühstück rund 400 kcal vollgepackt mit Vitaminen, Nährstoffen und gesunden Fetten serviert. Dank der Avocado werden wir bestens mit Folsäure, Vitamin K, Kalium und Vitamin E versorgt. Außerdem ist Avocado reich an gesunden Fettsäuren, die laut Studien sogar dazu beitragen, die Cholesterin- und Triglyceridwerte im Blut zu senken.
Bananen sind übrigens ebenso wie Avocados tolle Kaliumlieferanten und unterstützen dadurch die Funktion des Nervensystems und der Muskeln.

fett u
mentalen
ragend auf das
Stelle: Vermeidung
achten Buffett und Mu
meiden ist - also was sie n

Kurkuma-Apfel-Granate

MIXEN | 10 MIN. | 2 GLÄSER | EASY

Kurkuma, frisch	15 g
Saftorangen	2
Apfel, süß-säuerlich	1
Ingwer, frisch	40 g
Granatapfel	1/2 (200 g)
Mango	1/2 (300 g)
Leinöl und Pfeffer	1 EL + 1 Prise

ZUBEREITUNG:

Kurkuma und Ingwerknolle schälen (am besten mit Handschuhen, da Kurkuma stark abfärbt). Orangen auspressen. Granatapfelkerne herauspulen. Mangofruchtfleisch vom Kern schneiden. Kurkuma, Ingwer, Granatapfelkerne, Mango und Apfel in den Entsafter geben. Frisch gepressten Orangensaft, Leinöl und eine Prise Pfeffer zum Saft hinzufügen. Fertig!

Gurken-Spinat-Smoothie

MIXEN | 10 MIN. | 2 GLÄSER | EASY

Minze, frisch	20 g
Spinat	100 g
Ingwer, frisch	40 g
Äpfel, süß-säuerlich	4
Gurke	1
Leinöl	1 TL
Yacon-Sirup	2 TL

ZUBEREITUNG:

Ingwerknolle schälen. Apfel waschen und in Stückchen schneiden. Minze, Spinat und Gurke gut abwaschen. Dann alle Zutaten in einen Entsafter geben. Leinöl und Yacon-Sirup zum frisch gepressten Smoothie hinzufügen und einrühren.

entzündungs-
hemmend

reinigender
Detoxdrink

Pink Power

MIXEN | 10 MIN. | 2 GLÄSER | EASY

Rote Beete	2–3 (500 g)
Apfel, süß	1
Kokoswasser	100 ml
Avocado	1
Zimt	1 TL
Cashewmus	2 TL
Yacon-Sirup	1 TL

ZUBEREITUNG:

Rote Beete und Apfel mit Schale in den Entsafter geben. Den Saft mit den restlichen Zutaten in einen Mixer füllen und so lange mixen, bis alle Komponenten zu einem cremigen Smoothie werden.

Mango-Avocado-Lassi

MIXEN | 10 MIN. | 2 GLÄSER | EASY

Mango	1 (500 g)
Kurkuma, gemahlen	1/2 TL
Avocado	1
Joghurt (vegan: Sojajoghurt)	150 ml
Pflanzenmilch	150 ml
Yacon-Sirup	1 TL

ZUBEREITUNG:

Mango mit einem halben Löffel Kurkumapulver und dem Fruchtfleisch einer Avocado in den Mixer geben. Normalen oder pflanzlichen Joghurt hinzufügen und noch einen ordentlichen Schuss Pflanzenmilch dazugeben. Je nachdem wie flüssig der Lassi werden soll, kann noch etwas mehr Pflanzenmilch dazugegeben werden. Zum Abschluss mit Yacon-Sirup abschmecken.

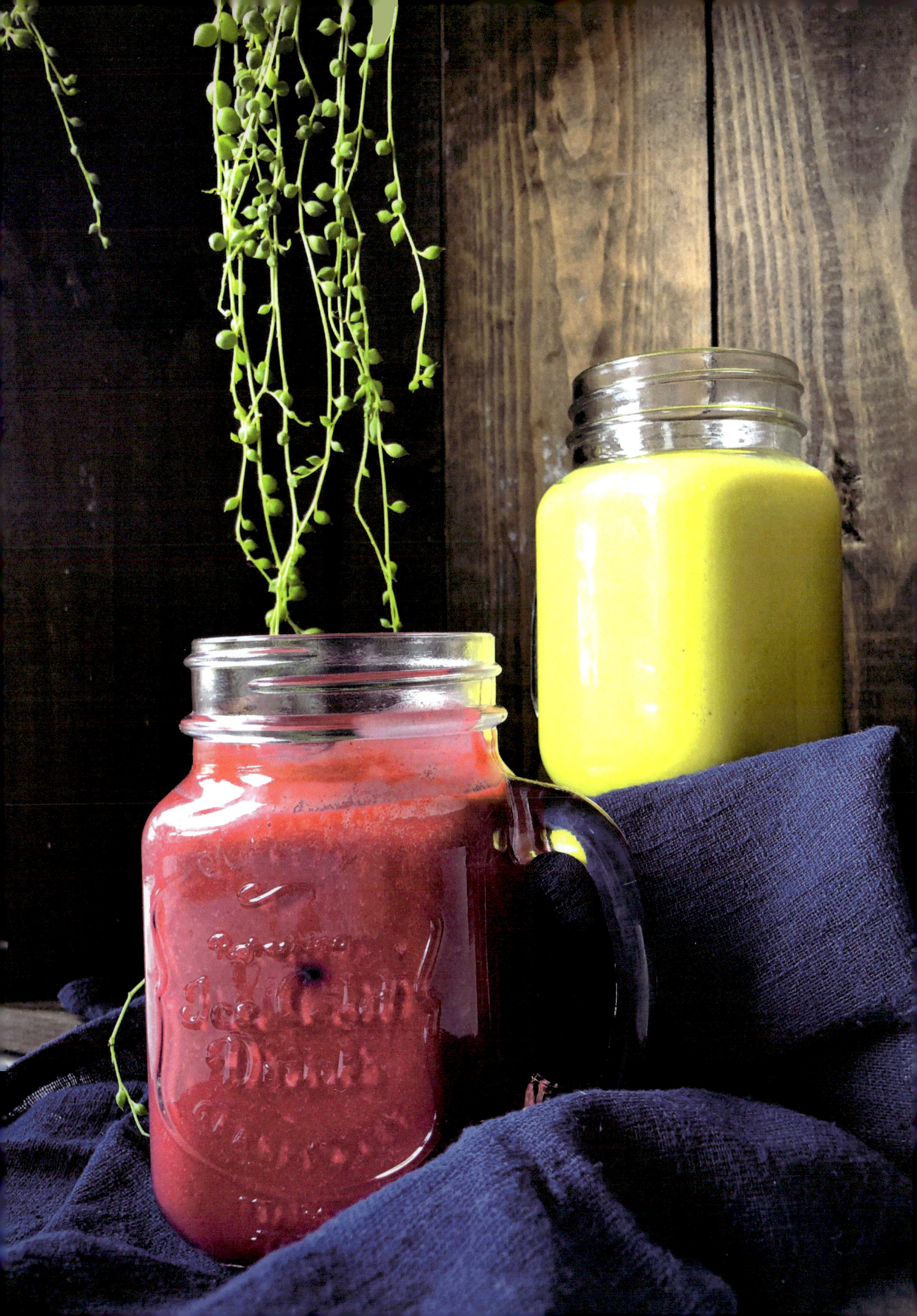

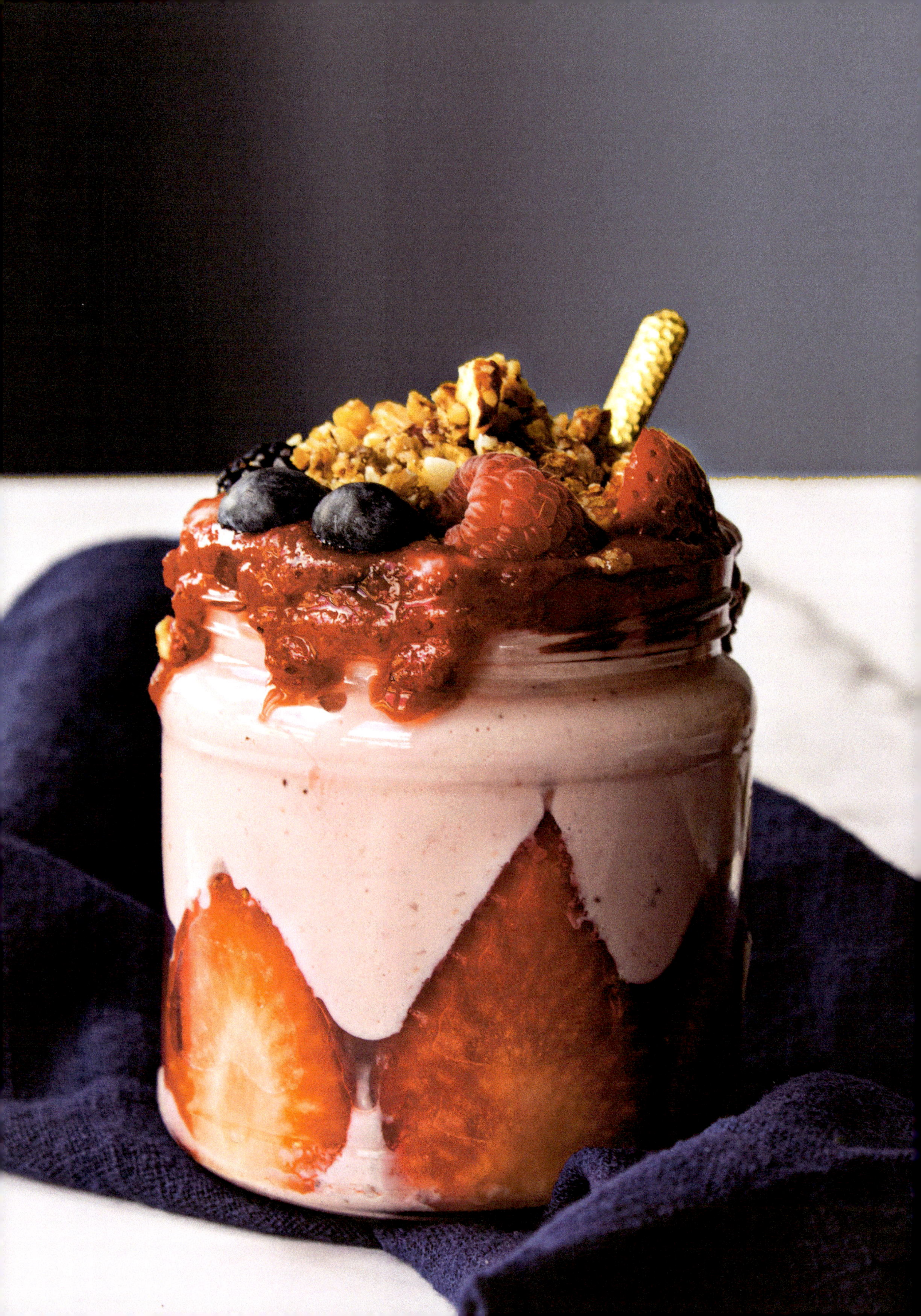

Omega-3-Beerenquark

MISCHEN | 10 MIN. | 3 PORTIONEN | EASY

Magerquark (vegan: Sojaquark)	500 g
Mineralwasser	ca. 100 ml
Leinöl	2 TL
Beeren (Erdbeeren, Himbeeren, Brombeeren, Heidelbeeren)	400 g
Yacon-Sirup	3 EL
Yacon-Nüsse oder Kakaonibs und Kokosflocken	1–2 EL

ZUBEREITUNG:

Magerquark in einer großen Schüssel mit Mineralwasser mischen, sodass der Quark eine schön cremige Konsistenz bekommt. Leinöl hinzugeben. Beeren nach Wahl waschen und in einem Blitzhacker mit Yacon-Sirup zu einer Fruchtsauce pürieren. Haben die Beeren wenig Süße, noch etwas mehr Yacon-Sirup hinzufügen.

Zwei Drittel der Fruchtsauce unter den Quark rühren. Das andere Drittel später als Topping oder Fruchtspiegel über den Quark geben. Abschließend kannst du den Quark mit Yacon-Nüssen, Kakaonibs, Kokosflocken oder frischen Beeren garnieren.

Yacon-Nüsse

OFEN | 20 MIN. | 1 GLAS | EASY

Gemischte Nüsse (z. B. Mandeln, Walnüsse, Pekannüsse, Cashewkerne)	200 g
Yacon-Sirup	2 EL

ZUBEREITUNG:

Ofen auf 170 °C (Umluft 150 °C/Gas Stufe 2) vorheizen. Nüsse grob per Hand oder mit einem Blitzhacker zerkleinern. Nüsse auf ein Backblech mit Backpapier legen. Yacon-Sirup darüberträufeln. Nüsse und Sirup gut miteinander vermengen. Alles für ca. 15 Minuten auf mittlerer Schiene goldbraun rösten. Nüsse abkühlen lassen und in ein Aufbewahrungsglas abfüllen. Darin halten sie sich mindestens 2 Monate.

Sri-Lanka-Brei mit Zimtpflaumen

VEGAN | GLUTENFREI (OPTIONAL) | WEEKEND-FOOD

HERD | 20 MIN. | 2 PORTIONEN | EASY

Zwetschgen	12
Nelke, ganz	2
Zimt	1 TL + 1 TL
Haferflocken (glutenfrei)	80 g
Pflanzenmilch	400 ml
Wasser	200 ml
Yacon-Sirup	2 EL
Leinsamen, geschrotet	2 EL
Kardamom, gemahlen	2 TL
Kurkuma, gemahlen	1 TL
Salz	2 Prisen
Pfeffer	1 Prise
Hanfsamen	2 TL
Mandelmus, hell	2 TL

ZUBEREITUNG:

Zwetschgen gut waschen, halbieren und entkernen. In einen Topf mit einem Schuss Wasser geben und bei niedriger Temperatur ca. 10 Minuten köcheln lassen. Nelken und Zimt dazugeben.

Während die Zwetschgen garen, ayurvedischen Brei zubereiten. Dafür Pflanzenmilch mit Wasser und Haferflocken in einem kleinen Topf bei mittlerer Hitze erwärmen.

Leinsamen (am besten frisch geschrotet) dazugeben. Kardamompulver zu dem Brei rühren. Ebenso wie Yacon-Sirup, Zimt, Kurkumapulver, Salz und Pfeffer. Alles für 5 Minuten köcheln lassen, bis ein schöner dickflüssiger Brei entsteht. Wenn der Brei etwas zu dickflüssig ist, noch etwas Wasser hinzufügen.

Brei auf zwei Schüsseln verteilen. Mit den heißen Zwetschgen toppen (Achtung: Nelke vorher herausnehmen). Mit ein paar Hanfsamen und Mandelmus garnieren, fertig ist der indisch angehauchte Superbrei!

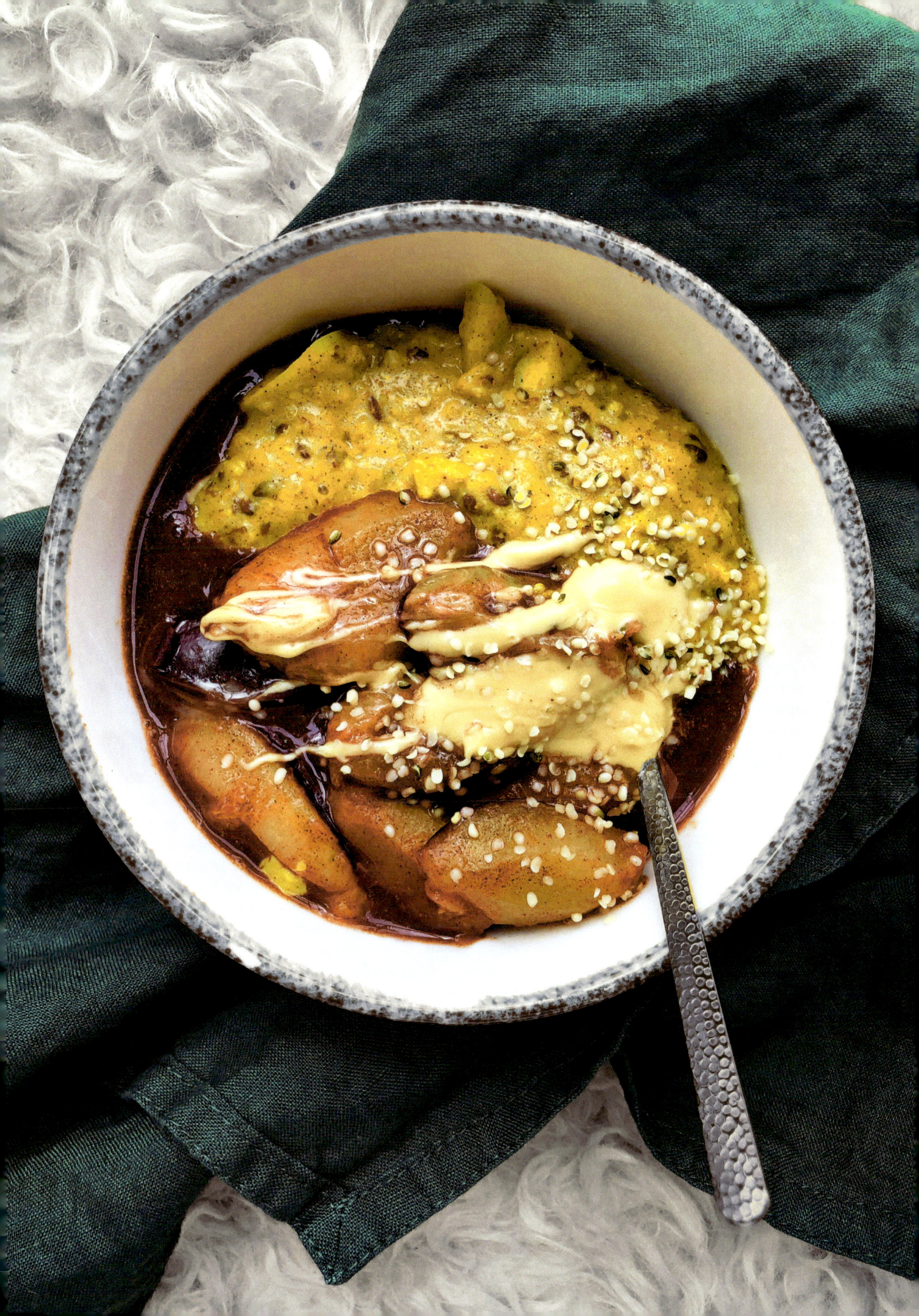

Peanut-Banana-Porridge

HERD | **20 MIN.** | **2 PORTIONEN** | **EASY**

Haferflocken (glutenfrei)	70 g
Hirseflocken	40 g
Cashewmilch	500 ml
Erdnussmus, zuckerfrei	1 EL
Kakao, stark entölt	1 TL
Salz	1 Prise
Yacon-Sirup	2 TL + 1 TL
Banane	1

TOPPINGS

Erdnüsse, ungeröstet	20 g
Hanf- oder Leinsamen	1 EL
Beeren (optional)	50 g
Kakaonibs (optional)	10 g
Erdnussmus (optional)	1 EL

ZUBEREITUNG:

Hafer- und Hirseflocken in Cashewmilch auf niedriger Stufe köcheln lassen. Erdnussmus und Kakaopulver hineinrühren. Mit Yacon-Sirup je nach gewünschter Süße abschmecken.

Erdnüsse in einem Mörser grob zerstoßen. Banane schälen und längs aufschneiden. In einer Pfanne ohne Öl beidseitig ca. 2 Minuten bei mittlerer Hitze braten. Dabei jede Seite beim Braten mit einem Teelöffel Yacon-Sirup beträufeln.

Fertiges Porridge auf zwei Schüsseln verteilen. Die kandierte Banane darauf drappieren. Das Ganze mit Erdnüssen und Hanf- oder Leinsamen garnieren. Wer mag, kann auch noch etwas Erdnussmus darübergeben und ein paar Kakaonibs, Himbeeren oder anderes Obst hinzufügen.

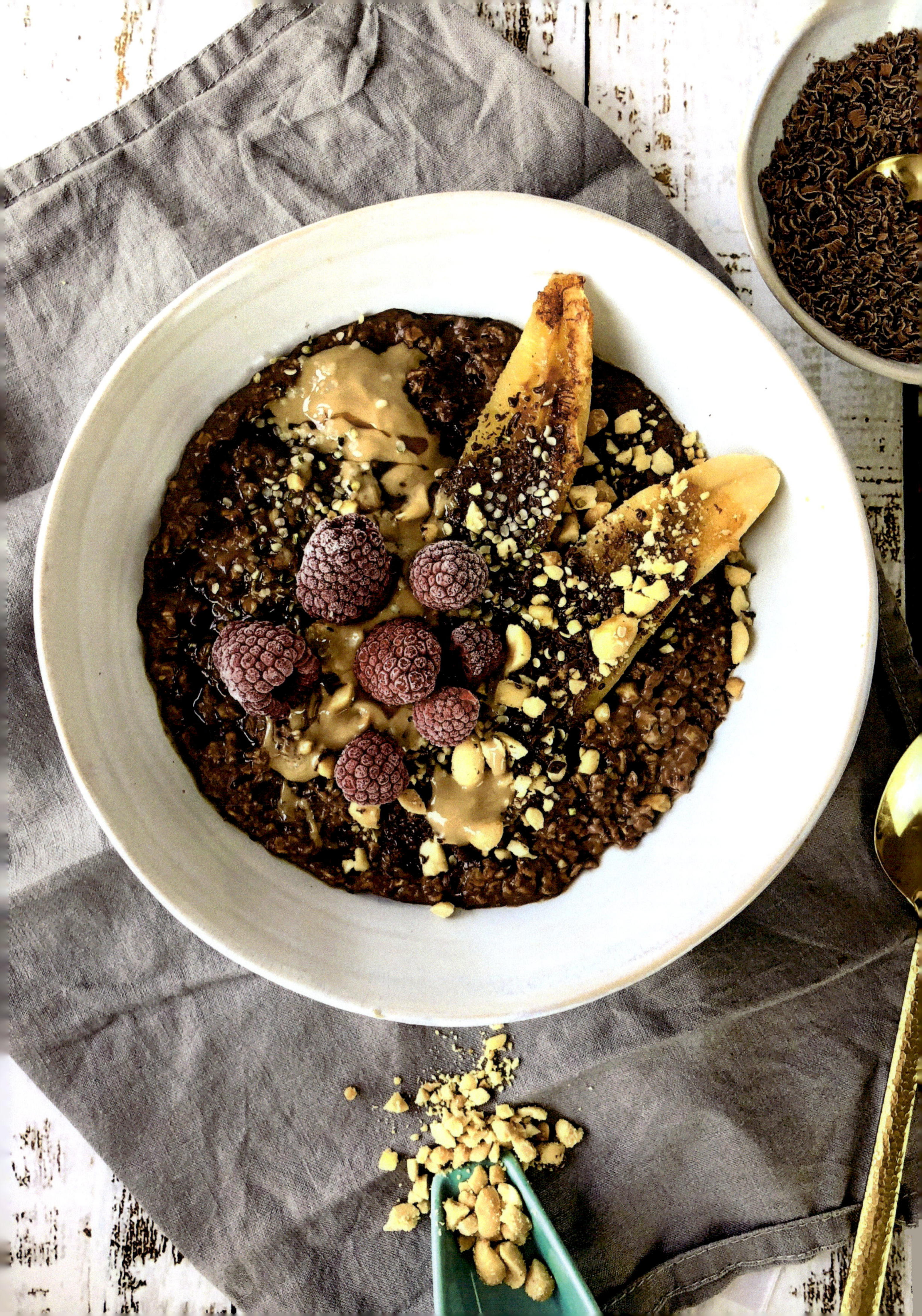

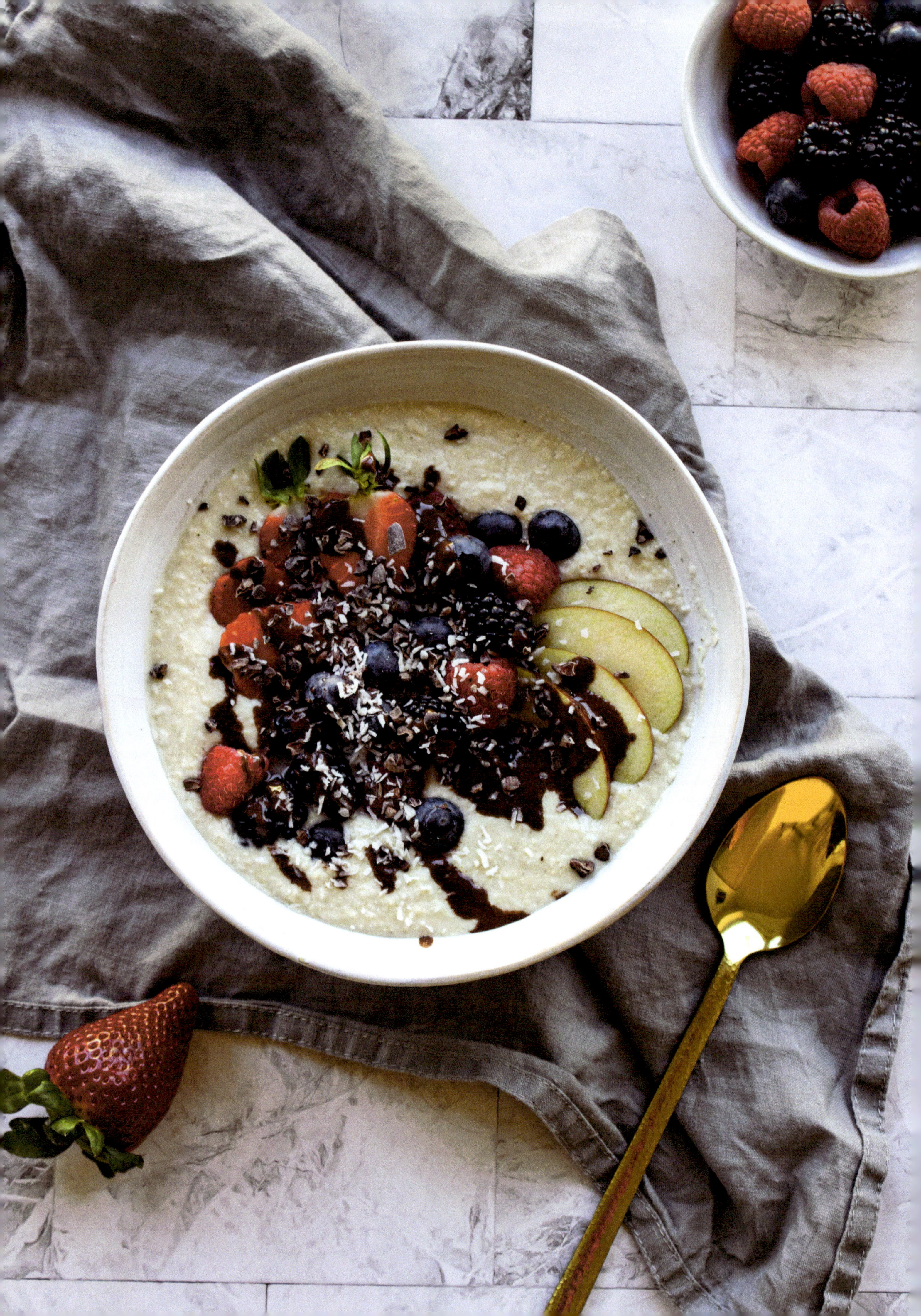

Kokos-Hirse-Porridge

HERD | 20 MIN. | 2 PORTIONEN | EASY

PORRIDGE

Kokosmilch	150 ml
Wasser	350 ml
Hirseflocken	70 g
Salz	1 Prise
Kokos, geraspelt	30 g
Yacon-Sirup	2 EL

SCHOKOSAUCE

Cashewmus	1 EL
Wasser	100 ml
Kakao, stark entölt	1/2 TL
Yacon-Sirup	1 TL

TOPPINGS

Beeren (Himbeeren, Erdbeeren oder Heidelbeeren)	50 g
Ananas, Kiwi, Orangen (optional)	50 g
Kokos, geraspelt	10 g
Kakaonibs	10 g

ZUBEREITUNG:

Kokosmilch und Wasser in einem Topf erwärmen. Hirseflocken, Kokosraspel und eine Prise Salz hinzugeben. Alles 5 Minuten bei niedriger Temperatur köcheln lassen. Dabei regelmäßig umrühren. Am Ende fertiges Porridge mit Yacon-Sirup süßen.

Nun die Schokosauce zubereiten: Dafür Cashewmus mit Wasser zu einer cremigen Flüssigkeit verrühren. Kakaopulver und Yacon-Sirup hinzugeben.

Fertiges Porridge auf zwei kleine Schüsseln verteilen und mit Topping nach Wahl garnieren. Beeren oder exotische Früchte passen toll zur Kokosnote des Porridges.

Abschließend mit Schokosauce und Kakaonibs toppen. Auf Wunsch noch ein paar Kokosraspeln darübergeben. Fertig ist die Kokos-Schoko-Bowl.

BEAUTY-FOOD-BOWL

Hirse ist ein unterschätztes Getreide. Mit ihrem hohen Silicium- und Eisengehalt ist sie besonders für Frauen extrem wertvoll. Silicium stärkt Haare und Nägel und sorgt für ein schönes Hautbild. Es strafft das Bindegewebe und beugt Cellulite vor. Außerdem hilft Hirse einem Eisenmangel vorzubeugen bzw. entgegenzuwirken. Besonders gut wird Eisen übrigens in Verbindung mit Vitamin C aufgenommen. Also bei diesem Frühstück gerne eine Extraportion Obst als Topping hinzufügen.

VEGAN | GLUTENFREI | WEEKEND-FOOD

Yacotella

VEGAN · GLUTENFREI · KINDERGERICHT · VORBEREITUNGSTAGE

OFEN | 20 MIN. | 1 GLAS | EASY

Haselnüsse	200 g
Salz	1 Prise
Kokosöl	3 EL
Mandelmilch, zuckerfrei	ca. 100 ml
Kakao, stark entölt	2 TL
Vanille, gemahlen	1/2 TL
Yacon-Sirup	90 g

ZUBEREITUNG:

Haselnüsse auf einem Backblech bei 170 °C (Umluft 150 °C/Gas Stufe 3) 10 Minuten rösten. Die heißen Haselnüsse ohne dunkle Außenhaut in einen Blitzmixer geben. (Zum Entfernen der Außenhaut, reibe ich die Nüsse zwischen meinen Handflächen hin und her. Wenn die Nüsse noch sehr heiß sind, zusätzlich ein Küchentuch verwenden.) Nüsse nun so lange mixen, bis eine cremige Nusspaste entsteht. Das kann mehrere Minuten dauern. Salz, Kakao, Kokosöl, Vanille und Yacon-Sirup dazugeben. Zum Abschluss Mandelmilch untermischen, bis die gewünschte Konsistenz erreicht ist. Das Yacotella in Weckgläschen füllen und im Kühlschrank aufbewahren. Hält sich bis zu 4 Wochen.

Zwetschgenmus

HERD | 15 MIN. | 1 GLAS | EASY

Zwetschgen, frisch	400 g
Wasser	100 ml
Yacon-Sirup	2 TL
Zimt, gemahlen	1 TL

ZUBEREITUNG:

Zwetschgen waschen, entkernen, in kleine Stückchen schneiden und in einen kleinen Topf mit 100 ml Wasser bei mittlerer Temperatur 10 Minuten köcheln lassen. Yacon-Sirup und Zimt dazugeben und weitere 5–10 Minuten einkochen. In ein sterilisiertes Einweckglas füllen und abkühlen lassen. So hält sich die Marmelade gut 1 Jahr.

Beeren-Chia-Marmelade

HERD | 15 MIN. | 1 GLAS | EASY

Beeren nach Wahl, frisch oder tiefgefroren	250 g
Zitrone	1
Yacon-Sirup	50 g
Chiasamen	1 EL
Rosmarin oder Thymian, frisch (optional)	1 TL

ZUBEREITUNG:

Bei tiefgefrorenen Beeren ca. 1 Stunde auftauen. Beeren daraufhin in einen Topf geben und bei niedriger Hitze 10 Minuten köcheln lassen. Topf vom Herd nehmen. Früchte abkühlen lassen. Danach Beeren mit einem Pürierstab zerkleinern und mit Yacon-Sirup süßen. Anschließend die Zitrone auspressen und den Saft unterrühren. Für die besondere Note frische Rosmarinnadeln oder Thymianblätter klein gehackt dazugeben.

Zum Abschluss Chiasamen unterrühren und die Marmelade in Gläser einwecken. Durch die Chiasamen geliert sie im Kühlschrank. So erhält die Marmelade ihre typische Konsistenz.

Energieriegel

OFEN | **1 STD.** | **15 RIEGEL** | **EASY**

VEGAN | GLUTENFREI | KINDERGERICHT | MEAL PREP | VORBEREITUNGSTAGE

Medjool-Datteln	100 g
Getrocknete Aprikosen, ungeschwefelt	200 g
Wasser	100 ml
Chiasamen	2 EL
Zimt, gemahlen	2 TL
Yacon-Sirup	1 EL
Mandeln, braun	100 g
Sonnenblumenkerne	100 g
Kürbiskerne	70 g
Leinsamen, ganz	130 g
Haferflocken, grob	250 g
Weizenkeime	40 g
Weinbeeren/Rosinen	130 g

ZUBEREITUNG:

Datteln entkernen und zusammen mit den getrockneten Aprikosen 1 Stunde in Wasser einweichen. Dann in einem Blitzhacker mit 100 ml der Einweichflüssigkeit zu einem Dattel-Aprikosen-Mus pürieren. Zimt, Yacon-Sirup und Chiasamen dazugeben und gut vermischen.

Mandeln grob hacken. Mit den Sonnenblumenkernen, Kürbiskernen, Leinsamen, Haferflocken, Weizenkeimen und Weinbeeren in einer großen Schüssel vermischen.

Ofen auf 180 °C (Umluft 160 °C Grad/Gas Stufe 3) vorheizen. Mus aus dem Blitzhacker in die Schüssel mit den anderen Zutaten geben. Alles gut miteinander vermengen, bis eine homogene, klebrige Mischung entsteht.

Ein Backblech mit Backpapier auslegen. Müsliriegelmasse auf dem Blech flach verteilen. Die Masse sollte etwa 0,5–1 Zentimeter hoch sein.

Masse mit befeuchteten Händen festdrücken, sodass die Zutaten schön zusammenkleben. Alles für 20 Minuten im Backofen backen. Blech aus dem Ofen nehmen und Riegelmasse komplett auskühlen lassen.

Erst wenn alles ausgekühlt ist, 15 gleich große Riegel daraus schneiden. Riegel umdrehen und dann weitere 15 Minuten backen, bis sie goldbraun sind. Dann erneut auskühlen lassen. Die Riegel halten sich in einer Dose kühl gelagert mindestens 6 Wochen.

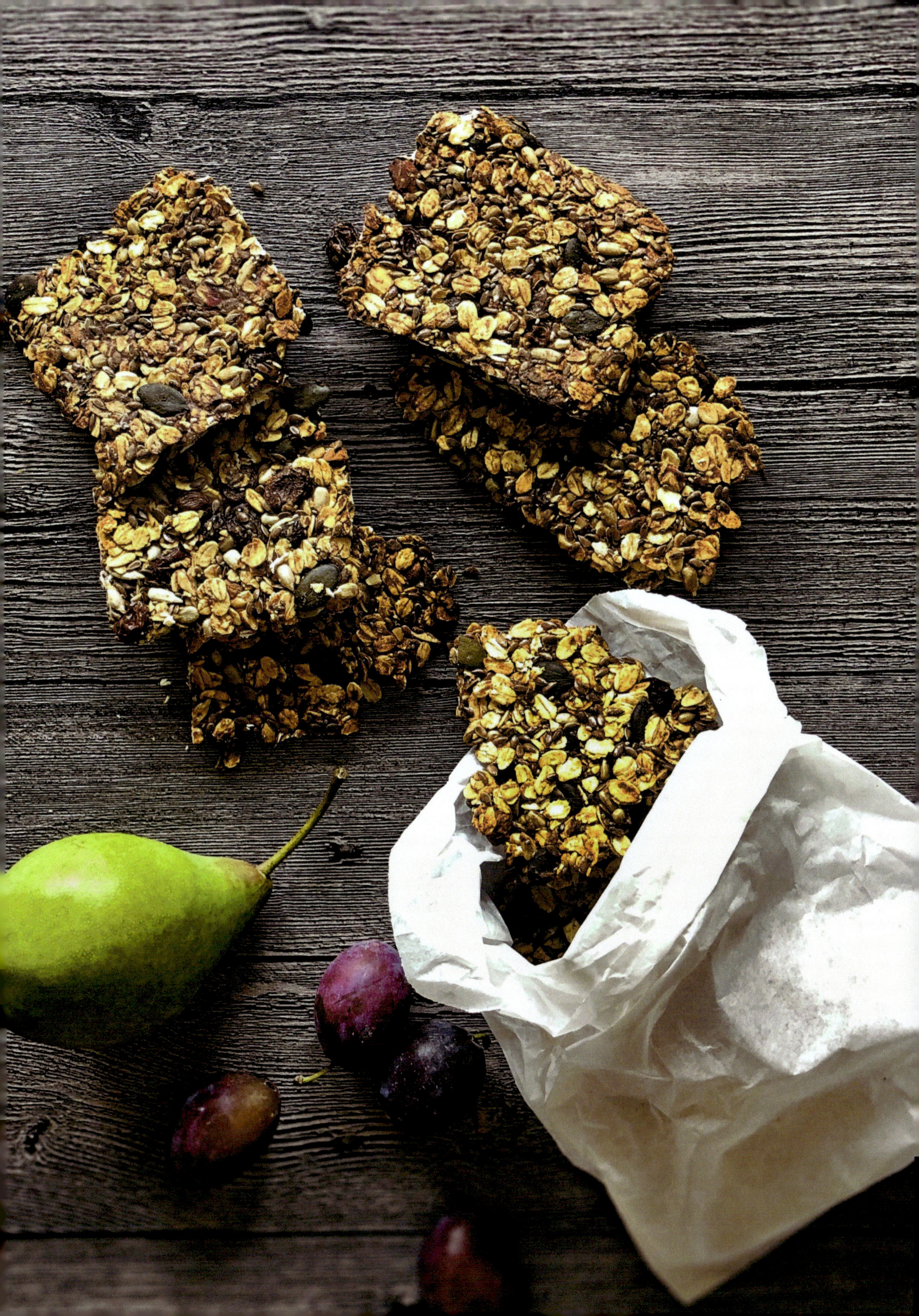

Gesunde Müslibrocken

OFEN | **2,5 STD.** | **12–14 BROCKEN** | **EASY**

Dinkelvollkornmehl	400 g
Yacon-Sirup	4 EL
Apfelmark	100 g
Trockenhefe	7 g
Kokosöl	50 g
Salz	1 Prise
Zimt, gemahlen	2 TL
Pflanzenmilch	250 ml
Haferflocken, grob	50 g + 1 EL
Leinsamen, ganz	2 EL
Gemischte Nüsse (Mandeln, Walnüsse, Haselnüsse)	50 g
Medjool-Datteln	3
Getrocknete Aprikosen, ungeschwefelt	6

ZUBEREITUNG:

Das Rezept ist wirklich super einfach. Alles, was man braucht, sind die Zutaten in der Liste und etwas Zeit. Dinkelmehl, Yacon-Sirup, Apfelmark, Trockenhefe, Kokosöl (vorab im Topf schmelzen), Salz und Zimt in eine große Schüssel geben. Nach und nach die Pflanzenmilch hinzugeben und dabei alles mit einem Handrührgerät mit Knethaken zu einem seidigen Teig verarbeiten.

Nüsse grob hacken, Datteln und Aprikosen ebenfalls in kleine Stückchen schneiden. Dann alles zusammen mit den Haferflocken und Leinsamen unter den Teig rühren. Dafür wieder das Handrührgerät verwenden. Teig nun mit einem Tuch abgedeckt an einem warmen Ort für 1–1,5 Stunden gehen lassen, bis er sich nahezu verdoppelt hat.

Etwas Mehl auf einer Arbeitsplatte verteilen und den Teig darauf platzieren. Teig in 12 bis 14 Teiglinge teilen und diese mit bemehlten Händen zu länglichen Brötchen formen.

Teiglinge auf ein Backblech mit Backpapier im Abstand von 5 Zentimetern verteilen und weitere 40 Minuten an einem warmen Ort gehen lassen, bis sie wiederum sichtlich an Volumen gewonnen haben.

Dann Ofen auf 190 °C (Umluft 170 °C/Gas Stufe 4) vorheizen. Ein ofenfestes Schälchen mit Wasser unten in den Backofen stellen. Die Müslibrocken auf mittlere Schiene für 15–20 Minuten backen, bis sie goldbraun sind.

TIPP: Friere einen Teil der Müslibrocken ein. Für ein schnelles Frühstück kannst du sie am Vorabend einfach rauslegen und morgens – kalt oder warm aufgebacken – genießen.

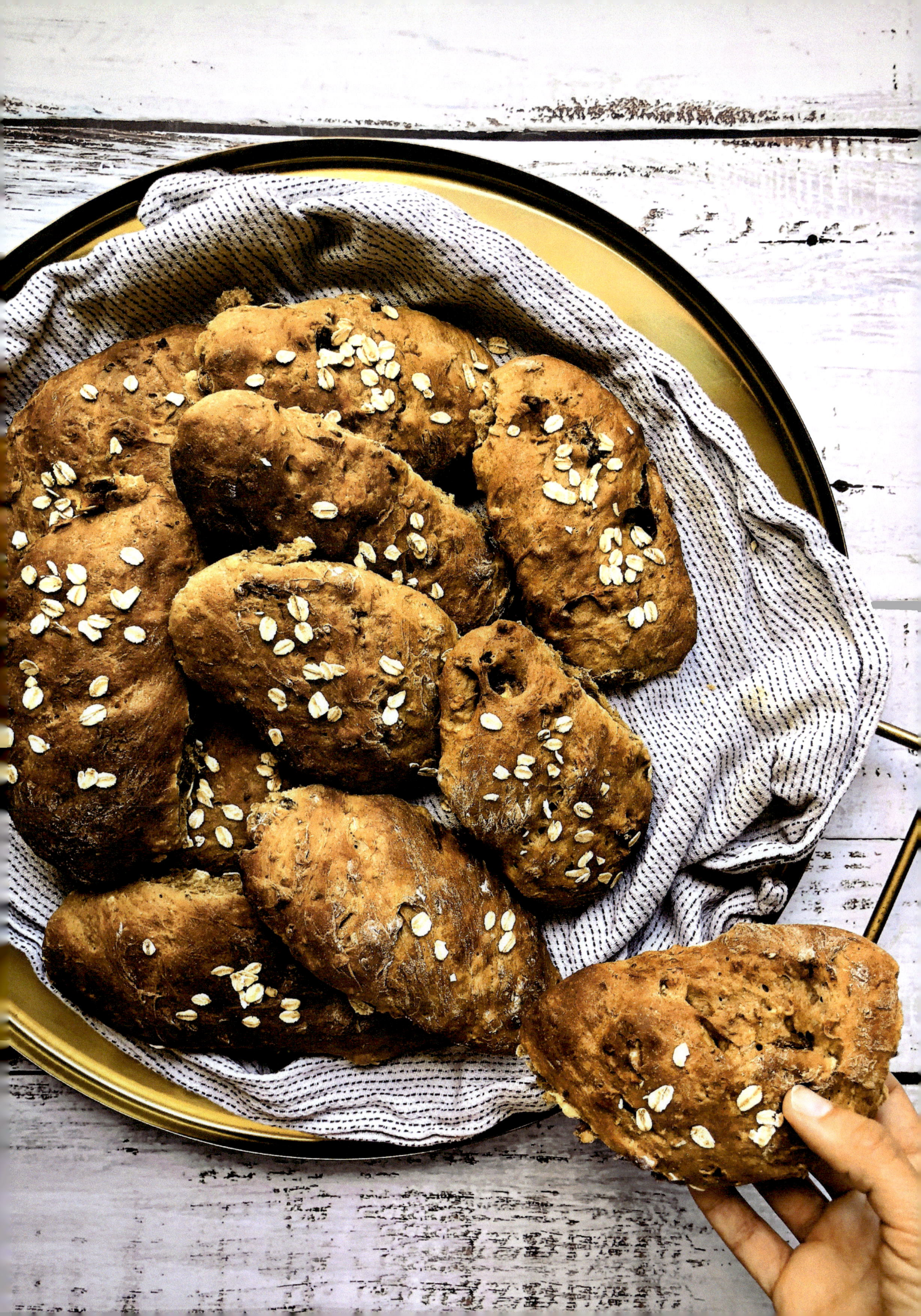

Karotten-Frühstückskuchen

VEGAN/VEGETARISCH · KINDERGERICHT · MEAL PREP · VORBEREITUNGSTAGE

OFEN | 1,5 STD. | 1 KUCHEN | MITTEL

Mehl-Mix (glutenfrei)	100 g
Haselnüsse, gemahlen	100 g
Pfeilwurzelmehl	10 g
Zimt, gemahlen	2 TL
Ingwer, gemahlen	1 TL
Muskatnuss, gemahlen	1/4 TL
Erythrit, Bio-Qualität	50 g + 40 g
Backpulver	1 TL
Natron	1 TL
Kokosöl	100 g
Yacon-Sirup	50 g
Apfelmark	100 g
Cashewmus	40 g
Mineralwasser	2 EL
Karotten, geraselt	100 g
Pistazien, gesalzen	50 g
Frischkäse, fettarm (veganer Frischkäse)	400 g
Magerquark (vegan: Sojaquark)	300 g
Zitrone, Bio-Qualität	1
Gemischte Beeren, frisch	500 g

ZUBEREITUNG:

Mehl, gemahlene Haselnüsse, Pfeilwurzelmehl, Zimt, Ingwerpulver, Muskatnuss, 50 g Erythrit, Backpulver und Natron in einer großen Schüssel mischen. Kokosöl in eine ofenfeste Form geben und bei 150 °C (Umluft 130 °C/Gas Stufe 2) im Ofen schmelzen. Im flüssigen Zustand mit Yacon-Sirup, Apfelmark und Cashewmus in einer zweiten Schüssel verrühren.

Karotten raspeln und Pistazien hacken. Flüssige Zutaten zu den trockenen Zutaten geben und alles gut verrühren. Die geraspelten Karotten und die Pistazien unterheben. Dann Teig dünn auf zwei Springformen (ca. 1 Zentimeter dick) verteilen. Beide Böden bei 200 °C (Umluft 180 °C/Gas Stufe 4) ca. 30 Minuten backen. (Falls nur eine Springform vorhanden, Teige nacheinander backen.)

Böden komplett auskühlen lassen. In der Zwischenzeit kannst du die Frischkäsecreme anrühren. Dafür Bio-Zitrone abwaschen und die Schale in eine Schüssel mittlerer Größe raspeln. Den Saft der Zitrone auspressen und hinzufügen. Frischkäse, Quark und 40 g Erythrit ebenfalls in die Schüssel geben. Alles gründlich verrühren.

Einen Boden auf eine Kuchenplatte legen. Eine Schicht Frischkäsecreme darauf verteilen. Den zweiten Boden darüber platzieren und großzügig mit der Creme bestreichen. Für die Ränder die restliche Creme verwenden. Kurz vor dem Servieren mit frischen Beeren garnieren.

TIPP: Kuchen zum Frühstück? Ja, mit diesem Gericht ist das erlaubt! Für ein alltägliches Frühstück ist der Kuchen allerdings etwas zu aufwendig. Er eignet sich am besten für einen Wochenendbrunch. Wenn du ihn einfrierst, kannst du ihn auch prima unter der Woche genießen. Dafür einfach am Vorabend ein Stück zum Auftauen rausstellen.

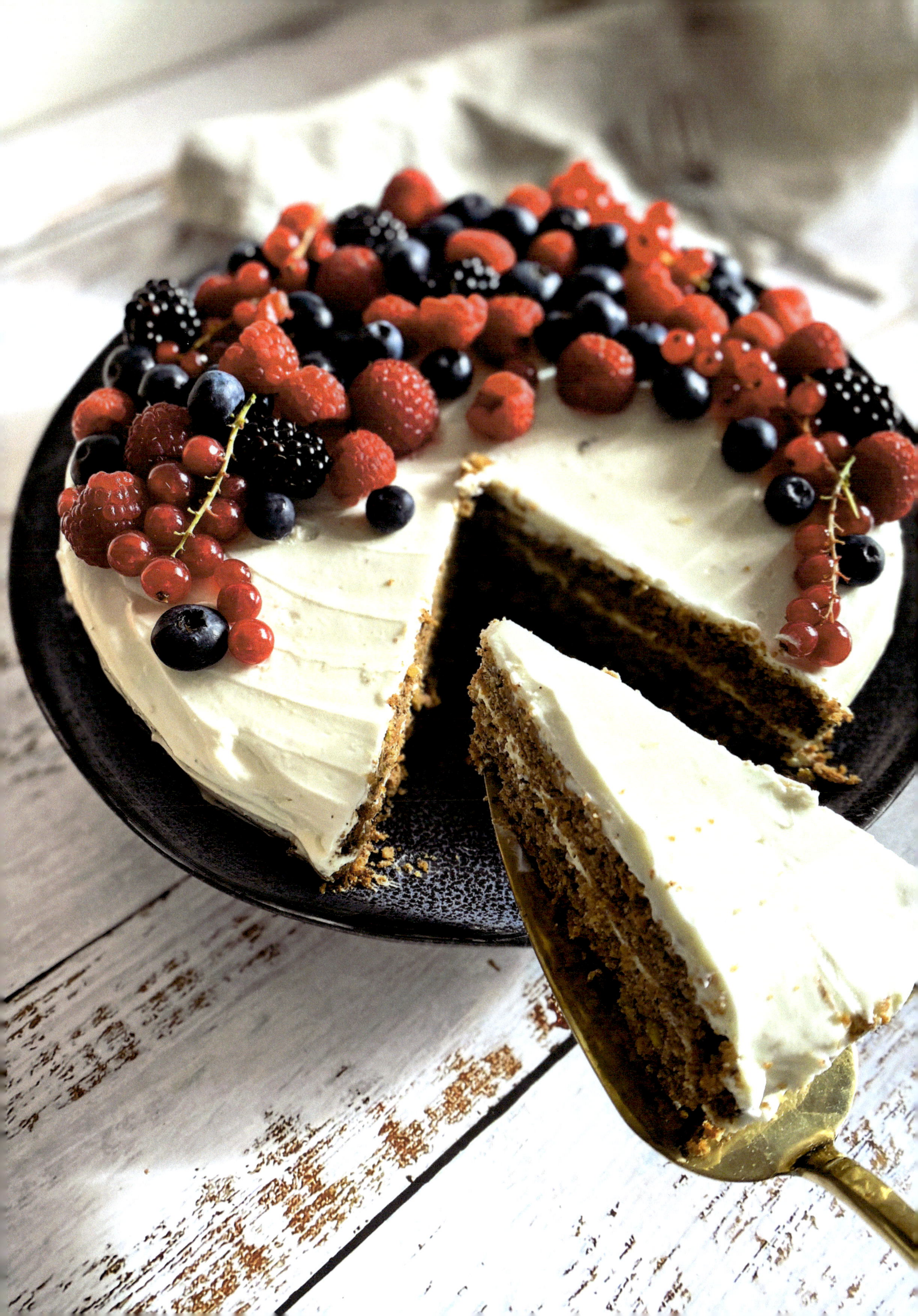

Brot

reit

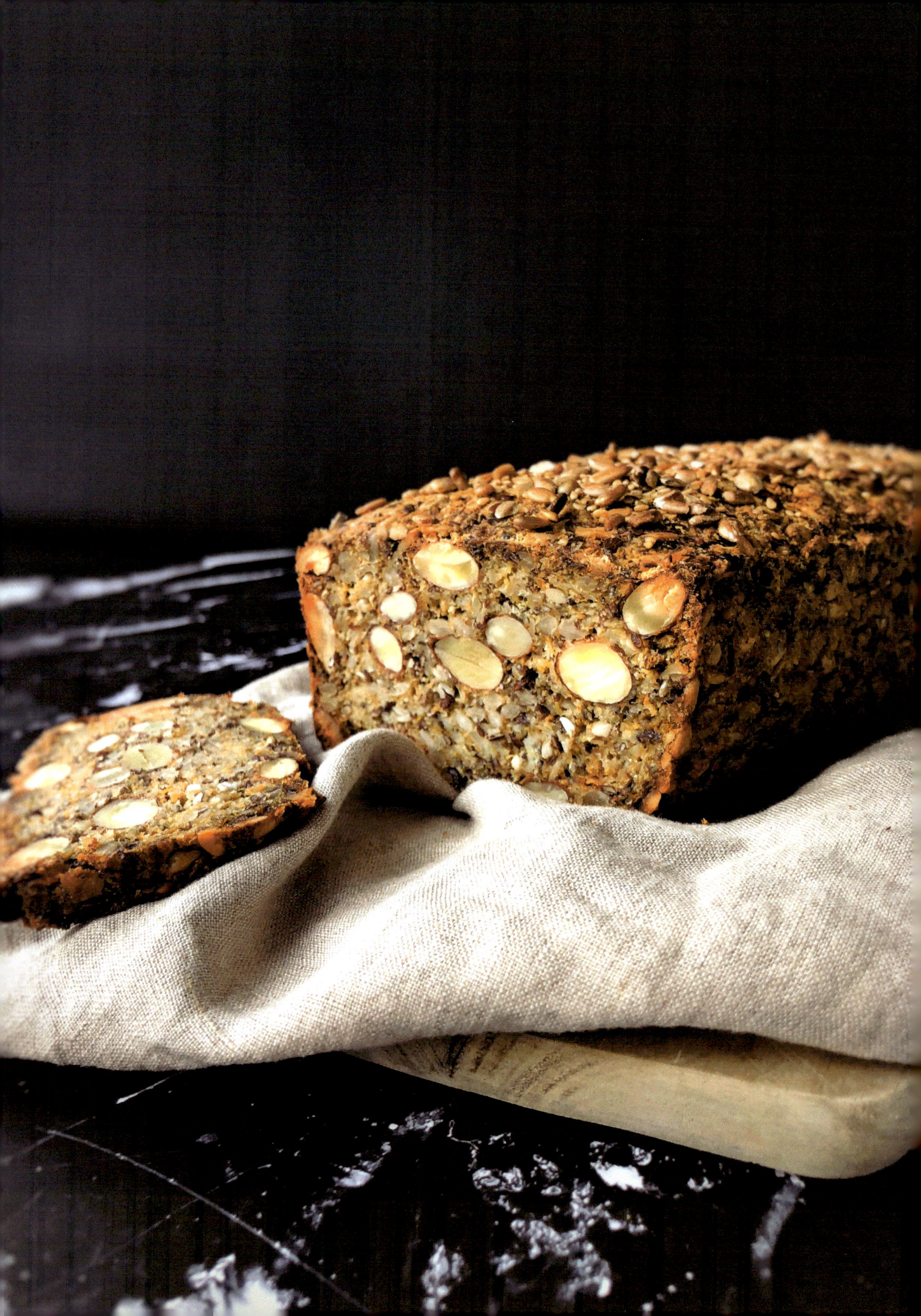

Mandel-Karotten-Batzen

OFEN | 3 STD. | 1 BROT | EASY

Sonnenblumenkerne	150 g
Leinsamen, geschrotet	75 g
Mandeln	150 g
Haferflocken (glutenfrei)	150 g
Hirseflocken	70 g
Weizenkeime	40 g
Chiasamen	30 g
Flohsamenschalen	40 g
Salz	1 TL
Yacon-Sirup	2 EL
Möhren, geraspelt	150 g
Wasser	400–500 ml

ZUBEREITUNG:

Alle trockenen Zutaten in eine große Schüssel geben. Möhren, Yacon-Sirup und Wasser unterrühren und alles gut miteinander vermengen.

Standard-Kastenform mit Backpapier auslegen und den Brotteig hineingeben. Wer mag, kann den Teig oben mit Sonnenblumenkernen bestreuen.

Teig 2 Stunden ruhen lassen. Dann in den geheizten Ofen 180 °C (Umluft 170 °C/Gas Stufe 3) auf mittlerer Schiene für 20 Minuten backen. Danach das Brot aus der Form holen und weitere 50–60 Minuten im Ofen backen, bis es goldbraun ist und eine schöne Brotkruste entwickelt hat.

VEGAN | GLUTENFREI (OPTIONAL) | KINDERGERICHT | VORBEREITUNGSTAGE

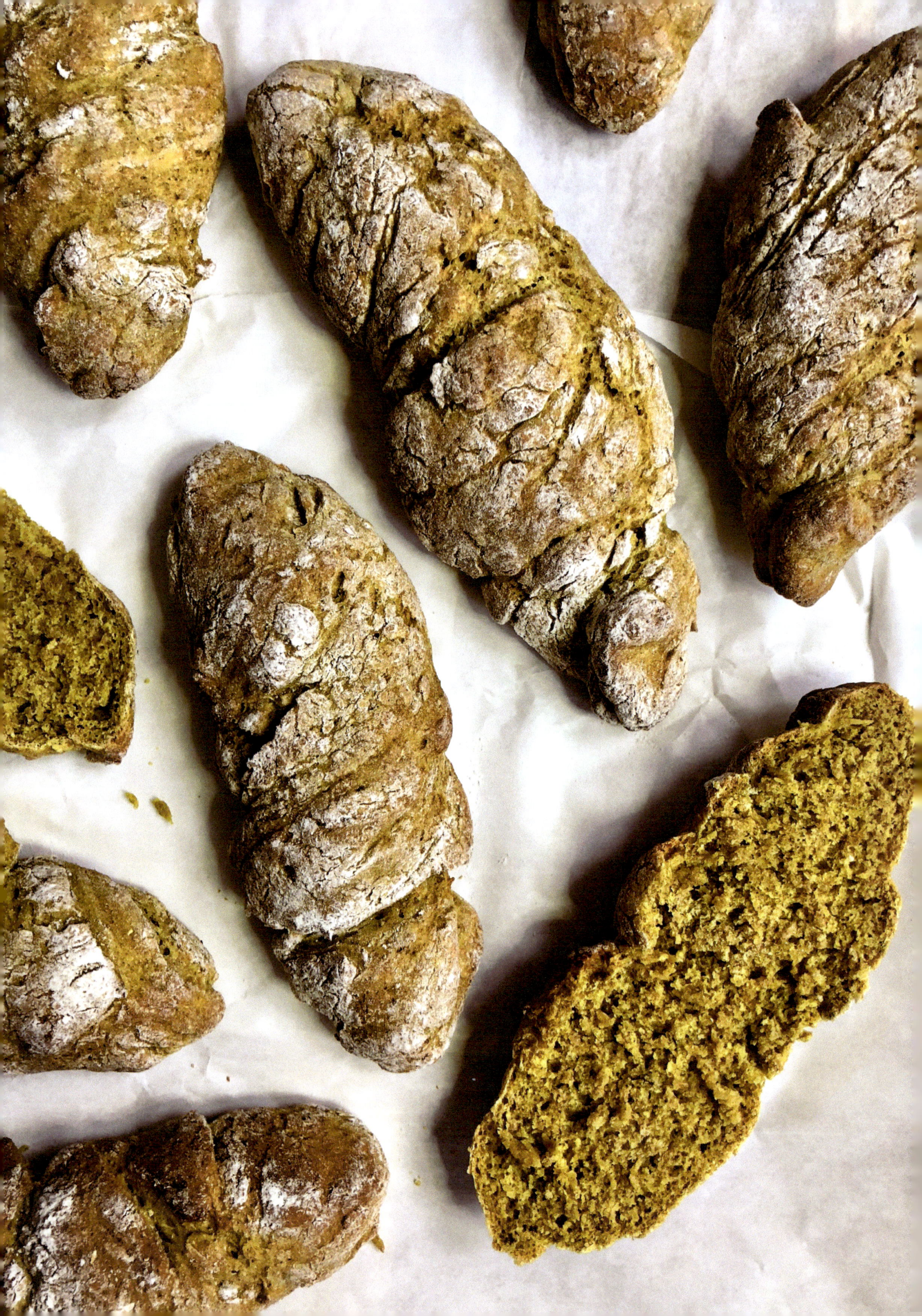

Vinschgauer Kurkumastangen

OFEN | 1,5 STD. | 8 STANGEN | EASY

Dinkelmehl (Typ 1050)	200 g
Roggenmehl (Typ 997)	200 g
Warmes Wasser	300 ml
Trockenhefe	15 g
Yacon Sirup	2 EL
Kümmel, ganz	1 TL
Fenchelsamen, ganz	1 1/2 TL
Anissamen, ganz	1 TL
Kurkumapulver	1 TL
Chiliflocken	1/4 TL
Pfeffer	3 Prisen
Meersalz	2 TL

GUT FÜR DEN BAUCH!

Fenchelsamen, Anis und Kümmel in diesen Brötchen sind eine echte Wohltat für Magen und Darm. Anis und Kümmel wirken krampflösend und fördern die Verdauung. Fenchel wirkt antibakteriell und hilft bei Entzündungen, genau wie die Allzweckwunderwaffe Kurkuma. Volle Gewürzpower voraus!

ZUBEREITUNG:

Dinkel- und Roggenmehl in einer großen Schüssel vermischen. Trockenhefe dazugeben. In einem anderen Gefäß 300 ml warmes Wasser und Yacon-Sirup verrühren.

Yacon-Wasser zu der Mehlmischung geben und verrühren, bis ein homogener Teig entsteht. Zugedeckt 15 Minuten an einem warmen Ort gehen lassen.

Kümmel, Fenchel und Anis im Mörser zerstoßen. Mit Kurkuma, Chilipulver, Meersalz und Pfeffer zum Teig geben. Alles mit dem Handrührgerät verkneten. Weitere 15 Minuten im Warmen gehen lassen.

Ofen auf 190 °C (Umluft 175 °C/Gas Stufe 4) vorheizen, dann den Teig auf einer bemehlten Arbeitsfläche mit mehligen Händen noch einmal durchkneten und in acht gleich große Stücke teilen.

Aus den Teigstücken auf einem mit Backpapier ausgelegten Backblech 8 längliche Leibe formen (Teig dabei sanft eindrehen, als würde man ein Handtuch auswringen wollen). In einem Abstand von 5 Zentimeter platzieren. Teiglinge erneut 15 Minuten an einem warmen Ort ruhen lassen.

Eine ofenfeste Schale mit Wasser auf den Boden des Backofens platzieren. Die Teiglinge in den Ofen schieben und 20–25 Minuten backen, bis sie außen goldbraun sind.

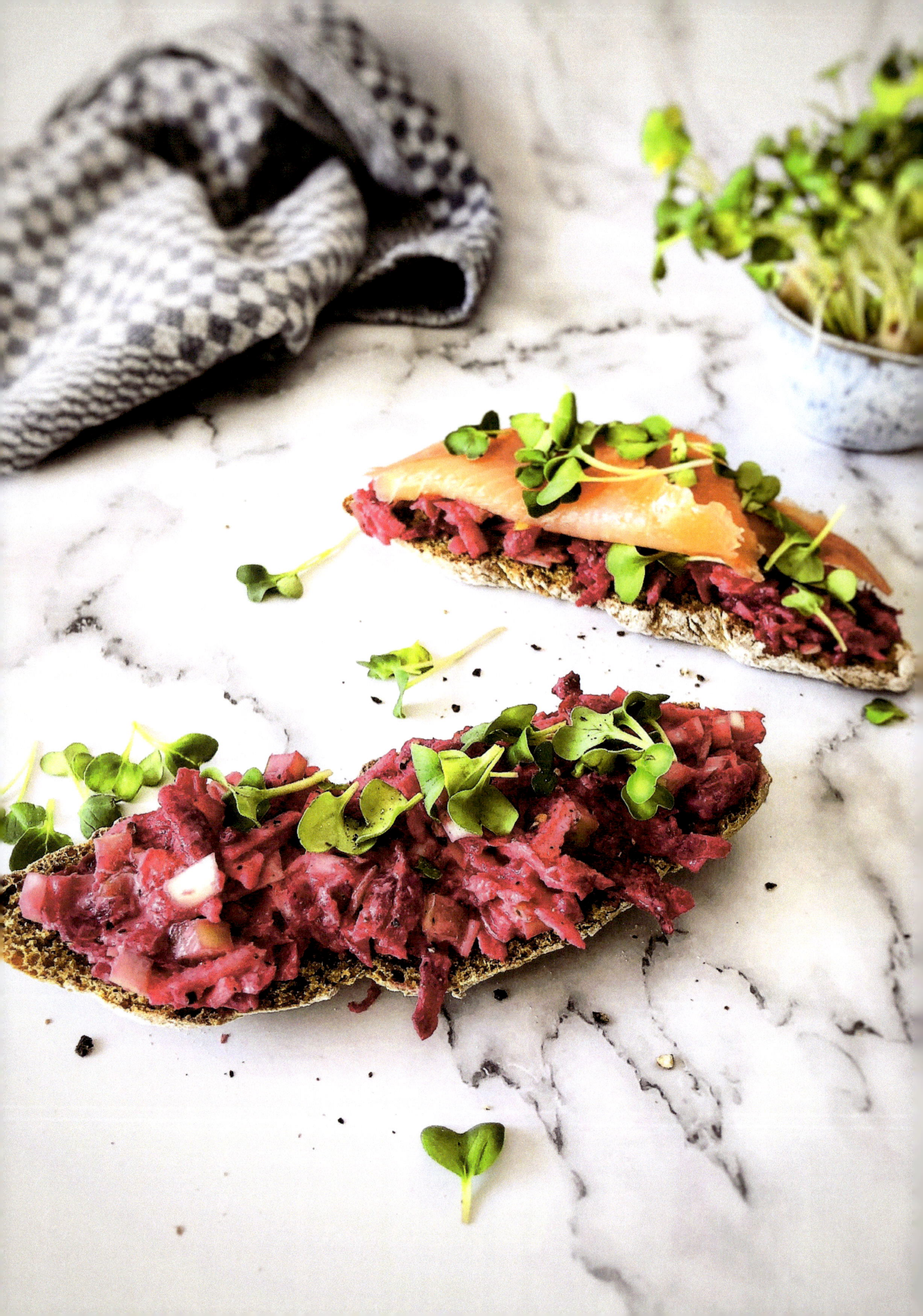

Rote-Beete-Meerrettichcreme

MISCHEN | 15 MIN. | 2 PORTIONEN | EASY

Apfel	1/2
Rote Beete	1 (200 g)
Selleriestange	1
Frühlingszwiebeln	1
Naturjoghurt (vegan: Sojajoghurt)	4 EL (60 g)
Tafelmeerrettich	2 TL
Yacon-Sirup	1/2 TL
Zitrone	1
Salz und Pfeffer	
Kresse, frisch	1–2 TL (5 g)

ZUBEREITUNG:

Apfel waschen und Rote Beete schälen. Dann beides fein rapseln. Selleriestange und Frühlingszwiebeln waschen und in dünne Ringe schneiden..

Joghurt und Tafelmeerettich mit dem Saft einer Zitrone, Yacon-Sirup, Salz und Pfeffer in einer Schüssel vermengen.

Das verkleinerte Gemüse zu der Joghurt-Mischung geben und alles gut verrühren, bis ein pinkfarbender Brotaufstrich entsteht.

Aufstrich am besten auf selbst gebackenem Brot servieren und mit frischer Kresse garnieren.

PROTEIN-TOPPING

Wenn du dich nicht rein vegetarisch ernährst, kombiniere die Rote-Beete-Meerrettichcreme doch mal mit geräuchertem Fisch (Bio-Qualität). Das schmeckt nicht nur super, es liefert deinem Körper auch viele gute Proteine und entzündungshemmende Omega-3-Fettsäuren.

Sesam-Miso-Knäckebrot

VEGAN | GLUTENFREI (OPTIONAL) | KINDERGERICHT | MEAL PREP | VORBEREITUNGSTAGE

OFEN | 1 STD. | CA. 15 STÜCK | EASY

Sonnenblumenkerne	80 g
Haferflocken, grob (glutenfrei)	60 g
Sesam	40 g + 20 g
Leinsamen, geschrotet	50 g
Kürbiskerne	40 g
Chiasamen	10 g
Weizenkeime	40 g
Flohsamenschalen	1 EL (10 g)
Kreuzkümmelsamen, ganz	1 TL
Tahini	2 TL
Misopaste	1,5 TL
Meersalz	1/4 TL + 1/2 TL
Wasser, heiß	300 ml

ZUBEREITUNG:

Sonnenblumenkerne, Haferflocken, Sesam, Leinsamen, Kürbiskerne, Chiasamen, Weizenkeime, Haferflocken, Flohsamenschalen, ein Viertel Teelöffel Meersalz und Kreuzkümmelsamen in einer Schüssel verrühren.

Heißes Wasser mit Tahini und Misopaste vermischen und unter die trockenen Zutaten geben. Das Ganze mindestens 15 Minuten quellen lassen.

Ofen auf 180 °C (Umluft 170 °C/Gas Stufe 3) vorheizen. Backblech mit Backpapier auslegen. Knäckebrotmasse so dünn wie möglich mit einem feuchten Löffel oder Spatel darauf verteilen. Je dünner der Teig, desto knuspriger werden die Knäckebrote. Bevor der Teig in den Ofen auf mittlerer Höhe kommt, ca. einen halben Teelöffel gemahlenes Meersalz gleichmäßig auf den Teig streuen.

Knäckebrot 20 Minuten backen. Blech herausnehmen. Knäckebrotteig mit einem Pizzaschneider oder einem Messer in die gewünschte Knäckebrot-Stückchen-Größe schneiden. Die Stücke einmal umdrehen und dann weitere 20 Minuten backen.

TIPP: Wenn das Knäckebrot einige Tage in einer Tupperdose liegt, kann es an Knackigkeit verlieren. Kurz in den Toaster gelegt – und schon ist es wieder schön kross!

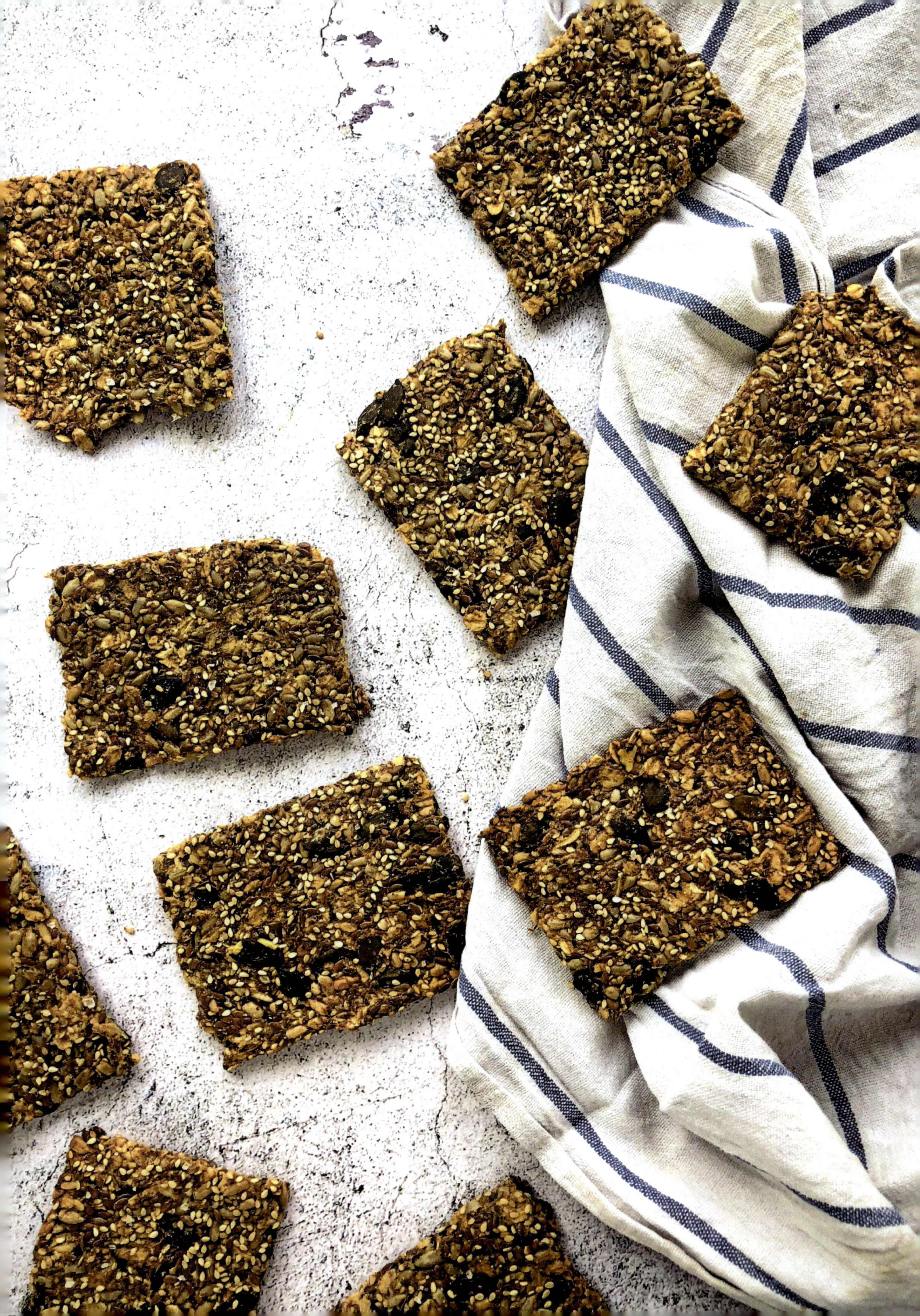

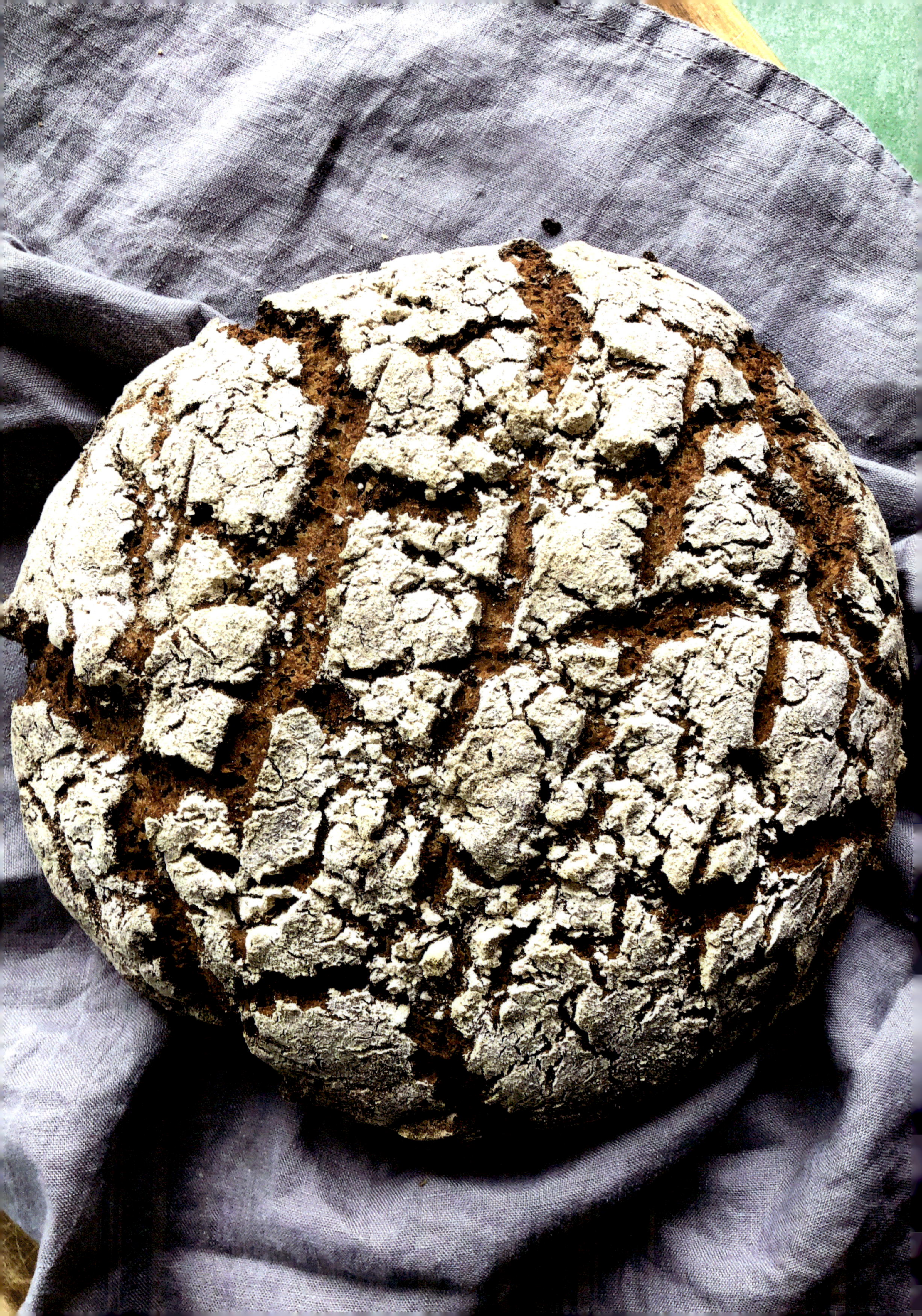

Omega-3-Sauerteigbrot

OFEN | 3 STD. | 1 BROT | MITTEL

Roggen-Sauerteig-Extrakt/ Sauerteig-Starter	15 g
Backhefe, trocken	10 g
Wasser, warm	600 ml
Yacon-Sirup	1 EL
Roggenvollkornmehl	400 g
Dinkelvollkornmehl	300 g
Salz	1,5 TL
Brotgewürz	1 EL
Weizenkeime	2 EL
Chiasamen	2 EL
Leinsamen, geschrotet	2 EL
Olivenöl	1 EL

ZUBEREITUNG:

Sauerteig-Extrakt und Backhefe in einer großen Schüssel in warmem Wasser auflösen. Yacon-Sirup einrühren.

Roggen- und Dinkelvollkornmehl hinzufügen und alles zu einem Teig verkneten. Danach Salz, Brotgewürz, Weizenkeime, Chiasamen, geschrotete Leinsamen und Olivenöl dazugeben und mit in den Teig kneten.

Teig in ein gemehltes Gärkörbchen leben und 2 Stunden an einem warmen Ort ruhen lassen. Ofen für 10 Minuten auf 250 °C (Umluft 240 °C/Gas Stufe 7) vorheizen. Teig aus dem Gärkörbchen vorsichtig auf ein mit Backpapier ausgelegtes Backblech stürzen. Mit dem Messer einige 1 Zentimeter tiefe und 15 Zentimeter lange Schnitte in die Brotleib-Oberfläche schneiden.

Ein Schälchen mit Wasser auf den Boden des Ofens stellen. Dann Leib auf mittlerer Schiene in den Ofen geben. 10 Minuten bei voller Hitze backen. Danach auf 200 °C (Umluft 180 °C/Gas Stufe 4) herunterstellen und das Brot weitere 50 Minuten backen, bis es eine schöne knusprige Kruste bekommt.

VEGAN KINDERGERICHT MEAL PREP VORBEREITUNGSTAGE

Kräuter- und Zwiebelbaguette

OFEN | 1 STD. | 2 BAGUETTES | EASY

Dinkelmehl	200 g
Dinkelvollkornmehl	200 g
Leinsamen, gemahlen	30 g
Wasser, lauwarm	300 ml
Yacon-Sirup	1 TL
Backhefe, trocken	10 g
Salz	1 TL
Zwiebel, für Zwiebelbaguette	1
Walnüsse, für Zwiebelbaguette	4
Wildkräuter-Koriander-Pesto, für Kräuterbrot	3 TL

FRANZOSENTAUGLICH

Frisches, warmes Baguette? Das schmeckt nach Urlaub in Frankreich! Leider sind die **fluffig-krossen** Baguettes so nährstoffreich wie ein Wattebausch. Mon dieu, das muss doch auch gesünder gehen, oder? Geht es! Denn der Basisteig (ohne Pesto oder Zwiebeln) kommt ziemlich nah an den französischen Klassiker heran. Dank Vollkornmehl, gemahlenen Leinsamen und Yacon-Sirup ist dieses Baguette wesentlich nährstoffreicher und sättigender als sein französischer Bruder. Formidable!

ZUBEREITUNG:

Ofen auf 60 °C (Umluft 40 °C/Gas Stufe 1) vorheizen. Lauwarmes Wasser mit Yacon-Sirup und Backhefe in einem Gefäß mischen und 5 Minuten stehen lassen. Leinsamen im Mixer mahlen und mit den 2 Dinkelmehlen in eine große Schüssel geben.

Yacon-Hefe-Mischung hinzufügen und alles mit einem Handrührgerät zu einem homogenen Teig verrühren. Ofen ausstellen. Teig mit einem Küchentuch bedeckt 1 Stunde im Ofen aufgehen lassen.

Für das Zwiebelbrot: Zwiebeln und Walnüsse hacken. Zwiebeln in Olivenöl bei mittlerer Hitze in eine Pfanne braten. Später die Walnüsse dazugeben und ebenfalls anrösten.

Teig auf einer bemehlten Arbeitsfläche in 2 Leibe teilen. In den einen Leib die gerösteten Zwiebeln und Walnüsse hineinkneten und zu einem länglichen Baguette formen.

Die andere Hälfte des Teiges noch einmal halbieren. Beide Teile zu länglichen Teigrollen formen und platt drücken. Einen Teil mit Wildkräuter-Koriander-Pesto bestreichen. Den nicht bestrichenen Teil oben auflegen. Den zweischichtigen Leib nun wie ein Handtuch, das man auswringen möchte, leicht eindrehen.

Wer einen Pizzastein hat, kann diesen im Ofen für 10 Minuten auf höchster Stufe vorheizen. Alternativ können die Baguettes natürlich auch auf einem normalen Backblech backen. Beide Baguettes auf das Backpapier legen und für 30 Minuten bei 190 °C (Umluft 170 °C/Gas Stufe 4) auf mittlerer Schiene goldig backen.

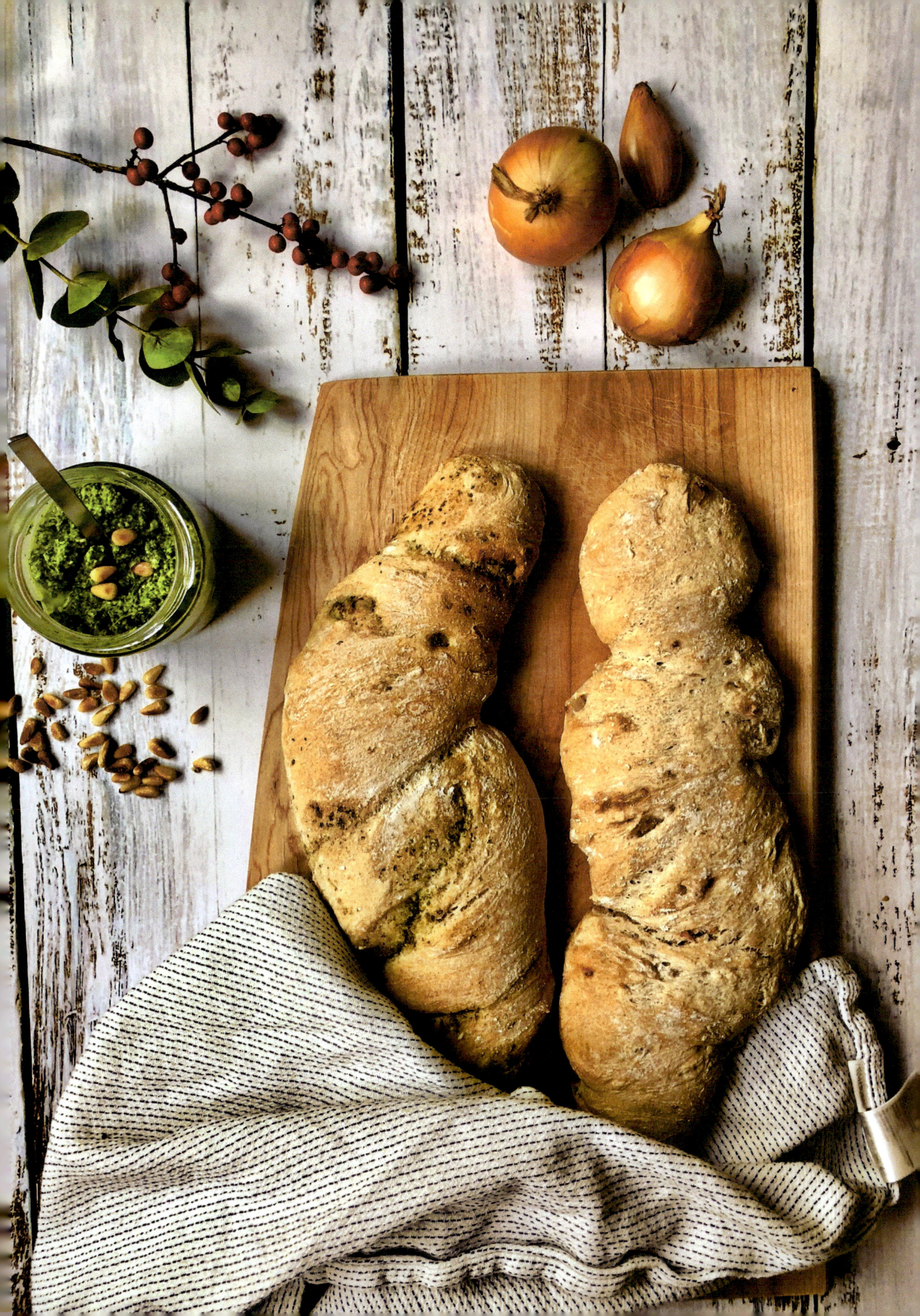

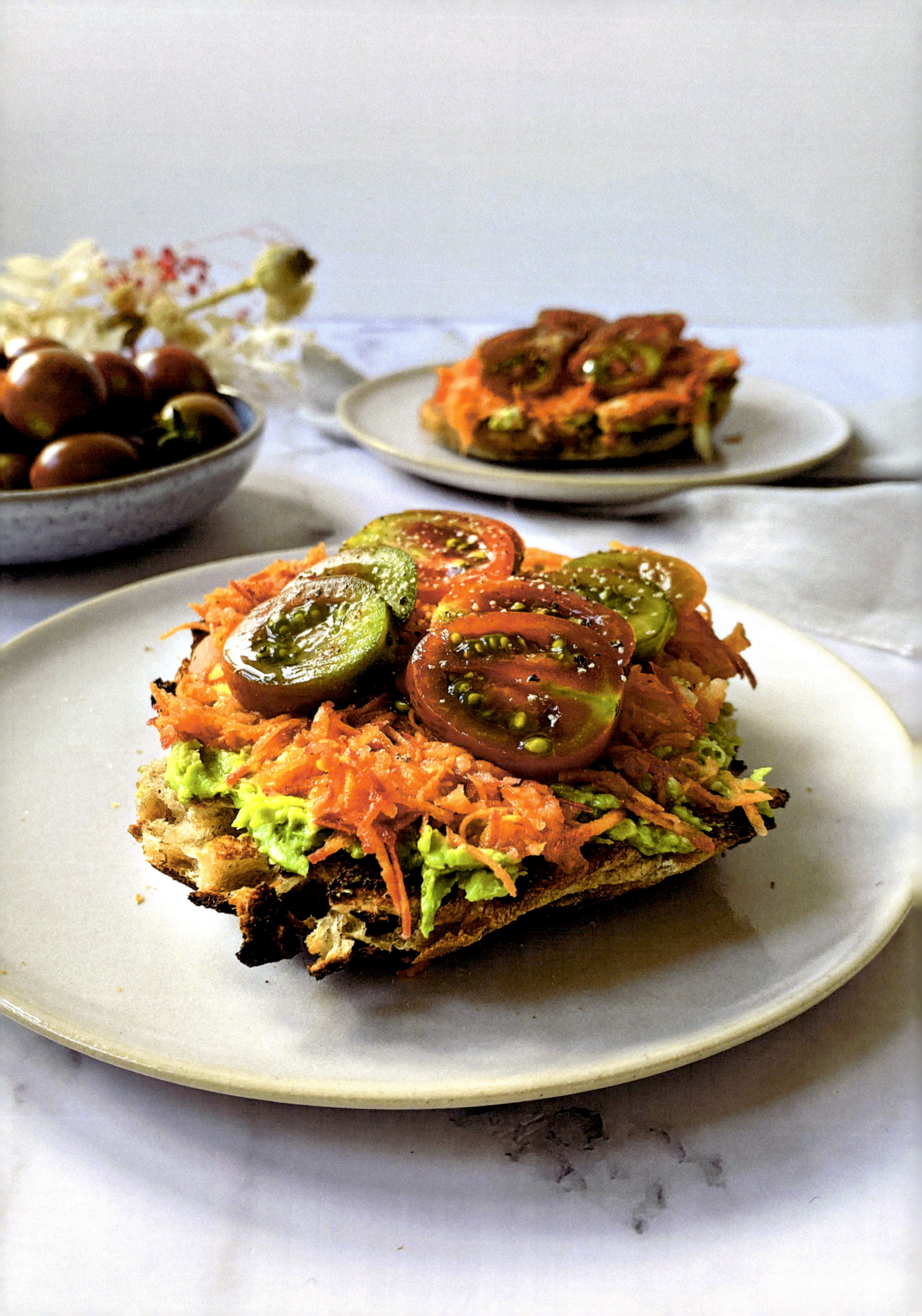

Avocado-Deluxe-Stüllchen

MISCHEN | 1 STD. | 2 PORTIONEN | EASY

ZUBEREITUNG:

Vollkornbrötchen, oder Vinschgauer Kurkumastange (S. 135)	2
Avocado	2
Möhren	1–2 (150 g)
Apfel	1/2
Kurkuma, gemahlen	1/2 TL
Zitrone	1/2
Leinöl	1/2 TL
Frühlingszwiebel	1
Cherrytomaten	6
Salz und Pfeffer	2–3 Prisen

Brötchen oder Brot aufschneiden und schön kross toasten. Möhren und Apfel waschen und raspeln. In einem Schüsselchen mit dem Saft einer halben Zitrone, Kurkumapulver und Leinöl vermischen. Mit Salz und Pfeffer abschmecken.

Avocado aufschneiden und entkernen. Pro Brötchenhälfte je eine halbe Avocado verwenden. Avocadofleisch herauslöffeln, auf den Brötchenhälften mit einer Gabel zerdrücken und großzügig verteilen.

Möhren-Apfel-Mix daraufgeben. Frühlingszwiebeln in feine Ringe schneiden und darüberstreuen.

Cherrytomaten waschen, in dünne Scheiben schneiden und auf die Avocado-Stüllchen legen. Tomaten mit etwas Salz und Pfeffer würzen. Fertig ist das Deluxe-Stüllchen. So einfach und so lecker!

VEGAN | KINDERGERICHT | LEICHTES ABENDESSEN

Paprika-Tomaten-Creme

MIXEN | **30 MIN.** | **1 GLAS** | **EASY**

Walnüsse	100 g
Spitzpaprika	1
Olivenöl	1 EL
Getrocknete Tomaten in Öl	150 g
Knoblauchzehe	1
Wasser	100 ml

ZUBEREITUNG:

Ofen auf 160 °C (Umluft 140 °C/Gas Stufe 2) vorheizen. Walnüsse auf einem Backblech mit Backpapier auslegen und im Ofen 10–15 Minuten goldbraun rösten. Währenddessen Paprika in Stückchen schneiden und mit Olivenöl in einer Pfanne 5–10 Minuten anrösten. Paprika zusammen mit den abgetropften getrockneten Tomaten, der Knoblauchzehe und den gerösteten Walnüssen in einen Blitzhacker geben oder mit einem Stabmixer zu einer Creme pürieren. Wasser für eine flüssigere, cremigere Konsistenz hinzufügen.

Cashew-Dill-Creme

MIXEN | **20 MIN.** | **1 GLAS** | **EASY**

Cashewkerne	200 g
Knoblauchzehe	1
Dill	15 g
Zitrone	1
Crème Fraîche (vegan: Creme Vega)	2–3 EL (50 g)
Salz und Pfeffer	2–3 Prisen
Wasser	50–100 ml

ZUBEREITUNG:

Cashewkerne entweder über Nacht in Wasser einweichen oder wenn es schnell gehen soll, 15 Minuten in heißem Wasser kochen. Cashewkerne danach in einen Mixer geben und zusammen mit dem Dill, Zitronensaft und einigen Löffeln (veganer) Crème Fraîche zu einer cremigen Konsistenz pürieren. Zum Schluss so viel Wasser hinzufügen, bis die Creme die perfekte Aufstrichkonsistenz hat. Mit Salz und Pfeffer abschmecken.

Linsenaufstrich

MIXEN | 25 MIN. | 1 GLAS | EASY

Rote Linsen	100 g
Frühlingszwiebeln	2
Koriander	15 g
Weintrauben, hell	4–5
Tahini	2 TL
Zitrone	1
Salz und Pfeffer	2–3 Prisen
Kreuzkümmel, gemahlen	1 TL
Olivenöl	1 EL
Wasser	50 ml

ZUBEREITUNG:

Rote Linsen in Salzwasser nach Anleitung kochen. Fertige Linsen mit Frühlingszwiebeln, Koriander, Weintrauben und Tahini in einem Blitzhacker oder mit einem Stabmixer pürieren. Mit Zitrone, Salz, Pfeffer und Kreuzkümmel würzen. Olivenöl und Wasser hinzugeben, bis eine schön cremige Konsistenz erreicht ist.

VEGAN GLUTENFREI LEICHTES ABENDESSEN

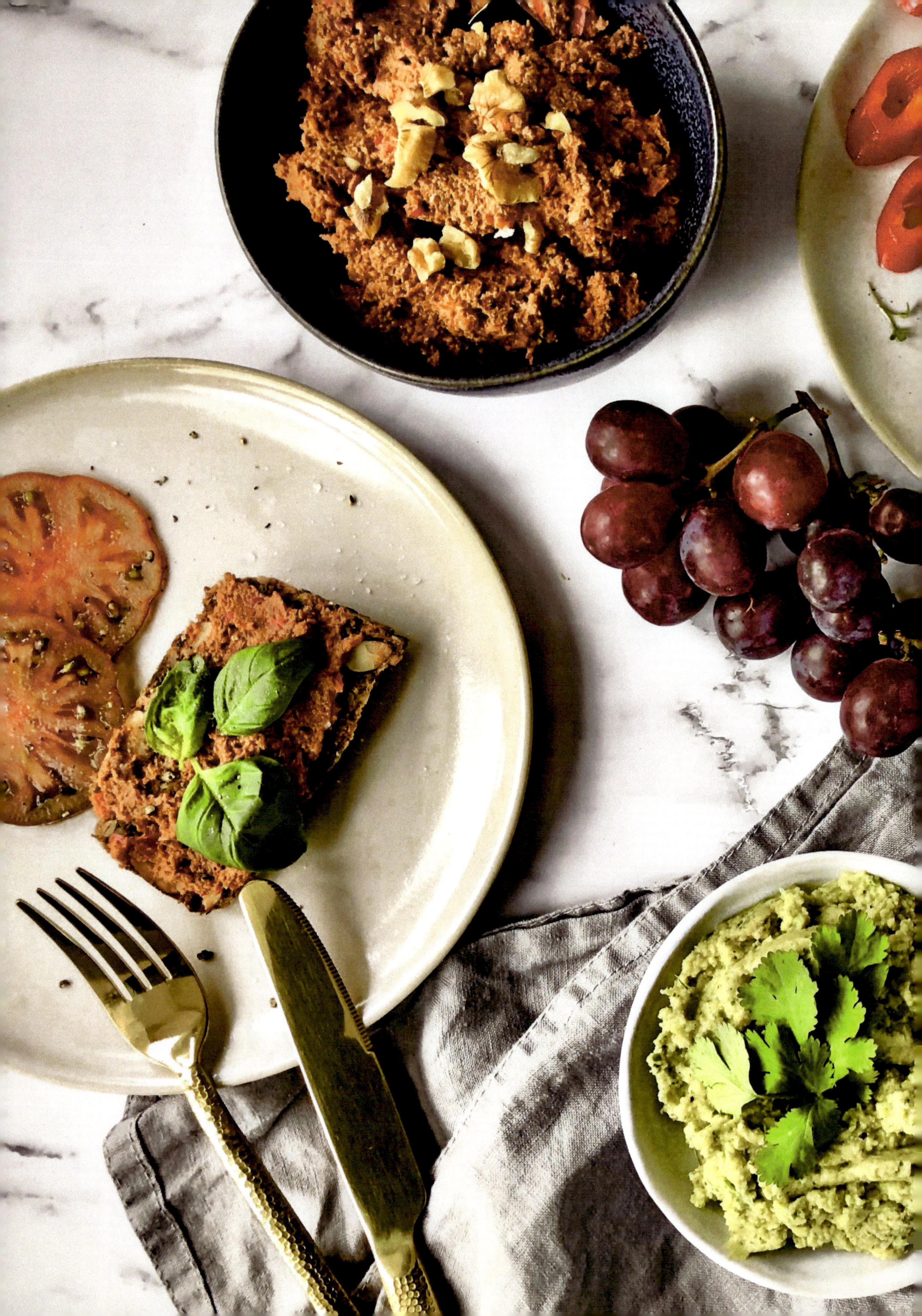

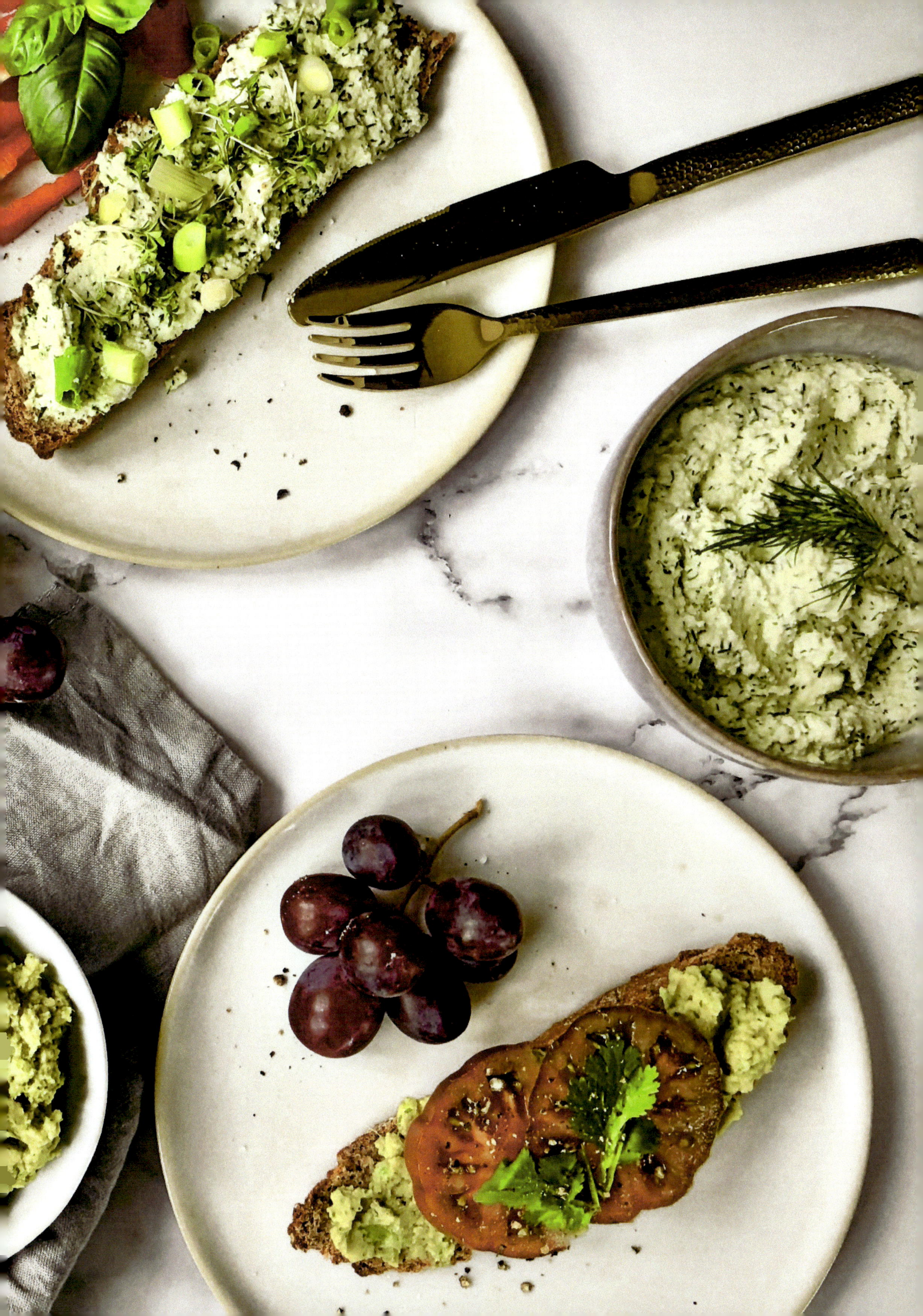

Hummus mit gerösteter Roter Beete

VEGAN | GLUTENFREI | KINDERGERICHT | LEICHTES ABENDESSEN

OFEN | 1 STD. | 1 SCHALE | EASY

Rote Beete, frisch	1
Kichererbsen, Glas/Dose Abtropfgewicht	250 g
Knoblauchzehen	2
Tahini	1 1/2 TL
Yacon-Sirup	1 TL
Kreuzkümmel, gemahlen	1 TL
Zitrone	1
Olivenöl	1 EL
Wasser	200 ml
Salz und Pfeffer	2–3 Prisen

ZUBEREITUNG:

Ofen auf 200 °C (Umluft 180 °C/Gas Stufe 4) vorheizen. Rote Beete (mit Schale) mit einer Gabel an mehreren Stellen einstechen und dann ca. 40–50 Minuten im Ofen rösten, bis sie weich ist.

Rote Beete aus dem Ofen holen und ca. 15 Minuten abkühlen lassen. Dann schälen und in den Mixer geben. Alternativ mit einem Pürierstab arbeiten. Dafür Rote Beete vor dem Mixen in kleine Stückchen schneiden und in ein hohes Gefäß geben.

Dann alle anderen Zutaten, außer Salz und Pfeffer, dazugeben und alles zu einem pinkfarbenen, cremigen Hummus pürieren. Zum Abschluss gegebenenfalls noch etwas Wasser für die perfekte Konsistenz hinzufügen. Den fertigen Hummus mit Salz und Pfeffer abschmecken.

TIPP: Der Hummus schmeckt köstlich auf warmem Wildkräuterbrot (S. 142) oder als Dip für Rohkost. Ich toppe den Hummus gern mit Avocado, Schafskäse, Koriander oder Petersilie.

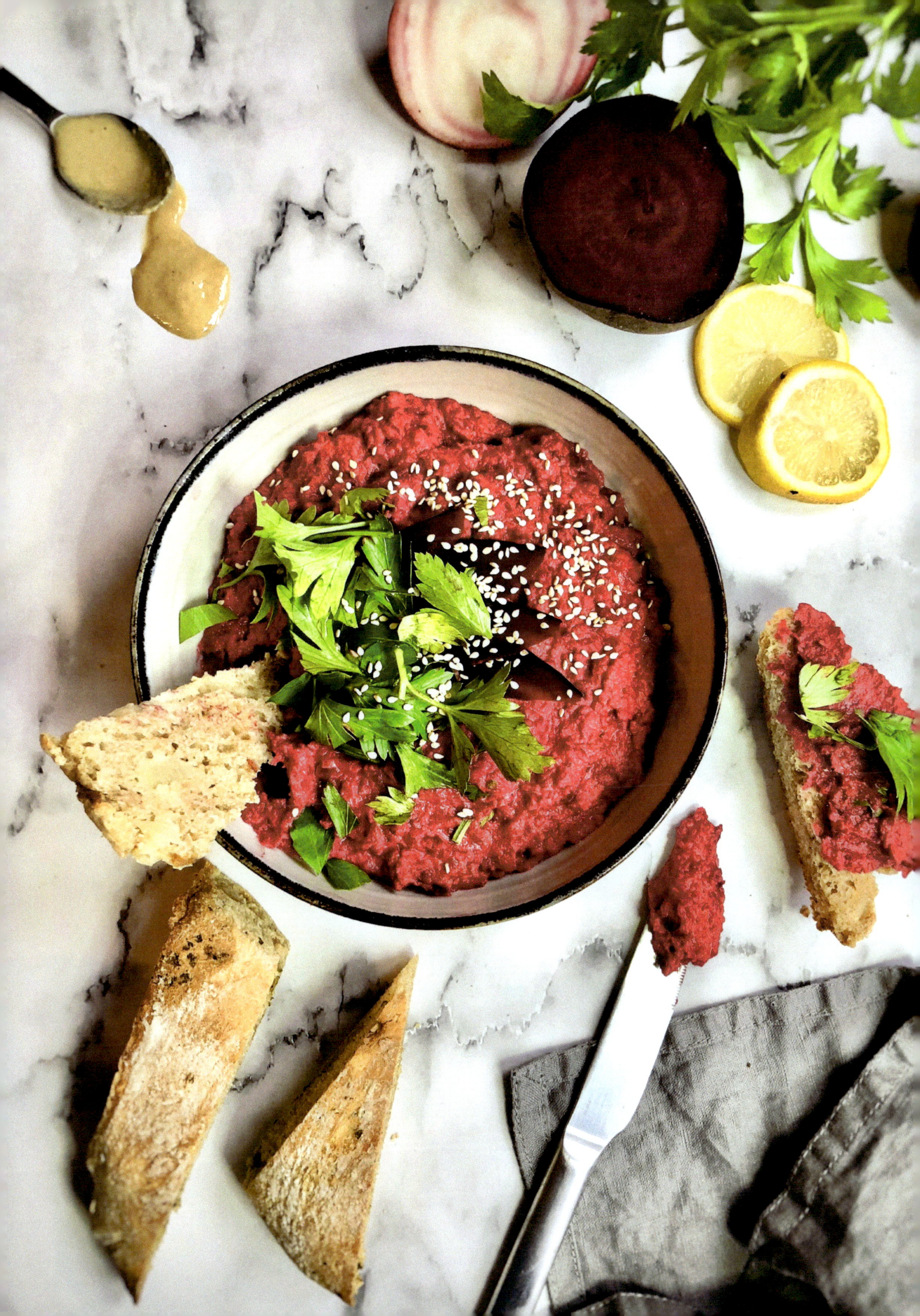

Sal

ate

Powerlinsensalat mit Kürbis

VEGAN · GLUTENFREI · LEICHTES ABENDESSEN · MEAL PREP

HERD · 40 MIN. · 2 PORTIONEN · EASY

Pardinalinsen	200 g
Cherrytomaten	250 g
Hokkaidokürbis	300 g
Zwiebeln, rot	1
Petersilie, glatt	20 g
Dijon-Senf	2 TL
Apfelessig	1 EL
Leinöl	1 EL
Olivenöl	1 EL
Yacon-Sirup	1 EL
Salz und Pfeffer	2–3 Prisen

ZUBEREITUNG:

Linsen nach Anleitung in Salzwasser kochen. Hokkaidokürbis mit Schale in kleine Stückchen schneiden und auf einem Blech mit Backpapier verteilen. Mit Salz, Pfeffer und Olivenöl würzen und im Ofen 15 Minuten bei 180 °C (Umluft 160 °C/ Gas Stufe 3) backen.

Währenddessen Tomaten und Paprika waschen und in kleine Stückchen schneiden. Die Zwiebel und Petersilie klein hacken. Alles in eine große Schüssel geben. Dressing anrühren: Dafür Saft einer Zitrone, Dijon-Senf, Apfelessig und Yacon-Sirup verrühren. Mit Salz und Pfeffer abschmecken. Dressing in die Schüssel geben.

Linsen abgießen und ebenfalls dazugeben. Zum Schluss den gebackenen Kürbis hinzufügen. Alles miteinander vermengen. Am besten mindestens 30 Minuten ziehen lassen.

TIPP: Die pflanzlichen Proteine der Linse kann der Körper besonders gut in Kombination mit Getreide aufnehmen. Getoastetes Vollkornbrot oder ein paar Scheiben Knäckebrot sind darum die ideale Beilage zu diesem Linsensalat. Guten Appetit!

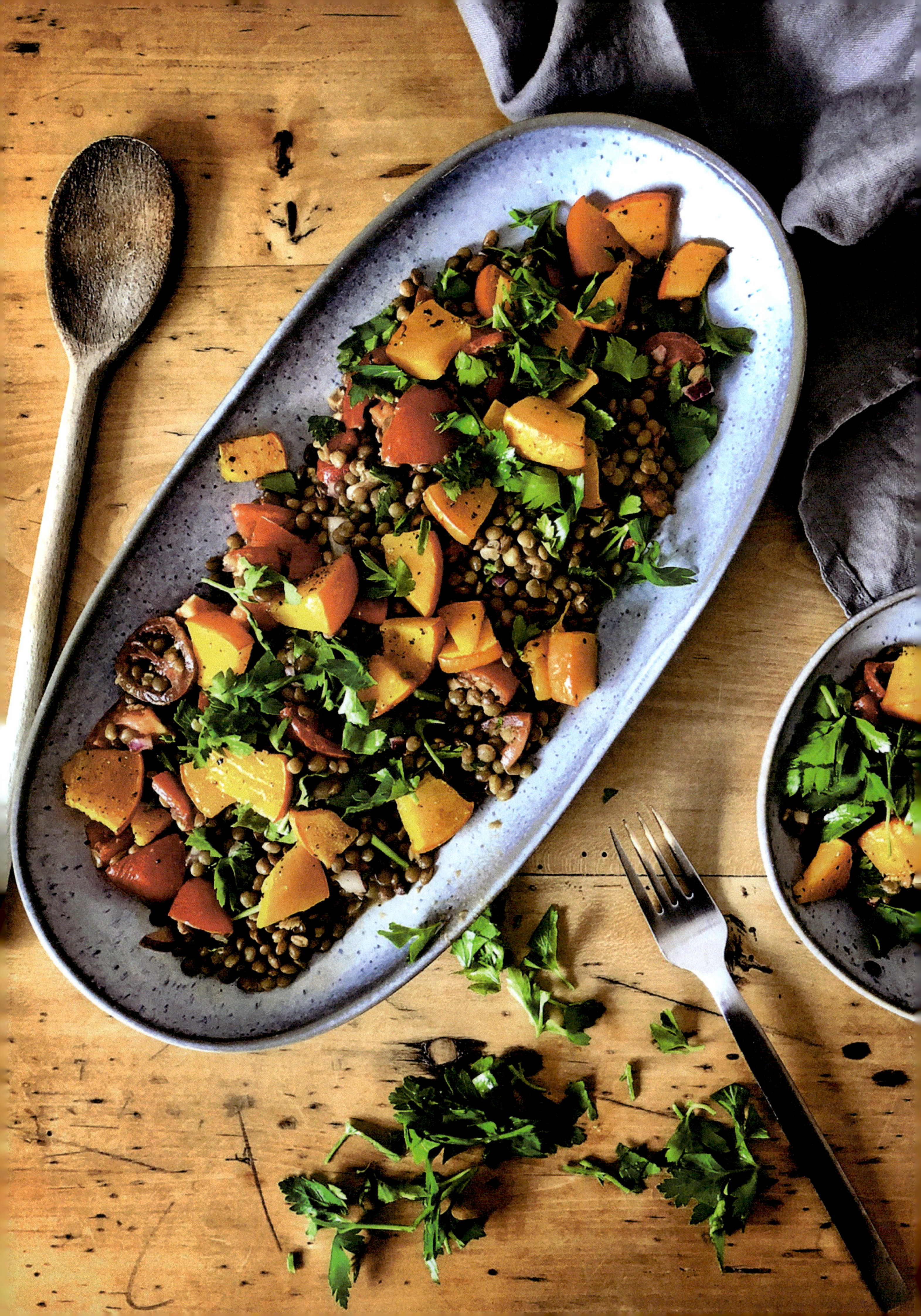

Weltbester Som Tam-Salat

VEGAN/PESCETARISCH · GLUTENFREI · LEICHTES ABENDESSEN · MEAL PREP

HERD | 15 MIN. | 2 PORTIONEN | EASY

Knoblauchzehen	2
Chili, mittelscharf	1–2
Yacon-Sirup	3 EL
Fischsauce (vegan: No-Fish-Sauce)	2 EL
Limetten	2
Grüne Bohnen	150 g
Cherrytomaten	6–8
Gurke	1
Möhre	1
Erdnüsse, geröstet	40 g

ZUBEREITUNG:

Knoblauch und Chilis im Mörser zerstoßen, bis eine Paste daraus entstanden ist. Yacon-Sirup und Fischsauce (oder vegane No-Fish-Sauce) dazugeben und alles miteinander vermischen. Limetten auspressen und den Saft dazugeben.

Bohnen waschen, Enden abschneiden und 8 Minuten in einem Topf mit wenig Wasser (zum Beispiel mithilfe eines Dämpfeinsatzes oder Siebes) dämpfen. Bohnen vom Herd nehmen und abkühlen lassen. Derweil die Tomaten waschen und in Würfel schneiden. Dann Gurke waschen, längs halbieren, entkernen und in feine Steifen schneiden. Möhre schälen, in feine Stifte schneiden oder raspeln. Möhre, Gurke, Bohnen und Tomaten zusammen in eine Schüssel geben.

Das Knoblauch-Chili-Dressing dazugießen. Erdnüsse im ausgewaschenen Mörser zerstoßen und unter den Salat heben. Noch ein paar Nüsse als Topping auf dem Salat verteilen. Fertig!

IN RIM TANGS KÜCHE

Bei einer Mopedtour über die thailändische Insel Koh Jum haben mein Freund und ich Rim Tangs Restaurant am Straßenrand entdeckt. Rim kocht in ihrer kleinen Gartenküche die leckersten thailändischen Spezialitäten. Unter anderem mein absolutes Lieblingsgericht: „Som Tam". Ein scharfer Papayasalat, der bei Rim einfach sensationell schmeckt. Kurzerhand beschlossen wir, einen Kochkurs bei ihr zu machen, um superspionmäßig herauszufinden, wie sie ihren Papayasalat zubereitet. Um ihr leckeres Rezept auch für dich alltagstauglich und gesünder zu machen, musste ich es nur ein klein wenig abwandeln. Ich habe die grüne Papaya durch Gurke ersetzt und komplett auf Palmzucker verzichtet. So schmeckt der Salat nicht nur nach Urlaub, er hilft dir auch mit gerade mal 270 kcal pro Portion auf dem Weg zur Urlaubs-Bikini-Figur.

Rim und ich beim Kochen auf Koh Jum

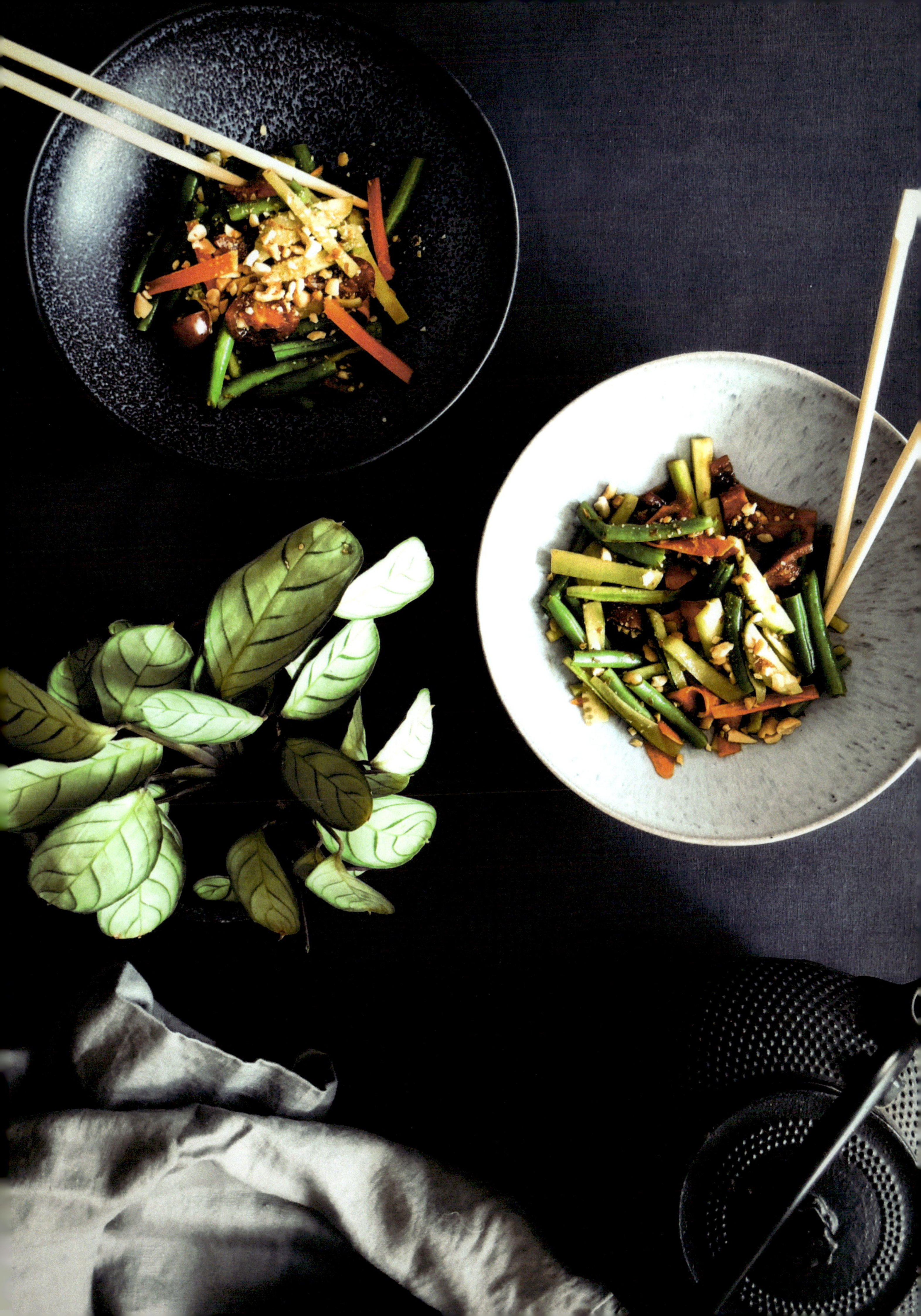

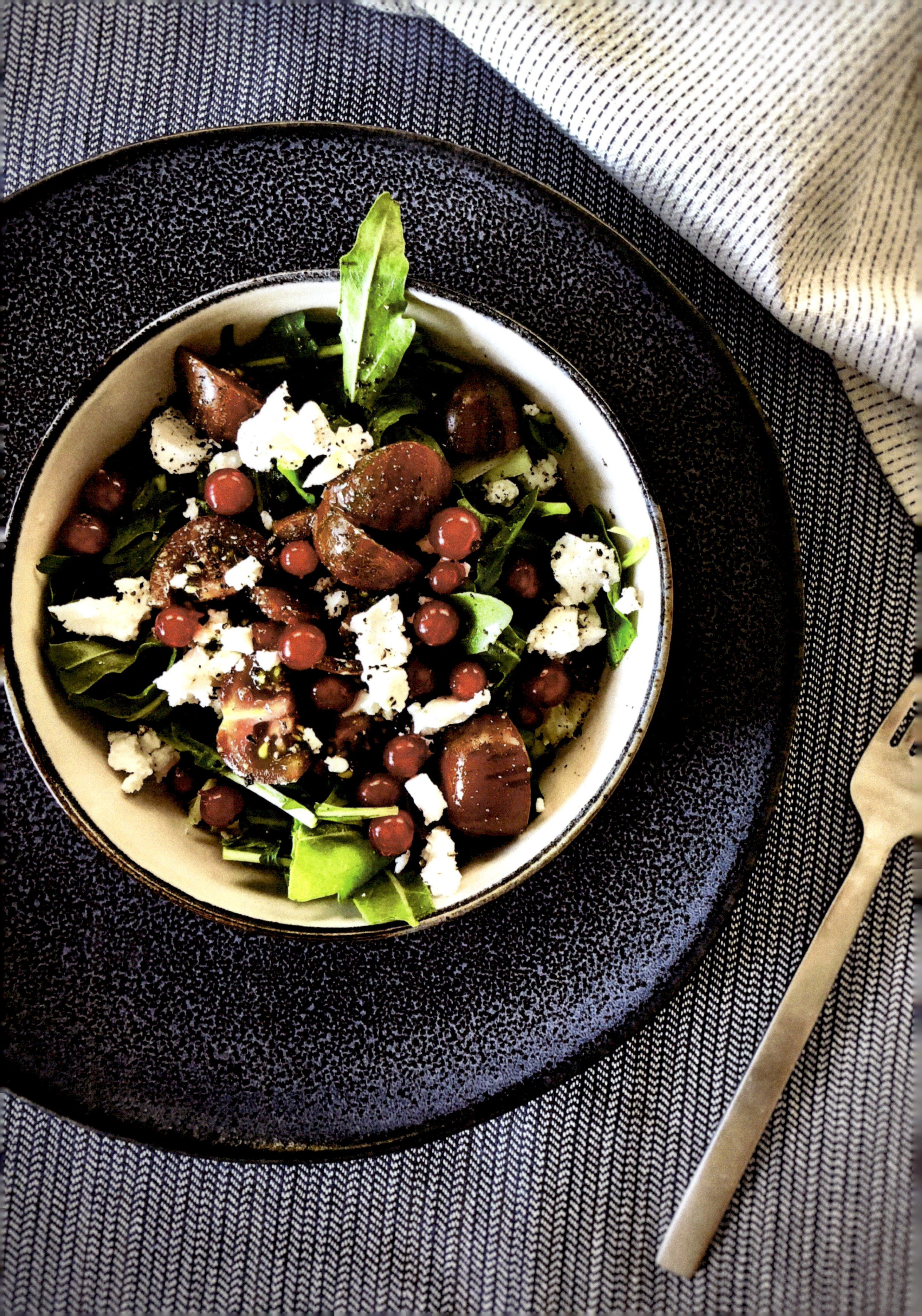

Ziegenkäse-Rucola-Salat mit Johannisbeeren

MISCHEN | 15 MIN. | 2 PORTIONEN | EASY

Gurke	200 g
Cherrytomaten	12
Johannisbeeren	40 g
Rucola	100 g
Rettich	100 g
Möhre	1
Ziegenfrischkäse/Feta	100 g
(vegan: Yacon-Nüsse S. 115)	4 EL (40 g)
Olivenöl	1 TL
Yacon-Sirup	1 TL
Limette	1
Salz und Pfeffer	2–3 Prisen

ZUBEREITUNG:

Das gesamte Gemüse und Obst waschen. Dann Cherrytomaten halbieren, Gurke in kleine Stückchen schneiden. Möhre und Rettich raspeln. Alles zusammen mit dem Rucola und den Johannisbeeren in eine Schale geben.

Saft einer Limette auspressen. Mit Olivenöl und Yacon-Sirup mischen. Mit Salz und Pfeffer abschmecken. Dressing zu dem Salat in die Schale geben und gut vermengen.

Feta oder Ziegenfrischkäse mit der Hand grob zerkrümeln und auf dem Salat verteilen. Für die vegane Variante statt Käse einfach Yacon-Nüsse als Topping verwenden. Die kandierten Nüsse passen super zu den säuerlichen Johannisbeeren und dem würzigen Rucola. Zum Abschluss noch ein bisschen Yacon-Sirup über den Salat träufeln.

BEERENSTARKE KOMBI

Johannisbeeren und Ziegenkäse sind wie Terence Hill und Bud Spencer: ein unschlagbares Duo! Die würzig-süß-saure Liaison liefert dir nämlich nicht nur jede Menge Proteine für den Zellaufbau deiner Muskeln, Knochen, Haut und Haare. Sie hat auch eine große Ladung Vitamin A, Vitamin C, Flavonoide und Antioxidantien im Gepäck, die schädliche, freie Radikale in deinem Körper k. o. schlagen!

VEGAN/VEGETARISCH · GLUTENFREI · LEICHTES ABENDESSEN · MEAL PREP

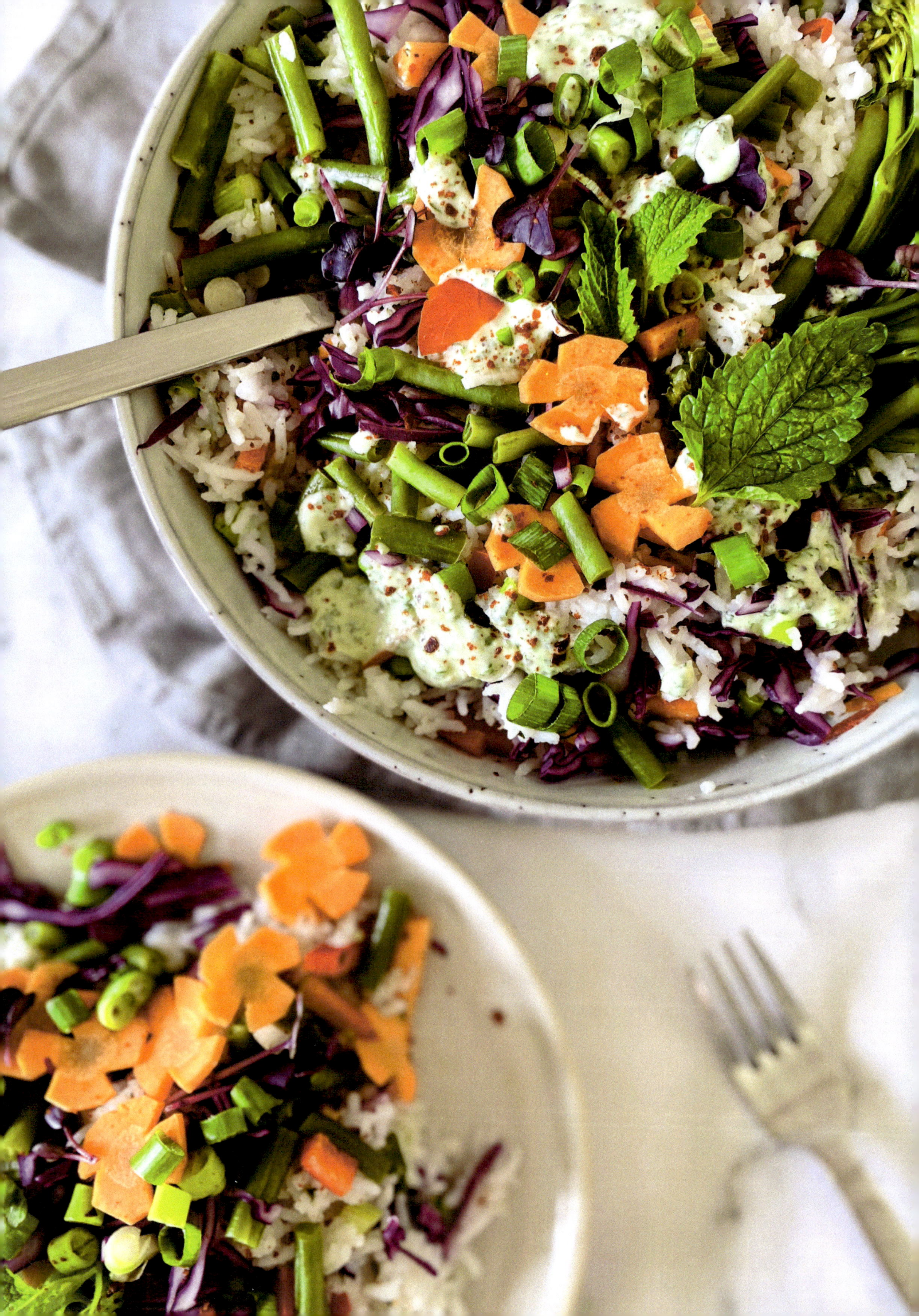

Präbiotische Reisbowl

HERD | 40 MIN. | 4 PORTIONEN | EASY

VEGAN/VEGETARISCH · GLUTENFREI · KINDERGERICHT · LEICHTES ABENDESSEN · MEAL PREP

Basmatireis	200 g
Wasser	500 ml
Olivenöl	1 EL
Brokkoli	100 g
Bohnen	100 g
Möhren	2
Frühlingszwiebeln	2
Paprika, rot	1/2
Rotkohl	100 g
Minzblätter, frisch	20 g
Knoblauchzehe	1
Zitrone	1
Naturjoghurt (vegan: Kokosjoghurt)	150 g
Avocado	1/2
Leinöl	1 TL
Salz, Pfeffer und Chiliflocken	2–3 Prisen

ZUBEREITUNG:

Basmatireis unter kaltem Wasser abspülen. Olivenöl in einem Topf bei mittlerer Temperatur erhitzen. Reis darin anrösten, dann mit Wasser aufgießen und kurz aufkochen. Sobald das Wasser sprudelt, Deckel auf den Topf setzen und den Herd ausstellen. Reis für 20 Minuten gar ziehen lassen.

Während der Reis quillt, die restlichen Zutaten vorbereiten. Hierzu Bohnen und Brokkoli waschen. Enden von den Bohnen abschneiden. Brokkoli in Röschen teilen. Gemüse in einen Topf mit Deckel und Dämpfeinsatz (oder Sieb) geben und darin für ca. 10 Minuten dämpfen, bis das Gemüse noch leicht bissfest ist. Beim Dämpfen nur wenig Wasser verwenden. Zwei Tassen (ca. 400 ml) reichen in der Regel.

Möhren, Frühlingszwiebeln, Paprika und Rotkohl waschen. Frühlingszwiebeln und Paprika klein schneiden, Möhren und Rotkohl raspeln.

Für das Dressing Knoblauch, Saft einer Zitrone, Joghurt, eine halbe Avocado, Leinöl und die Minzblätter in einen Mixer geben und zu einem cremigen Dressing verrühren. Mit Salz, Pfeffer und Chiliflocken abschmecken. (Wenn Kinder mitessen, Chiliflocken weglassen.)

Reis, Brokkoli und Bohnen auskühlen lassen. Danach alle Gemüsesorten zusammen mit dem Reis in eine große Schüssel geben. Dressing dazufüllen und alles gut vermischen. Wer mag, kann den Salat mit weiteren Chiliflocken, frischen Minzblättern und ein paar klein geschnittenen Frühlingszwiebeln garnieren.

Bunter Reisnudelsalat

HERD | 30 MIN. | 4 PORTIONEN | EASY

Rotkohl	100 g
Kohlrabi, klein	1/2
Möhren	2
Gurke	1/4
Paprika, rot	1/2
Frühlingszwiebeln	2
Romanasalatherz	50 g
Minze und Koriander	je 15 g
Edamame, tiefgekühlt	50 g
Reisnudeln	125 g
Ingwer, frisch geraspelt	20 g
Knoblauchzehe	1
Chilischote	1
Zitronengras	1
Sesamöl, geröstet	1 EL
+ Leinöl	1 EL
Weißweinessig	1 EL
Sojasauce	3 EL
Limette	1
Yacon-Sirup	1 EL
Cashewkerne	1 EL

ZUBEREITUNG:

Alle Gemüse – außer den Kohlrabi – gründlich waschen, Kohlrabi schälen. Wer Gurke und Möhren in Bio-Qualität gekauft hat, kann sie ungeschält verwenden. Rotkohl, Kohlrabi und Möhren fein raspeln. Gurke, Paprika und Frühlingszwiebeln in kleine Stücke schneiden. Romanasalat in mundgerechte Stücke zupfen oder schneiden. Minze klein hacken. Alles in eine große Schüssel geben und vermengen.

Edamame antauen lassen. Dann 5 Minuten in kochendem Wasser garen, abgießen und aus den Hülsen drücken. Reisnudeln in eine große Schüssel geben. Mit kochendem Wasser übergießen und 5 Minuten garziehen lassen.

Für das Dressing Ingwer fein raspeln, Knoblauchzehe und Chilischote klein hacken, Zitronengras von den äußeren, besonders harten Gräsern befreien. Das übrige Zitronengras zerkleinern. Alles mit Sesamöl, Leinöl, Weißweinessig, Sojasauce, dem Saft einer Limette und Yacon-Sirup mischen.

Die fertigen Reisnudeln in die große Schüssel mit dem geschnittenen Gemüse geben. Dressing darübergießen. Alles gut miteinander vermengen und 15 Minuten ziehen lassen.

Währenddessen die Cashewnüsse grob hacken und in einer Pfanne ohne Fett bei mittlerer Temperatur goldbraun rösten. Vor dem Servieren Cashewkerne und frisch gezupfte Korianderblätter über den Salat geben.

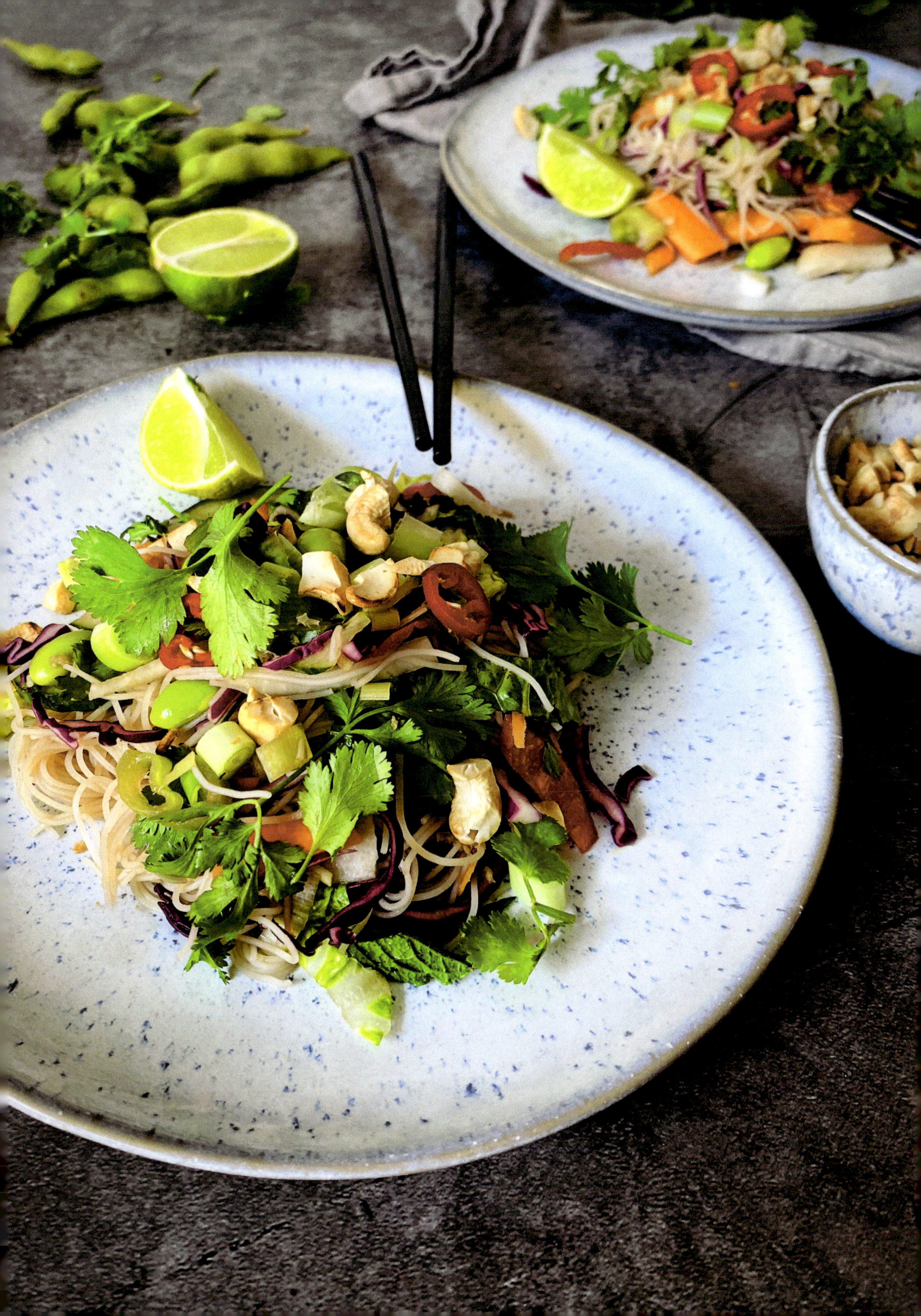

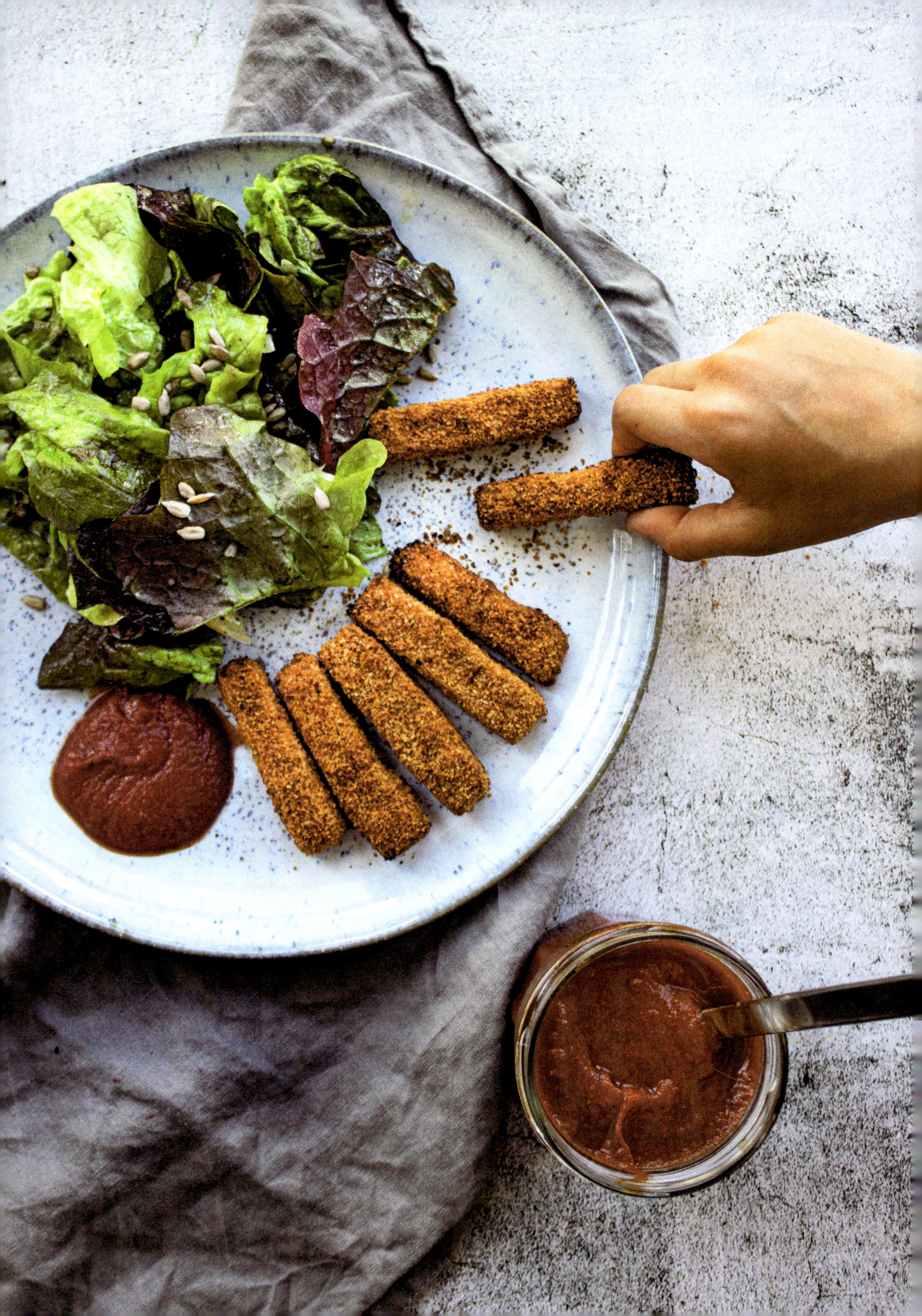

Crunchy Tofusticks

OFEN | 1 STD. | 12 STICKS | EASY

Tofu, natur oder mariniert	250 g
Weizenkeime	1 EL
Vollkornsemmelbrösel	4 EL
Paprikapulver, edelsüß	1 TL
Salz und Pfeffer	je 1/2 TL
Erdnussöl	1 EL
Yacon-Sirup	1 TL
Maismehl/Maisstärke	50 g
Pflanzenmilch	150 ml
Apfelessig, naturtrüb	1 EL
Sojasauce	2 EL

PROBIOTIKA ADDIEREN

Statt Tofu kannst du auch Tempeh verwenden, das aus fermentierten Sojabohnen besteht. Die Fermentation macht Tempeh zu einer tollen Quelle von probiotischen Kulturen, die die Darmgesundheit fördern. Wie wär es mal mit ein paar crunchy Tempehsticks?

ZUBEREITUNG:

Tofu in 1 Zentimeter dicke Scheiben schneiden, rundum in Küchenpapier einwickeln und nebeneinander auf einen Teller legen. Dann einige besonders schwere Bücher oder eine schwere Pfanne für ca. 10 Minuten auf den Tofu legen, damit die Feuchtigkeit herausgepresst wird.

Währenddessen alles zum Panieren und Backen vorbereiten. Zuerst den Ofen auf 200 °C (Umluft 180 °C/Gas Stufe 4) vorheizen. Dann die Panade in drei Schalen vorbereiten. In der ersten Schale Weizenkeime, Vollkornsemmelbrösel, Paprikagewürz, Salz und Pfeffer mischen. Erdnussöl und Yacon-Sirup hinzufügen. Alle Zutaten gründlich mit einem Löffel vermischen. Im zweiten Schälchen werden Pflanzenmilch mit Apfelessig und Sojasauce vermengt. In die letzte Schale kommt Maismehl. (Wer kein Maismehl hat, kann zur Not auch ein anderes Mehl verwenden.)

Gepressten Tofu von den Küchentüchern befreien. Die Scheiben noch einmal längs in dünnere Sticks halbieren. Sticks nun zuerst in Maismehl wenden, dann in die Pflanzen-Essig-Sojamilch tunken und abschließend rundum mit der Semmelbrösel-Weizenkeim-Mischung panieren.

Tofusticks auf ein mit Backpapier ausgelegtes Blech legen und für 40 Minuten auf mittlerer Höhe im Ofen knusprig braten. Sticks nach der Hälfte der Zeit einmal wenden, damit sie von allen Seiten schön knusprig werden. Für ein unkompliziertes, schnelles Abendessen: Tofusticks mit gesundem Ketchup (S. 201) und Salat servieren.

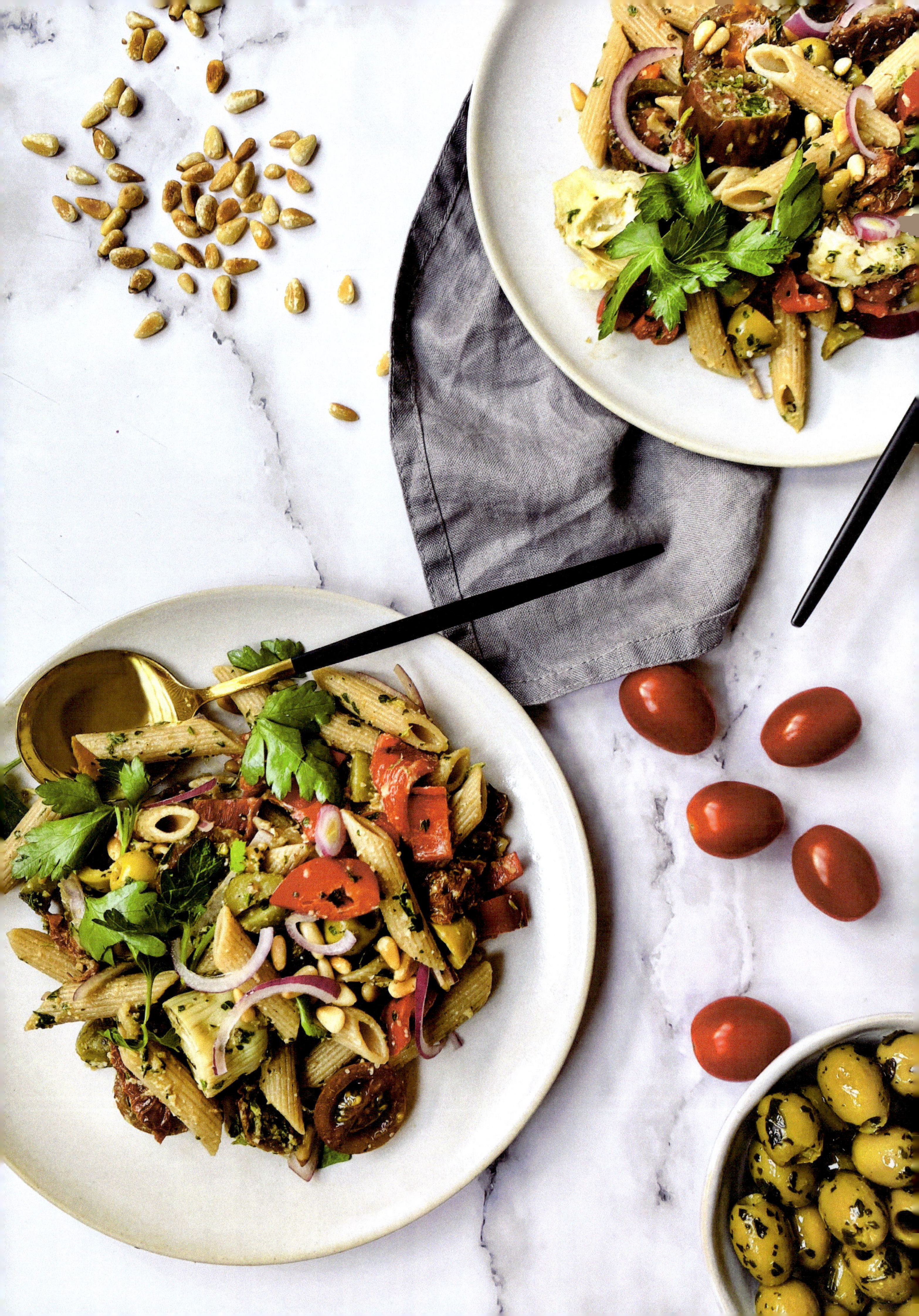

Artischocken-Nudelsalat

HERD | 30 MIN. | 4 PORTIONEN | EASY

VEGAN   GLUTENFREI (OPTIONAL)   KINDERGERICHT   LEICHTES ABENDESSEN   MEAL PREP

Vollkornnudeln (glutenfrei: Linsennudeln)	150 g
Artischockenherzen, aus dem Glas	150 g
Getrocknete Tomaten in Öl	50 g
Cherrytomaten	10 Stück
Oliven	10–15
Paprika, rot	1
Cornichons	5
Zwiebel, rot	1/2
Pinienkerne	60 g
Petersilie, glatt	20 g
Zitronen	1 1/2
Balsamicoessig	2 EL
Leinöl	1 EL
Knoblauchzehen	2
Salz und Pfeffer	2–3 Prisen

ZUBEREITUNG:

Vollkornnudeln in Salzwasser nach Anleitung kochen. Pinienkerne in einer Pfanne ohne Fett anrösten, bis sie goldbraun sind. Dann vom Herd nehmen und beiseitestellen.

Artischockenherzen abtropfen und in eine große Schüssel geben. Getrocknete Tomaten vom Öl befreien und in kleine Stückchen schneiden. Cherrytomaten waschen und halbieren. Alles zu den Arti-schocken in die Schüssel geben.

Nun ist das weitere Gemüse dran: Oliven halbieren, gewaschene Paprika und Cornichons zerkleinern. Rote Zwiebel schälen und in feine Ringe schneiden. Alles ebenfalls zu den anderen Zutaten in die Schüssel geben.

Für das Dressing eine Hälfte der gerösteten Pinienkerne zusammen mit der glatten Petersilie, dem Saft von anderthalb Zitronen, Balsamicoessig, Leinöl, Knoblauchzehen und 1 Teelöffel Yacon-Sirup in einen Mixer geben. Am Ende mit Salz und Pfeffer abschmecken.

Nudeln abgießen, sobald sie al dente sind. Mit den anderen Zutaten und dem Dressing über den Nudelsalat geben und alles gut vermengen. Den Salat zum Abschluss mit der anderen Hälfte der Pinienkerne toppen und servieren.

Dieses Rezept ist ein super Gericht für das Büro. Auch für Grillpartys ist der Salat ideal. Dank Artischocken, Yacon-Sirup, Vollkornnudeln und reichlich Gemüse ist der Nudelsalat eine echte Ballaststoff- und Präbiotika-bombe, die lange satt und die guten Darmbakterien glücklich macht.

Glasnudelbowl mit crunchy Tofu

HERD | 30 MIN. + 3 STD. | 2 PORTIONEN | MITTEL

Sojasauce	3 EL
Reisessig	2 EL
Sesamöl, geröstet	4 EL
Yacon-Sirup	2 EL
Limette	1–2
Ingwer, frisch geraspelt	40 g
Tofu, natur	200 g
Edamame, tiefgekühlt	80 g
Gurke	1/2
Möhren	2
Paprika, rot	1
Rotkohl	100 g
Frühlingszwiebeln	2
Avocado	1
Romanasalat	50 g
Sesam	3 EL
Glasnudeln	100 g
Koriander	30 g

ZUBEREITUNG:

Zuerst die Marinade vorbereiten: Sojasauce, Reisessig, Sesamöl, Yacon-Sirup und den Saft einer Limette mischen. Ingwer schälen, fein reiben und unterrühren. Eine Hälfte der Sauce in ein Schälchen füllen und als Dressing für später beiseitestellen. Die andere Hälfte in eine Aufbewahrungsdose gießen. Tofublock in Küchenpapier wickeln und mehrere schwere Bücher darauflegen, um die Feuchtigkeit aus dem Block zu drücken. Tofu aus dem Papier wickeln, in Würfel schneiden und zur Marinade geben. Gut vermengen und für 3 Stunden in den Kühlschrank stellen.

Nach der Marinierzeit mit der Bowl loslegen. Edamame 5 Minuten in kochendem Wasser garen, dann abgießen. Gurke waschen, halbieren, Kerne mit einem Teelöffel herauskratzen und den Rest in kleine Streifen schneiden. Möhre schälen, mit einem Spiralschneider dünne Gemüsenudeln formen oder fein raspeln.

Restliches Gemüse gut waschen. Paprika, Rotkohl und Frühlingszwiebeln in Streifen schneiden. Koriander grob hacken. Avocado halbieren, von Kern und Schale befreien und in gleicher Form zerkleinern. Romanasalatblätter abzupfen und als Bowl-Deko bereitlegen.

Tofu und Sesam jeweils in einer Pfanne ohne Öl goldbraun rösten. Parallel Wasser in einem kleinen Topf zum Kochen bringen und die Glasnudeln 5 Minuten darin kochen. Alle fertigen Zutaten auf zwei Bowls verteilen und hübsch anrichten. Am Ende als Dressing die andere Hälfte der Marinade darübergießen. Bowl mit Korianderblättern, Tofuwürfeln, dem gerösteten Sesam und Limettenspalten dekorieren.

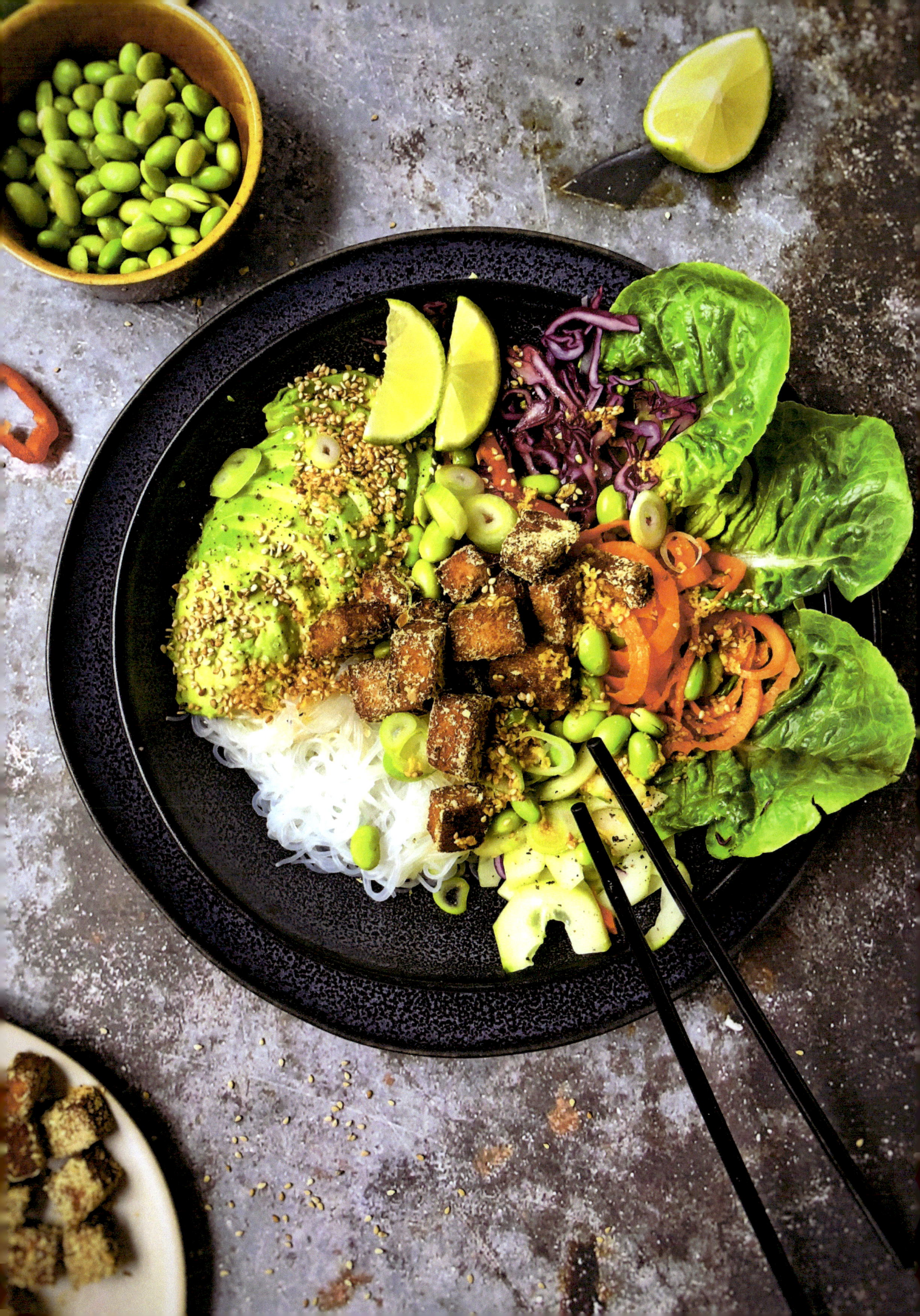

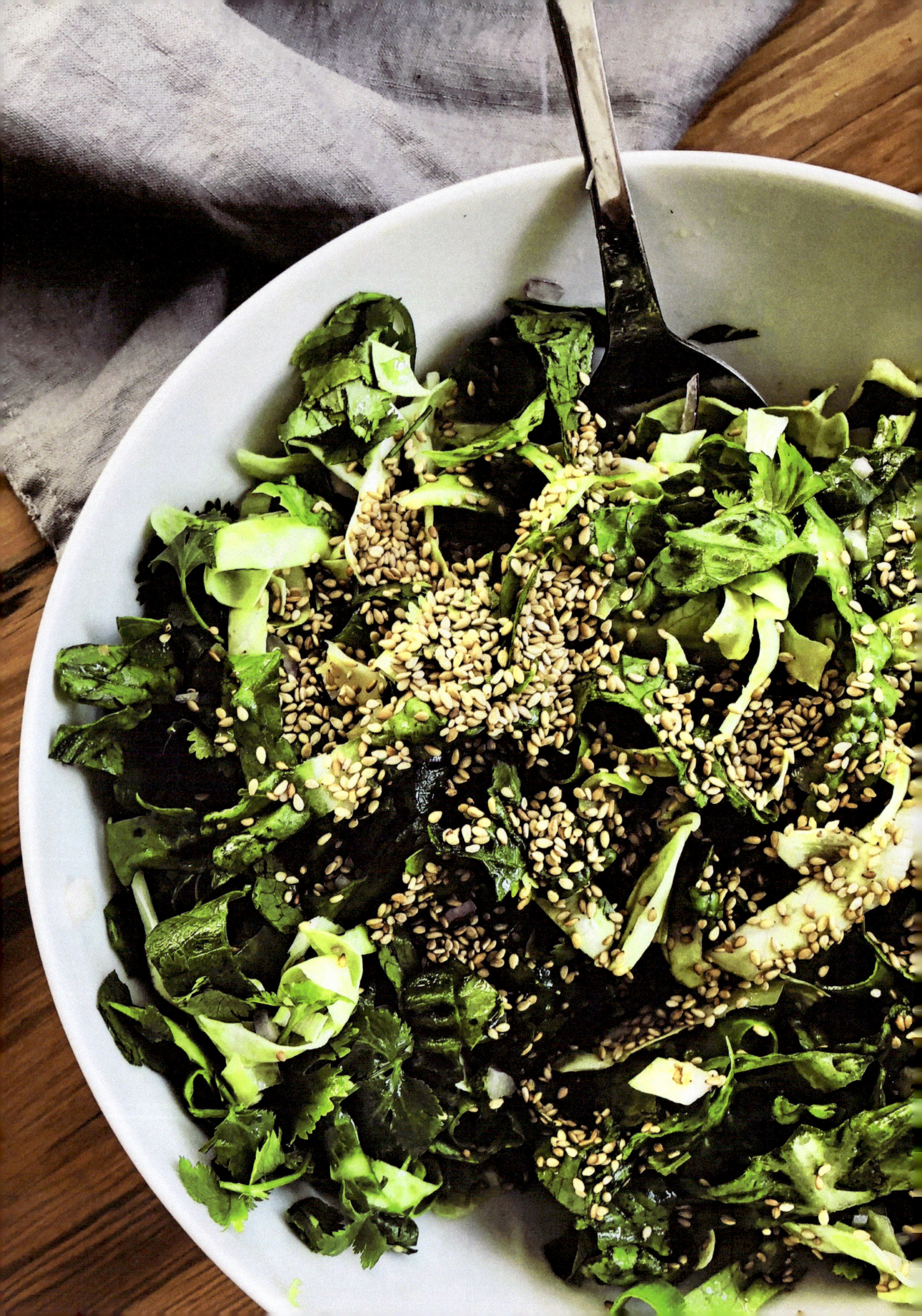

Spitzkohl-Koriander-Salat

MISCHEN | 30 MIN. | 2 PORTIONEN | EASY

Leinöl	1 TL
Olivenöl	2 EL
Sesamöl, geröstet	1 TL
Fischsauce (vegan: No-Fish-Sauce)	1 TL
Yacon-Sirup	1 TL
Limetten	2
Spitzkohl	100 g
Römersalat	100 g
Koriander	1 Bund
Zwiebel, rot	1
Frühlingszwiebeln	2
Sesam	2 EL
Salz und Pfeffer	

ZUBEREITUNG:

Leinöl, Olivenöl, geröstetes Sesamöl, Fischsauce (No-Fish-Sauce) und Yacon-Sirup in einer großen Salatschale verrühren. Den Saft von zwei Limetten dazugeben.

Spitzkohl, Koriander und Römersalat waschen. Spitzkohl und Römersalat in dünne Streifen schneiden. Koriander grob hacken. Alles zu dem Dressing in die Schüssel geben.

Rote Zwiebel fein hacken. Die zwei Frühlingszwiebeln in feine Ringe schneiden – weißer und grüner Teil – und ebenfalls zu den restlichen Zutaten geben.

Sesam in einer Pfanne ohne Öl bei mittlerer Hitze langsam goldbraun rösten. Den gerösteten Sesam unter den Salat heben. Alles noch einmal mit Salz und Pfeffer abschmecken.

Den Salat mindestens 20 Minuten ziehen lassen, dann schmeckt er am besten! Guten Appetit!

SESAMSALABIM!

Wie zaubert man aus einem gesunden Salat einen noch gesünderen? Mit Sesam! Denn das kleine Korn enthält viel Vitamin E und jede Menge Mineralstoffe, insbesondere Eisen, Kalzium, Magnesium und Selen. Darüber hinaus versorgt es uns mit Aminosäuren, Ballaststoffen und B-Vitaminen. Zauberhaft, oder?

Sauerteig-Panzanella

OFEN | **1 STD.** | **2 PORTIONEN** | **EASY**

VEGAN · KINDERGERICHT · LEICHTES ABENDESSEN · MEAL PREP · WEEKEND-FOOD

Thymian, frisch	10 g
Zwiebel, rot	1
Knoblauchzehen	4
Olivenöl	3 EL
Salz	1/2 TL
Sauerteigbrot, Scheiben (Omega-3-Sauerteigbrot S. 141)	4
Tomaten, gemischt	500 g
Basilikum, frisch	30 g
Balsamicoessig	3 EL
Yacon-Sirup	1 EL
Oliven (optional)	40 g
Kapern (optional)	1 EL
Rucola (optional)	50 g

ZUBEREITUNG:

Noch etwas Brot übrig? Nicht mehr ganz frisch, aber noch gut? Dann lässt sich eine herrliche Panzanella daraus zaubern. Dafür Ofen auf 180 °C (Umluft 160 °C/Gas Stufe 3) vorheizen. Thymianblätter zupfen und zusammen mit einer halben klein geschnittenen roten Zwiebel, fein gehackten Knoblauchzehen, Olivenöl, Salz und Pfeffer in eine große Schüssel geben. Sauerteigbrotscheiben in Würfel schneiden und hinzufügen. Alles gut vermengen.

Wenn das Brot die Öl-Kräuter-Mischung aufgesogen hat, die Brotwürfel auf einem mit Backpapier ausgelegten Backblech verteilen und für 15 Minuten auf mittlerer Schiene im Ofen rösten.

In der Zwischenzeit die abgewaschenen Tomaten in Stückchen und die restliche halbe Zwiebel in feine Streifen schneiden. Basilikum grob hacken. Alle Zutaten mit Balsamicoessig und Yacon-Sirup in die nun leere große Schüssel geben und gut vermischen. Mit Salz und Pfeffer abschmecken. Wer es raffinierter mag, kann noch Kapern, Oliven und Rucola hinzufügen. In diesem Fall beim Abschmecken etwas sparsamer mit dem Salz sein, da Oliven und Kapern an sich schon sehr würzig und salzig sind.

Sobald die Brotwürfel im Ofen goldbraun geröstet sind, mit den anderen Zutaten in die Schüssel geben. Die fertige Panzanella nun 30 Minuten im Kühlschrank ziehen lassen.

TIPP: Der Salat ist perfekt für Sommerabende. Zusammen mit gegrilltem Spargel, gegrillter Zucchini, Aubergine oder einem Stück Fisch – für alle Nicht-Veggies – liegt sofort ein Hauch von Italien in der Luft.

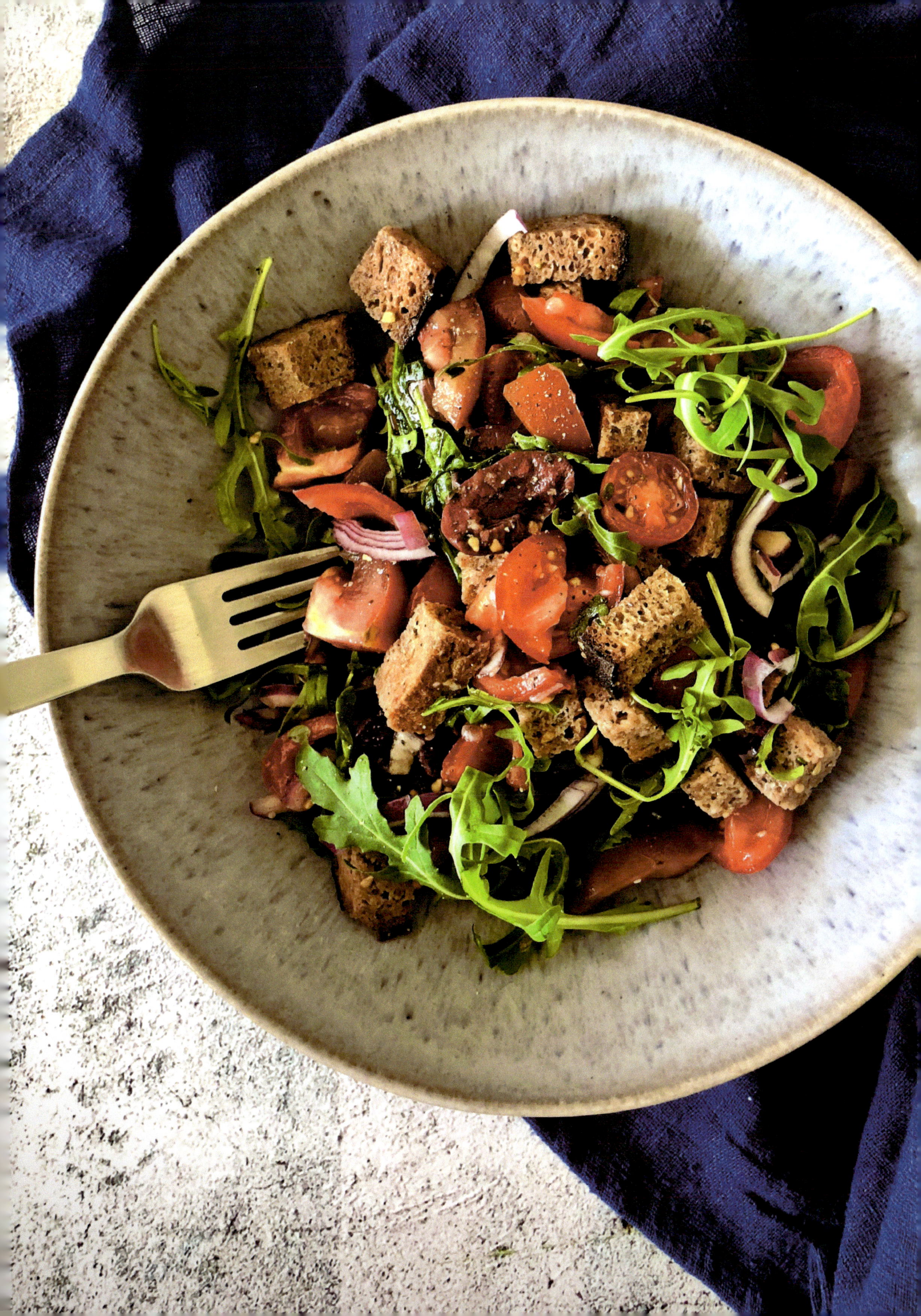

Kurkuma-Ziegenkäse im Kürbismantel

OFEN | 20 MIN. | 2 PORTIONEN | EASY

Hokkaidokürbis, Scheiben	200 g
Rosmarinzweige, frisch	8
Olivenöl	1 EL + 1 TL
Kurkuma, gemahlen	1/2 + 1 TL
Paprikapulver, edelsüß	1 TL
Knoblauchzehe	1
Ziegenkäsetaler	200 g
Yacon-Sirup	2 TL
Walnüsse	10–15
Birne, reif	1
Weißweinessig	1 1/2 EL
Babyspinat	100 g
Salz und Pfeffer	

ZUBEREITUNG:

Hokkaidokürbis quer halbieren. Kerne mit dem Löffel entfernen. Zwei 1 Zentimeter dicke Scheiben vom Kürbis abschneiden. Die Kürbisringe auf ein Backblech mit Backpapier legen.

Ofen auf 180 °C (Umluft 160 °C/Gas Stufe 3) vorheizen. Rosmarin und Knoblauch fein hacken und mit 1 Esslöffel Olivenöl, 1/2 Teelöffel Kurkuma und Paprikapulver in einer Schüssel mischen. Kürbis von allen Seiten damit bestreichen und für 10 Minuten in den Ofen schieben. In einem Schälchen Yacon-Sirup mit 1 Teelöffel Kurkuma, einer Prise Salz und Pfeffer mischen.

Die Ziegenkäsetaler mit drei Viertel der Yacon-Sirup-Kurkuma-Mischung bestreichen. Die Kürbisscheiben nach 10 Minuten Backzeit mit den marinierten Ziegenkäsetalern füllen. Die Walnusskerne grob hacken, ebenfalls mit auf das Backblech legen und mit der restlichen Yacon-Sirup-Kurkuma-Mischung beträufeln, 5–8 Minuten backen.

Nun geht es ans Dressing: Eine reife Birne in einem Mixer pürieren und mit Weißweinessig mischen. Alles mit Salz und Pfeffer abschmecken. Babyspinat gründlich waschen und auf zwei Tellern anrichten. Den mit Kürbis ummantelten, gratinierten Ziegenkäse aus dem Ofen holen und auf dem Babyspinat anrichten. Die gerösteten Walnüsse darüber verteilen und alles mit dem Birnendressing toppen. Bon appétit!

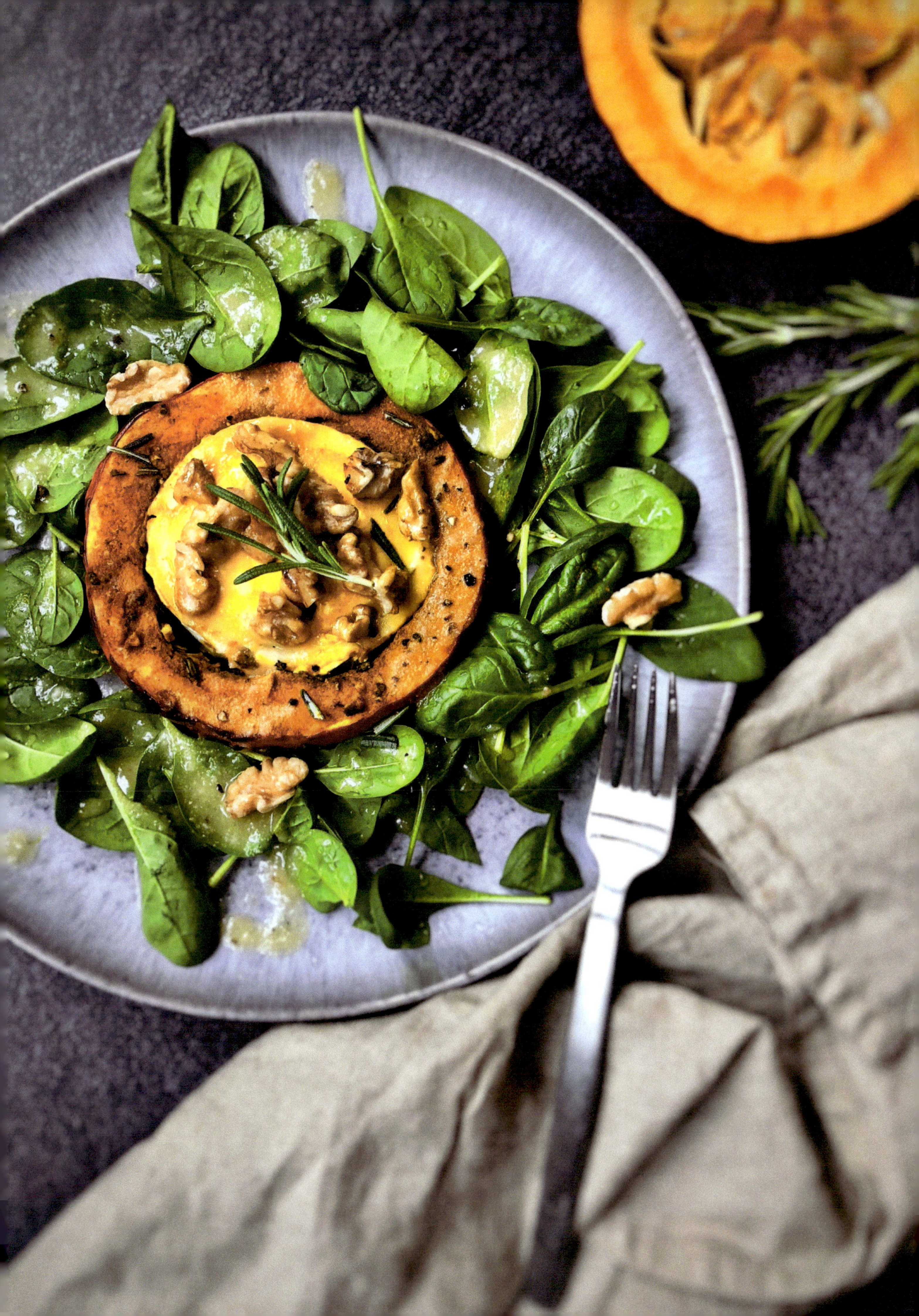

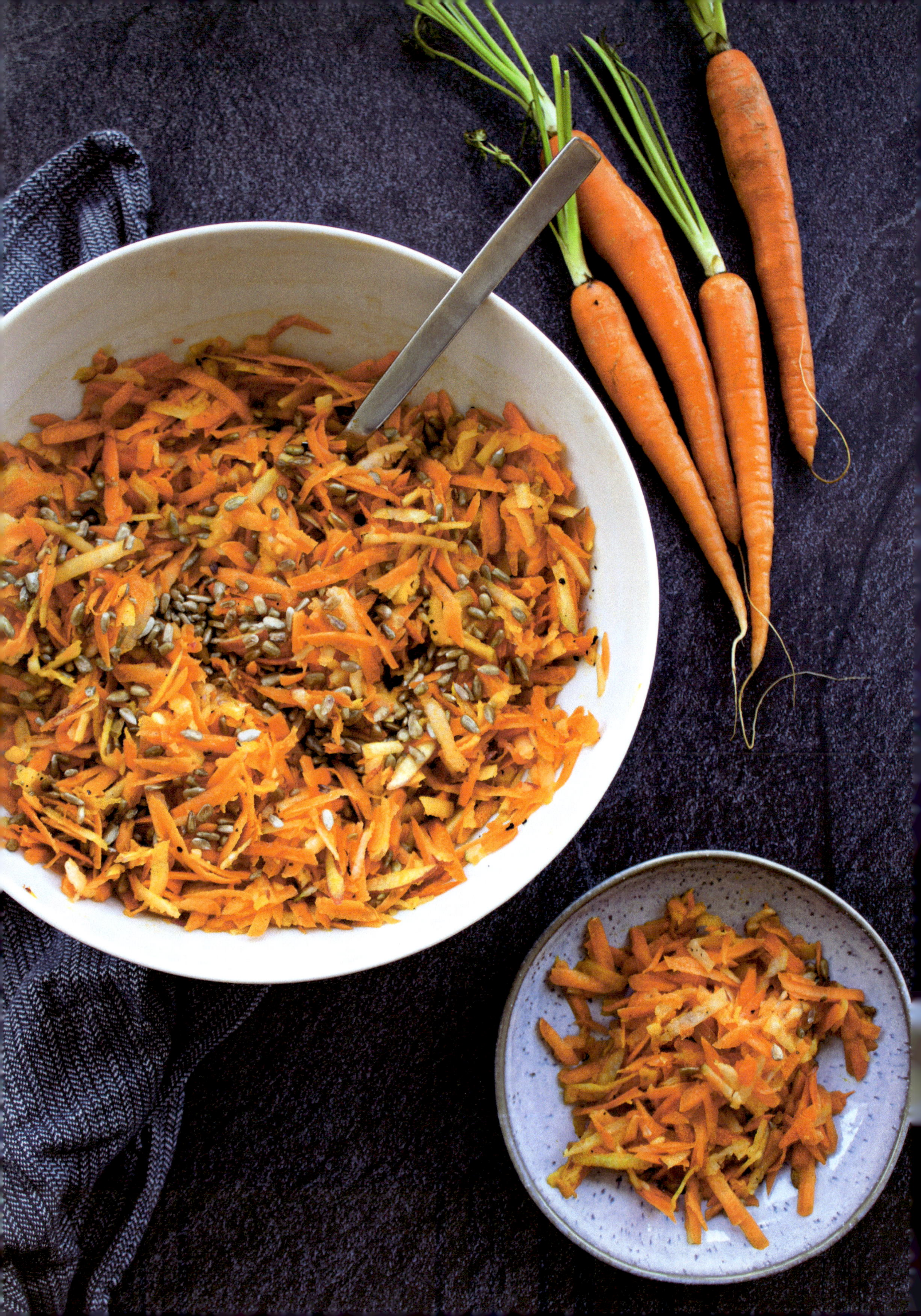

Kurkuma-Karotten-Salat

MISCHEN | 15 MIN. | 2 PORTIONEN | EASY

Sonnenblumenkerne	3 EL
Möhren	3
Apfel	1
Kurkuma, gemahlen	1 TL
Zitrone	1
Leinöl	1 EL
Yacon-Sirup	1 TL
Salz und Pfeffer	

VEGAN · GLUTENFREI · KINDERGERICHT · MEAL PREP

ZUBEREITUNG:

Sonnenblumenkerne ohne Fett auf mittlerer Temperatur in einer Pfanne goldbraun rösten. Möhren und Apfel waschen und (Bio-Apfel gerne mit Schale) in eine große Schale raspeln. Kurkuma hinzufügen und alles gut miteinander vermischen.

Saft einer Zitrone auspressen und mit Leinöl, Yacon-Sirup, Salz und Pfeffer verrühren und dann unter den Möhrensalat heben. Die gerösteten Sonnenblumenkerne nun ebenfalls dazugeben und unterheben. Salat ca. 10 Minuten ziehen lassen und dann servieren.

ANTIENTZÜNDUNGSSALAT

Aufgepasst! Dieser Salat ist nicht nur in Windeseile zubereitet, er ist auch ein echter Immunbooster! Er liefert gleich mehrere entzündungshemmende Pflanzenstoffe, zum Beispiel Omega-3-Fettsäuren aus Leinöl, Carotinoide aus der Möhre, Vitamin C aus Zitrone, Apfel und Karotten und Kurkumin aus der Kurkumaknolle. Diese Powerstoffe machen für deine Gesundheit Jagd auf freie Radikale in deinem Körper. An die Raspel, fertig, los!

Antientzündlicher Krautsalat

VEGAN · GLUTENFREI · VORBEREITUNGSTAGE

MISCHEN | 30 MIN. + 24 STD. | 1 GR. GLAS | EASY

Weißkohl	1/2
Zwiebel, weiß	1
Yacon-Sirup	3 EL
Leinöl	3 EL
Salz	1 EL
Pfeffer	1/2 TL
Apfelessig, naturtrüb	4 EL
Mineralwasser mit Kohlensäure	300 ml
Kümmel, ganz (optional)	1–2 EL

ZUBEREITUNG:

Den Strunk vom Kohl entfernen. Kohl fein raspeln und in eine große Schüssel geben. Die Zwiebel in kleine Würfel schneiden und mit dem geraspelten Kraut vermengen.

Yacon-Sirup, Leinöl, Salz, Pfeffer, Apfelessig und Mineralwasser vermischen. Vorsicht, das Mineralwasser sorgt dafür, dass die Mischung ordentlich schäumt. Für eine leichtere Verdaulichkeit noch Kümmelsamen hinzufügen.

Das Kraut mit dem Dressing übergießen. Das Kraut in der Schüssel mit einem kleinen Teller abdecken. Mit einigen Gegenständen etwas beschweren. Alles für mindestens 24 Stunden in den Kühlschrank stellen.

Am nächsten Tag den Sud abgießen. Das Kraut in ein Einmachglas füllen und im Kühlschrank lagern. So hält es sich mindestens 1 Woche.

PROBIOTIKA FÜR VEGANER

Durch die Fermentierung des Weißkohls entwickelt der Krautsalat probiotische Kulturen, die deine guten Darmbakterien bei der Arbeit unterstützen. Du kannst den Krautsalat unter Blattsalate mischen, in Bowls oder als Topping auf Käse- sowie Hummustüllchen verputzen. Ein echter Allrounder!

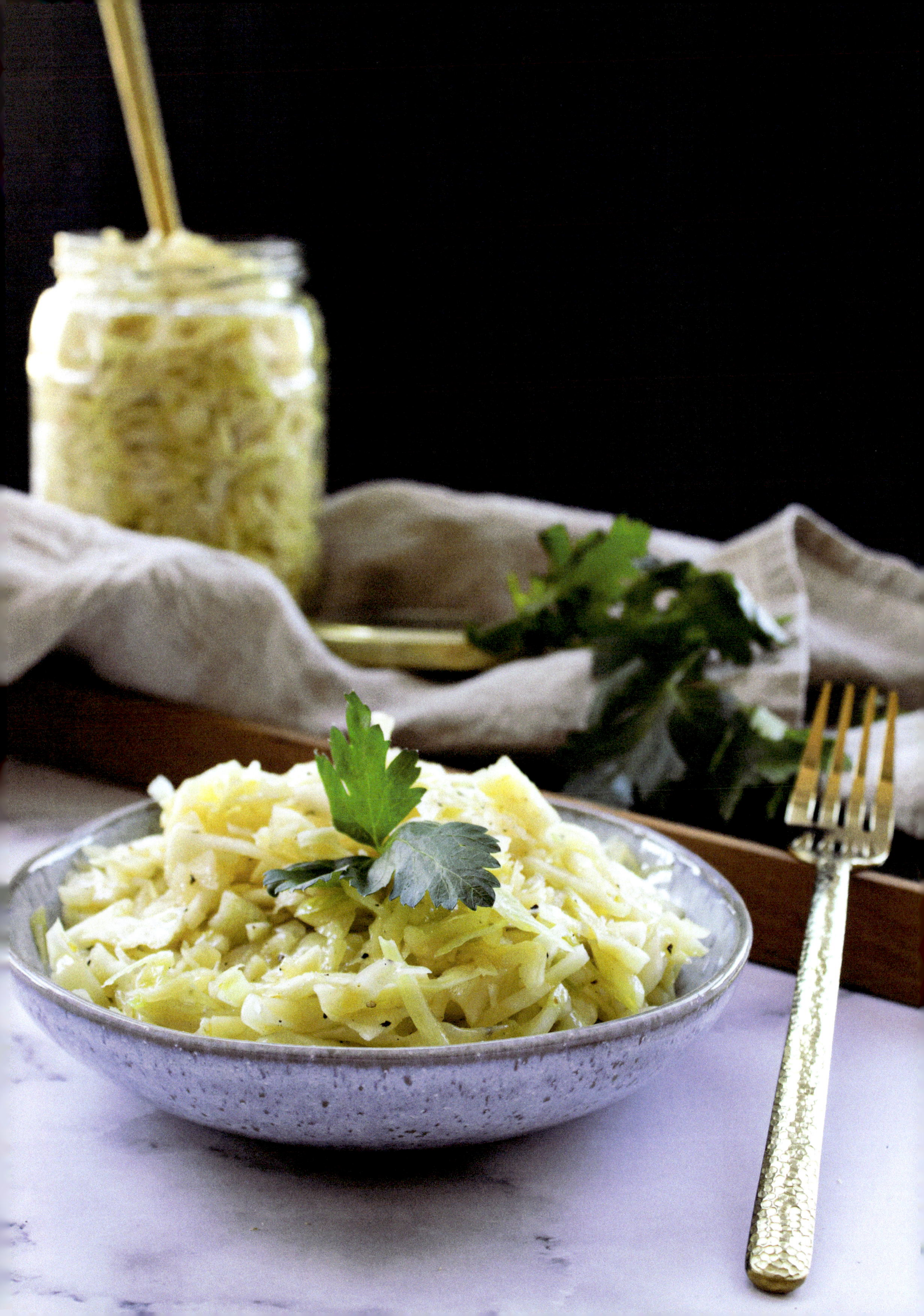

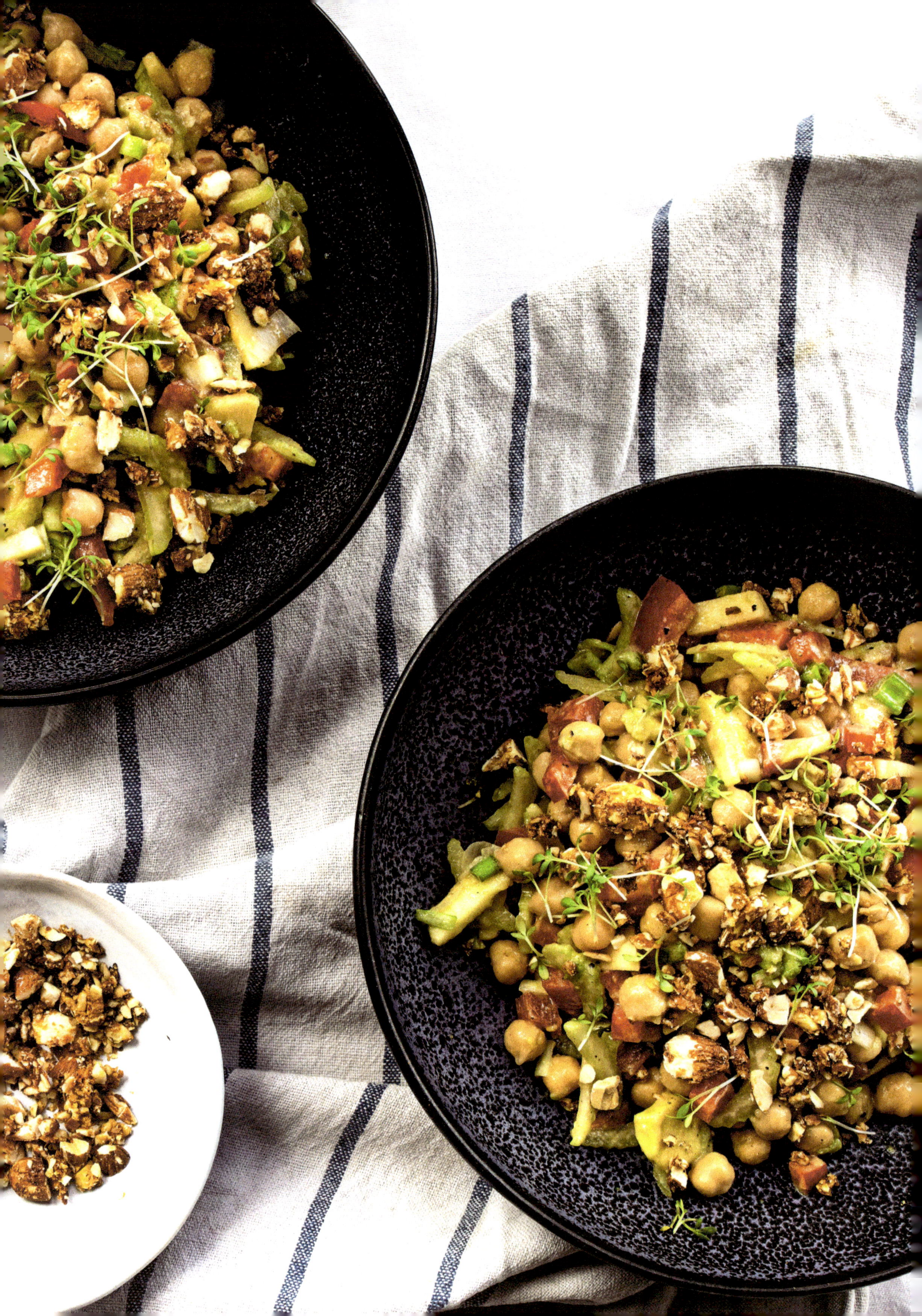

Avocado-Sellerie-Apfelsalat mit Kichererbsen

OFEN | 20 MIN. | 2 PORTIONEN | EASY

Mandeln	40 g
Yacon-Sirup	1 EL
Apfel, süß-säuerlich	1/2
Avocado	1
Paprika, rot	1
Selleriestangen	2
Frühlingszwiebeln	2
Kichererbsen, Dose/Glas	250 g
Kresse	15 g

DRESSING

Zitrone, Bio-Qualität	1
Olivenöl	2 EL
Mandelmus, hell	1 EL
Rotweinessig	2 EL
Yacon-Sirup	2 TL
Salz und Pfeffer	

ZUBEREITUNG:

Ofen auf 170 °C (Umluft 150 °C/Gas Stufe 3) vorheizen. Mandeln grob hacken und auf einem Backblech mit Backpapier verteilen. Mit Yacon-Sirup beträufeln und vermischen. Dann für gut 10 Minuten im Ofen goldbraun rösten.

Währenddessen die weiteren Zutaten für den Salat waschen und schneiden. Apfel, Avocadofleisch und Paprika klein würfeln. Selleriestangen und Frühlingszwiebeln in dünne Streifen schneiden. Kichererbsen gut abtropfen. Alles in eine große Schüssel geben.

Mandeln aus dem Ofen holen und abkühlen lassen. Nun Zitronen-Vinaigrette zubereiten. Bio-Zitrone heiß abspülen und trocken reiben. Schale in eine kleine Schüssel raspeln, dann den Saft der Zitrone auspressen und dazugeben. Olivenöl, Mandelmus, Rotweinessig und Yacon-Sirup hinzufügen und alles gut miteinander verrühren. Mit einer ordentlichen Prise Salz und Pfeffer abschmecken.

Dressing zu den Zutaten in die Schüssel geben und alles gut miteinander vermengen. Salat auf zwei Tellern verteilen und mit den gerösteten Mandeln und frischer Kresse garnieren. Fertig!

Koriander-Zucchini-Puffer

OFEN | 50 MIN. | 10 PUFFER | EASY

Zucchini	500 g
Chiasamen	1 EL
+ Wasser	3 EL
Koriander	40 g
Flohsamenschalen	1 TL
Feta, fettreduziert	100 g
Vollkornmehl (oder glutenfreier Mehl-Mix)	2 EL
Salz und Pfeffer	

Beilage:
Cole Slaw (S. 184)

ZUBEREITUNG:

Zucchini raspeln, in eine große Schüssel geben und gut salzen. Für 10 Minuten stehen lassen, bis aus den Zucchiniraspeln reichlich Flüssigkeit ausgetreten ist. In der Zwischenzeit Chiasamen mit Wasser in einer Tasse verrühren und ca. 5 Minuten stehen lassen, bis die Chiasamen geliert sind.

Zucchiniraspel in ein großes Sieb geben und mithilfe der Hände ordentlich auspressen, bis die Flüssigkeit herausgedrückt wurde. Zucchiniraspel nun wieder zurück in die Schüssel geben.

Ofen auf 180 °C (Umluft 160 °C/Gas Stufe 3) vorheizen. Am besten Ofen-Grillfunktion oder Umluft mit integrierter Oberhitze einstellen. Dann werden die Puffer außen schön knusprig.

Koriander waschen, fein hacken und in die Schüssel füllen. Die gelierten Chiasamen und Flohsamenschalen dazugeben. Feta mit den Händen fein zerkrümeln und hinzufügen. Alles gut vermengen.

Zum Binden der Masse Vollkornmehl oder eine glutenfreie Mehlalternative verwenden und alles gut verrühren. Wenn die Puffer mehr Mehl brauchen, dann noch etwas davon hinzugeben. Alles mit Salz und Pfeffer kräftig würzen.

Backblech mit Backpapier auslegen. Aus der Zucchinimasse ca. 10 kleine Taler formen und diese auf dem Backblech platzieren. Die Puffer nun von jeder Seite 20 Minuten backen. Achtung: Da die Taler beim Backen noch recht weich sind, ist etwas Geschicklichkeit beim Wenden gefragt.

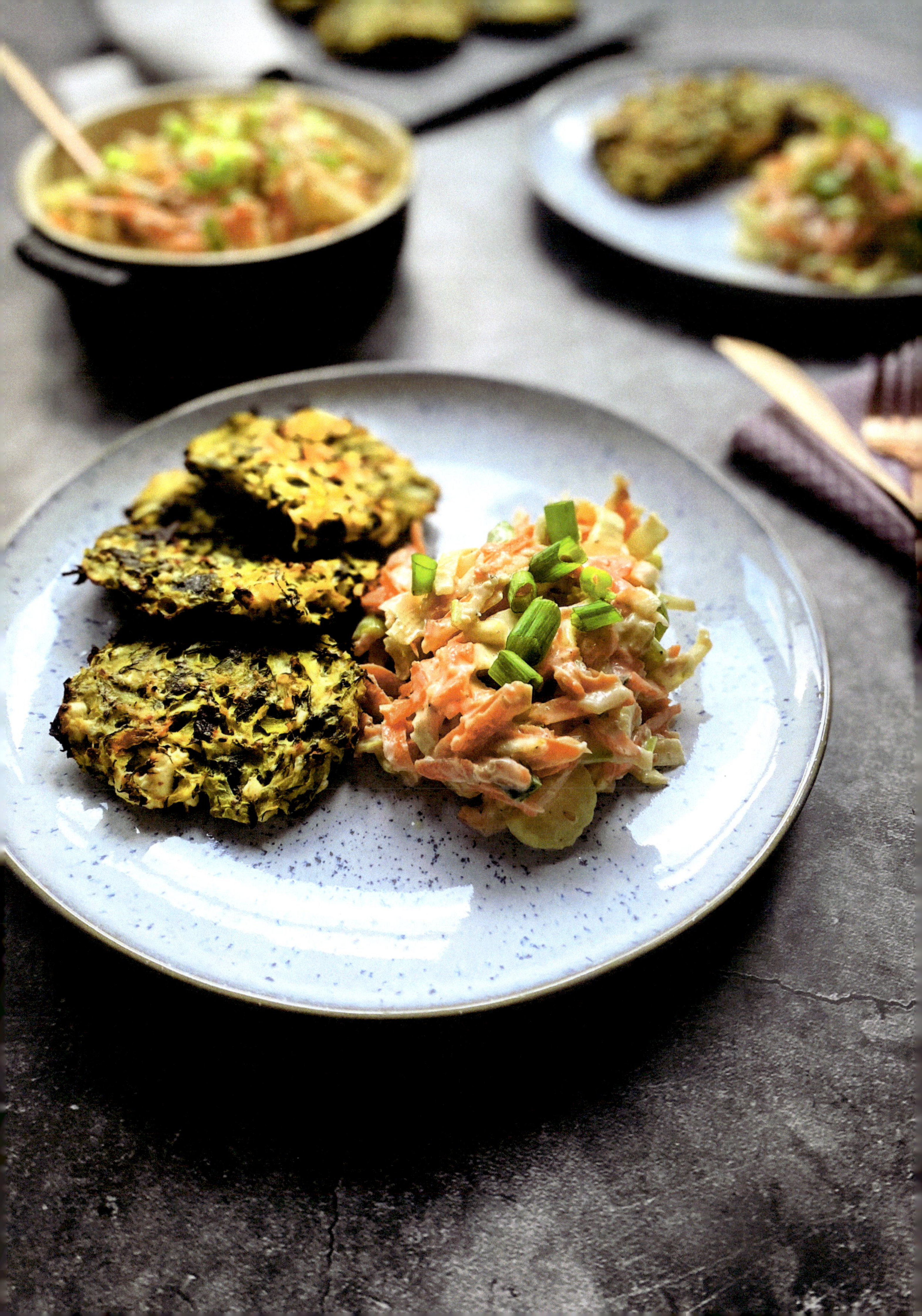

Probiotischer Cole Slaw

MISCHEN | 15 MIN. | 2 PORTIONEN | EASY

Karotten	2–3
Fenchel	1
Frühlingszwiebeln	3
Apfel, süß-säuerlich	1/2
Zitrone	1
Naturjoghurt, 3,8 % (vegan: Kokosjoghurt)	200 g
Apfelessig, naturtrüb	1 EL
Yacon-Sirup	1 TL
Dijon-Senf	1 EL
Salz und Pfeffer	
Sesam	1 EL
Hanfsamen	1 TL

ZUBEREITUNG:

Gemüse waschen. Karotten schälen und zusammen mit dem Apfel raspeln. Fenchel in sehr feine Streifen und Frühlingszwiebeln in Ringe schneiden. Alles in eine Schüssel geben.

Saft einer Zitrone auspressen und mit Joghurt, Apfelessig, Yacon-Sirup und Dijon-Senf verrühren, dann alles zum geschnittenen Gemüse geben und gut vermengen.

Mit Salz und Pfeffer abschmecken. Sesam und Hanfsamen unter den Salat heben.

TIPP: Dieser Cole Slaw ist ein super Beilagensalat. Egal, ob Koriander-Zucchini-Puffer (S. 182), Burger, gegrilltes Gemüse oder Fisch, dieser Salat harmoniert mit vielen Gerichten. Kurz gesagt: Cole Slaw geht immer!

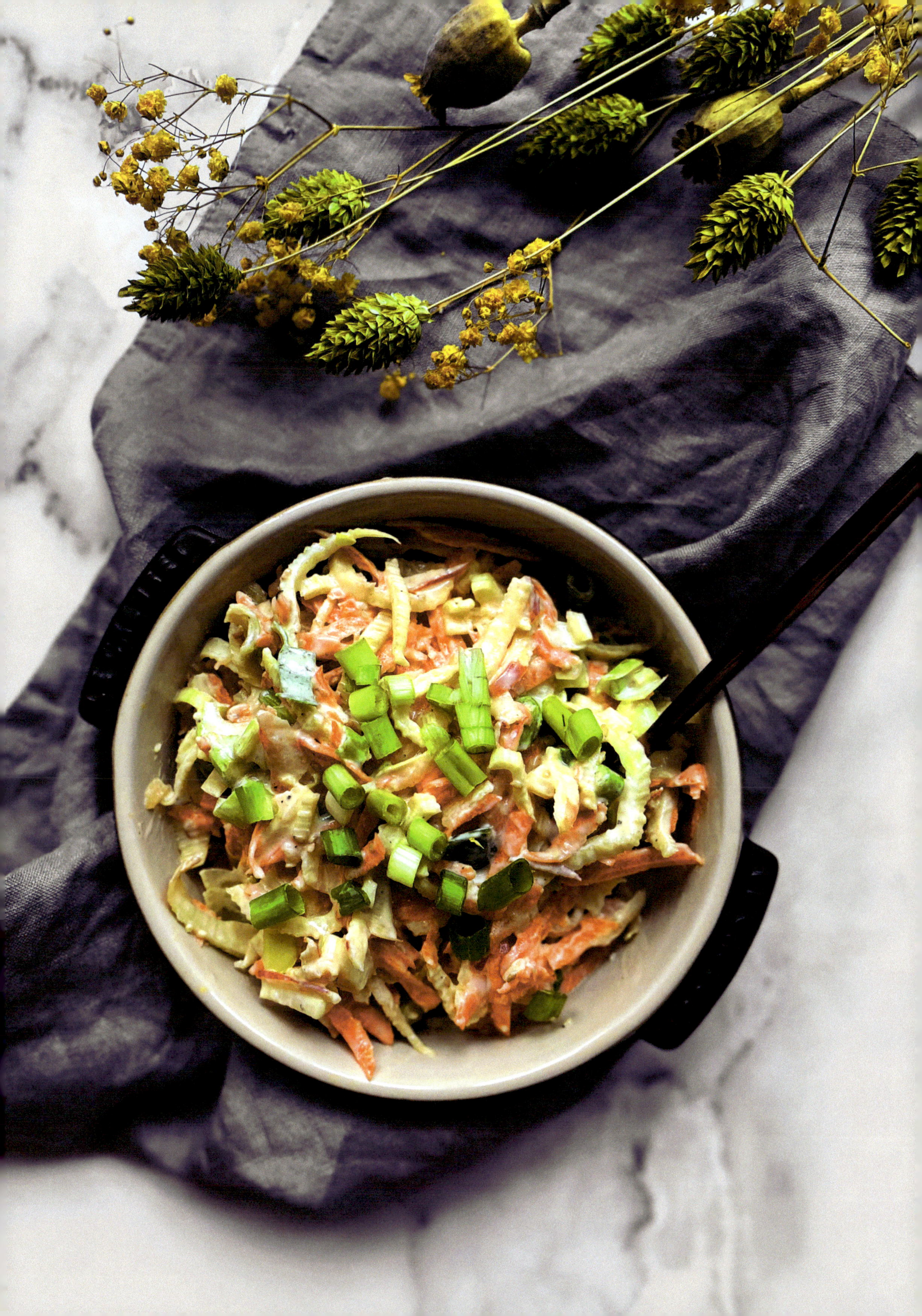

Yacon-Tahini-Dressing

MISCHEN | 15 MIN. | 2 PORTIONEN | EASY

Tahini	2 EL
Yacon-Sirup	2 EL
Zitrone	1
Olivenöl	2 TL
Weißweinessig	2 TL
Pul Biber (türkisches Chiligewürz)	1/2 TL
Meersalz	2 Prisen

ZUBEREITUNG:

Das Rezept ist so einfach und dabei ein echter Allrounder. Es ist das perfekte Dressing, um Reste aus dem Kühlschrank aufzupimpen. Egal ob über Ofengemüse, Rohkostsalat oder einfach nur zu einem grünen Blattsalat – dieses Dressing vertreibt die Langeweile auf dem Salatteller.

Für das Dressing alle Zutaten aus der Liste in einer Schüssel mischen und über den Salat gießen. Fertig!

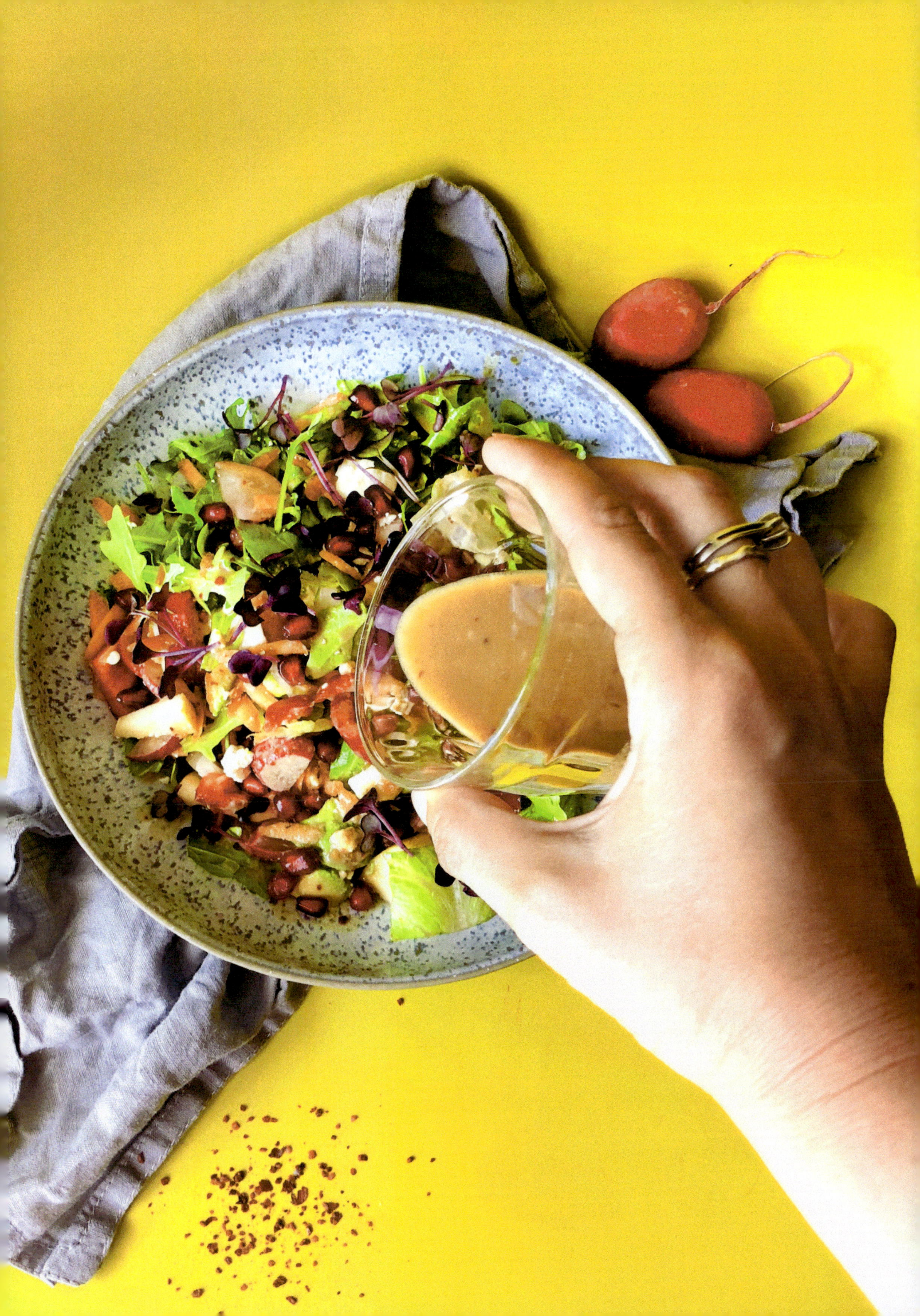

comfo

tfood

Vegane Möhren-Sellerie-Schupfnudelpfanne

HERD | 50 MIN. | 2x4 PORTIONEN | MITTEL

SCHUPFNUDELTEIG

Sellerieknolle	300 g
Kartoffel, mehlig	200 g
Möhren	200 g
Dinkelmehl (glutenfreies Mehl)	200 g
Salz und Pfeffer	1–2 Prisen
Muskatnuss	2–3 Prisen

SCHUPFNUDELPFANNE

Olivenöl	2 EL
Zwiebel, groß	1
Kümmel, ganz	1 TL
Räuchertofu	200 g
Sauerkraut	400 g
Yacon-Sirup	2 EL
Wasser	200 ml
Salz und Pfeffer	2–3 Prisen
Petersilie, kraus	30 g

ZUBEREITUNG:

Die Teigzubereitung ist zwar etwas zeitaufwendig, dafür reicht die Menge gleich für zwei Mahlzeiten à vier Personen. Perfekt, um mehrere Portionen einzufrieren!

Kartoffeln, Möhren und Sellerie schälen und alles in einem Topf ca. 30 Minuten mit Dämpfeinsatz dämpfen. Das gegarte Gemüse in eine Schüssel geben und mit einem Kartoffelstampfer zerquetschen.

Mehl dazugeben und alles zu einem homogenen Teig verrühren. Den Teig auf einer bemehlten Arbeitsfläche zu einer langen, 5 Zentimeter dicken Rolle formen. Mit einem Messer fingerdicke Streifen abschneiden und diese auf der bemehlten Fläche in Schupfnudelform rollen.

Salzwasser in einem großen Topf aufkochen. Die rohen Schupfnudeln darin kochen, bis sie zur Wasseroberfläche aufsteigen. Dann weitere 3 Minuten köcheln lassen. Eine Schüssel mit eiskaltem Wasser vorbereiten. Schupfnudeln abschöpfen und im Eisbad abschrecken.

SCHUPFNUDELPFANNE

Olivenöl in einer Pfanne erhitzen und gewünschte Menge der Schupfnudeln anbraten. Sobald sie goldbraun sind, herausnehmen und beiseitestellen. Zwiebeln hacken, Räuchertofu würfeln. Beides mit Kümmel in der Pfanne anbraten. Sauerkraut hinzufügen. Etwas Yacon-Sirup darüberträufeln und mit Wasser ablöschen. Mit Salz und Pfeffer abschmecken. 10 Minuten garen, bis das Wasser verkocht ist. Dann Schupfnudeln dazugeben und erwärmen. Mit gehackter Petersilie toppen.

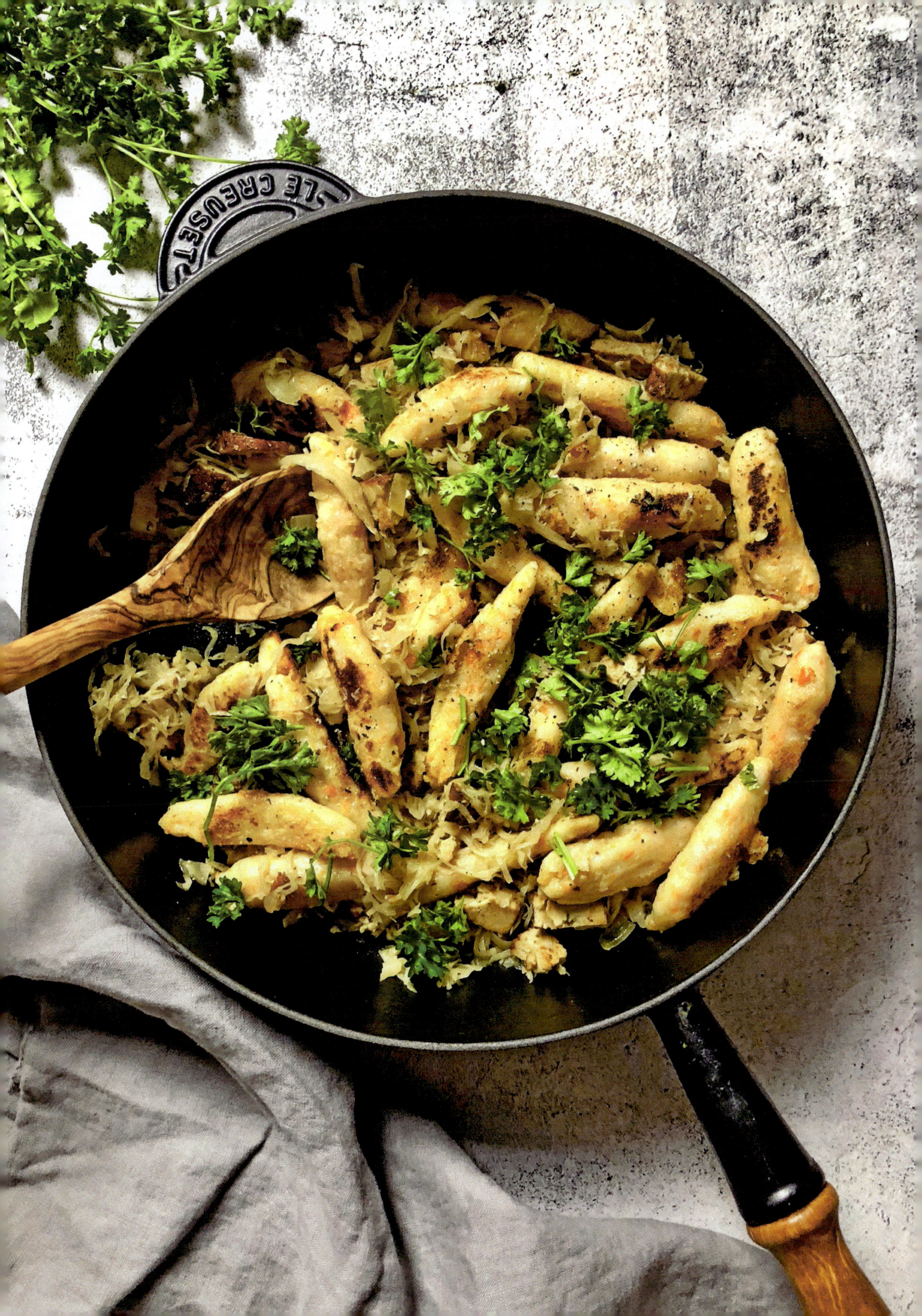
LE CREUSET

Sellerieschnitzel mit Wurzel-Zwiebelpüree und Bohnen

HERD | 45 MIN. | 2–3 PORTIONEN | EASY

Pastinaken	4–5
Sellerieknolle, groß	1
Gemüsezwiebel, groß	1
Pflanzenmilch	300 ml + 100 ml
Salz und Pfeffer	2–3 Prisen
Muskatnuss, geraspelt	1/2 TL
Olivenöl	1 EL
Grüne Bohnen	200 g
Vollkornsemmelbrösel	50 g
Hefeflocken	2 EL
Weizenkeime	1 EL
Paprikapulver, edelsüß	1 EL
Apfelessig, naturtrüb	1 EL
Erdnussöl	2 EL
Zitrone	1

ZUBEREITUNG:

Pastinaken, Sellerieknolle und Gemüsezwiebel schälen. Sellerieknolle halbieren. Eine Hälfte zur Seite legen. Daraus werden später die Sellerieschnitzel zubereitet. Die andere Hälfte in kleine Würfel schneiden. Pastinaken und Zwiebeln ebenfalls grob würfeln.

Olivenöl in einem Topf auf mittlerer Stufe erhitzen und das zerkleinerte Gemüse anbraten. Alles mit 300 ml Pflanzenmilch aufgießen und ca. 20 Minuten köcheln lassen, bis das Gemüse gar ist. Gemüse danach mit einem Kartoffelstampfer oder Stabmixer zu einem Püree verarbeiten. Zum Abschluss mit Salz, Pfeffer und Muskatnuss abschmecken.

Während die Zutaten für das Püree köcheln, den restlichen Sellerie in etwa 0,5 Zentimeter dicke Scheiben schneiden. In einem tiefen Teller Vollkornsemmelbrösel, Hefeflocken, Weizenkeime und Paprikapulver miteinander vermischen. In einen weiteren Teller 100 ml Pflanzenmilch mit Apfelessig, Salz und Pfeffer geben. Selleriescheiben erst in den flüssigen Zutaten und dann in der Semmelbrösel-Mischung wälzen.

Nun Bohnen waschen, die Enden abschneiden und in einem Topf mit etwas Wasser und Dampfeinsatz ca. 10 Minuten bei aufgesetztem Deckel dämpfen. In der Zwischenzeit Erdnussöl in einer Pfanne erhitzen und die panierten Selleriescheiben bei mittlerer Temperatur 5–7 Minuten pro Seite anbraten, bis sie goldbraun sind. Zitrone in Scheiben schneiden. Fertiges Püree mit den Schnitzeln, Bohnen und Zitronenscheiben servieren.

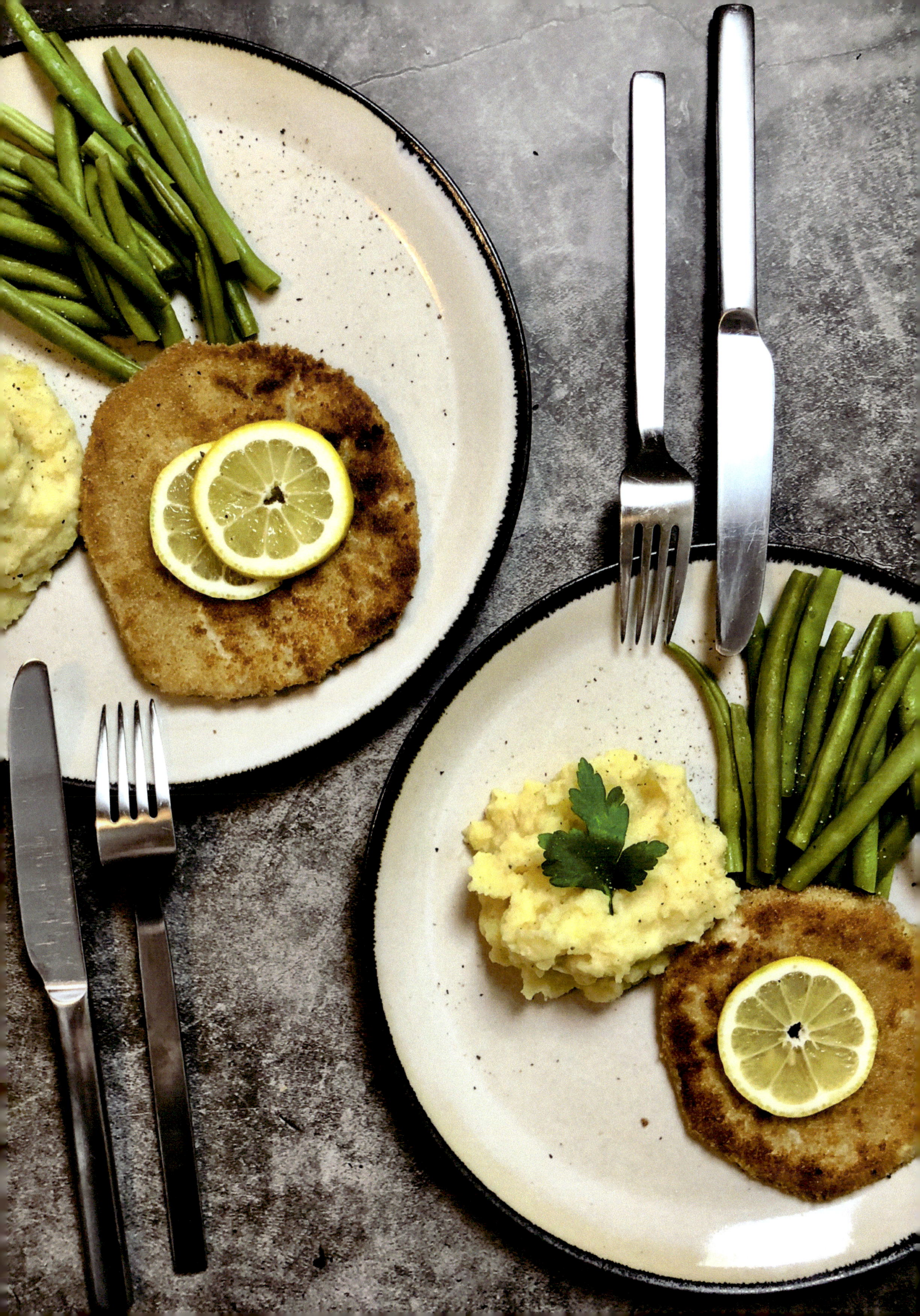

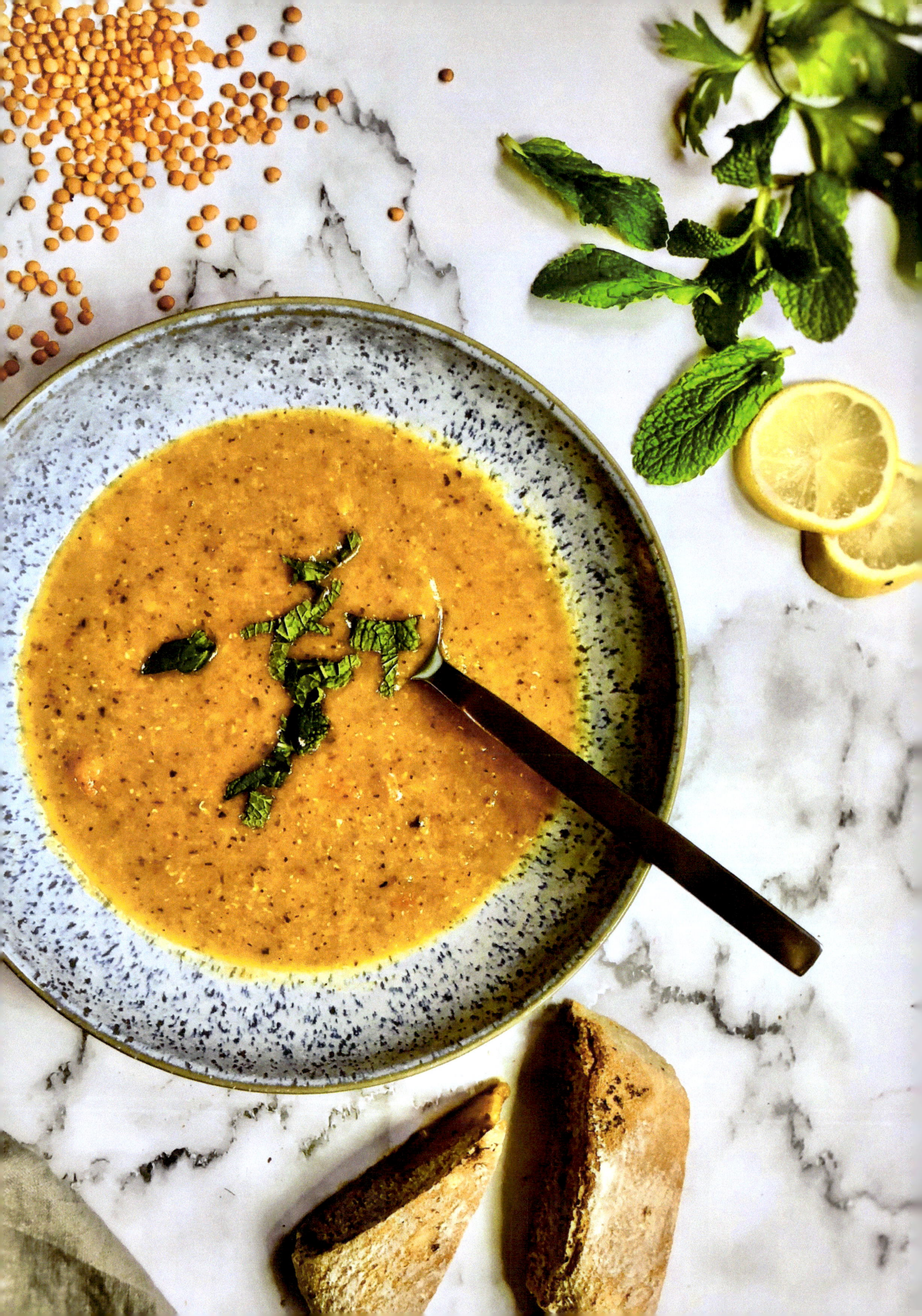

Sadis türkische Linsensuppe

HERD | 40 MIN. | 2–3 PORTIONEN | EASY

Olivenöl	1 EL
Zwiebel	1
Paprika-Tomaten-Mark	1 EL
Möhre	1
Kartoffel	1
Rote Linsen	120 g
Wasser	800 ml
Minze, getrocknet	1 EL
Yacon-Sirup	1 TL
Chiliflocken	2–3 Prisen
Gemüsebrühe, Pulver	1 TL
Salz	1 TL
Pfeffer	2–3 Prisen
Minzeblätter, frisch	10
Zitrone	1
Brot (Zwiebelbaguette S. 142)	1

ZUBEREITUNG:

Zwiebel fein hacken und in einem Topf mit etwas Olivenöl bei mittlerer Hitze anschwitzen. Paprika-Tomaten-Mark dazugeben und anrösten.

Möhre und Kartoffel schälen und in kleine Würfel schneiden. Dann ebenfalls in den Topf geben. Linsen in einem Sieb abspülen, in den Topf geben und alles mit Wasser ablöschen.

Getrocknete Minze, Yacon-Sirup, Chiliflocken und Gemüsebrühe hinzugeben und alles aufkochen. Dann die Suppe auf kleiner Flamme 25 Minuten köcheln lassen.

Suppe mit einem Stabmixer pürieren. Frische Minze grob hacken, Saft einer halben Zitrone zugeben, restliche Zitrone vierteln. Fertige Suppe mit etwas frischer Minze, einer Zitronenspalte und Brot servieren. Das Zwiebelbrot (S. 142), getoastet oder frisch aufgebacken, passt super dazu.

MERCIMEK ÇORBASI

Glücklicherweise hat meine Freundin Sadi türkische Wurzeln. Denn so habe ich durch sie „Mercimek Çorbasi" kennengelernt. Nach einer durchtanzten Nacht auf dem Kiez ist Sadi mit mir gern zum türkischen Imbiss ihres Vertrauens gegangen. Dort hat uns dieses Linsensüppchen schon vor so manchem mitternächtlichen Jieper gerettet. Selbst gekocht schmeckt die Suppe übrigens noch tausendmal besser als vom Imbiss. Dank der milden Schärfe und einer feinen Minznote ist die Suppe nicht nur für verkaterte „Nachtschwärmer" ein Highlight!

VEGAN | GLUTENFREI (OHNE BROT) | KINDERGERICHT | LEICHTES ABENDESSEN | MEAL PREP

Scharfer, beschwipster Linseneintopf

HERD | **40 MIN.** | **4 PORTIONEN** | **EASY**

VEGAN | GLUTENFREI (OPTIONAL) | MEAL PREP | WEEKEND-FOOD

Zwiebel, groß	1
Knoblauchzehen	2
Selleriestange	1
Tomaten	4–5
Olivenöl	1 EL
Harissa	1 EL
Tomatenmark	1 EL
Berglinsen	200 g
Yacon-Sirup	1 EL
Rotwein	200 ml
Gemüsebrühe	1 l
Lorbeerblätter	2
Thymian- & Rosmarinzweige	je 1–2
Möhren	2
Kartoffeln	150 g
Erdnussöl	1 TL
Räuchertofu	150 g
Petersilie, glatt	15 g
Salz und Pfeffer	je 1/2 TL

ZUBEREITUNG:

Zwiebel und Knoblauchzehen fein hacken. Stangensellerie in kleine Würfel, Tomaten in etwas größere Würfel schneiden. Zwiebeln und Knoblauch in einem Topf mit etwas Olivenöl 1 Minute anschwitzen. Danach Sellerie und Tomaten dazugeben.

Harissa und Tomatenmark hinzufügen und kurz anrösten. Dann die Berglinsen und den Yacon-Sirup dazugeben. Alles mit Rotwein ablöschen und verrühren.

Gemüsebrühe dazugießen. Lorbeerblätter, Thymian- und Rosmarinzweige mit in den Topf geben und diesen mit einem Deckel verschließen. Suppe köcheln lassen.

Möhren und Kartoffeln schälen und in kleine Stücke schneiden. Wenn die Suppe etwa 10 Minuten gekocht hat, Kartoffeln dazugeben. Nach weiteren 10 Minuten kommen auch die Möhren hinzu. Alles mit Salz und Pfeffer gut abschmecken.

Räuchertofu in einer Pfanne mit Erdnussöl bei hoher Temperatur kross braten. Das Bratfett auf einem Küchenkrepp abtropfen lassen. Räuchertofu mit in die Suppe geben. Petersilie waschen und grob hacken. Die fertige Suppe auf Tellern verteilen und mit Petersilie garnieren.

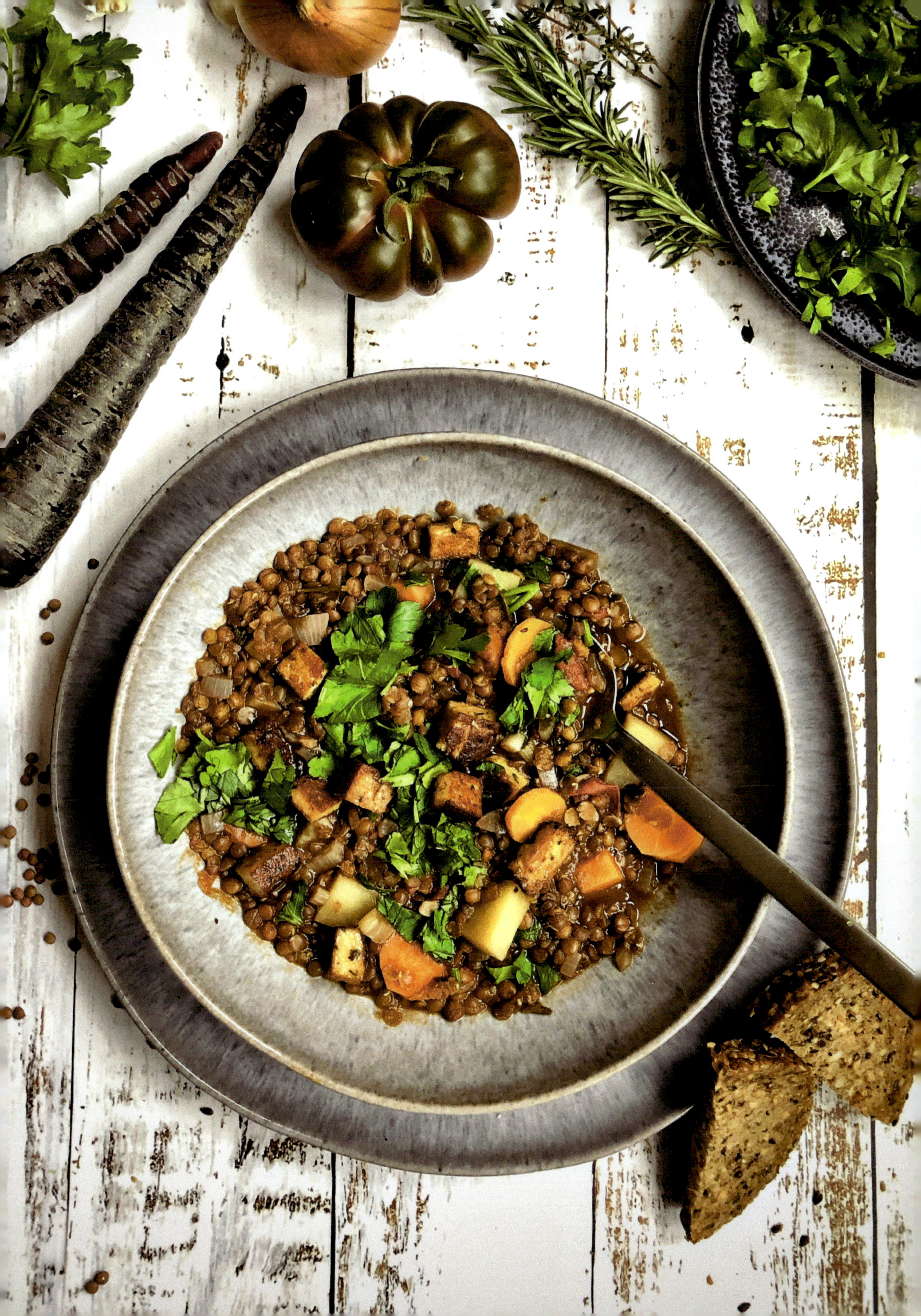

Geröstete Paprika-Kürbis-Süßkartoffelsuppe

HERD | 40 MIN. | 4 PORTIONEN | EASY

Paprika, rot	1
Zwiebeln	2
Hokkaidokürbis	1/2
Süßkartoffeln	400 g
Möhren	2
Senfkörner	1 TL
Lorbeerblätter	3
Zimtstange	1
Olivenöl	2 EL
Wasser	800 ml
Gemüsebrühe, Pulver	1 TL
Salz und Pfeffer	1 TL + 1/2 TL
Kokosmilch	200 ml
Misopaste	1 EL
Balsamicoessig	1 TL
Yacon-Sirup	1 TL
Kresse	10 g
Walnüsse	40 g

ZUBEREITUNG:

Kürbis ungeschält grob hacken. Süßkartoffeln und Möhren schälen und ebenfalls in Stücke schneiden. Olivenöl in einem großen Topf auf mittlerer Temperatur erhitzen. Zwiebeln hacken und darin anschwitzen. Senfkörner, Lorbeerblätter und Zimtstange dazugeben. Dann Kürbis, Süßkartoffeln und Möhren ebenfalls hinzufügen und anbraten. Gemüse mit Wasser ablöschen. Deckel auf den Topf setzen. Alles bei niedriger Temperatur 20 Minuten köcheln lassen, bis das Gemüse weich ist.

Ofen auf höchster Stufe kurz vorheizen, wenn möglich Grillfunktion anstellen. Paprika waschen, halbieren und entkernen. Auf ein Backblech mit Backpapier auf die Seite mit den Schnittkanten legen und für 20 Minuten im Ofen bei 220 °C (Umluft 200 °C/Gas Stufe 5) rösten. Walnüsse für 5 Minuten mit auf das Backblech legen und rösten.

Eine Schüssel mit eiskaltem Wasser füllen. Paprika aus dem Ofen holen und im Eiswasser abschrecken, sodass sich die Haut der Paprika danach leicht abziehen lässt. Gehäutete Paprika mit in den Topf geben.

Sobald das gesamte Gemüse weich ist, alles mit einem Stabmixer pürieren. Kokosmilch hinzufügen. Wenn die Suppe zu dickflüssig ist, gegebenenfalls noch etwas Wasser dazugeben.

Suppe mit Misopaste, Basalmicoessig, Yacon-Sirup, Salz und Pfeffer abschmecken. Die gerösteten Walnüsse grob hacken. Kresse waschen. Suppe in Schälchen füllen und mit Walnüssen und Kresse garnieren. Fertig!

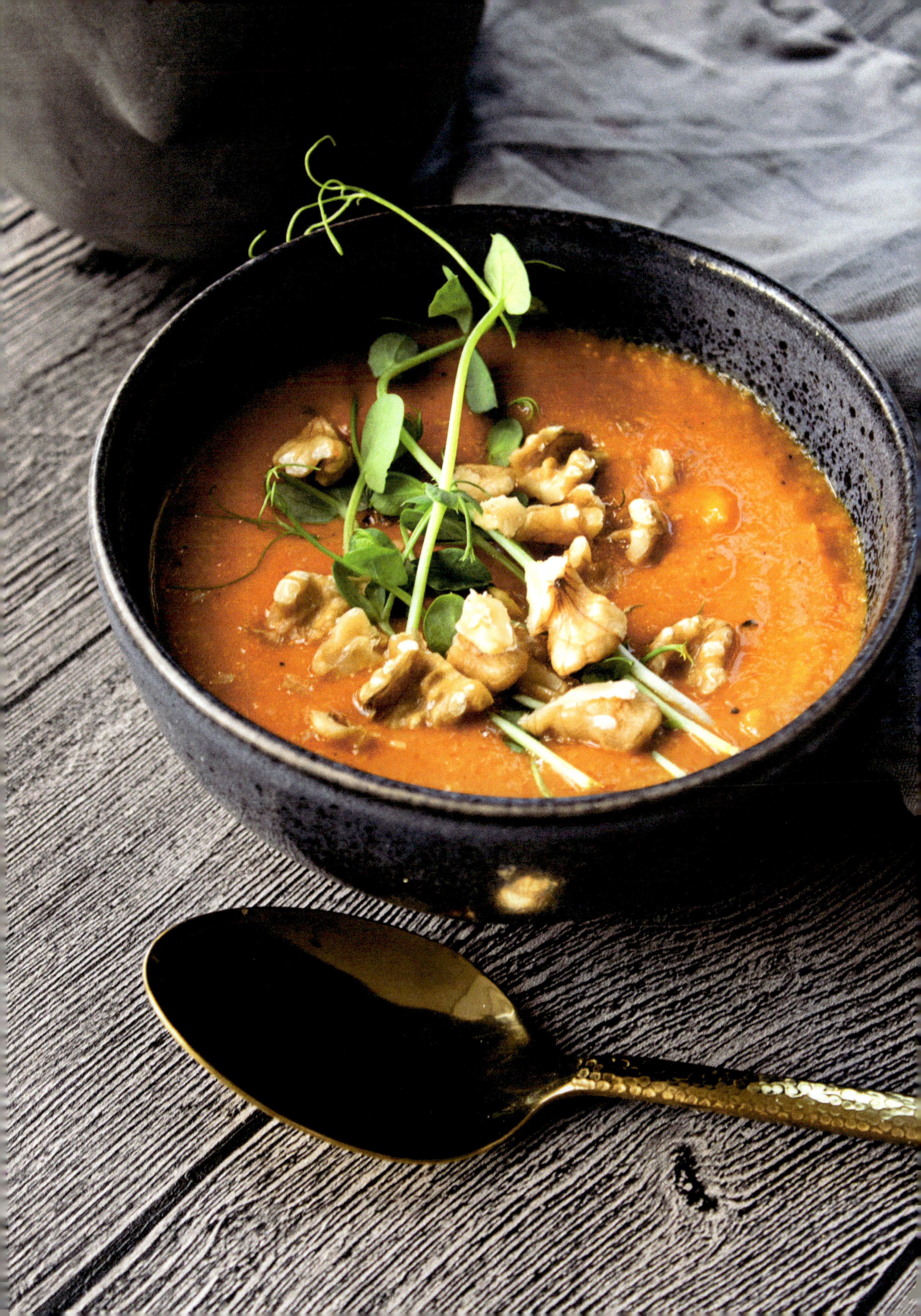

Süßkartoffel-Pommes

OFEN | **1,5 STD.** | **2 PORTIONEN** | **EASY**

Süßkartoffeln	2 (600 g)
Olivenöl	2 EL
Salz	1/2 TL
Pfeffer	1/4 TL
Paprika, edelsüß	1 TL
Maismehl	2 EL

ZUBEREITUNG:

Süßkartoffeln schälen und in Stifte schneiden. Eine große Schale mit kaltem Wasser füllen und die Süßkartoffelstifte 1 Stunde darin einweichen.

Danach Ofen auf 200 °C (Umluft 180 °C/Gas Stufe 4) vorheizen. Süßkartoffeln aus dem Wasser nehmen und mit Küchenkrepp abtrocknen. Süßkartoffeln wieder in Schale geben. Sie sollte Innen nicht mehr nass sein. Olivenöl hinzufügen und Süßkartoffeln gut damit vermengen, damit alle Stifte mit dem Öl benetzt sind. Alles mit Salz, Pfeffer und Paprika würzen. Zum Abschluss Maismehl in die Schüssel geben. Alles gründlich vermischen, bis die Süßkartoffeln das Maismehl rundum aufgenommen haben.

Süßkartoffeln auf ein Backblech mit Backpapier legen und für ca. 30 Minuten im Ofen auf mittlerer Schiene backen. Nach der Hälfte der Zeit Pommes wenden, damit sie schön gleichmäßig knusprig werden.

Wer die Pommes krosser möchte, kann noch etwas Öl über die Pommes geben.

Zuckerfreier Ketchup

HERD | 20 MIN. | 3 GLÄSER | EASY

Passierte Tomaten	600 ml
Tomatenmark	200 ml
Yacon-Sirup	5 EL
Zimt, gemahlen	1/2 TL
Nelken, ganz	5
Pimentpfeffer, ganz	1/4 TL
Kurkuma, gemahlen	1 TL
Salz	1 TL
Pfeffer	1/4 TL
Balsamicoessig	1 EL

ZUBEREITUNG:

Passierte Tomaten, Tomatenmark, Yacon-Sirup, Zimt und Kurkuma in einen Topf geben. Nelken und Pimentpfeffer in einem Mörser zerstoßen und hinzufügen. Alternativ fertig gemahlenes Nelkenpulver und gemahlenen Pimentpfeffer verwenden.

Alles mit Salz, Pfeffer und Balsamicoessig abschmecken, gut verrühren und für 10 Minuten auf niedriger Temperatur sanft köcheln lassen.

Fertigen heißen Ketchup in drei Gläser à 300 ml einwecken oder alles in ein großes Einweckglas füllen. Die kleinen Gläser haben jedoch den Vorteil, dass nicht alles direkt angebrochen werden muss und sich die noch vakuumierten Ketchupvorräte so länger halten. Ketchup isst man ja meist nicht in rauen Mengen.

CURRYKETCHUP-VARIANTE

Um aus einem fruchtigen Tomatenketchup einen Curryketchup zu zaubern, einfach – bevor der Ketchup eingekocht wird – 1 Esslöffel Currypulver hinzufügen.

Avocado-Dip

MIXEN | 15 MIN. | 1 SCHALE | EASY

Avocados	2–3
Frühlingszwiebeln	4
Knoblauchzehe	1
Romatomaten	2
Zitrone	1
Salz und Pfeffer	
Koriander	15 g

ZUBEREITUNG:

Avocados entkernen und Fruchtfleisch in einen Mixer geben. Frühlingszwiebeln waschen, grob zerkleinern und zusammen mit der geschälten Knoblauchzehe hinzufügen. Saft einer Zitrone pressen. Koriander waschen und mit dem Zitronensaft dazugeben. Dann alles fein pürieren.

Romatomaten vierteln, ebenfalls in den Mixer geben und kurz grob zerkleinern.

Am Ende mit Salz und Pfeffer abschmecken. Je nach Geschmack noch etwas Zitronensaft hinzufügen.

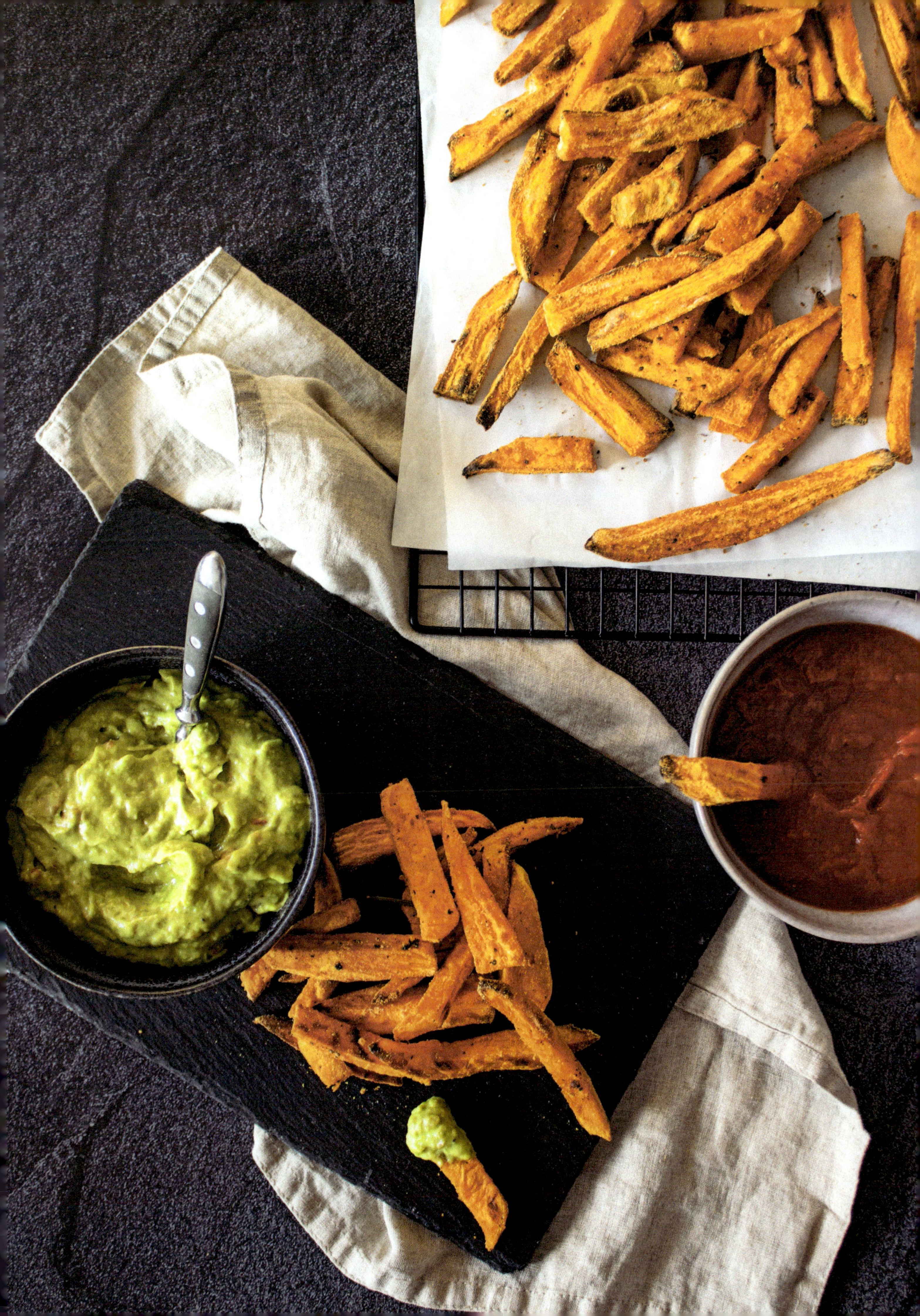

Ratatouille – Roter Evergreen

HERD | 40 MIN. | 4 PORTIONEN | EASY

Olivenöl	3 EL
Aubergine	1
Zucchini	2
Paprika, rot	1
Zwiebel, rot	1
Knoblauchzehen	2
Thymian, getrocknet	1 TL
Tomaten, frisch	3
Cherrytomaten, aus der Dose	400 g
Yacon-Sirup	1 EL
Salz	1 TL
Pfeffer	1/2 TL
Balsamicoessig	1 EL
Basilikum	15 g

BEILAGENOPTIONEN

Natur- oder Basmatireis

Brot, geröstet

Quinoa oder Vollkornnudeln

ZUBEREITUNG:

Aubergine, Zucchini und Paprika in grobe Stückchen schneiden. Tomaten ebenfalls grob würfeln. Knoblauchzehen und Zwiebel schälen und beides fein hacken. Basilikum waschen, die Blätter abpflücken, beiseitelegen und die Stängel klein schneiden.

Kasserolle auf den Herd stellen. 2 Esslöffel Olivenöl darin bei mittlerer Temperatur erhitzen. Aubergine, Zucchini und Paprika 5 Minuten anrösten. Dann das Gemüse wieder herausnehmen und beiseitestellen.

1 Esslöffel Öl in die Kasserolle geben. Zwiebeln, Knoblauch und klein gehackte Basilikumstängel darin anbraten, bis die Zwiebeln und der Knoblauch goldbraun sind. Gemüse danach wieder in die Kasserolle geben. Frische Tomaten sowie die Cherrytomaten aus der Dose dazumischen. Mit Balsamicoessig, Salz, Pfeffer und Yacon-Sirup abschmecken.

Kasserolle mit dem Deckel verschließen und alles 30 Minuten bei niedriger Temperatur vor sich hin köcheln lassen. Hin und wieder umrühren. Je nachdem, welche Beilage gewählt wird, wäre nun der richtige Zeitpunkt, um das Wasser für den Reis, das Quinoa oder die Nudeln aufzusetzen.

Zum Schluss fertiges Ratatouille mit Basilikumblättern garnieren. Fertig ist der französische, gesunde Klassiker! Bon appétit!

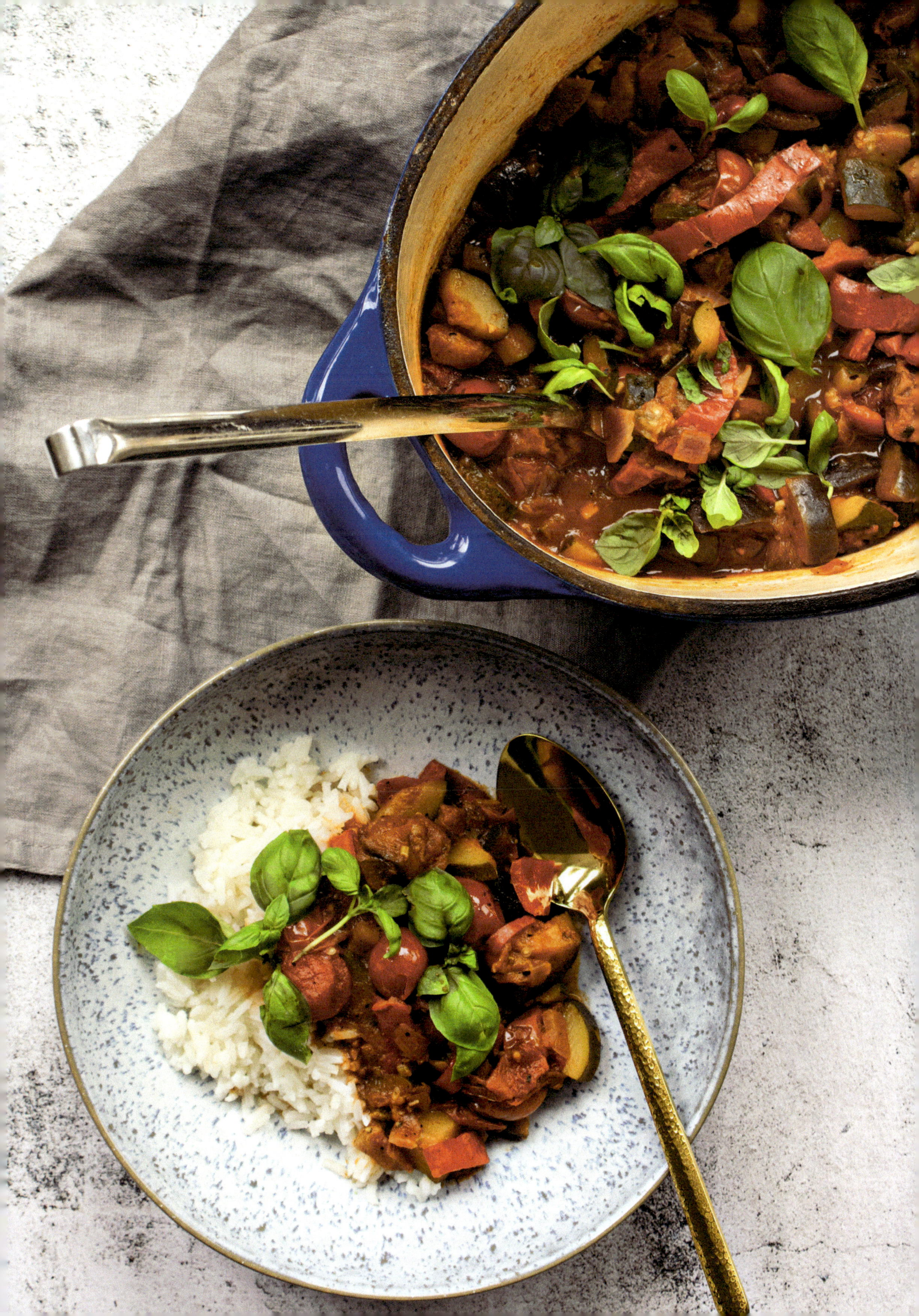

Veggie-Bullar in Schlemmersauce

HERD | 40 MIN. | 4 PORTIONEN | MITTEL

VEGGIE-BULLAR

Quinoa	100 g
Berglinsen	100 g
Zwiebel, rot	1
Knoblauchzehe	1
Haferflocken (glutenfrei)	100 g
Hefeflocken	2 EL
Oregano, getrocknet	2 TL
Paprika, scharf	1 TL
Salz	1/2 TL
Pfeffer	1/4 TL
Mandeln, gemahlen	50 g
Basilium, frisch	15 g
Tomatenmark	2 EL
Harissa	1 TL
Erdnussöl	1–2 EL

ZUBEREITUNG:

Quinoa und Berglinsen je in einem kleinen Topf nach Packungsanleitung kochen. Währenddessen Zwiebel und Knoblauch fein hacken.

Gehackte Zwiebel und Knoblauch mit Haferflocken, Hefeflocken, Oregano, Paprikapulver, Salz, Pfeffer und gemahlenen Mandeln in eine Schüssel geben. Basilikum fein hacken und dazugeben. Tomatenmark und Harissa ebenfalls hinzufügen. Danach Naturreis für die Beilage nach Packungsanleitung kochen.

Wenn das Quinoa und die Linsen gar sind, beides abgießen und ebenfalls in die Schüssel geben. Nun können alle Zutaten in der Schüssel miteinander verrührt und mit den Händen geknetet werden.

Wenn eine homogene Masse entstanden ist, ca. 20 Veggie-Frikadellen von etwa 3 Zentimeter Durchmesser daraus formen und danach in einer Pfanne mit Erdnussöl auf mittlerer Stufe goldbraun braten.

Die Veggie-Bullar aus der Pfanne nehmen und das Fett auf Küchenkrepp abtropfen lassen. Danach werden die grünen Bohnen zubereitet. Dafür Bohnen waschen, Enden abschneiden und in einem Topf mit wenig Wasser, Dämpfeinsatz und Deckel für 10–15 Minuten dämpfen.

TOP-SALAT-PROTEINBEILAGE

Nicht nur in der Schlemmersauce machen die kleinen Veggie-Bullar eine gute Figur. Sie brillieren auch als Proteinbeilage im Salat und sorgen so für eine lang anhaltende Sättigung.

SCHLEMMERSAUCE

Olivenöl	1 EL
Schalotten	3
Knoblauchzehen	2
Dinkelmehl (oder glutenfreies Mehl)	1 EL
Tomaten, aus der Dose	400 g
Gemüsebrühe	200 ml
Kokosmilch	100 ml
Petersilie, glatt	15 g

LECKER DAZU

Grüne Bohnen	300 g
Naturreis	200 g

ZUBEREITUNG:

Für die Sauce Schalotten und Knoblauch hacken und mit Olivenöl bei mittlerer Hitze in einer Pfanne 2 Minuten anbraten. Dinkelmehl unterrühren. Dann Gemüsebrühe unter Rühren hinzufügen, bis eine sämige Sauce entsteht. Dosentomaten und Kokosmilch dazugeben. Mit einem Stabmixer alles zu einer feinen Sauce pürieren. Danach ca. 10 Minuten bei schwacher Hitze einkochen. Hin und wieder umrühren, damit die Sauce nicht anbrennt.

Veggie-Bullar in die Sauce geben und darin erwärmen. In der Zwischenzeit Petersilie waschen, hacken und das Pfannengericht damit garnieren. Veggie-Bullar mit gedämpften Bohnen und/oder Naturreis servieren.

SAUCEN-MULTITALENT

Nicht nur Veggie-Bullars baden gerne in meiner Schlemmersauce. Sie ist auch eine tolle Nudel-Tomatensauce. Und damit das perfekte gesunde Kinderessen.

Auch zu gegrilltem Gemüse oder Ofengemüse ist sie eine schöne Ergänzung. Wenn du einmal nur Gemüsereste im Kühlschrank vorfindest, kannst du dir mit dieser Sauce schnell ein super leckeres Gericht zaubern. Einfach Gemüse wie Möhren, Kartoffeln oder Paprika im Ofen mit etwas Öl und Gewürzen rösten, Sauce vorbereiten und am Ende beides zusammen servieren.

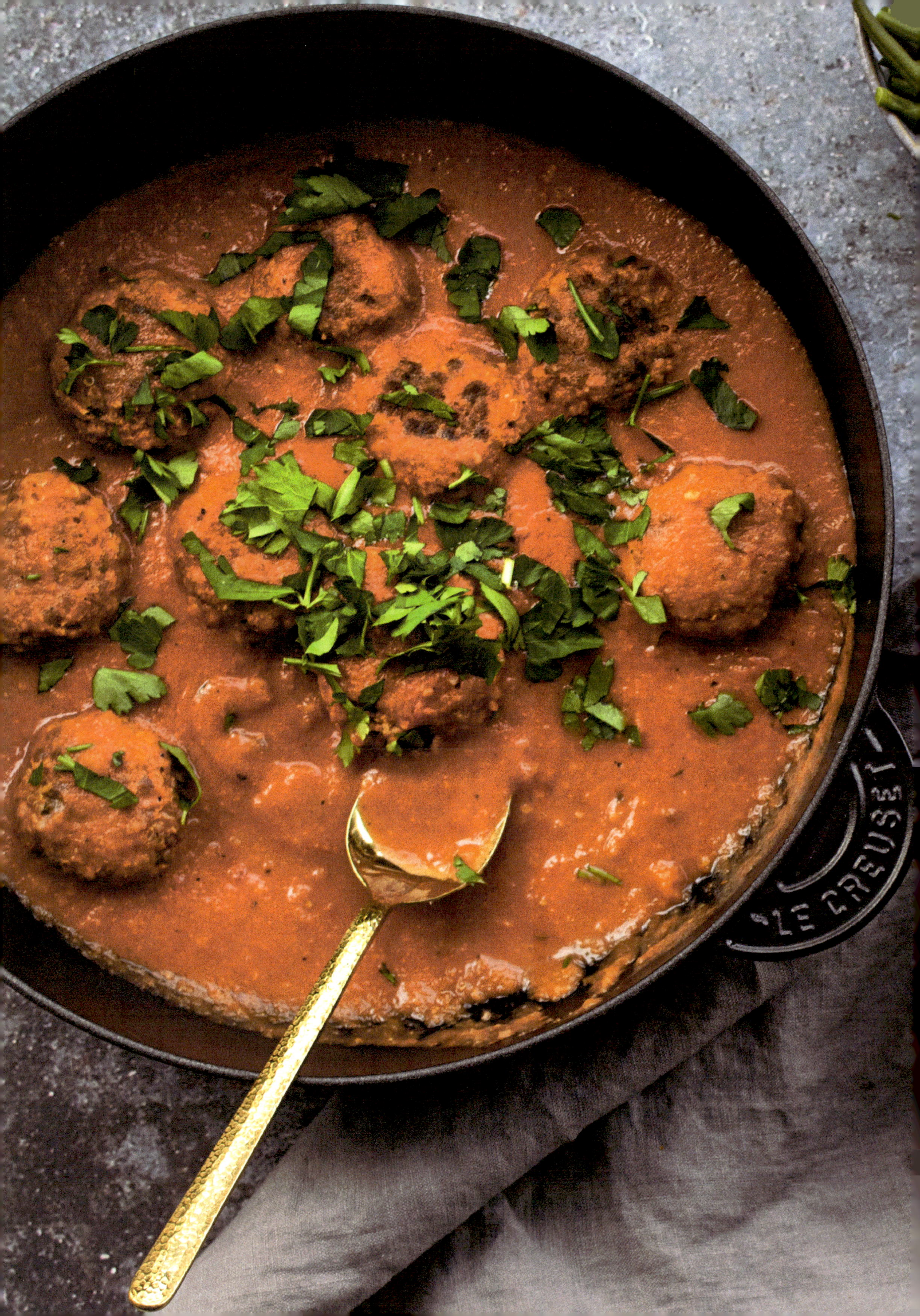

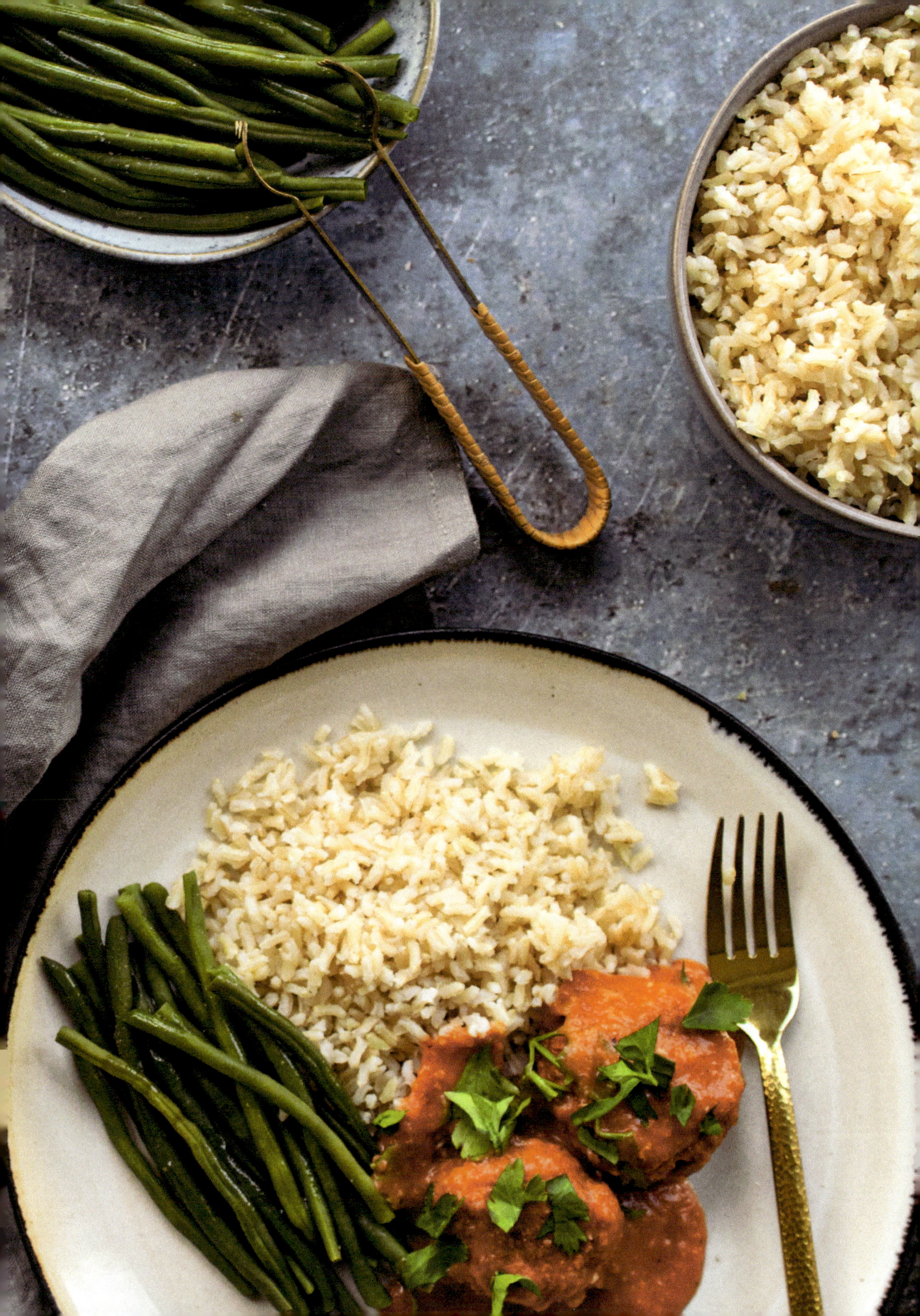

Schmorgurken mit Räuchertofu

VEGAN | GLUTENFREI | KINDERGERICHT | LEICHTES ABENDESSEN

HERD | 40 MIN. | 4 PORTIONEN | MITTEL

Schmorgurken	1 kg
Erdnussöl	1 EL
Räuchertofu	200 g
Zwiebel, groß	1
Gemüsebrühe	400 ml
Weißweinessig	2 EL
Cashewmus	2 EL
Dijon-Senf	1–2 EL
Muskatnuss, ganz	1/4
Salz und Pfeffer	2–3 Prisen
Petersilie, glatt	30 g
Kresse (optional)	10 g
Kartoffeln (optional)	400 g

ZUBEREITUNG:

Kartoffeln aufsetzen und kochen. Zwiebel und Räuchertofu fein würfeln. Erdnussöl in einer Pfanne bei hoher Temperatur erhitzen. Räuchertofu darin scharf anbraten, dann auf mittlere Temperatur herunterstellen. Zwiebeln hinzufügen. Beides zusammen weiter anbraten.

Schmorgurken schälen und längs halbieren. Kerne mit einem Teelöffel herausschaben. Die Hälften noch einmal längs halbieren und in 1 Zentimeter dicke Stücke schneiden.

Schmorgurke in die Pfanne geben. Nach etwa 5 Minuten mit der Hälfte der Gemüsebrühe ablöschen. Weißweinessig hinzugeben. Alles 15 Minuten bei mittlerer Temperatur mit Deckel schmoren lassen.

Cashewmus, Djion-Senf, den Rest der Gemüsebrühe sowie etwas frisch geriebene Muskatnuss, Salz und Pfeffer dazugeben.

Kartoffeln abgießen. Petersilie waschen und grob hacken. Kresse pflücken. Pfanne mit Petersilie und Kresse garnieren. Zusammen mit den Kartoffeln oder einfach so genießen!

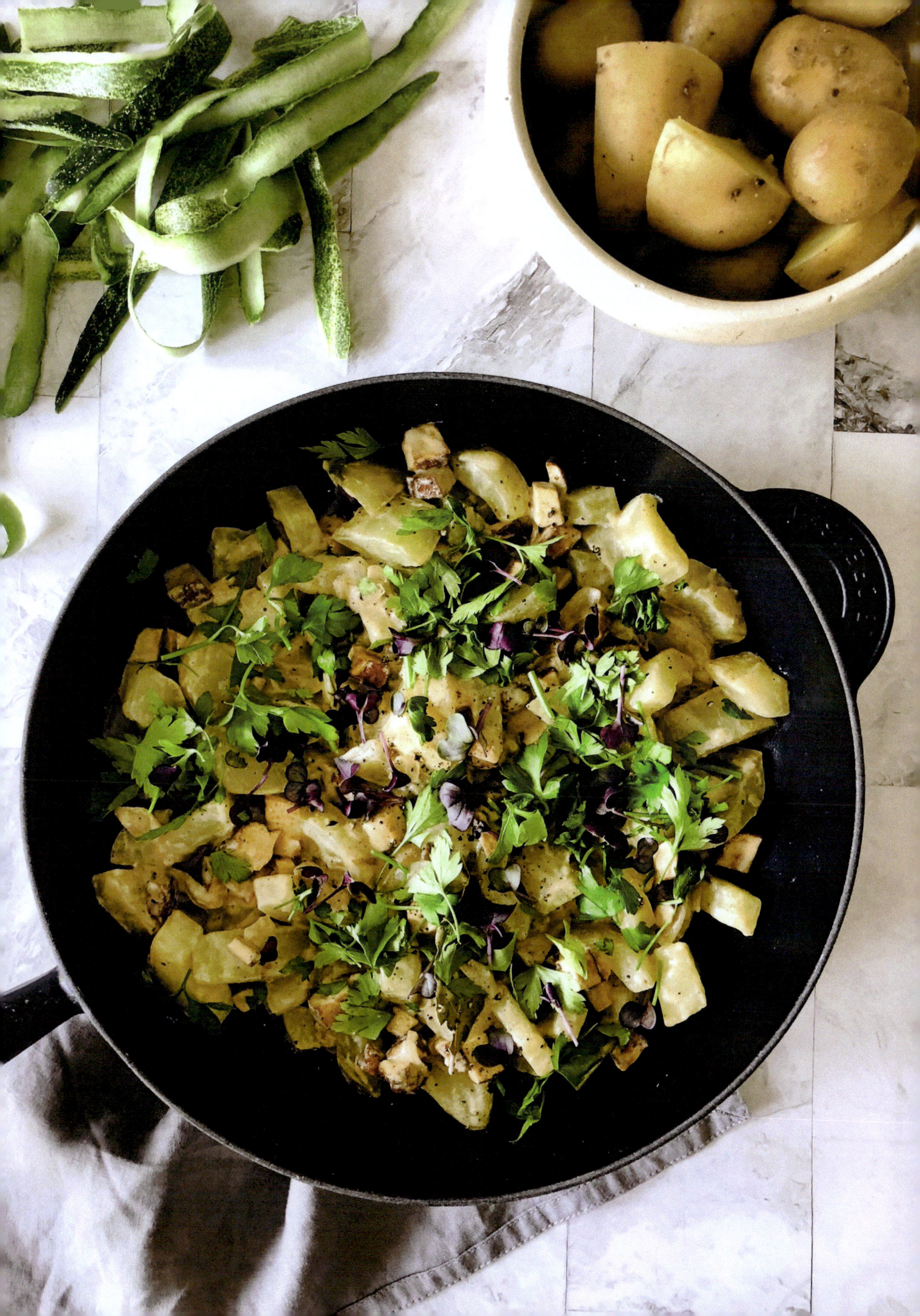

Ayurveda-Bratkartoffeln mit Gurken-Raita

VEGAN/VEGETARISCH · GLUTENFREI · LEICHTES ABENDESSEN · MEAL PREP

HERD | 30 MIN. | 2 PORTIONEN | EASY

Kartoffeln	500 g
Senfkörner	1 TL
Koriandersamen, ganz	1 TL
Kreuzkümmel, ganz	1/2 TL
Schalotten	1–2
Chili	1
Kurkuma, frisch (oder Kurkumapulver)	20 g (1 TL)
Ingwer, frisch	20 g
Paprika, edelsüß	1/2 TL
Yacon-Sirup	1 TL
Apfel, süß-säuerlich	1

GURKEN-RAITA

Naturjoghurt (vegan: Kokosjoghurt)	250 g
Gurke	1/2
Minzblätter, frisch	10
Kreuzkümmel, gemahlen	1 TL
Zitrone	1
Salz und Pfeffer	2–3 Prisen

ZUBEREITUNG:

Kartoffeln vom Vortag übrig? Perfekt für diese ayurvedischen Bratkartoffeln. Alternativ lassen sich auch frische Kartoffeln verwenden. Dafür aber gut auskühlen lassen, bevor sie weiterverarbeitet werden. Durch den Abkühlungsprozess verändert sich nämlich ein Teil der Kartoffelstärke in resistente Stärke, die den Mikroben im Darm gut tut.

Kartoffeln in einer Pfanne bei mittlerer Temperatur mit Öl anbraten. Sobald sie leicht geröstet sind, kommen die Senfkörner, die im Mörser zerstoßenen Koriandersamen und der Kreuzkümmel dazu.

Schalotten in kleine Würfel hacken. Kartoffeln in der Pfanne an die Seite schieben und die Schalotten auf der freien Fläche anbraten. Danach alles vermischen. Eine Hälfte der Chili in feine Ringe schneiden und ebenfalls dazugeben.

Nun Ingwer und Kurkuma raspeln. Am besten Einweghandschuhe benutzen, da Kurkuma die Finger stark verfärbt. Statt frischer Kurkumaknolle geht natürlich auch Pulver. Alles mit in die Pfanne geben und weitere 5 Minuten braten.

Gurke waschen und raspeln, den Saft einer Zitrone auspressen. Minzblätter fein hacken. Minze, Gurke und Zitronensaft mit Joghurt, Kreuzkümmel, einer ordentlichen Prise Salz und Pfeffer in einer Schüssel verrühren. Kartoffeln zum Abschluss noch einmal mit Salz, Pfeffer und Paprikapulver würzen. Mit der Gurken-Raita und frisch aufgeschnittenen Apfelstückchen servieren.

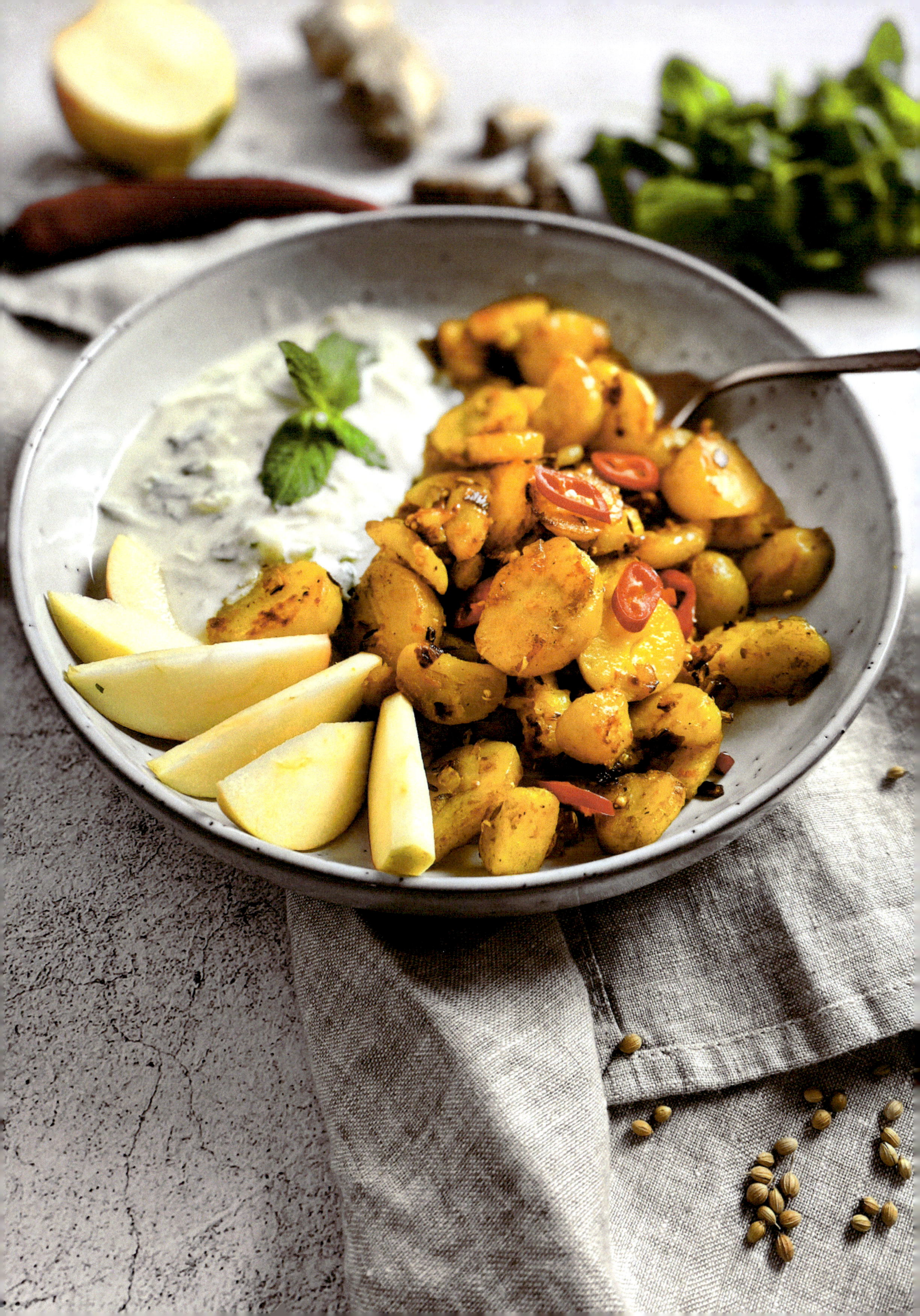

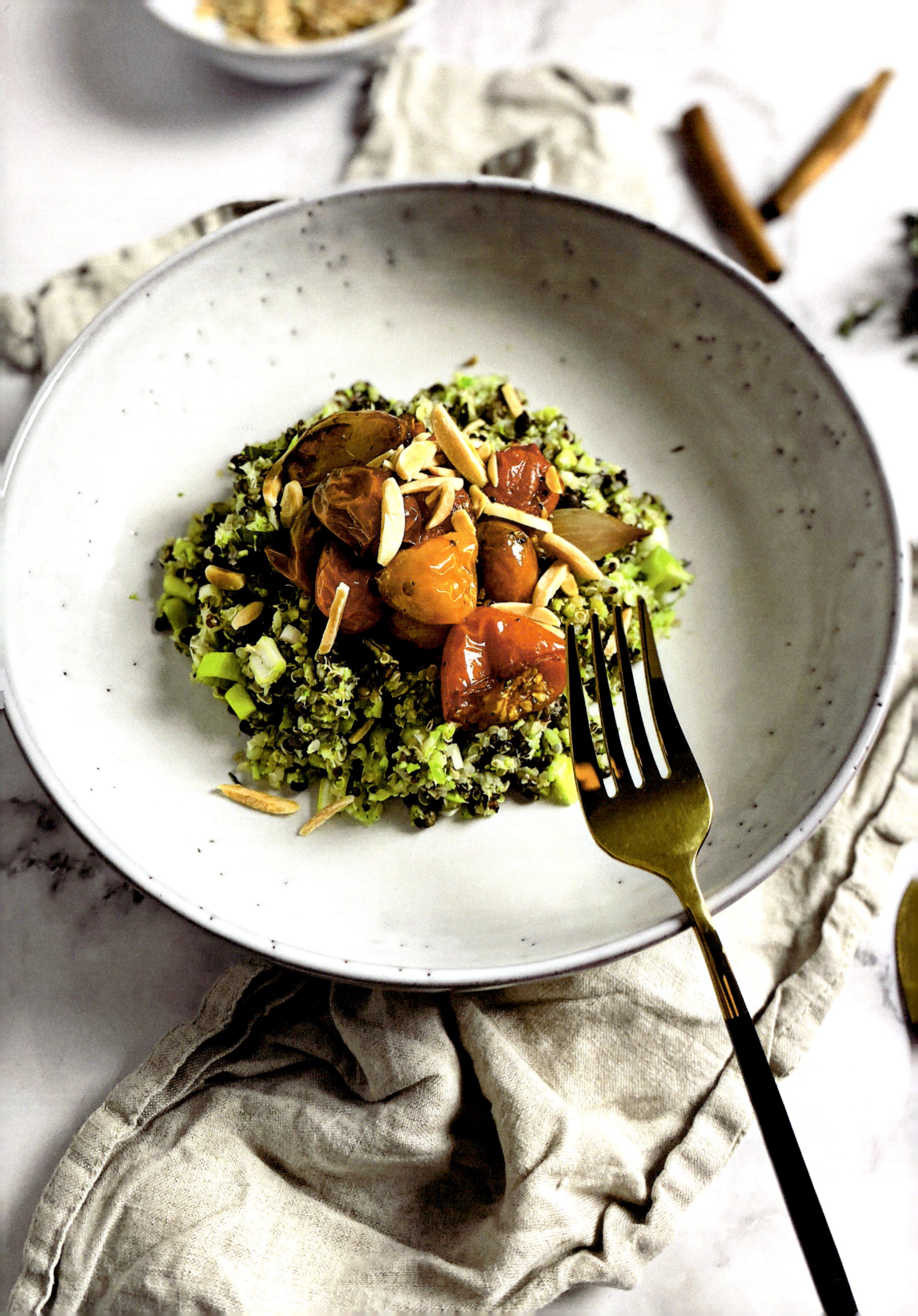

Geröstete Zimttomaten mit Brokkoli-Linsen-Quinoa

OFEN | 1,5 STD. | 2 PORTIONEN | EASY

Kirschtomaten, bunt	800 g
Knoblauchzehen	5
Schalotten, groß	3
Koriandersamen, ganz	1 EL
Zimtstangen	2
Balsamicoessig	1 EL
Yacon-Sirup	1 EL
Olivenöl	3 EL
Salz	1/2 TL
Pfeffer	1/4 TL
Belugalinsen	100 g
Brokkoli	1
Quinoa	100 g
Thymianzweige, frisch	8
Frühlingszwiebeln	2
Basilikum, frisch	30 g
Koriander, frisch	10 g
Mandelstifte	30 g

ZUBEREITUNG:

Tomaten waschen. Knoblauchzehen und Schalotten schälen. Knoblauch mit einem großen Messer zerdrücken. Schalotten vierteln. Koriandersamen in einem Mörser zermahlen. Ofen auf 180 °C (Umluft 160 °C/ Gas Stufe 4) vorheizen. Tomaten, Knoblauch, Schalotten und Koriandersamen in eine große Auflaufform geben. Zimtstangen hinzufügen.

Balsamicoessig, Yacon-Sirup, Olivenöl, Salz und Pfeffer in einer Tasse verrühren, über den Tomaten-Mix gießen und alles gut vermengen. Für 60 Minuten im Ofen garen. Nach der Hälfte der Zeit die Zutaten erneut verrühren.

Wenn die Tomaten 30 Minuten im Ofen sind, geht es an die Beilage. Dafür Belugalinsen in einem Topf nach Anleitung kochen. In einem anderen, etwas größeren Topf Quinoa zusammen mit Thymianzweigen ca. 20 Minuten kochen. In einer Pfanne Mandelstifte ohne Öl goldbraun rösten und beiseitestellen.

Brokkoli waschen, in Röschen schneiden und im Blitzhacker zerkleinern. Wenn der Quinoa fast gar ist, Brokkoli für die letzten 2 Minuten Garzeit dazugeben. Linsen und Quinoa plus Brokkoli abgießen und in eine große Schüssel geben. Basilikum und Frühlingszwiebeln waschen, fein hacken und unter den Linsen-Quinoa-Brokkoli-Mix heben. Mit Salz und Pfeffer abschmecken.

Koriander waschen, Blätter zupfen. Brokkoli-Linsen-Quinoa-Mix auf Tellern verteilen und mit den geschmorten Tomaten aus dem Ofen toppen. Mit Korianderblättern und Mandelstiften garnieren.

Gratinierter Feta auf Yacon-Zwiebeln

VEGETARISCH | GLUTENFREI | KINDERGERICHT | LEICHTES ABENDESSEN

OFEN | 30 MIN. | 2 PORTIONEN | EASY

Olivenöl	2 EL
Zwiebeln, rot	4–5
Yacon-Sirup	3 EL
Salz	1/2 TL
Balsamicoessig	2 EL
Feta, fettreduziert	200 g

ZUBEREITUNG:

Ofen auf 200 °C (Umluft 180 °C/Gas Stufe 3) vorheizen. Rote Zwiebeln grob würfeln und in einer Pfanne mit Olivenöl bei mittlerer Hitze 3 Minuten anschwitzen. Yacon-Sirup und Salz hinzufügen und Zwiebeln karamellisieren. Mit Balsamicoessig ablöschen und weitere 2 Minuten darin andünsten.

Zwiebeln in eine kleine Auflaufform oder ein ofenfestes Pfännchen geben. Feta mit den Händen zerbröseln und auf den Yacon-Zwiebeln verteilen. Alles für 20 Minuten im Ofen gratinieren.

Rosmarin-Kichererbsen-Kräcker

OFEN | 30 MIN. | 2 PORTIONEN | EASY

Kichererbsenmehl	120 g
Pfeilwurzelmehl	1 EL
Weinsteinbackpulver	1 TL
Meersalz	1/2 TL
Yacon-Sirup	1 EL
Chiasamen	1 EL
Paprika, geräuchert	1 TL
Rosmarinzweige, frisch	2
Olivenöl	30 ml
Wasser	80 ml

ZUBEREITUNG:

Ofen auf 190 °C (Umluft 170 °C/Gas Stufe 3) vorheizen. Kichererbsen- und Pfeilwurzelmehl, Weinsteinbackpulver, Meersalz, Chiasamen und geräuchertes Paprikagewürz in einer Schüssel mischen. Rosmarinnadeln fein hacken und dazugeben.

Olivenöl und Wasser hinzufügen und alles mit den Händen zu einem Teig verkneten. Teig auf einer bemehlten Arbeitsplatte möglichst dünn ausrollen und mit einem Pizzaschneider oder Messer in kleine Dreiecke teilen. Auf einem Backblech mit Backpapier im Ofen für 20 Minuten knusprig backen.

KROSSARTIG!

Diese gesunden Tortilla-Kräcker knacken nicht nur schön im Mund, sondern auch den Highscore in Sachen Proteine und Ballaststoffe. Im Gegensatz zu gewöhnlichen Tortilla-Chips sind sie nichts für den hohlen Zahn, sondern richtig schön sättigend.

Das gilt im Besonderen, wenn man die kleinen Dreiecke mit leckeren, gesunden Dips wie Hummus, Guacamole oder dem gratinierten Feta auf Yacon-Zwiebeln (linke Seite) kombiniert. Diese Kombination ist ein super Abendessen im Fingerfood-Style.

VEGAN | GLUTENFREI | KINDERGERICHT | LEICHTES ABENDESSEN | MEAL PREP

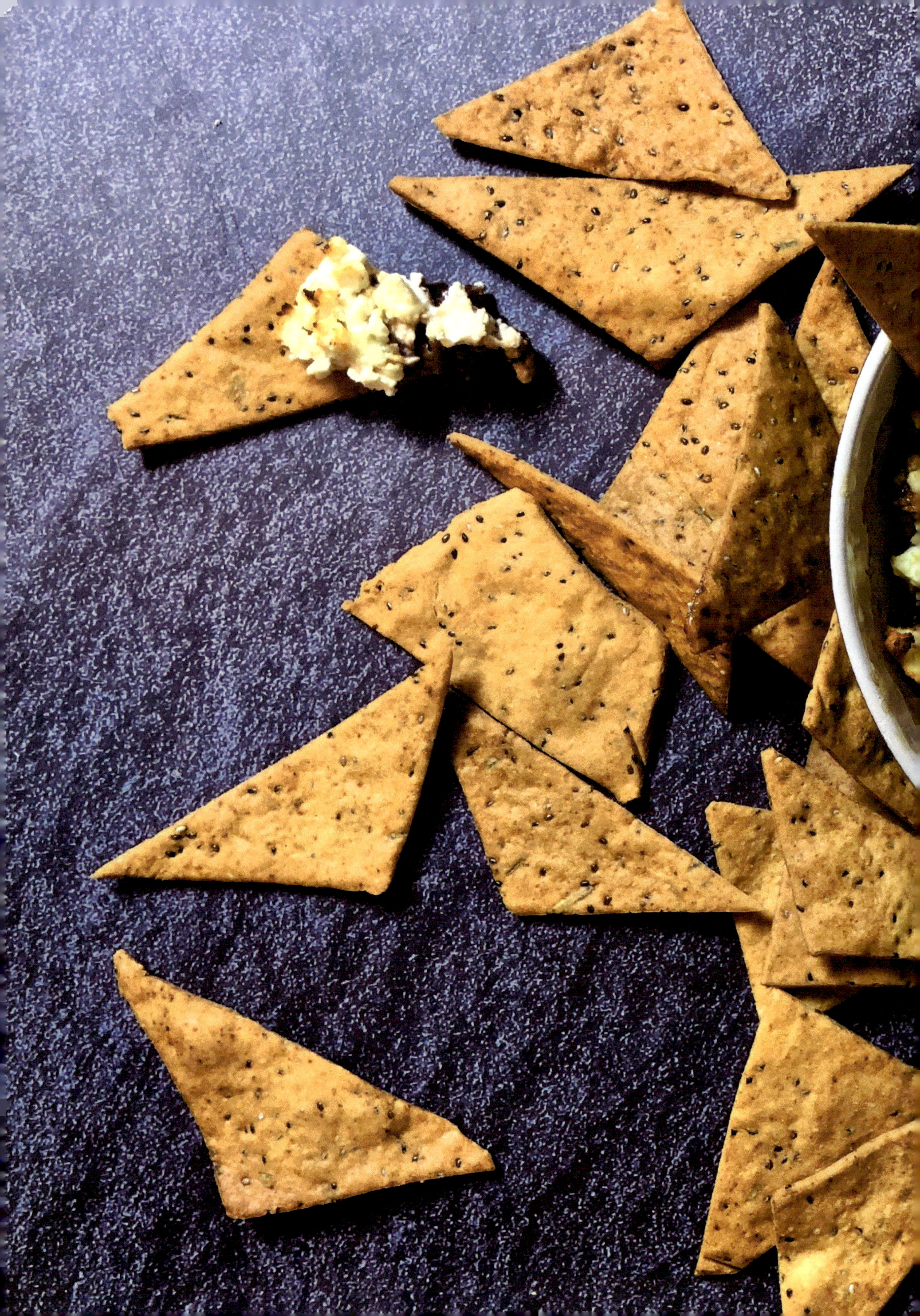

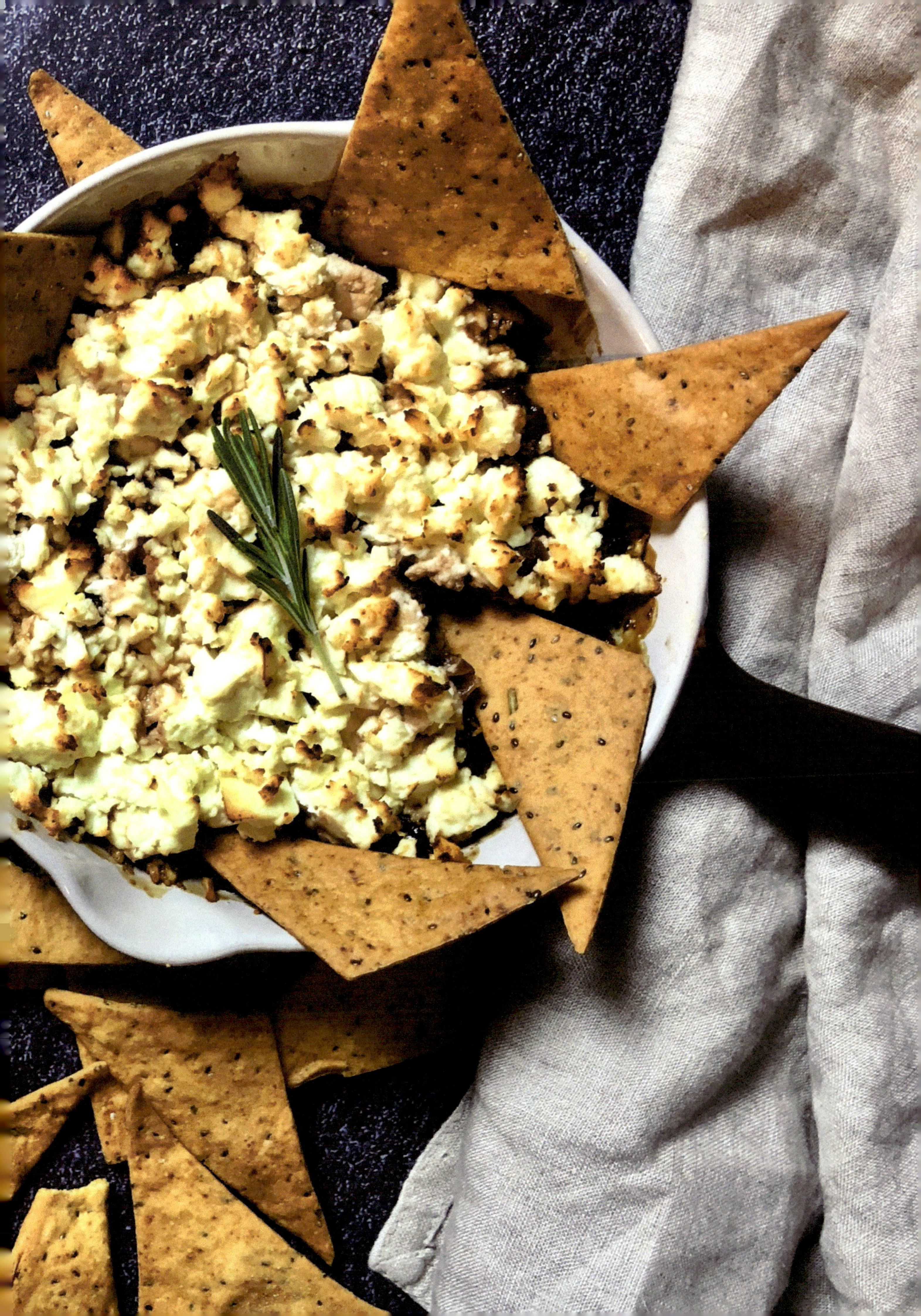

Zoodles alla Norma

VEGAN/VEGETARISCH · GLUTENFREI · KINDERGERICHT · LEICHTES ABENDESSEN

HERD · 40 MIN. · 2 PORTIONEN · EASY

Aubergine	1
Salz	3 EL + 1/2 TL
Zucchini	2–3
Olivenöl	2 EL + 4 EL
Knoblauch	3
Datteltomaten aus der Dose	400 g
Oregano, getrocknet	1 TL
Basilikum	20 g
Pecorino (optional)	20 g

GESUNDES NUDELUNIVERSUM

Du magst keine Zoodles? Dann kannst du auf andere gesunde Nudelalternativen zurückgreifen. Der originalen Pasta am ähnlichsten sind Vollkornnudeln. Wer es kalorienärmer mag, kann die klassischen Nudeln auch mit Gemüsenudeln mischen. Oder einmal Konjaknudeln ausprobieren. Sie sind sehr ballaststoffreich und kalorienarm. Gemüsenudeln kannst du auch aus Möhren und Kohlrabi herstellen. Nudeln aus Hülsenfrüchten wie Kichererbsen, Erbsen oder Linsen sind auch eine tolle Alternative zu herkömmlichen Eier- oder Hartweizennudeln.

ZUBEREITUNG:

Aubergine waschen, vom Stielansatz befreien und quer in 0,5 Zentimeter dünne Scheiben schneiden. Eine große Schüssel mit Wasser füllen, darin 3 Esslöffel Salz auflösen und die Auberginenscheiben für 10 Minuten hineingeben. Danach gut abtropfen, in Küchenkrepp wickeln und mit Büchern beschweren. 30 Minuten ruhen lassen.

In der Zwischenzeit die Zucchini mit einem Spiralschneider zu Zoodles verarbeiten, in eine Schüssel geben, mit 1/2 Teelöffel Salz bestreuen und beiseitestellen.

Nun ist die Sauce dran. Dafür Knoblauchzehen schälen, in dünne Scheiben schneiden und in einer tiefen Pfanne mit Olivenöl goldbraun anrösten. Tomaten aus der Dose, Yacon-Sirup, Oregano, fein gehacktes Basilikum, Salz und Pfeffer dazugeben. Alles bei schwacher Hitze 10 Minuten köcheln lassen.

Aubergine vom Küchenkrepp befreien. In einer weiteren Pfanne mit 4 Esslöffeln Olivenöl von beiden Seiten goldbraun anrösten.

Die durch das Salz entwässerten Zucchininudeln unter die Sauce heben und für 3–5 Minuten in der Sauce garen. Die fertigen Zoodles auf zwei Tellern anrichten, die gebratenen Auberginenscheiben darauf drappieren und optional etwas Pecorino frisch darüberraspeln. Fertig ist der sizilianische Klassiker als leichte Low-Carb-Version.

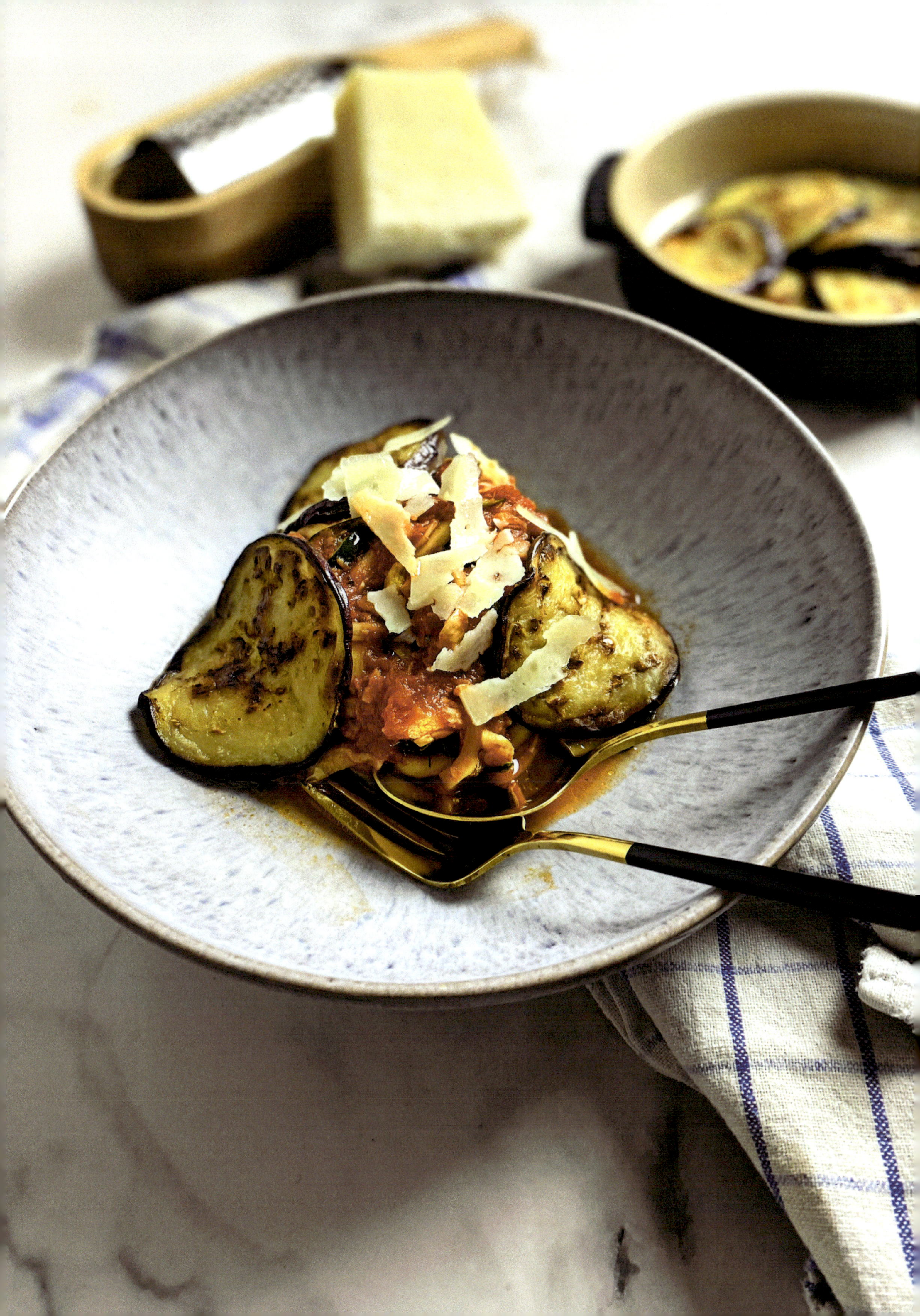

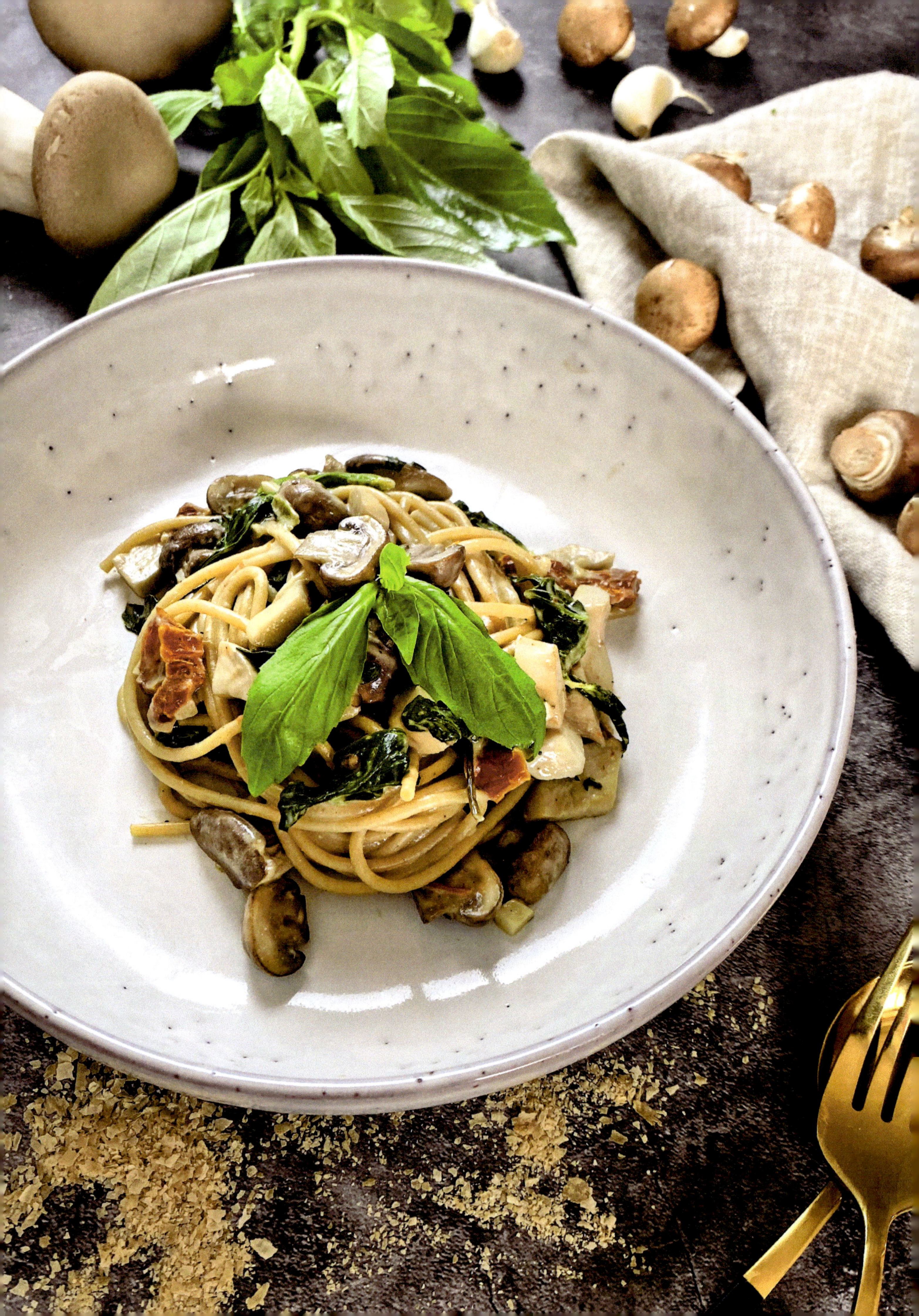

Vollkornnudeln à la Tuscany

HERD | 20 MIN. | 2 PORTIONEN | EASY

VEGAN | GLUTENFREI (OPTIONAL) | LEICHTES ABENDESSEN

Vollkornnudeln	150 g
(Zucchini für Zoodles)	2
Knoblauchzehen	4
Olivenöl	2 EL
Gemischte Pilze	400 g
(Seitlinge, Pfifferlinge, Champignons)	
Salz und Pfeffer	2–3 Prisen
Spinat, frisch	100 g
Weißwein, trocken	150 ml
Getrocknete Tomaten in Öl	50 g
Cashewmus	2 EL
Wasser	3 EL
(je nach Cremigkeit der Sauce auch etwas mehr)	
Hefeflocken	1 EL
Zitrone	1
Basilikum, frisch	15 g

ZUBEREITUNG:

Nudeln nach Anleitung in Salzwasser al dente kochen. Wer lieber Zoodles essen möchte, dreht 2 Zucchini durch den Spiralschneider. Einfach später ohne Vorkochen direkt in die Sauce geben.

Für die Sauce Knoblauchzehen fein hacken und in einer Pfanne mit Olivenöl kurz anbraten. Pilze putzen, in Stücke schneiden und in die Pfanne geben. Alles gut salzen und pfeffern.

Spinat waschen und grob zerkleinern. Dann zu den anderen Zutaten in die Pfanne geben. Alles mit Weißwein ablöschen.

Getrocknete Tomaten gut abtropfen lassen, in kleine Stückchen schneiden und ebenfalls hinzufügen. Cashewmus unter die Zutaten rühren. Für eine cremige Konsistenz ein paar Esslöffel Wasser dazugießen.

Basilikum waschen und grob hacken. Zusammen mit Hefeflocken und dem Saft einer Zitrone dazugeben. Noch einmal mit Salz und Pfeffer gut abschmecken.

Zoodles oder Vollkornnudeln mit in die Pfanne geben und mit der Sauce vermischen. Nun die Nudeln auf Tellern anrichten und direkt genießen. Buon appetito!

Veggie-Lasagne deluxe

OFEN | 2 STD. | 4 PORTIONEN | MITTEL

BASISZUTATEN

Vollkornlasagneplatten	150–200 g
Zucchini	1
Tomaten	5
Gratinkäse (oder: veganer Käse)	100 g

ROTE-VEGGIE-SAUCE

Gemüsezwiebeln	2
Möhren	2
Champignons, braun	100 g
Stangensellerie	1
Olivenöl	2 EL
Tomatenmark	3 EL
Yacon-Sirup	2 EL
Tellerlinsen	150 g
Tomaten aus der Dose	800 g
Rotwein (für Kinder: Balsamicoessig + Traubensaft)	150 ml (75 ml + 75 ml)
Gemüsebrühe	200 m

ZUBEREITUNG:

Zuerst Rote-Veggie-Sauce vorbereiten: Dafür Zwiebeln, Möhren, Stangensellerie und Champignons in kleine Würfel schneiden. Olivenöl in einer tiefen Pfanne erhitzen und Zwiebeln 2 Minuten anbraten. Das restliche gewürfelte Gemüse dazugeben und alles bei mittlerer Hitze weitere 5 Minuten schmoren.

Tomatenmark und Yacon-Sirup dazugeben und unter Rühren anrösten. Linsen hinzufügen und mit den Tomaten aus der Dose, Rotwein oder Balsamico-Traubensaft-Mischung und Gemüsebrühe ablöschen.

Als Nächstes Knoblauchzehen fein hacken und zusammen mit den Lorbeerblättern und dem Rosmarinzweig in die Sauce geben. Kurz aufkochen und mit geschlossenem Deckel bei geringer Hitze 1 Stunde köcheln lassen.

In der Zwischenzeit die Béchamelsauce zubereiten. Dafür Olivenöl in einem Topf erhitzen. Weizenmehl unter Rühren dazugeben und Pflanzenmilch angießen, bis eine cremige helle Sauce entsteht. Frischen Estragon fein hacken und zusammen mit Weißweinessig und geriebener Muskatnuss zur Sauce geben. Alles mit Salz und Pfeffer abschmecken.

Tomaten und Zucchini waschen, in dünne Scheiben schneiden. Ofen auf 190 °C (Umluft 170 °C/Gas Stufe 3) vorheizen.

Knoblauchzehen	3
Salz	2 TL
Pfeffer	1/2 TL
Lorbeerblätter	2
Rosmarinzweig, frisch	1

ESTRAGON-BÉCHAMELSAUCE

Weizenmehl	3 EL
Olivenöl	3 EL
Pflanzenmilch	300 ml
Estragon, frisch	1 Zweig
Weißweinessig	1 EL
Salz und Pfeffer	2 Prisen
Muskatnuss, ganz	1/2

Wenn die rote Sauce eingekocht ist, geht's los mit dem Schichten. Dafür eine große Auflaufform (30 x 20 Zentimeter) zur Hand nehmen. Mit einer Schicht Roter-Veggie-Sauce beginnen. Dann folgt eine Schicht Lasagneplatten, dann eine Schicht Béchamelsauce. Nun erneut eine Schicht der Roten-Veggie-Sauce daraufgeben, gefolgt von Zucchinischeiben. Die Zucchini zuerst mit Béchamel- und dann mit der Roten-Veggie-Sauce toppen. Obenauf folgt noch einmal eine Schicht aus Lasagneplatten und Béchamelsauce.

Zum Abschluss Lasagne mit frischen Tomatenscheiben und Gratinkäse (oder veganem Käse) bestreuen. Alles für 40 Minuten im Ofen backen.

TIPP: Wer einen Herd mit Umluft und Oberhitze hat, kann für die letzten 10 Minuten die Oberhitze anstellen. So wird die Käsekruste besonders knusprig. Lecker!

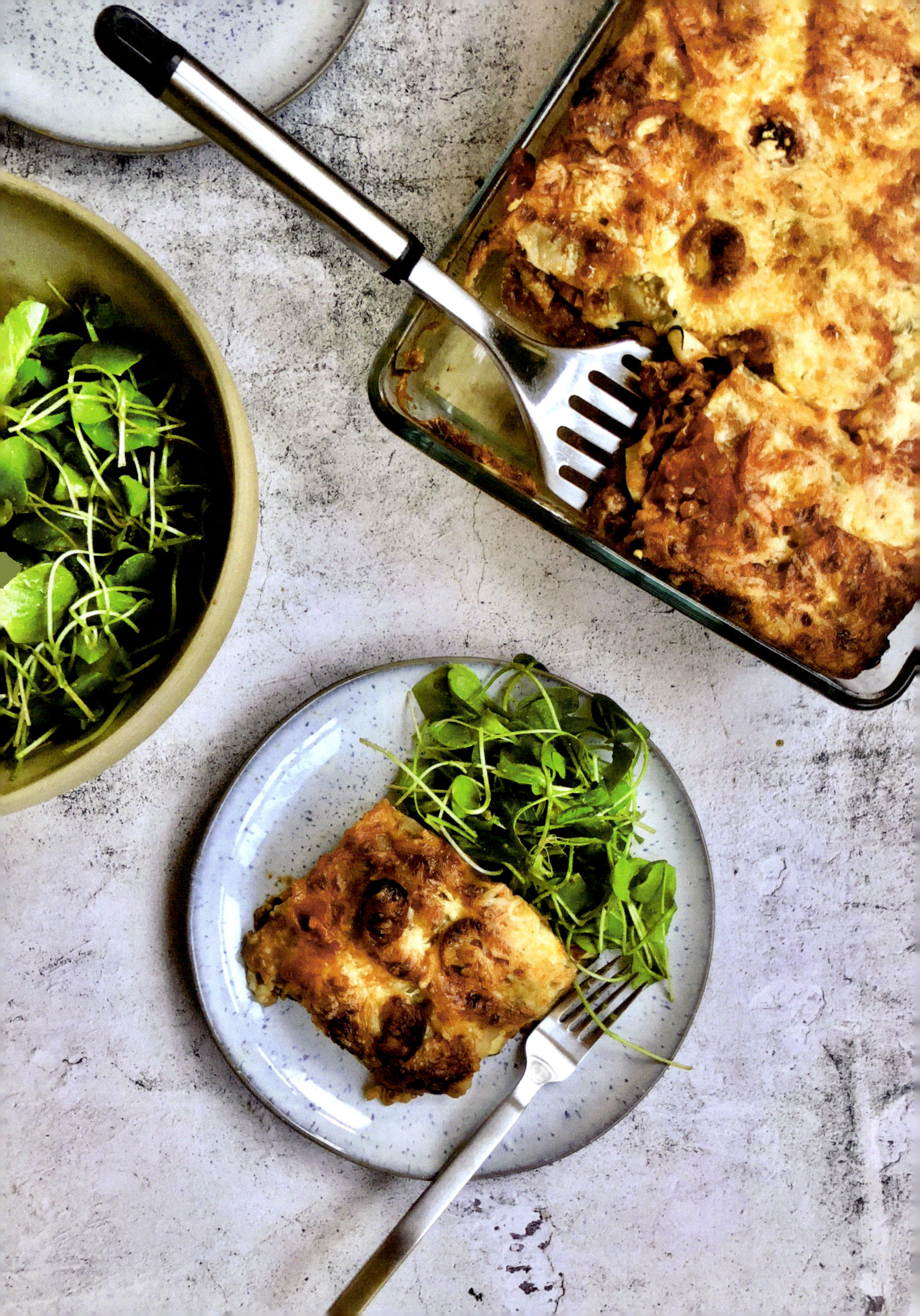

Veganes Pesto Rosso-Verde

MIXEN | 10 MIN. | 2 PORTIONEN | EASY

Pinienkerne	30 g
Knoblauchzehe	1
Getrocknete Tomaten in Öl	250 g
Olivenöl	4 EL
Basilikum, frisch	30 g
Wasser	50–100 ml
Chiliflocken	3 Prisen
Pfeffer	2 Prisen

ZUBEREITUNG:

Pinienkerne in einer Pfanne ohne Öl rösten. Sobald sie goldbraun sind, zusammen mit der Knoblauchzehe in einen Blitzhacker geben.

Die getrockneten Tomaten abtropfen lassen. Zusammen mit dem Olivenöl ebenfalls in den Blitzhacker oder Mixer geben. Frisches Basilikum und etwas Wasser hinzufügen. So lange pürieren, bis eine feine Paste entsteht. Zum Abschluss Pesto mit Pfeffer und Chiliflocken abschmecken.

ALLROUNDER

Das Pesto macht sich nicht nur super zu Vollkorn- oder Gemüsenudeln. Es schmeckt auch fantastisch auf getoastetem Brot oder den Vinschgauer Kurkumastangen (S. 135). Einfach als Brotaufstrich verwenden und mit leckerem Gemüse toppen, wie zum Beispiel Tomaten, Paprika und Rucola. Wer nicht vegan lebt, kann sein Pesto-Brot zusätzlich mit einer Scheibe würzigem Käse belegen.

VEGAN | GLUTENFREI | KINDERGERICHT | LEICHTES ABENDESSEN | MEAL PREP

Wildkräuter-Koriander-Pesto

MIXEN | 10 MIN. | 2 PORTIONEN | EASY

Pinienkerne	50 g
Knoblauchzehen	2
Zitrone, Bio-Qualität	1
Olivenöl	2–3 EL
Wildkräuter (Brunnenkresse, Senfblätter, Spitzwegerich, Löwenzahn o. Ä.)	100 g
Koriander, frisch	40 g
Frühlingszwiebeln	2
Hefeflocken (optional)	1 TL
Salz und Pfeffer	2–3 Prisen

ZUBEREITUNG:

Pinienkerne in einer Pfanne ohne Öl anrösten, bis sie goldbraun sind. Pinienkerne zusammen mit Knoblauch, Wildkräutern, Koriander und Olivenöl in einen Mixer geben.

Frühlingszwiebeln grob zerkleinern. Zitrone abwaschen und Schale abraspeln. Beides zu den anderen Zutaten in den Mixer geben. Den Saft der Zitrone auspressen und ebenfalls hinzufügen. Nun alles mixen.

Zum Abschluss Pesto mit Hefeflocken, Salz und Pfeffer abschmecken. In einem Schraubglas mit Olivenöl bedeckt hält sich die Pesto mindestens 4 Tage im Kühlschrank.

EINKAUFSTIPP: Viele Supermärkte und Bioläden bieten Wildkräutermischungen an. Je würziger die Wildkräuter sind, desto aromatischer wird das Pesto. Wenn du keinen Laden in der Nähe hast, der Wildkräuter anbietet, dann greif einfach zu Grünkohl oder Spinat und nimm etwas mehr Koriander für ausreichend Aroma und Würze hinzu.

Das Pesto schmeckt super zu Nudeln, auf im Ofen geröstetem Gemüse, als Brotaufstrich zum Beispiel in Kombination mit Feta (oder veganem Käse) oder als Füllung für Kräuterbaguettes (S. 142).

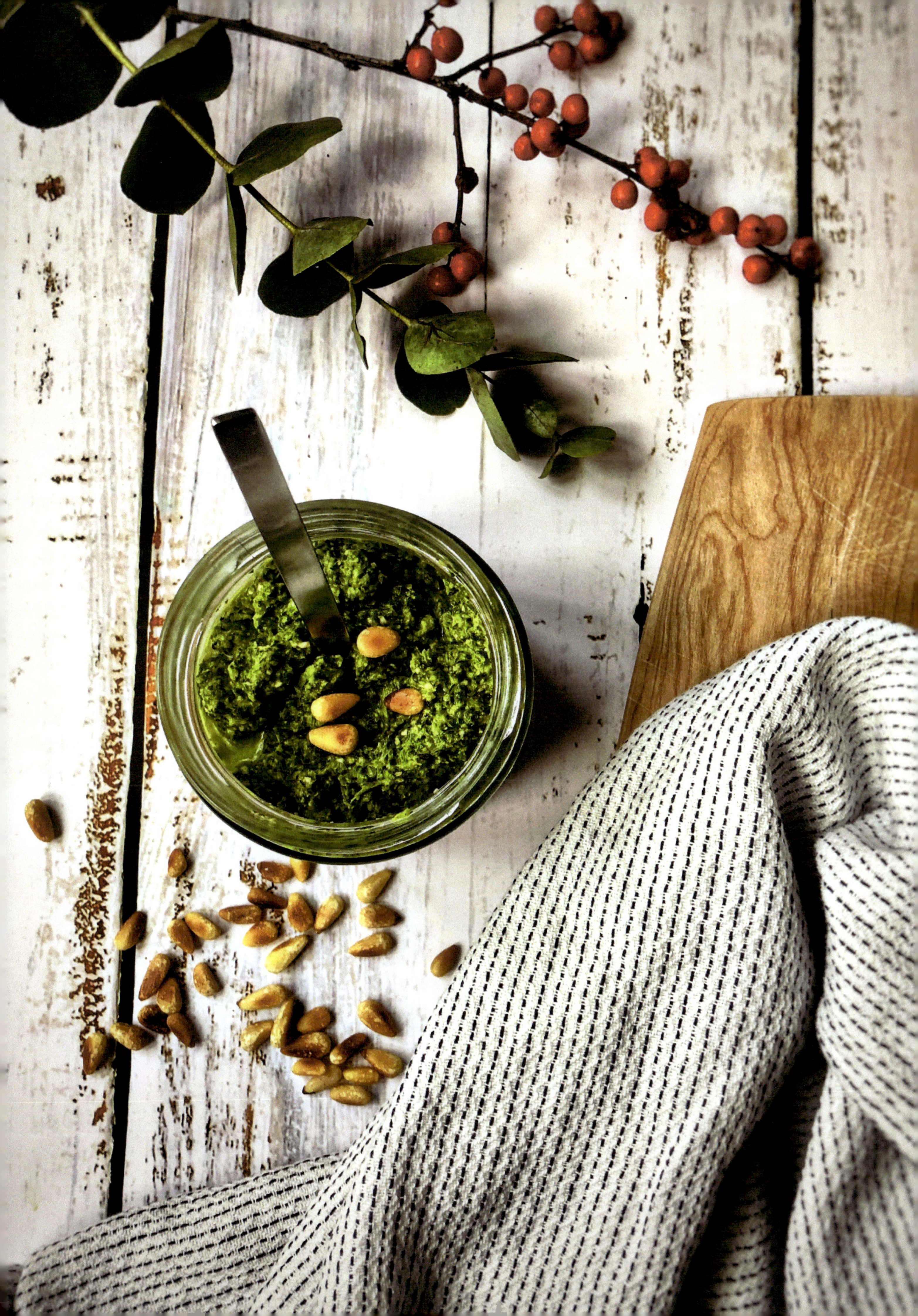

Zwiebel-Aprikosen-Chutney

VEGAN | GLUTENFREI | VORBEREITUNGSTAGE

HERD | 1 STD. | 1 GR. GLAS | EASY

Zwiebeln, rot	500 g
Koriander, frisch	15 g
Getrocknete Aprikosen, ungeschwefelt	100 g
Balsamicoessig	80 ml
Rote-Beete-Direktsaft	300 ml
Yacon-Sirup	4 EL
Senfsamen	1 TL
Salz und Pfeffer	2–3 Prisen

ZUBEREITUNG:

Rote Zwiebeln in dünne Ringe schneiden. Koriander fein hacken und beiseitestellen. Die getrockneten Aprikosen zerkleinern.

Balsamicoessig mit Rote-Beete-Direktsaft aufkochen, Yacon-Sirup hinzufügen. Zwiebeln, Aprikosen und Senfsamen dazugeben und bei niedriger Hitze 1 Stunde ohne Deckel köcheln lassen. Sollte die Flüssigkeit nach einiger Zeit zu stark verkocht sein, gegebenenfalls noch etwas Rote-Beete-Direktsaft nachgießen.

Alles abschließend mit Salz und Pfeffer abschmecken und Koriander unterrühren. Chutney in ein großes oder in kleine Einmachgläser einwecken. So hält es sich mindestens 3 Wochen im Kühlschrank.

PERFEKTER KETCHUP-ERSATZ

Durch die fruchtig-süße und gleichzeitig herzhafte Note rundet dieses Chutney Burgergerichte perfekt ab. Damit macht es dem guten alten Ketchup ordentlich Konkurrenz. Im Gegensatz zum raffinierten Zucker, der sich im handelsüblichen Ketchup in großen Mengen versteckt, kommt dieses Chutney mit der reinen, natürlichen Süße aus getrockneten Aprikosen und Yacon-Sirup aus. Zudem liefert es Folsäure, Eisen, Kalium, Kalzium, Magnesium, Zink, Vitamin B1, B2 und Vitamin C. Das Quercetin der Zwiebel stärkt außerdem den Darm, das Immunsystem und wirkt entzündungshemmend. Wer braucht da noch normalen Ketchup?

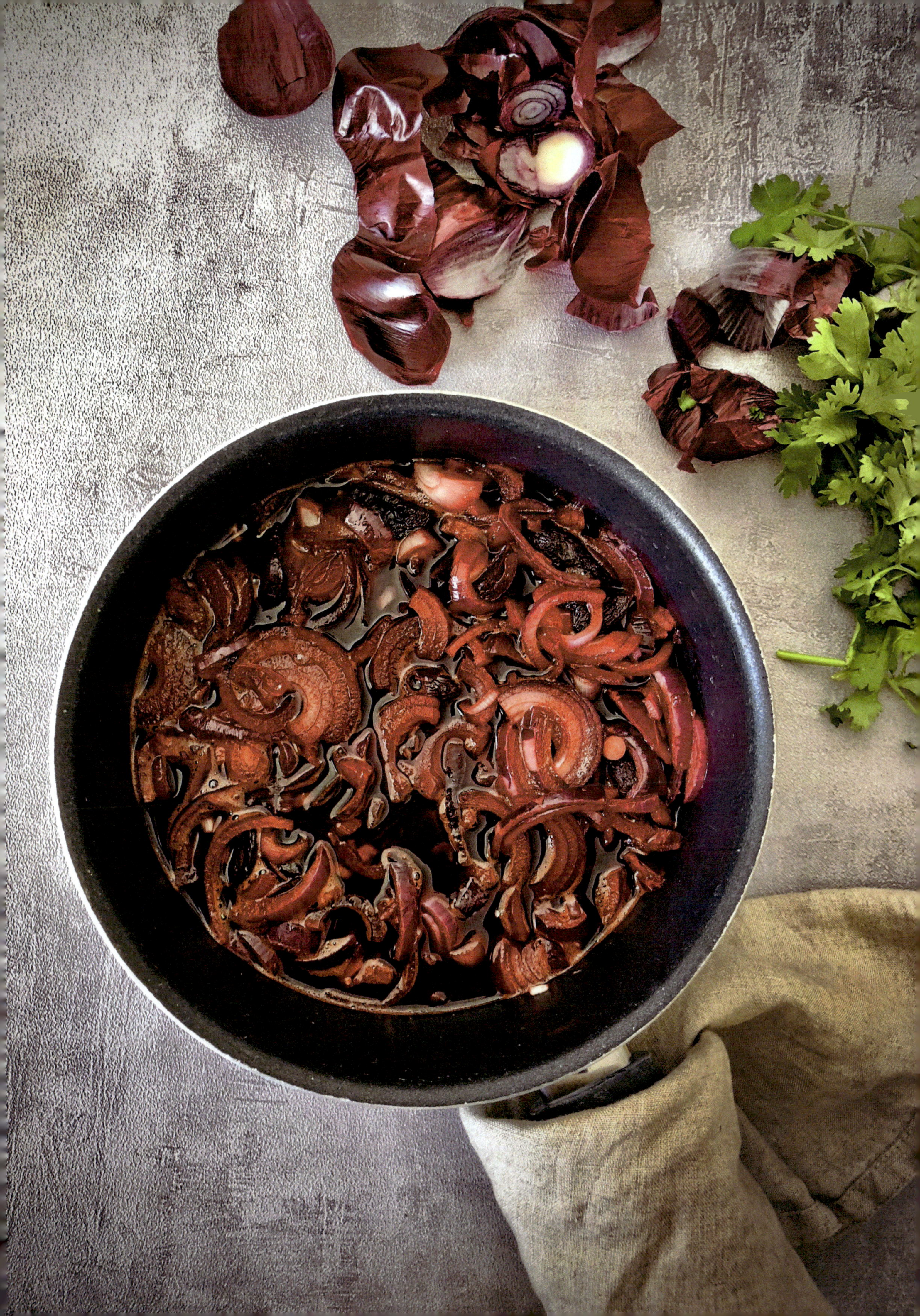

Mein weltbester Veggie-Burger

OFEN | 1 STD. | 9 PATTIES | MITTEL

VEGGIE-BULETTEN

Gemüsezwiebel	1
Knoblauchzehen	2
Olivenöl	1 EL
Schwarze Bohnen aus der Dose	500 g
Getrocknete Tomaten in Öl	150 g
Oregano, getrocknet	1 TL
Paprikapulver, edelsüß	1 TL
Kichererbsenmehl	60 g
Harissa	1 TL
Yacon-Sirup	1 EL
Petersilie, glatt	30 g
Feta (optional)	80 g
Salz und Pfeffer	3 Prisen

WEITERE ZUTATEN

Burgerbrötchen	Zwiebel
Krautsalat (S. 178)	Dijon-Senf
Tomate	Chutney (S. 230)
Cornichons	Salatblätter

ZUBEREITUNG:

Zwiebeln und Knoblauch fein hacken. Beides mit Olivenöl in einer Pfanne 2–3 Minuten glasig anbraten. Die schwarzen Bohnen abgießen und mit einem Stabmixer oder Blitzhacker zu einer Bohnenpaste pürieren. Masse in eine große Schüssel geben.

Zwiebel und Knoblauch aus der Pfanne hinzugeben. Getrocknete Tomaten abtropfen lassen, fein hacken und zusammen mit Oregano, Paprikapulver, Kichererbsenmehl, Harissa und Yacon-Sirup unter die Bohnenmasse heben.

Petersilie fein hacken und hinzufügen. Für vegetarische Burgerpatties Feta mit den Händen in kleine Stückchen zerbröseln und unter die Masse mischen. Abschließend alles mit Salz und Pfeffer abschmecken. Veganer verzichten einfach auf den Feta-Käse.

Ofen auf 200 °C (Umluft 180 °C/Gas Stufe 4) vorheizen. 9 Kugeln aus der Bohnenmasse formen, auf ein mit Backpapier ausgelegtes Backblech legen und platt drücken, bis die Patties etwa 1 Zentimeter dick sind. Backblech auf mittlerer Höhe in den Ofen schieben und ca. 50 Minuten goldbraun rösten. Nach der Hälfte der Zeit einmal wenden. Für besonders knusprige Patties: Vor dem Backen einfach mit etwas Bratöl bestreichen.

Wenn die Patties fertig sind, Burgerbrötchen mit Pattie, Senf, Tomate, Zwiebeln, Salat, gesundem Ketchup (S. 201) und Cornichons anrichten. Das Zwiebel-Aprikosen-Chutney (S. 230) schmeckt auch sensationell auf dem Burger. Unbedingt mal ausprobieren!

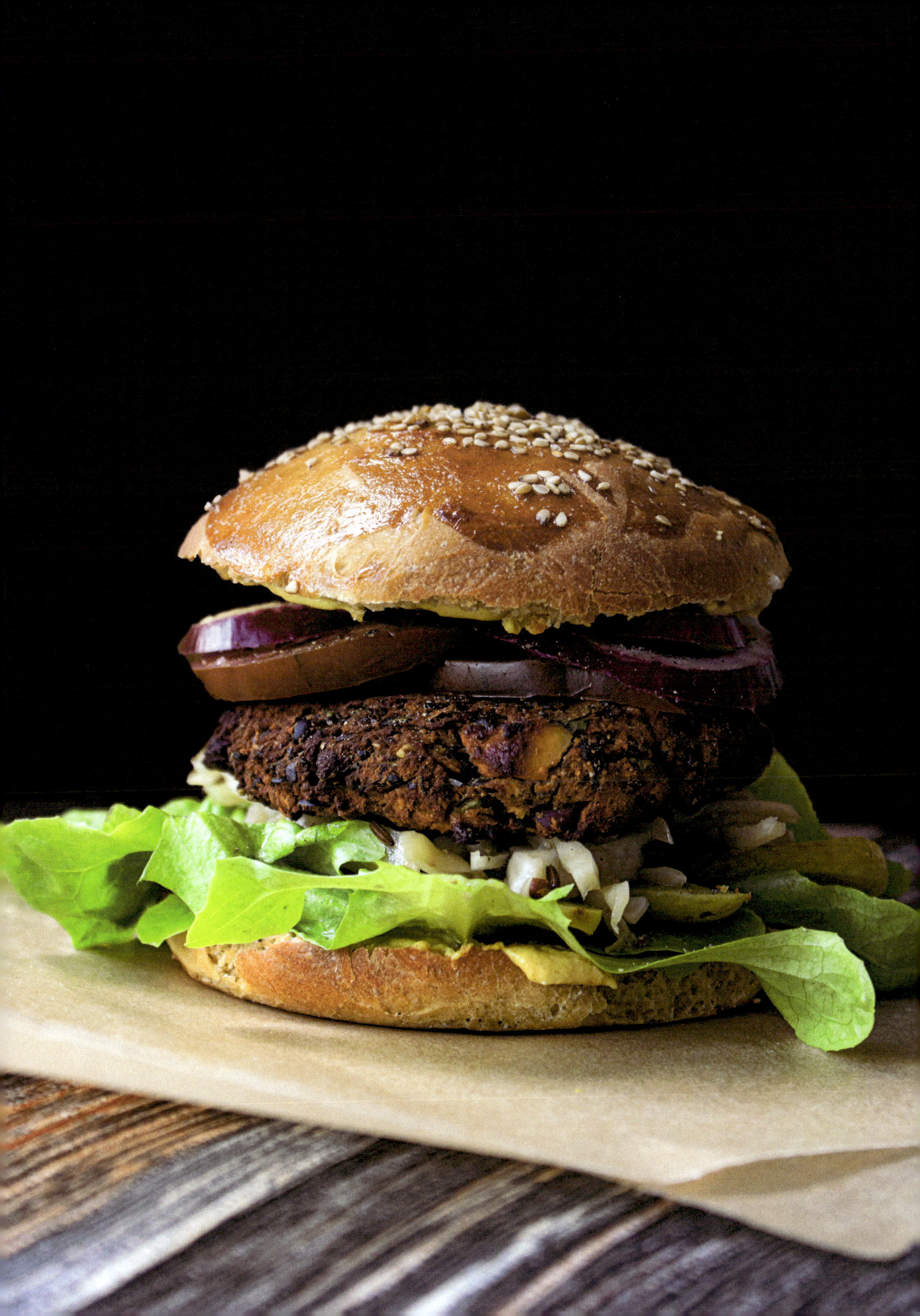

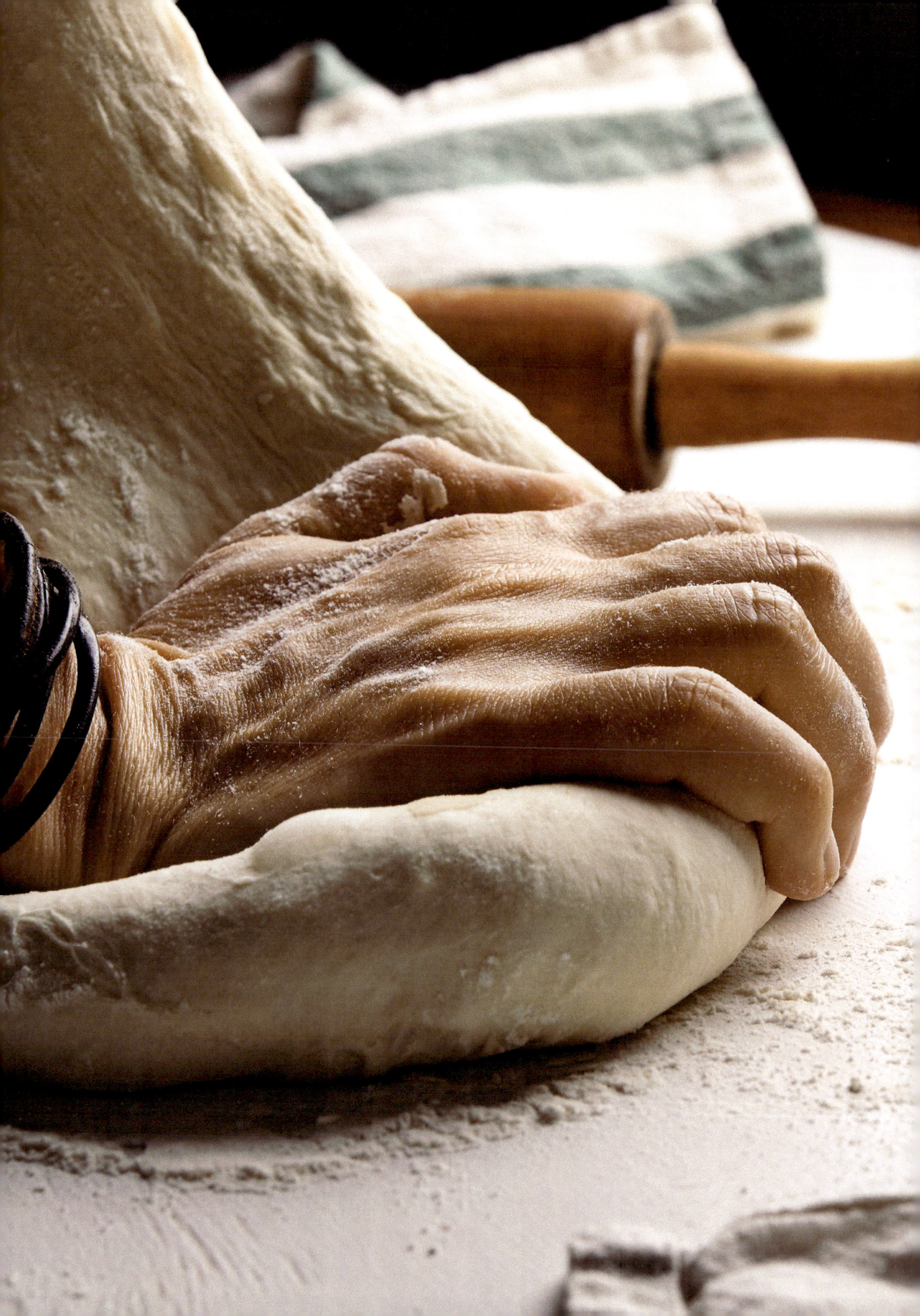

Schneller, gesunder Pizzateig

OFEN | 70 MIN. | 3 PIZZEN | EASY

Hefeweizen, alkoholfrei	200 ml
Backhefe, frisch	20 g
Salz	2 TL
Yacon-Sirup	2 TL
Olivenöl	4 EL
Vollkorndinkelmehl (Typ 1050)	400 g

ZUBEREITUNG:

Backofen auf höchster Stufe vorheizen. Wer einen Pizzastein hat, direkt mit in den Ofen legen, damit er sich aufheizen kann.

Hefeweizen in einem Topf erwärmen. Hefe, Salz, Yacon-Sirup und Öl in dem lauwarmen Bier auflösen und 5 Minuten stehen lassen.

Dinkelmehl in eine Schüssel mit den flüssigen Zutaten geben und alles gründlich zu einem geschmeidigen Teig verkneten. Teig mit einem feuchten Tuch bedeckt an einem warmen Ort für 15 Minuten gehen lassen.

Teig dünn ausrollen und ca. 30 Minuten stehen lassen, bevor er belegt wird. Dann 20 Minuten im Ofen backen.

DÜNN, KNUSPRIG, GESUND

Dieser Pizzateig kann mehr als nur schmecken! Denn dank des Dinkelmehls und Yacon-Sirups wird er zu einem Top-Ballaststofflieferanten, der dich lange satt hält. Das Hefeweizen und die frische Hefe liefern B-Vitamine. Dünn ausgerollt sieht zudem die Kalorienzahl pro Stück schön schlank aus. Außerdem schmeckt er so auch am allerbesten!

VEGAN | KINDERGERICHT | WEEKEND-FOOD

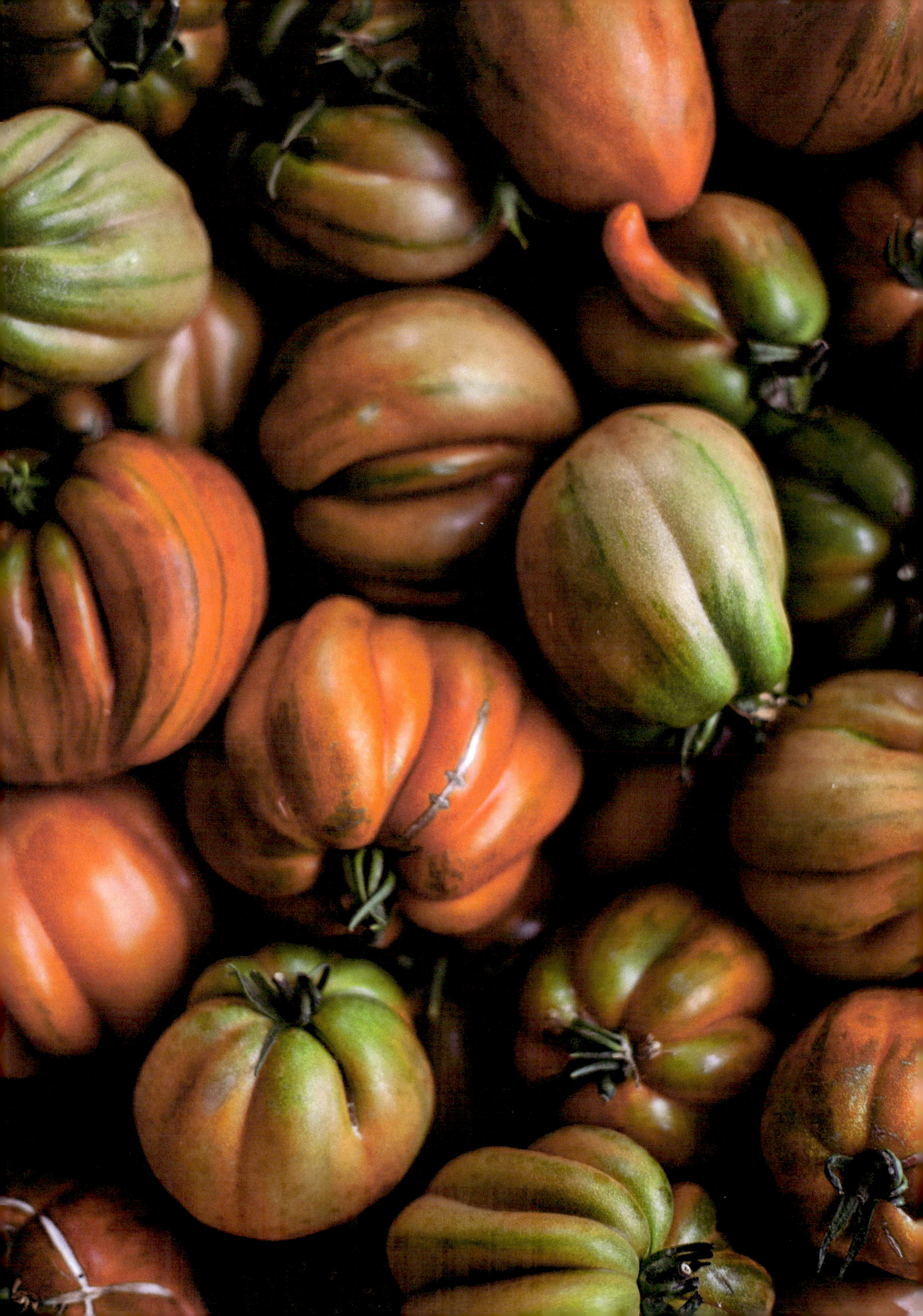

Pizzasauce à la Yacon

HERD | 30 MIN. | FÜR 3 PIZZEN | EASY

Knoblauchzehen	2
Zwiebeln	2
Olivenöl	1 EL
Italienische Eiertomaten aus der Dose	400 g
Yacon-Sirup	1 EL
Meersalz	1 TL
Pfeffer, frisch gemahlen	1/2 TL
Oregano, getrocknet	1 EL
Basilikum, frisch	20 g

ZUBEREITUNG:

Knoblauch und Zwiebeln fein hacken und bei mittlerer Hitze in Olivenöl in einem Topf anschwitzen. Die Eiertomaten, Yacon-Sirup, Salz und Pfeffer sowie Oregano dazugeben. Die Sauce ca. 20 Minuten köcheln lassen.

Alles mit einem Stabmixer zu einer feinen Sauce verarbeiten. Basilikum klein hacken und dazugeben. Fertig ist die perfekte, zuckerfreie Pizzasauce.

VEGAN | GLUTENFREI | KINDERGERICHT | WEEKEND-FOOD

Pizza Skinny-Bella-Donna

OFEN | 20 MIN. | 1 PIZZA | EASY

Cherrytomaten	300 g
Basilikum, frisch	15 g
Knoblauchzehen	2
Zwiebel, rot	1
Olivenöl	1 EL
Balsamicoessig	1 EL
Salz und Pfeffer	je 2 Prisen
Schneller, gesunder Pizzateig (S. 235)	1
Pizzasauce à al Yacon (S. 237)	3–4 EL
Rucola (optional)	30 g
Büffelmozzarella (optional)	1

ZUBEREITUNG:

Ofentemperatur auf 200 °C (Umluft 180 °C/Gas Stufe 4) stellen. Wer die Pizza mit einem Pizzastein backt, sollte den Stein vorab mindestens 30 Minuten im Ofen vorheizen.

Cherrytomaten und Basilikum gut abwaschen. Zwiebeln sowie Knoblauch schälen und fein hacken. Cherrytomaten vierteln. Basilikum grob hacken. Alles in einer Schüssel miteinander vermengen. Olivenöl, Balsamicoessig unterrühren und mit Salz und Pfeffer abschmecken. Dann beiseitestellen.

Pizzateig auf einem mit Backpapier ausgelegten Backblech ausrollen. Pizzasauce à la Yacon großzügig darauf verteilen. Die Hälfte des Tomatensalats darübergeben. Danach die Pizza im Ofen backen, bis die Ränder und der Boden schön kross sind.

Pizza aus dem Ofen holen. Nun die andere Hälfte des Tomatensalats auf der heißen Pizza verteilen. Auf Wunsch noch Rucolablätter hinzufügen. Vegetarier können ihre Pizza mit zerpflücktem Büffelmozzarella toppen, Veganer lassen den Käse einfach weg.

LEICHTGEWICHT!

Pizza ist eine Kalorienbombe? Diese Pizza beweist das Gegenteil. Sie ist ein Leichtgewicht, insbesondere wenn du auf den Büffelmozzarella als Topping verzichtest. Dann bringt eine Pizza gerade mal ca. 400 Kalorien auf die Waage. Auch mit Käse hält sich die Kalorienzahl im Rahmen. Während manche Pizzen bis zu 1.000 Kalorien aufrufen, bist du mit dieser Pizza inklusive Mozzarella unter 700 Kalorien ziemlich schlank unterwegs. Dank vieler frischer Zutaten und dem zuckerfreien, ballaststoffreichen Teig bekommt dein Körper statt leerer Kalorien gute Nährstoffe und Vitamine serviert.

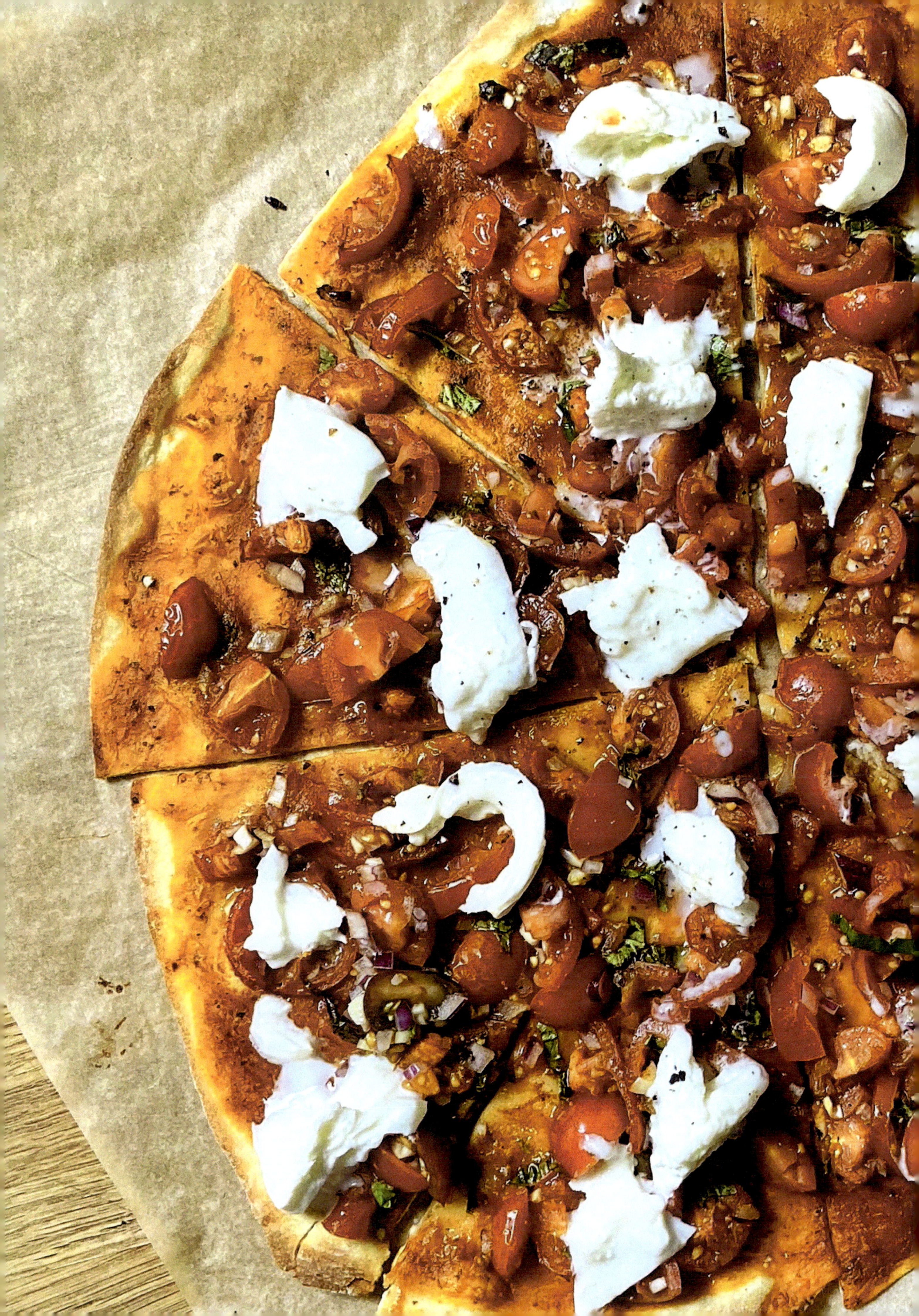

Ofenfalafel mit Sesamsauce

OFEN | 30 MIN. | 10 FALAFEL | EASY

Kichererbsen, Dose/Glas Abtropfgewicht	250 g
Zwiebel	1
Knoblauchzehen	3
Petersilie, glatt	20 g
Koriander, frisch	15 g
Kreuzkümmel, gemahlen	1 TL
Tahini	1 EL
Yacon-Sirup	1 TL
Salz und Pfeffer	1/2 TL + 1/4 TL
Flohsamenschalen	2 TL
Erdnussöl	3 EL
Sesam (optional)	3 EL

SESAMSAUCE

Naturjoghurt (vegan: Kokosjoghurt)	100 g
Tahini	2 TL
Kreuzkümmel, gemahlen	1 TL
Yacon-Sirup	1 TL
Sesam	1 TL
Salz und Pfeffer	je 2 Prisen

ZUBEREITUNG:

Kichererbsen abgießen. Zwiebel, Knoblauchzehen, Petersilie und Koriander in einem Blitzhacker zerkleinern. Kichererbsen dazugeben und alles zu einem groben Mus pürieren.

Masse in eine Schüssel geben und mit Kreuzkümmel, Tahini, Yacon-Sirup, Salz und Pfeffer würzen. Flohsamenschalen unter den Mus rühren. Aus der nun fester gewordenen Masse mit den Händen 10 kleine Bällchen formen – von ca. 5 Zentimeter Durchmesser. Optional: Fertige Bällchen in Sesam wenden, dann sehen die Falafel so aus wie auf S. 242.

Ofen auf 250 °C (Umluft 220 °C/Gas Stufe 6) vorheizen. Grillfunktion oder Oberhitze einstellen. Erdnussöl in eine Auflaufform gießen, die Bällchen hineingeben und einmal über den öligen Boden der Auflaufform rollen, sodass alle Bällchen mit Öl benetzt sind.

Falafel im Ofen für 10 Minuten backen, bis sie oben goldbraun sind. Dann Falafel einmal umdrehen und weitere 10 Minuten von der anderen Seite goldig braun rösten.

SESAMSAUCE

Joghurt mit Tahini, Kreuzkümmel, Yacon-Sirup, Sesamsamen, einem Schuss Wasser, Salz und Pfeffer verrühren. Fertige Falafel darin dippen oder zusammen mit dem Quinoa-Hirse-Taboule (S. 243) servieren.

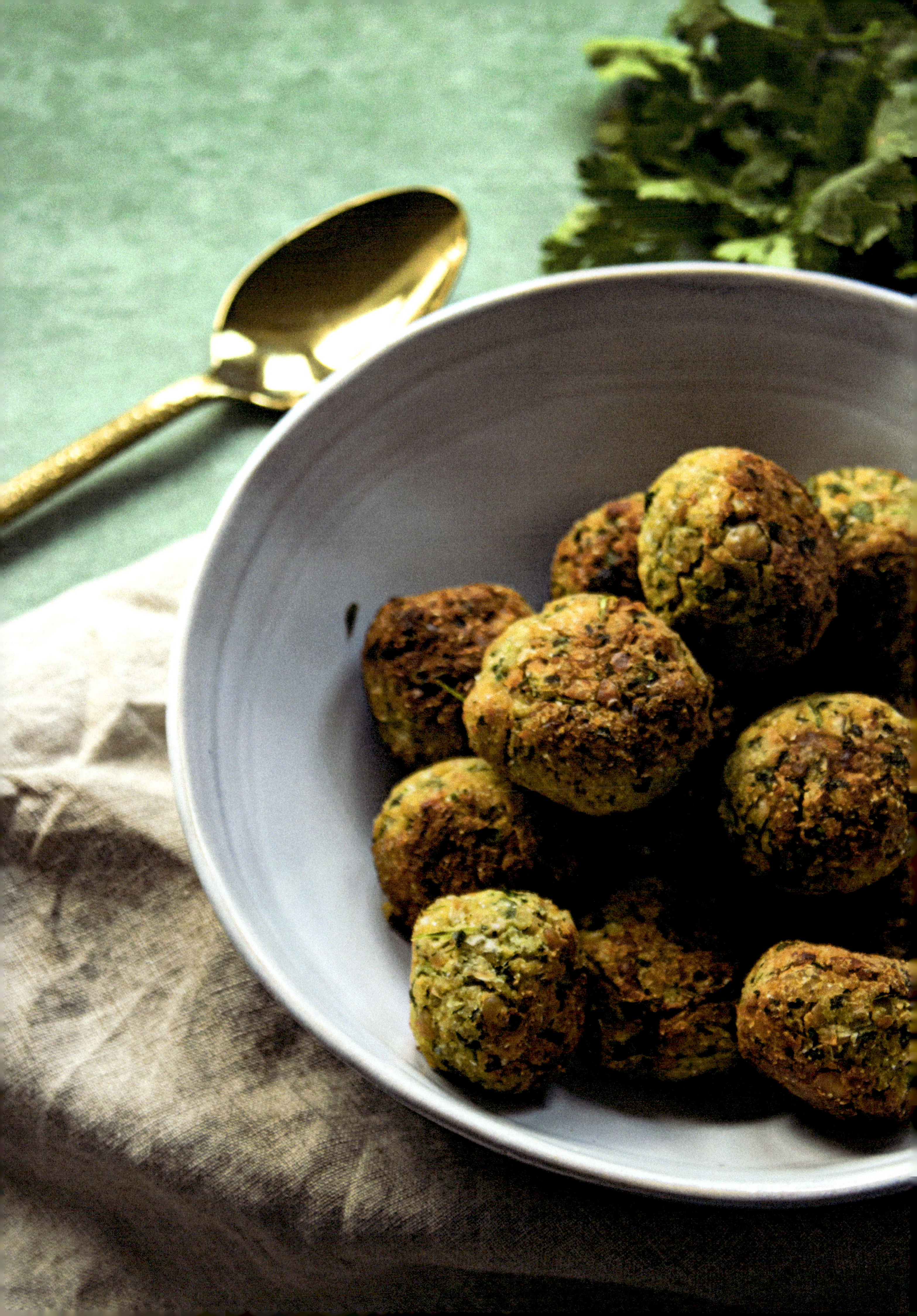

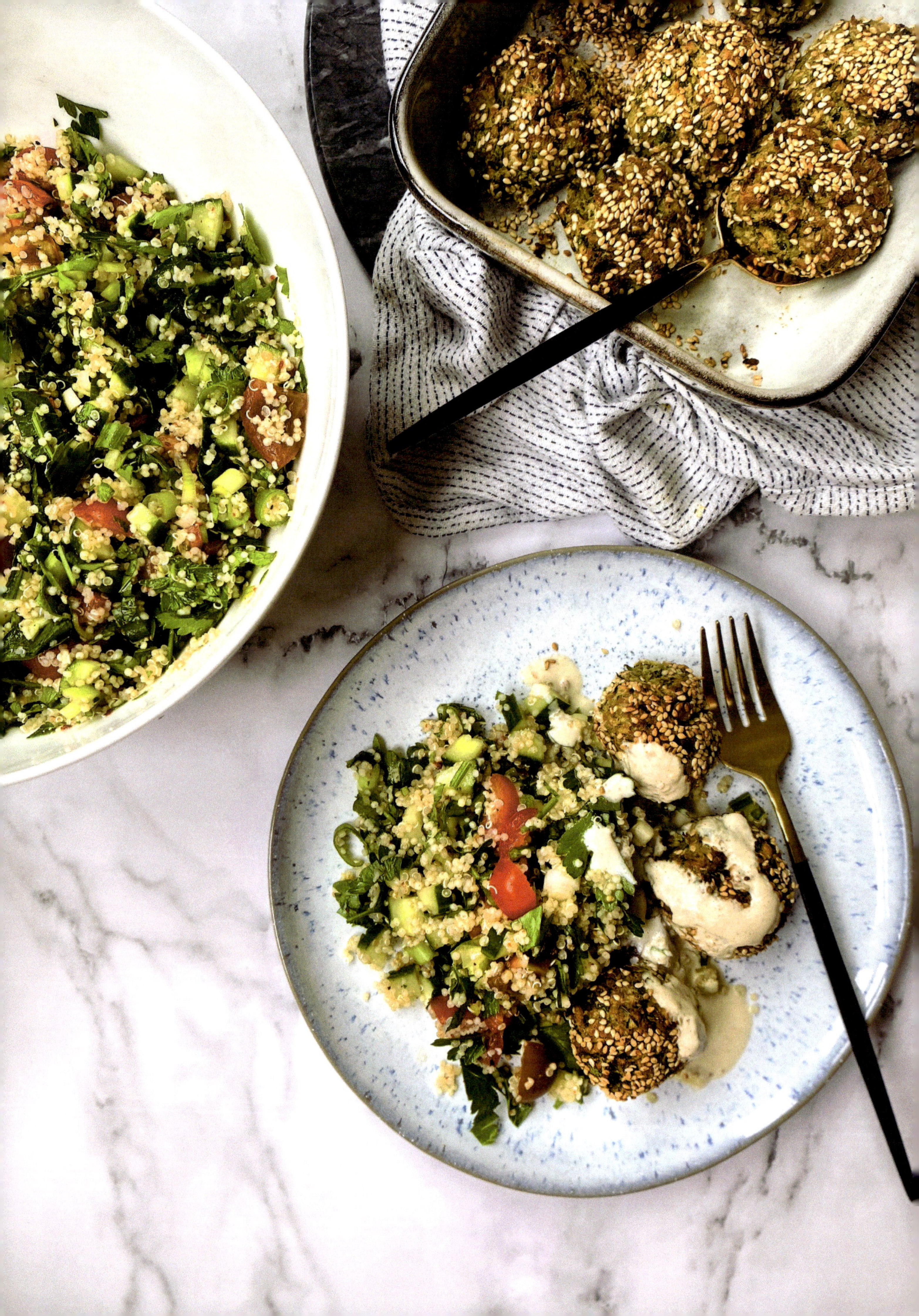

Quinoa-Hirse-Taboule

HERD | 25 MIN. | 2 PORTIONEN | EASY

Hirse	50 g
Quinoa	50 g
Tomaten, groß	3
Gurke, groß	1/2
Petersilie, glatt	50 g
Minze, frisch	15 g
Frühlingszwiebeln	2
Zitronen	2
Olivenöl, nativ	3 EL
Chiliflocken	1/2 TL
Kreuzkümmel, gemahlen	1 TL
Salz und Pfeffer	2–3 Prisen

ZUBEREITUNG:

Hirse und Quinoa gut unter kaltem Wasser abspülen. Quinoa mit reichlich Wasser aufkochen. Nach 10 Minuten Hirse mit in den Topf geben. Beide Getreide für weitere 10 Minuten bei niedriger Temperatur köcheln lassen. Falls nach der Kochzeit noch Wasser im Topf ist, fertige Quinoa-Hirse-Mischung in ein feinmaschiges Sieb abgießen und auskühlen lassen.

In der Zwischenzeit wird das Gemüse gewaschen und zubereitet. Dafür Gurken längs halbieren, die weichen Kerne mit einem Teelöffel herauskratzen und den Rest der Gurke klein würfeln. Tomate ebenfalls in kleine Stücke schneiden. Minzblätter und Petersilie fein hacken. Alles in eine große Schüssel geben.

Den Saft der Zitronen auspressen. Zusammen mit Olivenöl, Chiliflocken und Kreuzkümmel in die Schüssel geben. Das gekochte Getreide nun im ausgekühlten Zustand unter die Gemüsemischung heben. Zum Schluss alles gut mit Salz und Pfeffer abschmecken.

VEGAN · GLUTENFREI · KINDERGERICHT · LEICHTES ABENDESSEN · MEAL PREP

Safranquinoa mit kandierten Feigen

VEGAN | GLUTENFREI | LEICHTES ABENDESSEN | MEAL PREP | WEEKEND-FOOD

OFEN + HERD | 30 MIN. | 2 PORTIONEN | EASY

Orangen	2
Wasser	ca. 300 ml
Safranfäden	4
Ras el Hanout	1 TL
Salz und Pfeffer	je 2–3 Prisen
Quinoa	150 g
Mandeln, braun	40 g
Feigen, frisch	3
Yacon-Sirup	1 EL + 3 TL
Frühlingszwiebeln	2–3
Minze, frisch	15 g
Koriander, frisch	15 g
Granatapfel	1/2
Olivenöl, nativ	3 EL
Koriander, getrocknet	1/2 TL

TIPP: Granatapfelkerne lassen sich super in einer Schale mit Wasser herauspulen. Einfach aufgeschnittenen Granatapfel unter Wasser halten und Kerne herauslösen. So gibt's keine Saftspritzer auf dem Pulli!

ZUBEREITUNG:

Saft einer Orange auspressen und in einen Messbecher geben. Mit Wasser auf 400 ml auffüllen. Die Flüssigkeit in einem Topf aufkochen. Safranfäden, Ras el Hanout und mehrere Prisen Salz und Pfeffer dazugeben.

Quinoa unter kaltem Wasser ausspülen, um die Bitterstoffe zu entfernen. Danach Quinoa ins Orangen-Safran-Wasser geben und 15–20 Minuten bei kleiner Hitze ohne Deckel köcheln lassen.

In der Zwischenzeit Ofen auf 170 °C (Umluft 150 °C/ Gas Stufe 3) vorheizen. Mandeln grob hacken. Feigen achteln. Beides auf einem Backblech mit Backpapier platzieren. Feigen mit Yacon-Sirup beträufeln. Alles ca. 10 Minuten im Ofen rösten.

Frühlingszwiebeln waschen und in kleine Ringe schneiden. Koriander und Minze nach dem Waschen ebenfalls grob hacken. Danach Kerne aus dem Granatapfel herauspulen und das Dressing vorbereiten. Dafür die zweite Orange auspressen. Den Saft mit Olivenöl, getrocknetem Koriander und Yacon-Sirup mischen. Mit Salz und Pfeffer abschmecken.

Fertig gekochtes Quinoa in eine Schüssel geben. Frühlingszwiebeln, zwei Drittel der Minze und des Korianders, die gerösteten Mandeln und das Dressing unterheben. Den fertigen Quinoasalat auf Tellern verteilen und mit Granatapfelkernen, kandierten Feigen, dem restlichen Koriander und der Minze garnieren. Fertig!

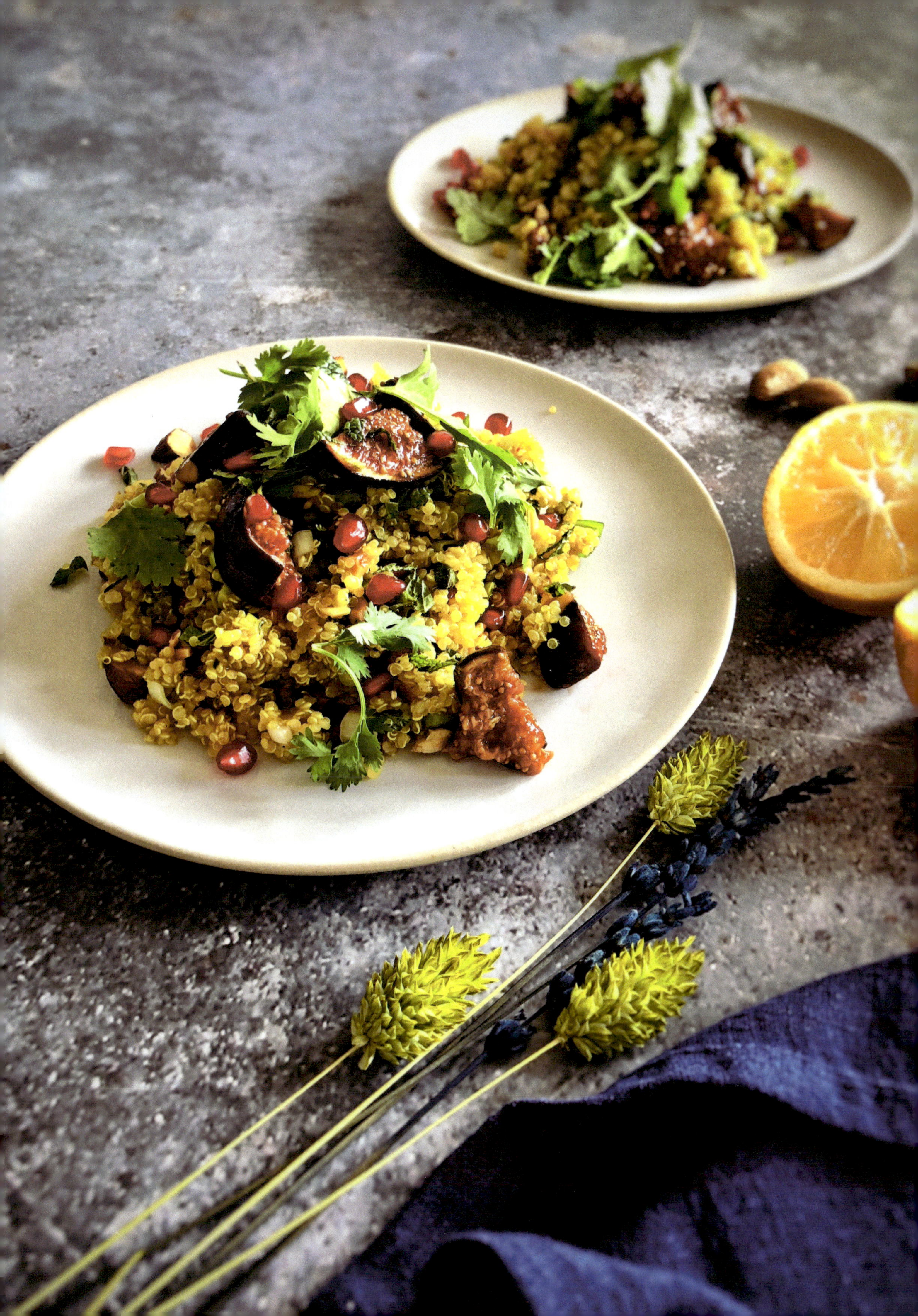

Auberginen-Shakshuka

OFEN + HERD | 20 MIN. | 2 PORTIONEN | EASY

VEGAN/VEGETARISCH · GLUTENFREI · KINDERGERICHT · LEICHTES ABENDESSEN

Aubergine	1
Olivenöl	8 EL
Cherrytomaten	400 g
Knoblauchzehe	2
Tomaten-Paprika-Mark	2 EL
Wasser	200 ml
Salz und Pfeffer	2–3 Prisen
Avocado	1
Petersilie, glatt	15 g
Schafskäse (optional)	60 g
Ei (optional)	2

ZUBEREITUNG:

Aubergine waschen und quer in ca. 0,5 Zentimeter dicke Scheiben schneiden und vierteln. Aubergine in einer Pfanne bei mittlerer Hitze mit 4 Esslöffeln Olivenöl anbraten.

Cherrytomaten halbieren, Knoblauchzehen fein hacken. Beides mit in die Pflanne geben. Noch mal etwas Olivenöl angießen und 2–3 Minuten anbraten.

Tomaten-Paprika-Mark hinzufügen, kurz anrösten, dann mit Wasser ablöschen und alles weitere 5 Minuten in der Pfanne dünsten. Zum Schluss mit Salz und Pfeffer abschmecken. Je nachdem, ob Vegetarier oder Veganer, gibt es zwei Versionen, wie das Rezept weitergeht.

FÜR VEGETARIERER:

Ofen auf 200 °C (Umluft 180 °C/Gas Stufe 3) stellen und kurz vorheizen. Dann mit einem Löffel zwei kleine Mulden in die Shakshuka drücken und je ein aufgeschlagenes Ei vorsichtig hineingeben. Das Ganze für 10 Minuten im Ofen backen, bis das Eigelb innen schön wachsig aussieht. Petersilie waschen und grob hacken. Shakshuka aus dem Ofen holen und mit Petersilie toppen. Wer mag, kann das Gericht noch mit Avocado und/oder Schafskäse krönen!

FÜR VEGANER:

Veganer nehmen die Shakshuka vom Herd und garnieren sie mit frisch gehackter Petersilie und Avocado als Topping. Fertig!

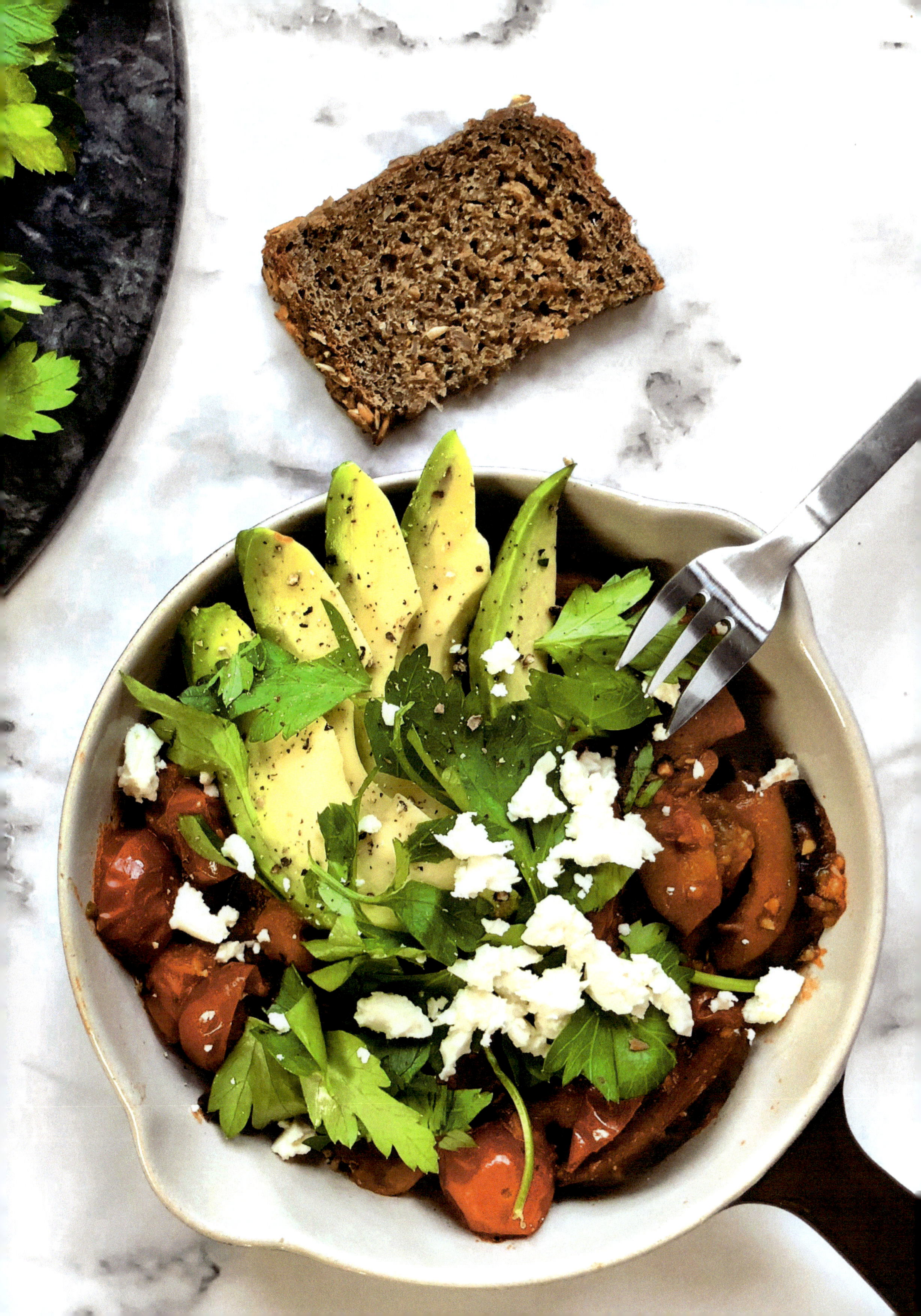

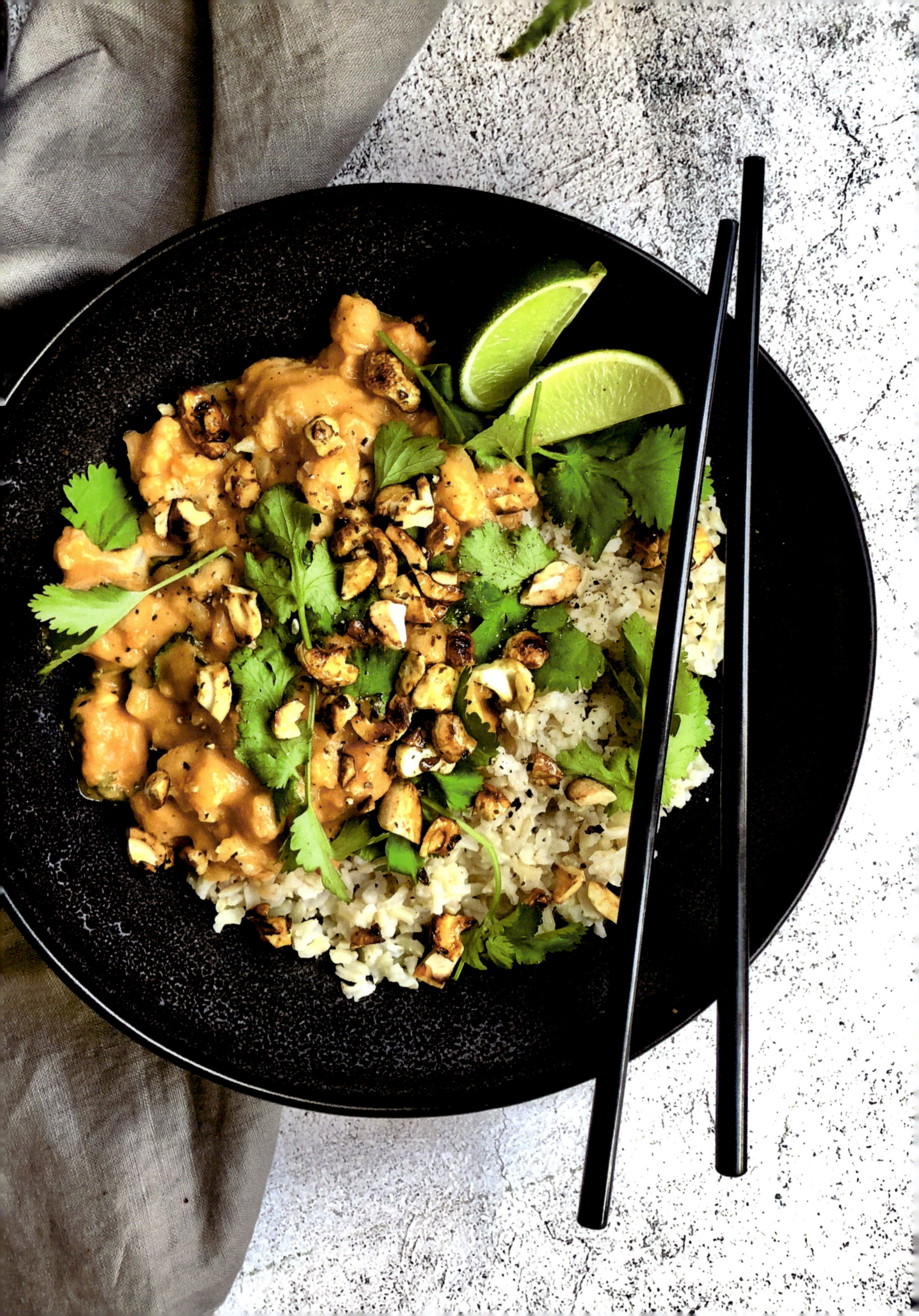

Blumenkohl-Süßkartoffel-Curry

HERD | 30 MIN. | 4 PORTIONEN | EASY

Zwiebel, groß	1
Knoblauchzehen	2
Ingwer	40 g
Süßkartoffel	1
Blumenkohl	1
Kichererbsen, Dose/Glas Abtropfgewicht	250 g
Naturreis	250 g
Kokosöl	1 EL
Red-Curry-Paste	3 EL
Erdnussmus, zuckerfrei	1 EL
Kokosnussmilch, light	250 ml
Gemüsebrühe	250 ml
Kaffir-Limettenblätter	3
Yacon-Sirup	2 EL
Cashewkerne	30 g
Koriander	10 g
Limetten	2

ZUBEREITUNG:

Zwiebel, Ingwer und Knoblauch schälen. Alles fein hacken. Süßkartoffel ebenfalls von der Schale befreien und in 1 Zentimeter große Stücke schneiden. Blumenkohl waschen und in Röschen teilen. Kichererbsen in einem Sieb abtropfen lassen.

Naturreis nach Anleitung kochen. Kokosöl in einer tiefen Pfanne erhitzen. Zwiebel, Knoblauch und Ingwer bei mittlerer Hitze anschwitzen. Nach ca. 3 Minuten Red-Curry-Paste und Erdnussmus dazugeben und kurz mit anbraten.

Alles mit Kokosnussmilch und Gemüsebrühe ablöschen und gut verrühren, bis eine cremige Sauce entsteht. Nun Kaffir-Limettenblätter und 1 Esslöffel Yacon-Sirup unterrühren. Süßkartoffel und Blumenkohl hinzufügen und bei mittlerer Hitze köcheln lassen. Nach 10 Minuten die Kichererbsen dazugeben. Alles weitere 5 Minuten kochen.

Cashewkerne grob hacken und in einer Pfanne ohne Öl bei mittlerer Hitze rösten. Sobald sich die Cashewkerne goldbraun färben, Herd ausschalten und 1 Esslöffel Yacon-Sirup über die Nüsse träufeln. Durch die Resthitze kandieren die Kerne schonend. Danach umgehend herausnehmen, damit sie nicht anbrennen.

Reis mit Curry auf Tellern verteilen, mit ein paar Korianderblättern, kandierten Cashewkernen und Limettenspalten garnieren und direkt losschlemmen!

Linsen aus Fernost

OFEN + HERD | 40 MIN. | 2–3 PORTIONEN | EASY

Pardinalinsen	100 g
Möhren	3
Porreestange	1
Wasser	100 ml
Olivenöl	2 EL + 2 EL
Yacon-Sirup	1 EL
Salz und Pfeffer	2–3 Prisen
Kreuzkümmel, ganz	1 TL
Kümmel, ganz	1 TL
Fenchelsamen, ganz	1 TL
Knoblauchzehen	2
Zitrone, Bio-Qualität	1
Koriander, frisch	15 g
Feta (optional)	70 g

ZUBEREITUNG:

Pardinalinsen in Salzwasser nach Anleitung kochen. Möhren schälen und zu dünnen Stiften zerkleinern. Porree längs einschneiden, gut waschen und in feine Streifen schneiden.

Möhren und Porree in einer ofenfesten Form mit Wasser, 2 Esslöffeln Olivenöl, Yacon-Sirup, Salz und Pfeffer vermischen und für 20–30 Minuten im Ofen bei ca. 190 °C (Umluft 170 °C/Gas Stufe 3) garen.

Kreuzkümmel, Kümmel und Fenchelsamen mit 2 weiteren Esslöffeln Olivenöl in einer Pfanne 3–4 Minuten sanft rösten. Knoblauchzehen pressen und dazugeben.

Fertige Linsen abgießen und noch warm zu den gerösteten Gewürzen in der Pfanne geben. 1–2 Minuten darin schwenken. Mit Salz und Pfeffer abschmecken.

Pfanneninhalt in eine große Schüssel füllen. Geröstetes Möhren-Porree-Gemüse aus dem Ofen holen und hinzufügen.

Schale einer gewaschenen Bio-Zitrone direkt in die Schüssel raspeln. Dann Zitrone auspressen und den Saft ebenfalls dazugeben. Koriander waschen, Blätter abzupfen und unter die Linsen-Gemüse-Mischung heben. Wer mag, kann noch etwas Feta mit der Hand zerbröseln und als Topping über den Salat geben.

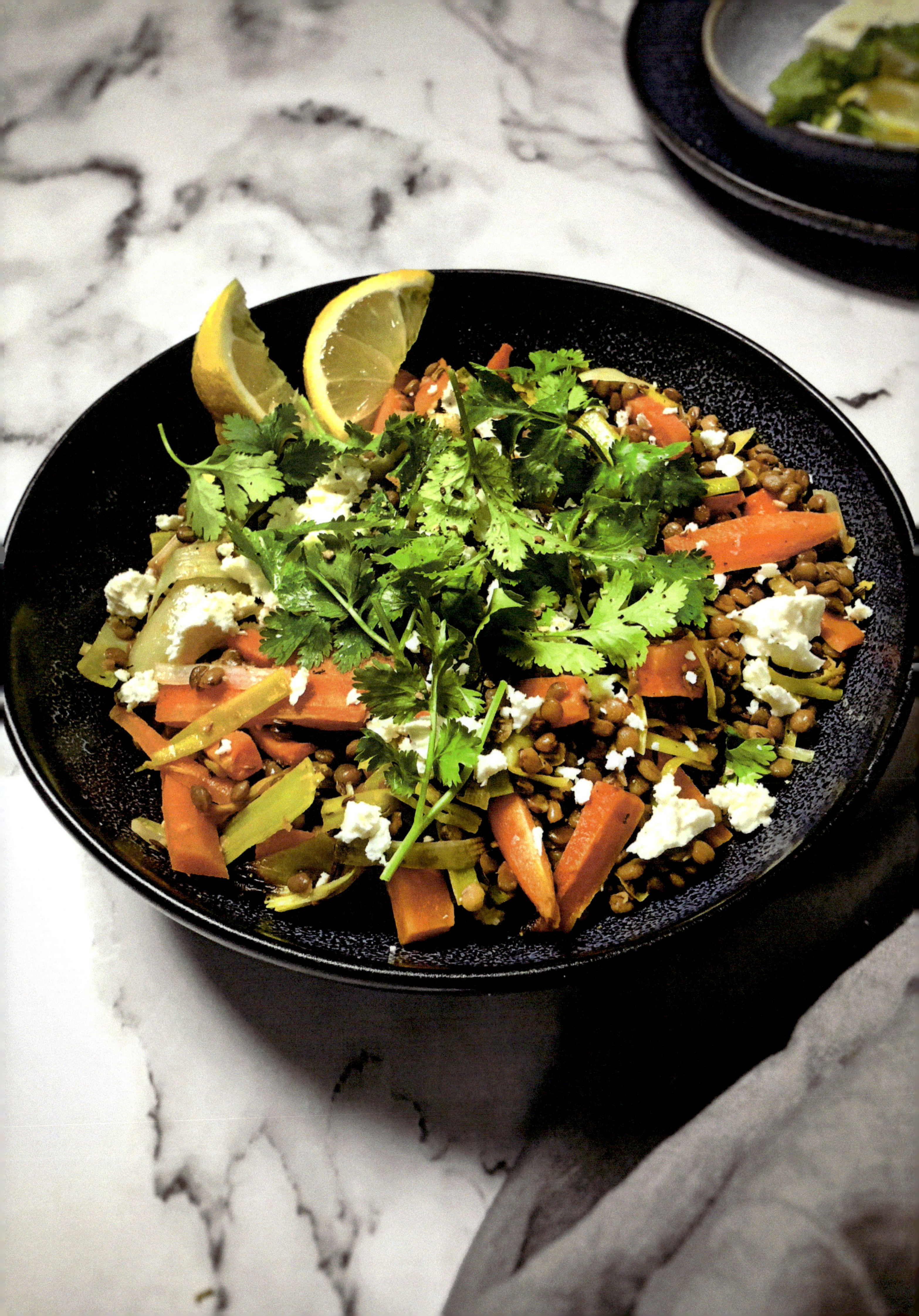

Seeler

futter

Golden-Apple-Kokos-Crumble

OFEN | 30 MIN. | 2 PORTIONEN | EASY

Bio-Äpfel, am besten Boskoop oder Cox Orange	3 (500 g)
Wasser	100 ml
Zimtstange, ganz	1
Sternanis, ganz	2
Nelken, ganz	2
Kurkuma, gemahlen	1 TL
Kardamon, gemahlen	1/2 TL
Kokosöl	2 EL
Dinkelvollkornmehl (glutenfrei: Vollkornreismehl)	80 g
Weizenkeime	10 g
Kokosraspel	40 g
Zimt, gemahlen	1 TL
Yacon-Sirup	2 EL + 2 EL
Apfelmark, zuckerfrei	2 EL

TIPP: Falls Reste übrig bleiben, kann man damit am nächsten Tag ein leckeres Frühstück zaubern. Einfach Crumble auf Naturjoghurt mit einem Schuss Yacon-Sirup servieren. Lecker!

ZUBEREITUNG:

Äpfel waschen, entkernen und in Spalten schneiden. Mit Wasser, einer Zimtstange, Sternanis und Nelken in einem Topf bei mittlerer Temperatur garen. Nach 5 Minuten Kurkuma, Kardamon und 2 Esslöffel Yacon-Sirup hinzugeben. Noch einmal weitere 2–3 Minuten garen.

Ofen auf 180 °C (Umluft 160 °C/Gas Stufe 3) vorheizen. Kokosöl in eine feuerfeste Schale geben und mit in den Ofen geben, bis es flüssig ist. In der Zwischenzeit Vollkornmehl, Weizenkeime, Kokosraspeln und Zimt in einer Schüssel mischen. Flüssiges Kokosöl, 2 Esslöffel Yacon-Sirup und Apfelmark zu den trockenen Zutaten geben und alles gut miteinander vermengen, bis ein leicht feuchter Crumbleteig entsteht.

Äpfel von Zimtstange, Nelken und Sternanis befreien und in eine kleine Auflaufform geben. Feuchte Crumblemasse darüber verteilen. Dafür den Teig mit den Händen etwas auseinanderpflücken. Im Ofen für ca. 20 Minuten backen. Danach am besten noch warm genießen.

KEIMSAME SPITZE

Weizenkeime sind ein Abfallprodukt bei der Mehlherstellung. In den Müll gehören sie trotzdem nicht. Die kleinen Keimlinge sind reich an Vitaminen, Mineralien und Spurenelementen. Zusätzlich enthalten sie viel Eiweiß und wertvolle ungesättigte Fettsäuren. In diesem Gericht gehen sie eine Liaison mit gesundheitsfördernden ayurvedischen Gewürzen ein und entfalten dabei ihr volles entzündungshemmendes Potenzial sowie einen köstlichen Duft.

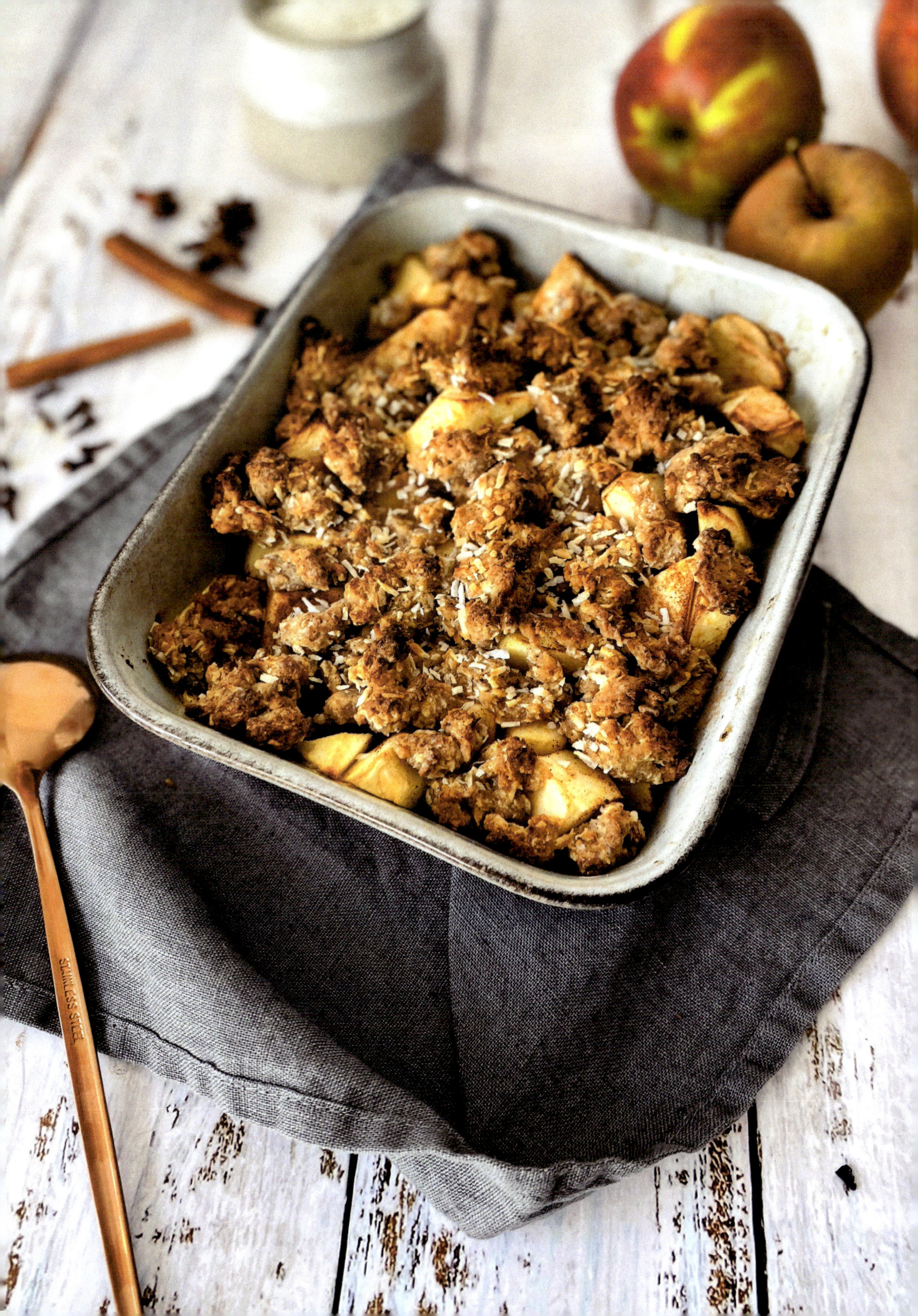

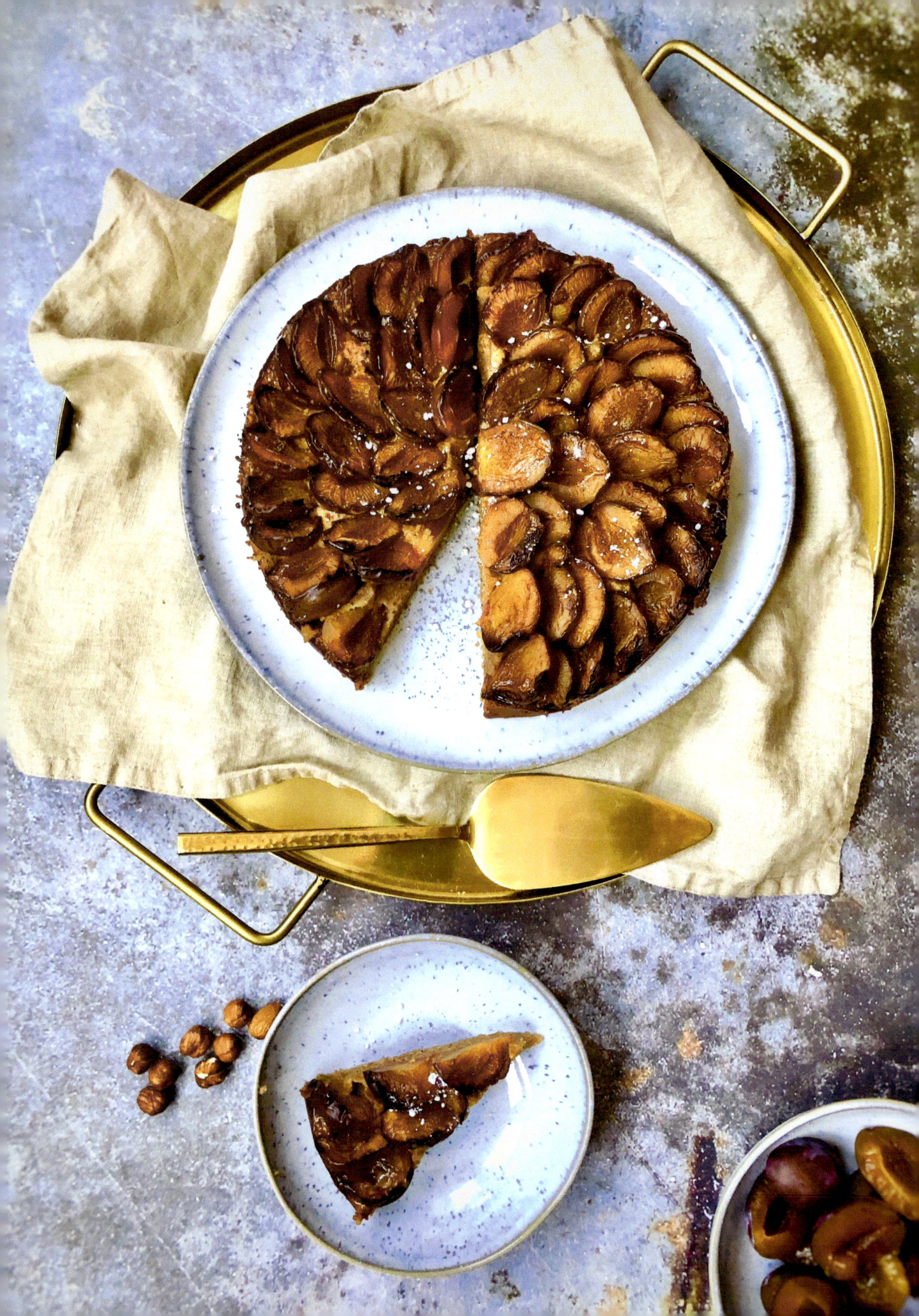

Haselnuss-Zwetschgen-Kuchen

OFEN | 1,5 STD. | 12 STÜCK | EASY

Kokosöl	80 g
Eier (M)	3
(vegan: Chiasamen + Wasser)	(3 EL + 9 EL)
Dinkelmehl (Typ 630)	100 g
Weizenkleie (optional)	1 EL
Haselnusskerne, geröstet und gemahlen	130 g
Weinsteinbackpulver	2 TL
Zimt, gemahlen	2 TL + 1/2 TL
Pflanzenmilch	200 ml
Zwetschgen	1 kg
Yacon-Sirup	130 g (9 EL)

GESUND WIE VOLLKORNBROT

Dank Weizenkleie, Haselnüssen, Zwetschgen und Yacon-Sirup liefert dieser Kuchen satte 62 g Ballaststoffe. Mit 5,2 g pro Kuchenstück schlägt er sogar eine Scheibe Vollkornbrot (ca. 4 g) in puncto Ballaststoffe. Wer hätte gedacht, das Kuchen so nährreich sein kann?

ZUBEREITUNG:

Springform (Ø 28 Zentimeter) mit etwas Kokosöl einfetten. Zwetschgen waschen, entkernen und halbieren. Für später zur beiseitestellen.

Restliches Kokosöl in einem Topf bei niedriger Temperatur schmelzen, in eine Schüssel geben und Eier hinzufügen. Für Chia-Eier 3 Esslöffel Chiasamen verwenden und mit 9 Esslöffeln Wasser vermischen. Sobald die Chiasamen gelieren, können sie als Ei-Ersatz zu dem zerlassenen Kokosöl gegeben werden.

Dinkelmehl, Weizenkleie, gemahlene Haselnüsse, Weinsteinbackpulver und Zimt in einer weiteren Schüssel miteinander vermischen. Ofen anstellen und auf 190 °C (Umluft 175 °C/Gas Stufe 3) vorheizen.

Ei-Öl-Mix mit der Mehlmischung, Pflanzenmilch und den Yacon-Sirup verrühren. Den Teig in die Springform geben. Zwetschgen auf dem Teig verteilen. Zum Schluss noch etwas Yacon-Sirup darüberträufeln und Zwetschgen mit etwas Zimt bestreuen.

Kuchen 55 Minuten backen. Mit einer Stäbchenprobe schauen, ob der Teig durch ist. Wenn kein Teig mehr am Stäbchen hängen bleibt, ist er fertig.

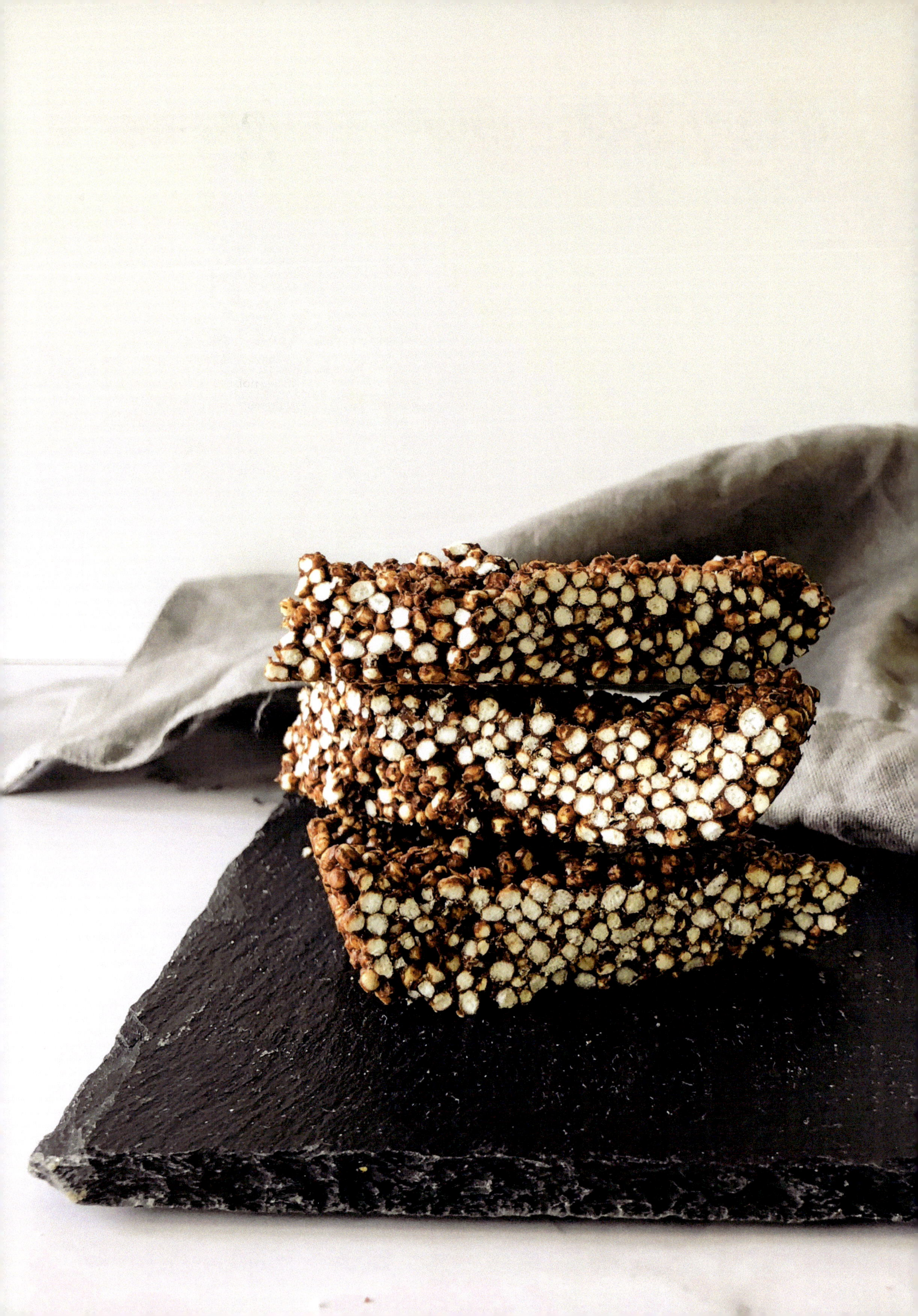

Gesunde Quinoa-Nippons

MISCHEN | 15 MIN. + 1 STD. KÜHLEN | 10 STÜCK | EASY

Haselnussmus	40 g
Kakao, stark entölt	1 TL
Quinoa, gepoppt	50 g
Zartbitterschokolade (mind. 70 %) oder zuckerfreie Schokolade	50 g
Yacon-Sirup	2 EL

VEGAN GLUTENFREI KINDERGERICHT MEAL PREP VORBEREITUNGSTAGE

ZUBEREITUNG:

Schokolade in einem Wasserbad schmelzen. Haselnussmus, Kakaopulver und Yacon-Sirup in einer großen Schüssel vermengen. Die geschmolzene Schokolade dazugeben und mit der Haselnusscreme mischen.

Gepopptes Quinoa unter die fertige Schokoladenmasse heben, bis jedes Quinoakörnchen rundum mit Schokolade ummantelt ist.

Eine kleine Auflaufform mit Backpapier auslegen. Quinoa-Nippon-Masse mithilfe eines Löffels oder Teigschabers in die Form pressen. Die Masse sollte schön fest zusammengedrückt und etwa 1 Zentimeter dick sein.

Auflaufform mit einem Wachsblatt oder Frischhaltefolie abdecken und in das Tiefkühlfach legen. Mindestens 1 Stunde durchfrieren lassen. Die nun feste Nippon-Masse herausholen, auf eine ebenmäßige Unterlage legen und mit einem Messer in gleich große Stücke schneiden.

Die fertigen Nippons in einer Aufbewahrungsdose im Kühlschrank lagern. So halten sie sich rein theoretisch ewig. Wie gesagt – theoretisch. Bei mir sind die kleinen Schokohappen immer schon in kürzester Zeit verputzt.

Mousse au Chocolat

MISCHEN | 1,5 STD. | 2 GLÄSER | EASY

Cashewkerne	50 g
Kichererbsenwasser, aus Glas/Dose (Aquafaba)	100 g
Sahnesteif	18 g
Pflanzenmilch	100 ml
Zartbitterschokolade (mind. 70%) oder zuckerfreie Schokolade	100 g
Haselnussmus	3 EL
Kakao, stark entölt	1 TL
Vanilleschote	1/4
Yacon-Sirup	4 EL

TIPP: Kichererbsen nicht wegwerfen. Du kannst leckeren Hummus (S. 150), Avocado-Sellerie-Apfel-Salat mit Kichererbsen (S. 181) oder Ofenfalafel (S. 240) daraus machen.

ZUBEREITUNG:

Cashewkerne (oder etwas kostengünstiger: Cashewbruch) in Wasser 1–2 Stunden quellen lassen. Wenn es schnell gehen soll, die Cashewkerne 15 Minuten in Wasser kochen.

Ein feinmaschiges Sieb in einer Schüssel mittlerer Größe platzieren und die Kichererbsen hineingeben. So wird das Kichererbsenwasser, auch Aquafaba genannt, beim Abgießen aufgefangen. Manchmal ist die Flüssigkeit im Glas/in der Dose recht zähflüssig. Hin- und herbewegen der Kichererbsen im Sieb kann hier helfen. (Ich habe festgestellt, dass sich in Gläsern häufig mehr Aquafaba als in Dosen befindet.) Je nachdem, wie viel Aquafaba in einem Glas enthalten ist, sind 1 oder 2 Gläser Kichererbsen nötig.

Sahnesteif zum Kichererbsenwasser geben und mit einem Handrührgerät steif schlagen, bis es eine schöne feste Konsistenz hat. Den Kichererbsenschnee für später beiseitestellen. Nun Pflanzenmilch, ich nehme gerne Cashew- oder Mandelmilch, in einem Topf erwärmen und Schokolade darin schmelzen.

Cashewkerne abgießen und zusammen mit der Schokoladenmilch, dem Haselnussmus, dem Kakaopulver, der Vanilleschote und dem Yacon-Sirup in einem Blitzhacker oder Hochleistungsmixer pürieren.

Die Masse vorsichtig unter den Aquafabaschnee heben. Die fertige Mousse au Chocolat auf Dessertgläser verteilen und mindestens 1 Stunde kalt stellen. Auf Wunsch mit Früchten, Kakaopulver oder Mandelmus garnieren.

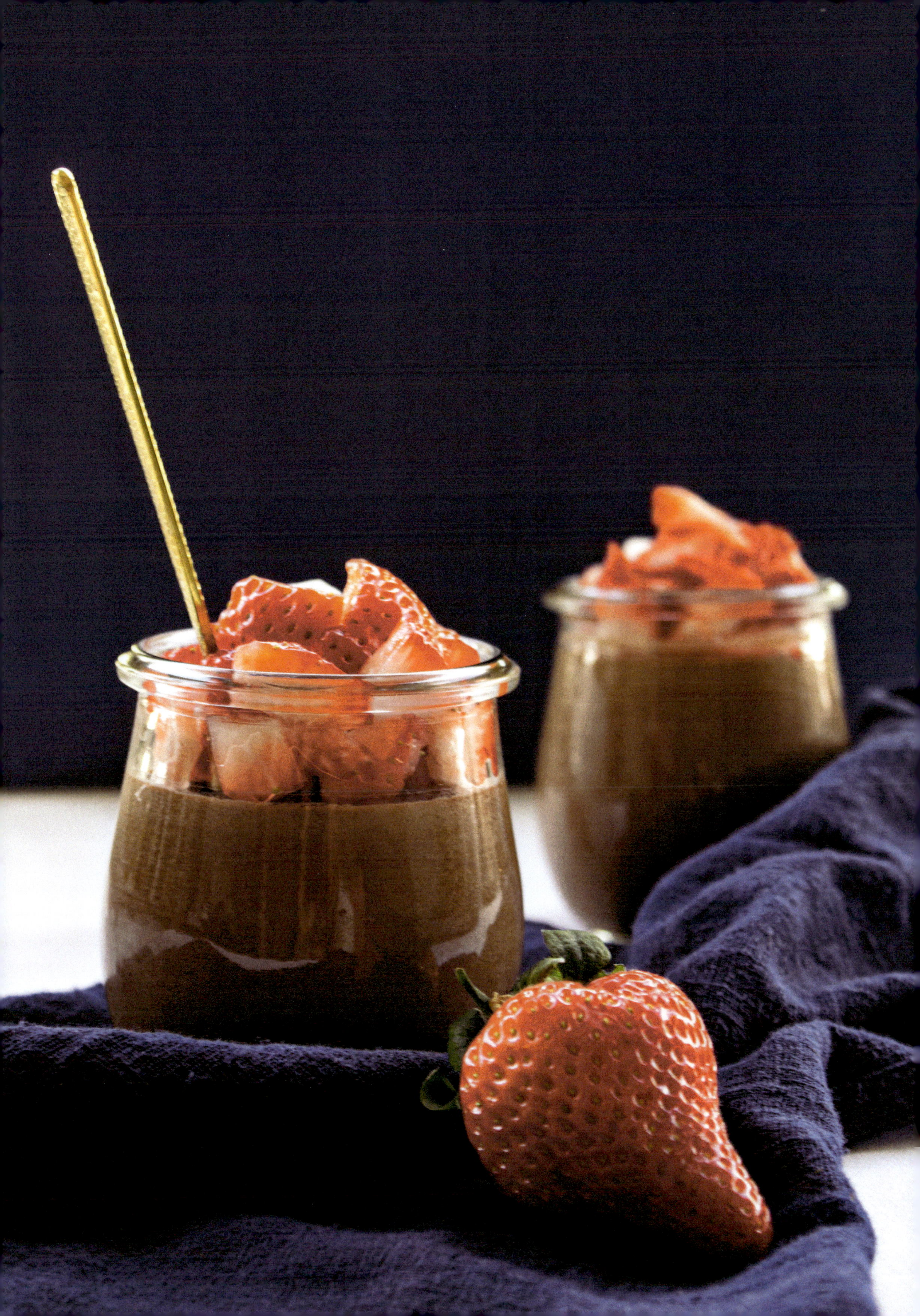

Bratapfelkuchen mit Tonkabohne

VEGAN/VEGETARISCH · KINDERGERICHT · WEEKEND-FOOD

OFEN · 70 MIN. · 12 STÜCK · EASY

Bio-Äpfel, groß	4
Kokosöl	100 g
Eier (M) (vegan: Chiasamen + Wasser)	2 (2 EL + 6 EL)
Dinkelmehl (Typ 630)	200 g
Mandeln, gemahlen	150 g
Weinsteinbackpulver	3 TL
Bio-Milch (vegan: Pflanzenmilch)	80–100 ml
Yacon-Sirup	120 g (8 EL)
Tonkabohne	1/2
Zimt, gemahlen	1 TL

ZUBEREITUNG:

Springform (Ø 28 Zentimeter) mit etwas Kokosöl einfetten. Backofen auf 190 °C (Umluft 170 °C/Gas Stufe 3) vorheizen. Äpfel waschen und mit Schale in Stückchen schneiden. Kokosöl erwärmen, sodass es flüssig wird. Öl mit den Eiern cremig rühren. Veganer können Chia-Eier verwenden. Dafür 2 Esslöffel Chiasamen mit 6 Esslöffeln Wasser mischen. Sobald die Chiasamen gelieren, können sie zum Kokosöl hinzugefügt werden.

Dinkelmehl, die gemahlenen Mandeln und das Weinsteinbackpulver vermischen. Zimt und eine halbe geriebene Tonkabohne dazugeben.

Bio- oder Pflanzenmilch und Yacon-Sirup in einem hohen Gefäß vermischen. Nun die Eier-Kokosöl-Mischung mit den trockenen Zutaten und der Yacon-Milch zu einem Teig verrühren.

Springform einfetten. Teig in die Form geben. Apfelschnitze darauf verteilen und leicht andrücken. Nachdem der ganze Teig belegt ist, noch etwas Zimt und ein paar Spritzer Yacon-Sirup darübergeben. Kuchen ca. 50 Minuten im Ofen backen.

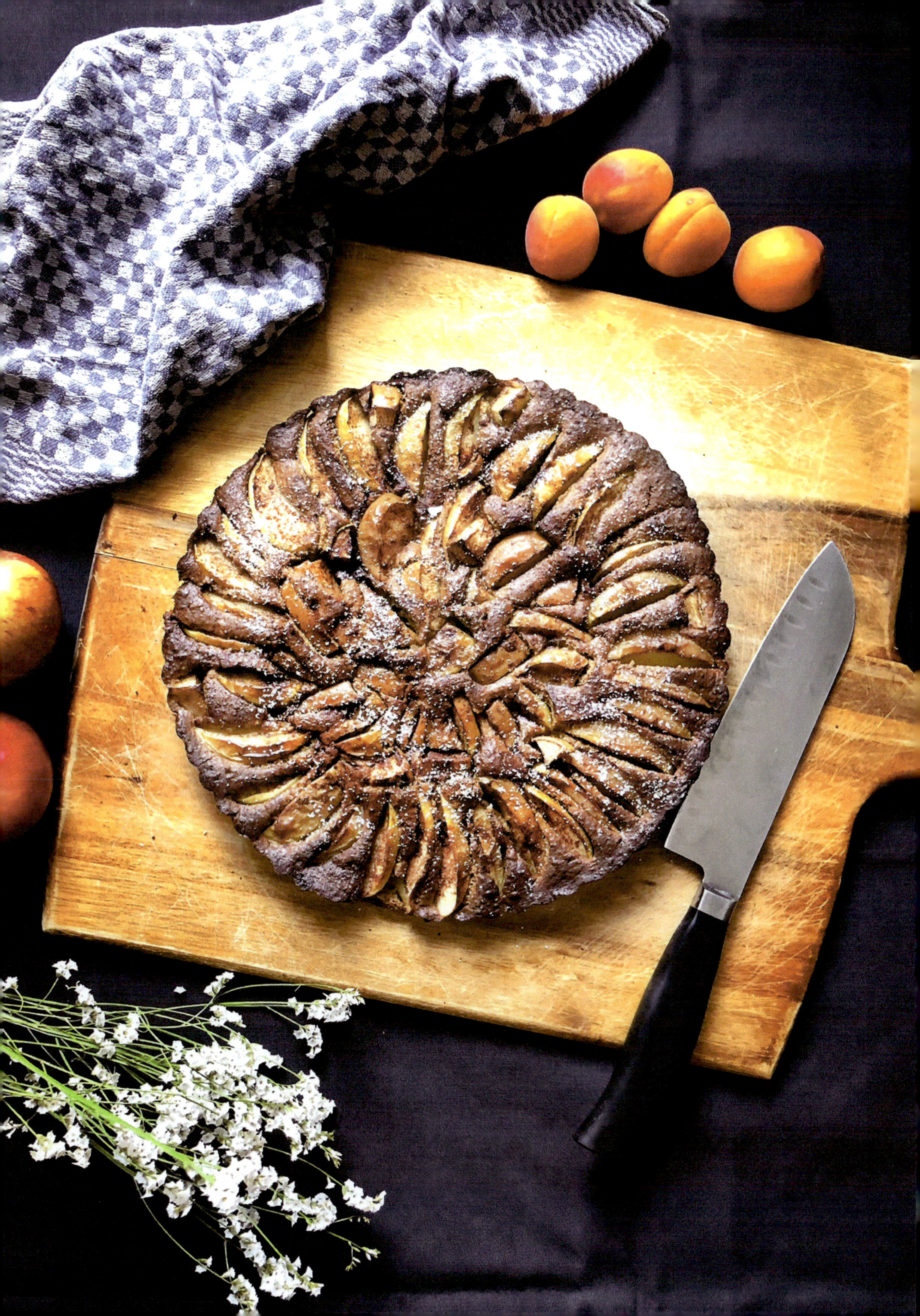

Veganes Orangentiramisu

MIXEN | 20 MIN. | 6 PORTIONEN | EASY

Seidentofu	400 g
Kokossahne	200 ml
Erythrit, Bio-Qualität	40 g
Yacon-Sirup	150 g
Mandelmus, hell	3 EL
Cashewmus	2 EL
Bio-Orange	1
Babyzwieback, zuckerfrei	150 g
Espresso	200 ml
Kakao, stark entölt	1 EL

ZUBEREITUNG:

Espresso kochen und mit 40 g Bio-Erythrit (ca. 3 Esslöffel) stark süßen. Seidentofu, Kokossahne, 150 g Yacon-Sirup, Mandelmus und Cashewmus in einem Mixer zu einer feinen Creme pürieren.

Schale einer gewaschenen Bio-Orange abraspeln. Geriebene Schale und Saft der Orange unter die Creme heben und 10 Minuten ziehen lassen.

In der Zwischenzeit Babyzwieback von beiden Seiten in Espresso tunken. In eine kleine Auflaufform eine Lage Espresso-Zwieback auslegen. Nun eine Schicht der Creme darauf verteilen. Dann folgt eine weitere Schicht Espresso-Zwieback, die ebenfalls wieder mit Creme getoppt wird.

Tiramisu zum Schluss mit Kakaopulver bestäuben und für mindestens 1 Stunde im Kühlschrank ziehen lassen. Am besten schmeckt es, wenn es mehrere Stunden durchgezogen ist.

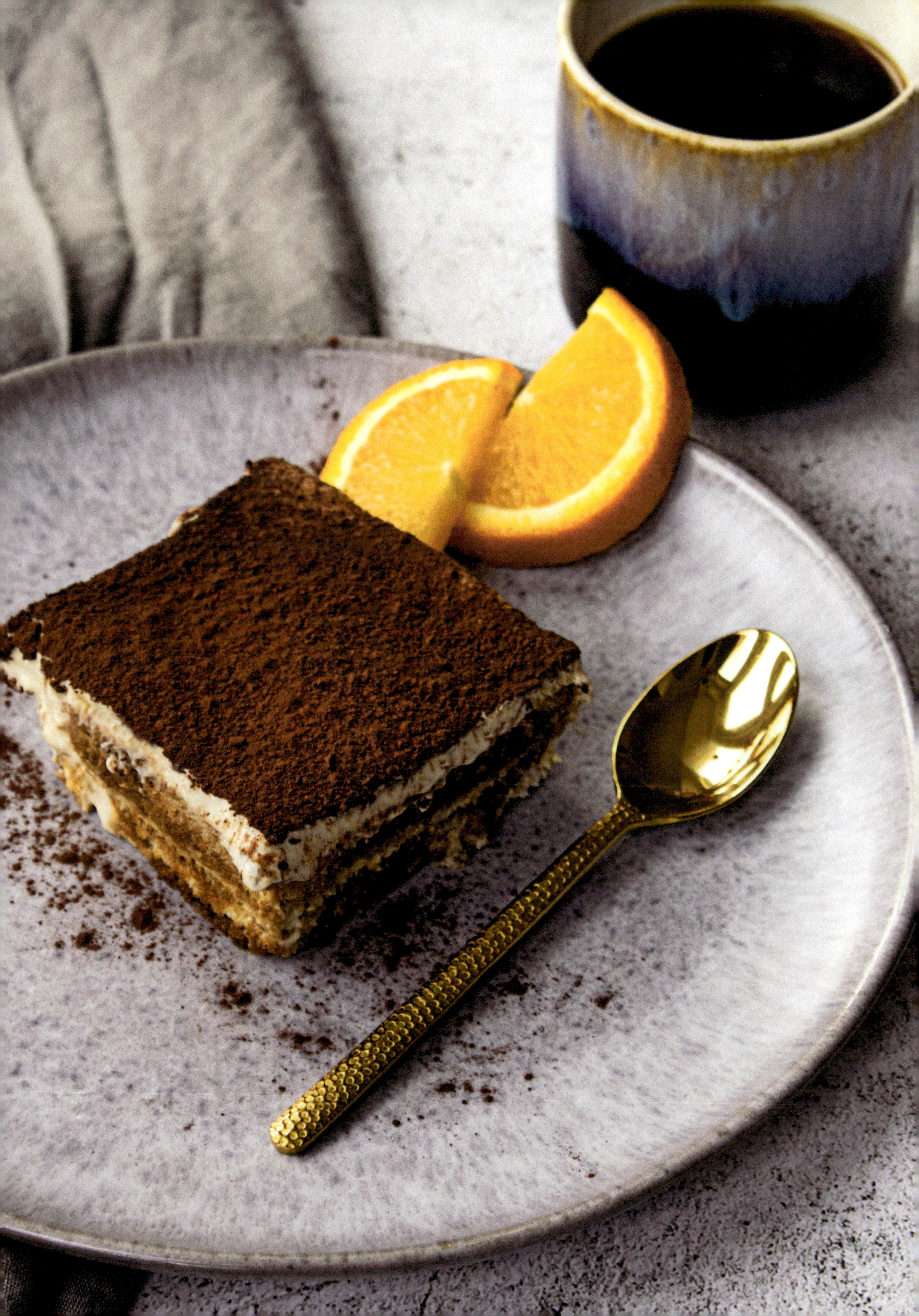

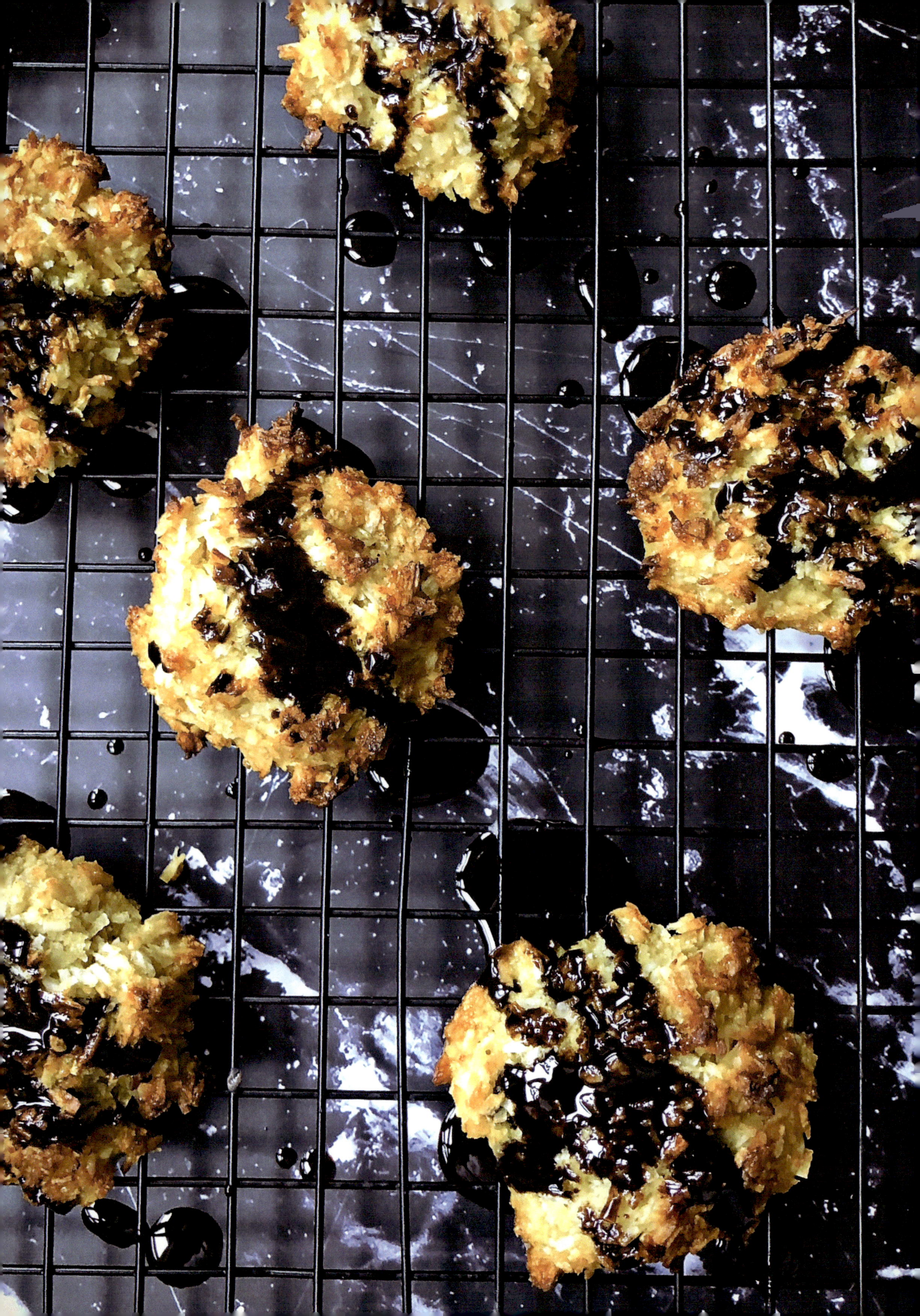

Kokosmakronen mit Schokoglasur

OFEN | 30 MIN. | 14 STÜCK | EASY

Yacon-Sirup	3 EL
Bourbon-Vanille, gemahlen	1/2 TL
Kokosflocken	100 g
Eiweiß (Gr. M)	3
Salz	1 Prise
Pfeilwurzelmehl	1 TL
Kokosöl	1 TL
Dattelschokolade oder dunkle Schokolade (70 % oder mehr)	50 g

ZUBEREITUNG:

Für die Kokosmakronen Yacon-Sirup, gemahlene Bourbon-Vanille und Kokosflocken in einer großen Schüssel vermischen.

In einer zweiten Schüssel Eiweiß und 1 Prise Salz mit einem Handrührgerät steif schlagen. 1 Teelöffel Pfeilwurzelmehl dazugeben und nochmals 1 Minute weiter aufschlagen. Danach Ei-Schnee vorsichtig unter die Kokosmischung heben.

Ofen vorheizen auf 180 °C (Umluft 160 °C/Gas Stufe 3). Backblech mit Backpapier auslegen. Backpapier mit Kokosöl dünn einfetten, damit die Makronen daran nicht kleben bleiben.

25 bis 30 kleine Häufchen der Kokos-Ei-Masse mit einem Teelöffel auf dem Backblech verteilen. Die kleinen Häufchen sollten mindestens 1 Zentimeter Abstand voneinander haben. Dann auf mittlerer Höhe in den Ofen schieben und etwa 10–15 Minuten backen.

Makronen aus dem Ofen holen und auskühlen lassen. Danach die Glasur vorbereiten. Dafür Schokolade im Wasserbad schmelzen. Flüssige Schokolade über die Makronen verteilen und im Kühlschrank auskühlen lassen.

VEGETARISCH GLUTENFREI KINDERGERICHT MEAL PREP VORBEREITUNGSTAGE

Zebra-Erdnuss-Bananeneis

VEGAN | GLUTENFREI | KINDERGERICHT | MEAL PREP | WEEKEND-FOOD

MISCHEN | 6 STD. | 4–5 PORTIONEN | EASY

Erdnussmus, crunchy, zuckerfrei	2 EL
Bananen, reif	5
Sojasahne	100 ml
Salz	1 Prise
Zartbitterschokolade (mind. 70%) oder zuckerfreie Schokolade	30 g
Silikon-Eisform + Eisstiele	je 4–5

ZUBEREITUNG:

Bananen schälen und in einer Schüssel mit einer Gabel zerdrücken. Erdnussmus, Sojasahne und 1 Prise Salz hinzufügen. Alles gut vermischen. Masse in Eisförmchen füllen und mit Stielen versehen. Für gut 6 Stunden im Eisfach durchkühlen lassen.

Danach Schokolade über einem Wasserbad schmelzen. Eis am Stiel aus den Förmchen holen und auf einen Teller legen. Die flüssige Schokolade in fließenden Schwingbewegungen mit einem Esslöffel darüberträufeln, sodass ein Zebramuster auf dem Eis durch die Schokoglasur entsteht. Die Schokolade wird durch die Kälte des Eises sofort fest.

Das fertige Eis in eine luftdichte Dose legen und darin im Tiefkühlschrank aufbewahren oder direkt genießen.

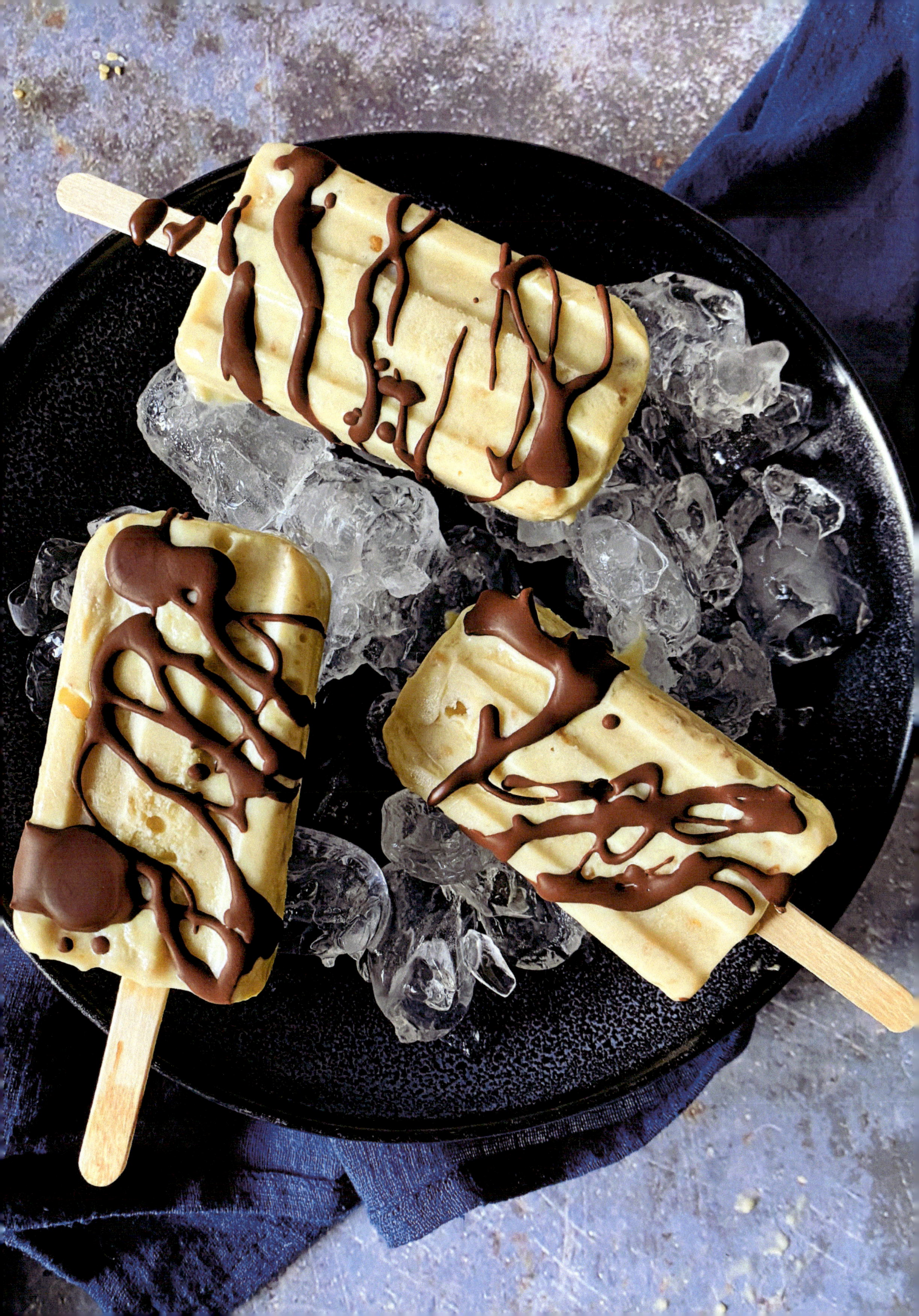

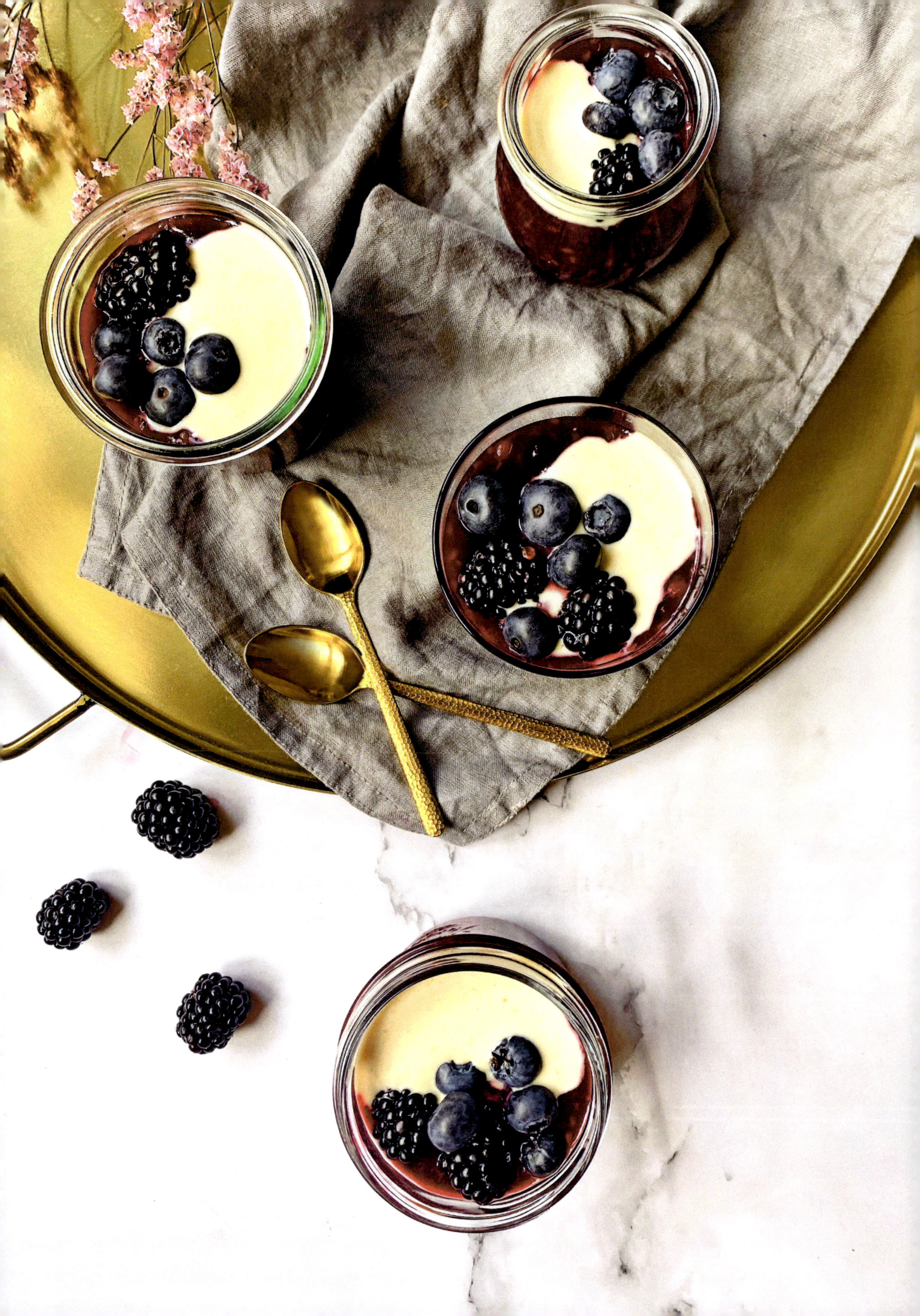

Präbiotische Rote Grütze

HERD | 30 MIN. | 4 PORTIONEN | EASY

Beerenmix, tiefgekühlt	600 g
Yacon-Sirup	3 EL
Erythrit, Bio-Qualität	2 EL
Zitrone	1
Vanilleschote	1
Wasser	300 ml + 2 EL
Pfeilwurzelmehl	2 EL

TOPPING

Naturjoghurt (vegan: Kokosjoghurt)	100 g
Cashewmus	2–3 EL
Vanilleschote	1
Yacon-Sirup	1 EL

ZUBEREITUNG:

Tiefkühlfrüchte auftauen. Danach in einen Topf mit 300 ml Wasser geben und bei niedriger Temperatur 10 Minuten köcheln lassen. Den Saft einer Zitrone und das Mark einer Vanilleschote hinzufügen. Dafür Vanilleschote längs aufschneiden und das Mark mit einem Messer herauskratzen. Yacon-Sirup und Bio-Erythrit hinzufügen. Je nachdem, wie süß es werden soll, noch etwas mehr Yacon-Sirup dazugeben.

2 Esslöffel kaltes Wasser zusammen mit Pfeilwurzelmehl in einem kleinen Schälchen verrühren. Die milchig aussehende Mischung nun zur Roten Grütze in den Topf geben und unterrühren. Durch das Pfeilwurzelmehl erhält die Grütze ihre typische Konsistenz.

Nun Rote Grütze vom Herd nehmen. In vier ca. 300 ml große Schälchen füllen und auskühlen lassen.

Als Topping empfehle ich selbst gemachten Cashewjoghurt und Früchte. Dafür einfach Joghurt, Cashewmus, das Mark einer halben Vanilleschote und Yacon-Sirup gut verrühren. Einige Löffel davon auf die Rote Grütze geben. Zum Schluss mit frischen Beeren garnieren.

VEGAN | GLUTENFREI | KINDERGERICHT | MEAL PREP | VORBEREITUNGSTAGE

Haselnuss-Spekulatius

VEGAN | GLUTENFREI (OPTIONAL) | KINDERGERICHT | WEEKEND-FOOD

OFEN | 30 MIN. | 14 STÜCK | EASY

Haselnussmus	100 g
Yacon-Sirup	3 EL
Haferflocken (glutenfrei)	60 g
Haselnüsse, gemahlen	60 g
Spekulatiusgewürz	4 TL
Weinsteinbackpulver	1/2 TL
Meersalz	2–3 Prisen
Zartbitterschokolade (mind. 70%) oder zuckerfreie Schokolade	40 g

ZUBEREITUNG:

Haselnussmus und Yacon-Sirup in einer Schlüssel mischen. In einer weiteren Schüssel Haferflocken, gemahlene Haselnüsse, Spekulatiusgewürz und Weinsteinbackpulver verrühren.

Trockene Zutaten zum Yacon-Haselnussmus geben und alles gut miteinander vermengen. Ruhig dafür die Hände benutzen und die trockenen Zutaten gut in den Mus einkneten. Der Teig sollte schön feucht sein.

Backofen auf 180 °C (Umluft 160 °C/Gas Stufe 3) vorheizen. Backpapier auf ein Backblech legen. Jeweils 1 Esslöffel Teig zu einer kleinen Kugel formen. Kugeln mit den Händen auf dem Backpapier flach drücken, bis ein runder ca. 0,5 Zentimeter dicker Keks entsteht.

Mit einer Salzmühle etwas Meersalz über die Kekse geben und für ca. 15 Minuten backen. Schokolade in einem Wasserbad schmelzen. Abgekühlte Kekse hineintunken oder damit bestreichen und auskühlen lassen.

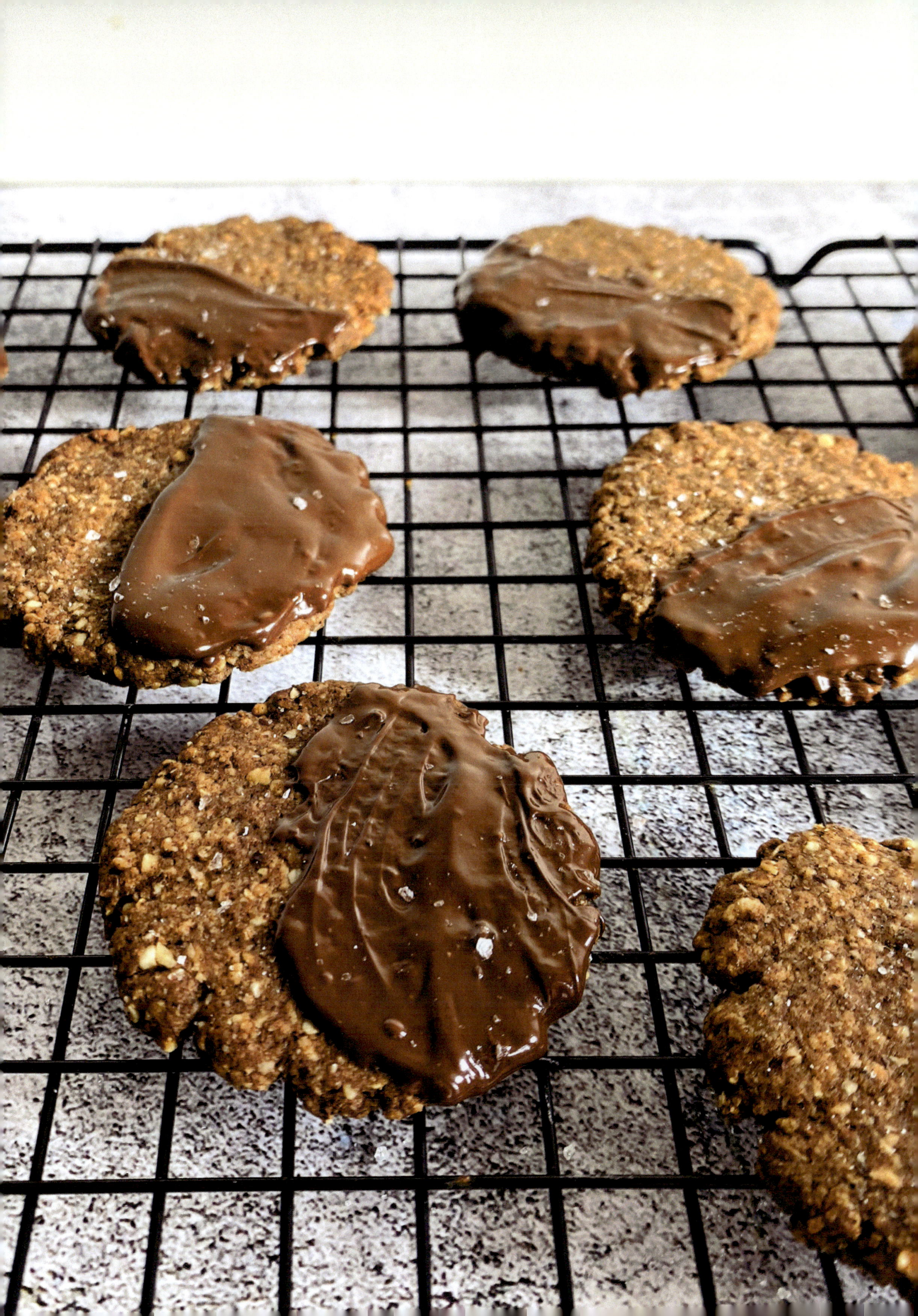

Veganer Kaiserschmarrn

HERD | **30 MIN.** | **2 PORTIONEN** | **EASY**

Kokosöl	2 EL
Pflanzenmilch	300 ml
Dinkelmehl	100 g
Dinkelvollkornmehl	50 g
Mineralwasser	50 ml
Erythrit, Bio-Qualität	50 g
Yacon-Sirup	20 g
Apfelessig	1 EL
Weinsteinbackpulver	5 g
Salz	1 Prise
Bourbon-Vanille, gemahlen	1/4 TL
Zimt, gemahlen	1/2 TL

BRATAPFELKOMPOTT

Äpfel, süß-säuerlich	1–2
Wasser	200 ml
Kardamom, gemahlen	1 TL
Zimtstange	1
Ingwer, gemahlen	1 TL
Kurkuma, gemahlen	1/2 TL
Nelken, ganz	2

ZUBEREITUNG:

Alle Zutaten für den Teig (außer das Kokosöl) in einer Schüssel mit einem Handrührgerät verrühren.

In einer Pfanne bei mittlerer Temperatur Kokosöl erhitzen und den Teig hineingießen. Teig nun eine ganze Weile in der Pfanne stocken lassen. Dabei unbedingt darauf achten, dass die Pfanne nicht zu heiß ist, sonst brennt der Teig unten an. In meiner Pfanne dauert es ca. 10 Minuten, bis der Teig stockt und fester wird.

Sobald sich der Kaiserschmarrnteig verfestigt, das Ganze vierteln und wenden. Nun noch einmal von der anderen Seite anbraten, bis er auch dort goldig braun ist. Zum Schluss Teig in der Pfanne mit einer Gabel zerreißen und noch ein Weilchen weiter kross braten.

In der Zwischenzeit das Kompott zubereiten. Dafür Äpfel waschen und in Stückchen schneiden. Zusammen mit den Gewürzen und dem Wasser in einen Topf geben und bei mittlerer Hitze schmoren lassen, bis die Äpfel weich sind und die Gewürzaromen aufgenommen haben.

Kaiserschmarrn und Apfelkompott zusammen servieren. Wer mag, kann noch etwas Puderzucker darübergeben. Wer Zucker komplett meiden möchte, kann stattdessen etwas Erythrit darüberstreuen.

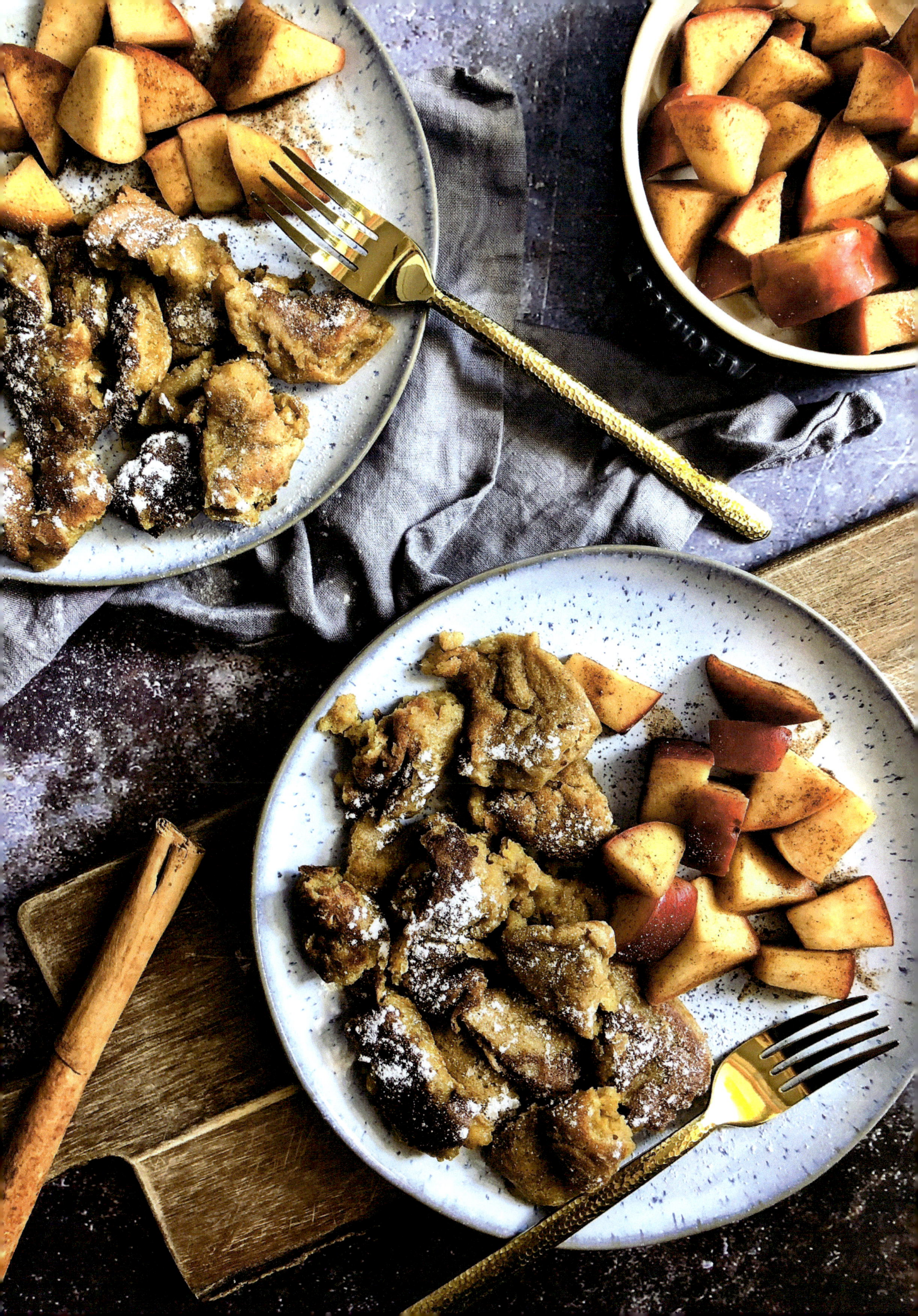

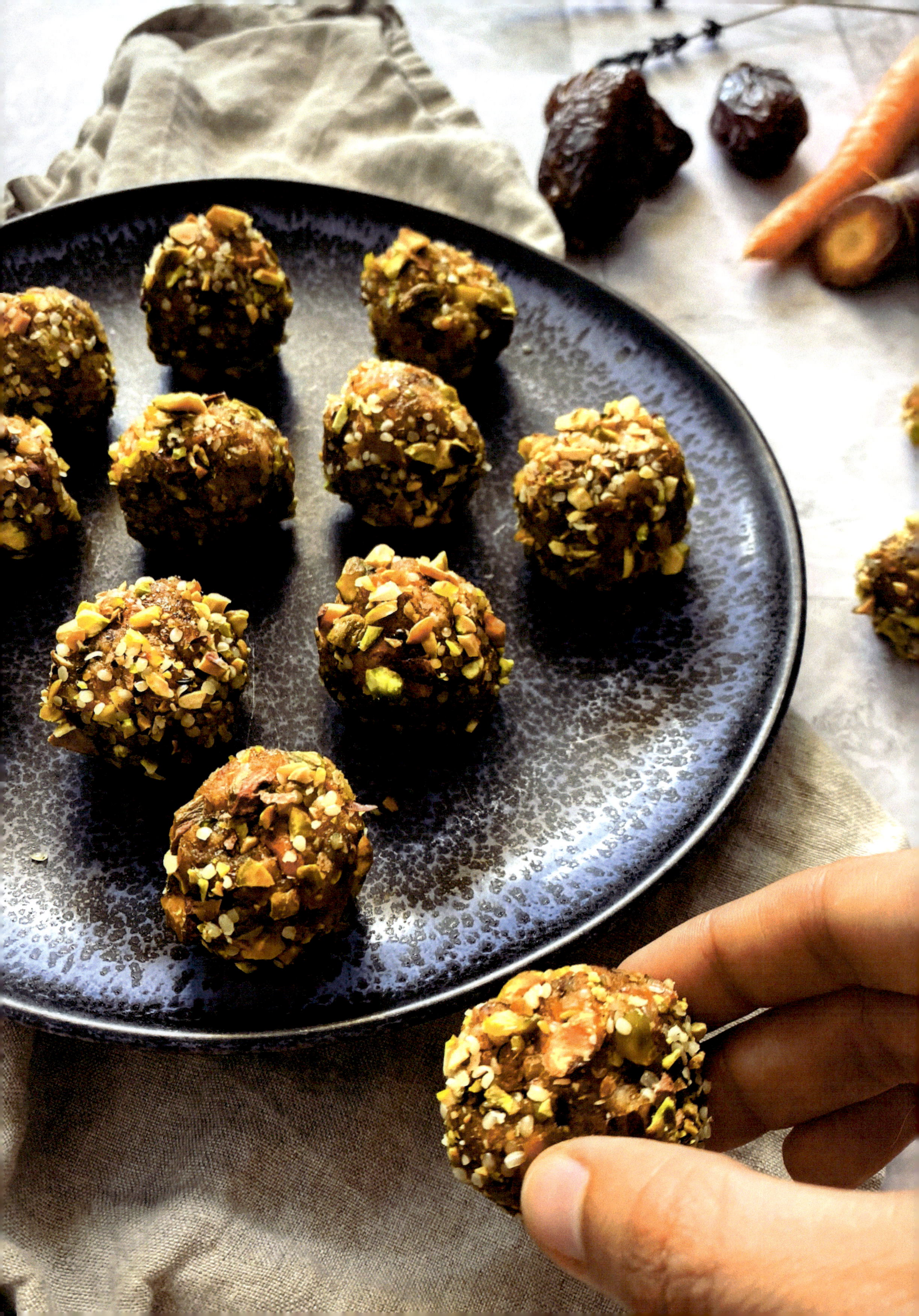

Carrot-Cake-Energyballs

MIXEN | 10 MIN. | 10–12 STÜCK | EASY

Möhren	2
Kokosöl	1 EL
Zimt, gemahlen	1 TL
Medjool-Datteln	3
Mandelmus, braun	1 EL
Haselnüsse, gemahlen	100 g
Haselnüsse oder Pistazien, gehackt und geröstet	50 g

ZUBEREITUNG:

Möhren raspeln und in einer Pfanne mit Kokosöl für 3 Minuten garen. Zimt hinzugeben. Die warmen Raspeln mit Medjool-Datteln und Mandelmus in einen Blitzhacker geben.

Gemahlene Haselnüsse hinzufügen und gut vermengen. Kleine Kugeln aus der Masse formen und in gerösteten, gehackten Haselnüssen oder Pistazien wenden. Im Kühlschrank halten sich die Energyballs mindestens 1 Woche.

VEGAN | GLUTENFREI | KINDERGERICHT | MEAL PREP | VORBEREITUNGSTAGE

Reiswaffeln für zwischendurch

VEGAN | GLUTENFREI (OPTIONAL) | KINDERGERICHT

MISCHEN • 5 MIN. • 1 PORTION • EASY

(Dinkel-)Reiswaffeln	1
(Glutenfrei: Maiswaffeln)	

AUFSTRICHIDEEN

Erdnussmus, zuckerfrei	1–2 TL
Mandelmus, braun	1–2 TL
Yacon-Sirup	1 TL
Yacotella (S. 122)	2 TL

TOPPINGIDEEN

Banane	1/2
Apfel	1/4
Beeren	40 g
Feigen	40 g
Hanfsamen	1/2 TL
Kakaonibs	1/2 TL
Kokosflocken	1/2 TL

ZUBEREITUNG:

Ganz ehrlich, eigentlich ist das kein richtiges Rezept. Es ist eher ein Lifehack gegen akute Naschlust. Darum habe ich es, obwohl es eigentlich viel zu einfach für ein Kochbuch ist, trotzdem mit aufgenommen. Denn mich haben die kleinen Reiswaffeln schon so manches Mal vor dem Griff in die Süßigkeitenschublade bewahrt. 1–2 Waffeln und der Jieper ist gegessen.

Auf dieser Seite habe ich einmal meine Lieblingswaffel-Variationen aufgelistet. Es gibt aber noch viele andere tolle Ideen.

1) Die Snickers-Waffel:

Reiswaffel mit Erdnussmus bestreichen. Yacon-Sirup darüberträufeln. Bananenscheiben darauflegen und mit Kakaonibs bestreuen.

2) Die Beeren- oder Feigen-Schoko-Waffel:

Reiswaffel mit Yacotella bestreichen. Mit Beeren zum Beispiel Himbeeren oder Feigen toppen. Zum Schluss ein paar Hanfsamen oder Kokosflocken darüberstreuen.

3) Die Mandel-Apfel-Waffel:

Reiswaffel mit dunklem Mandelmus bestreichen. Yacon-Sirup darüberträufeln und mit Apfelspalten garnieren. Für die Extraportion Omega-3-Fettsäuren noch ein paar Hanf- oder Leinsamen darüberstreuen.

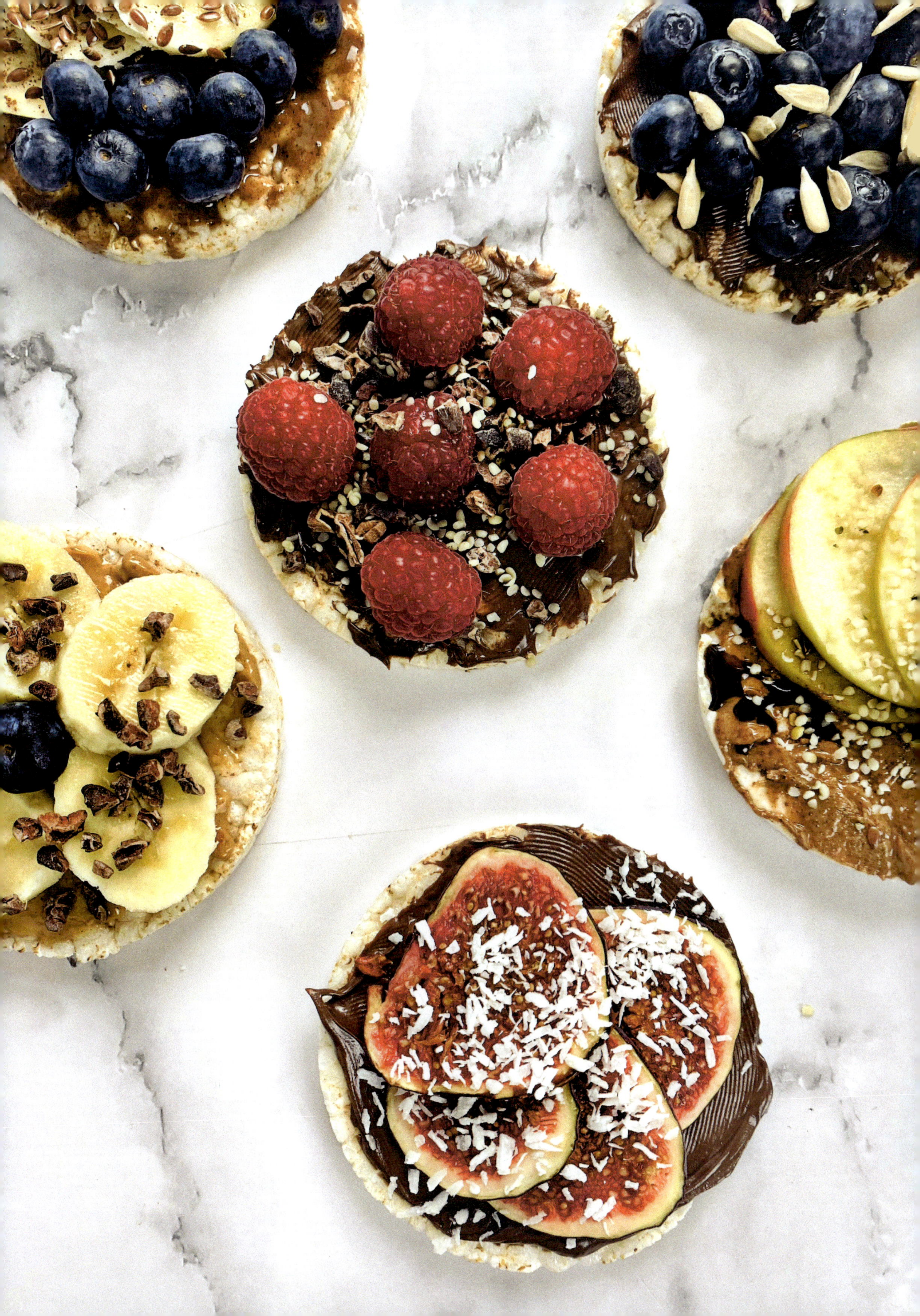

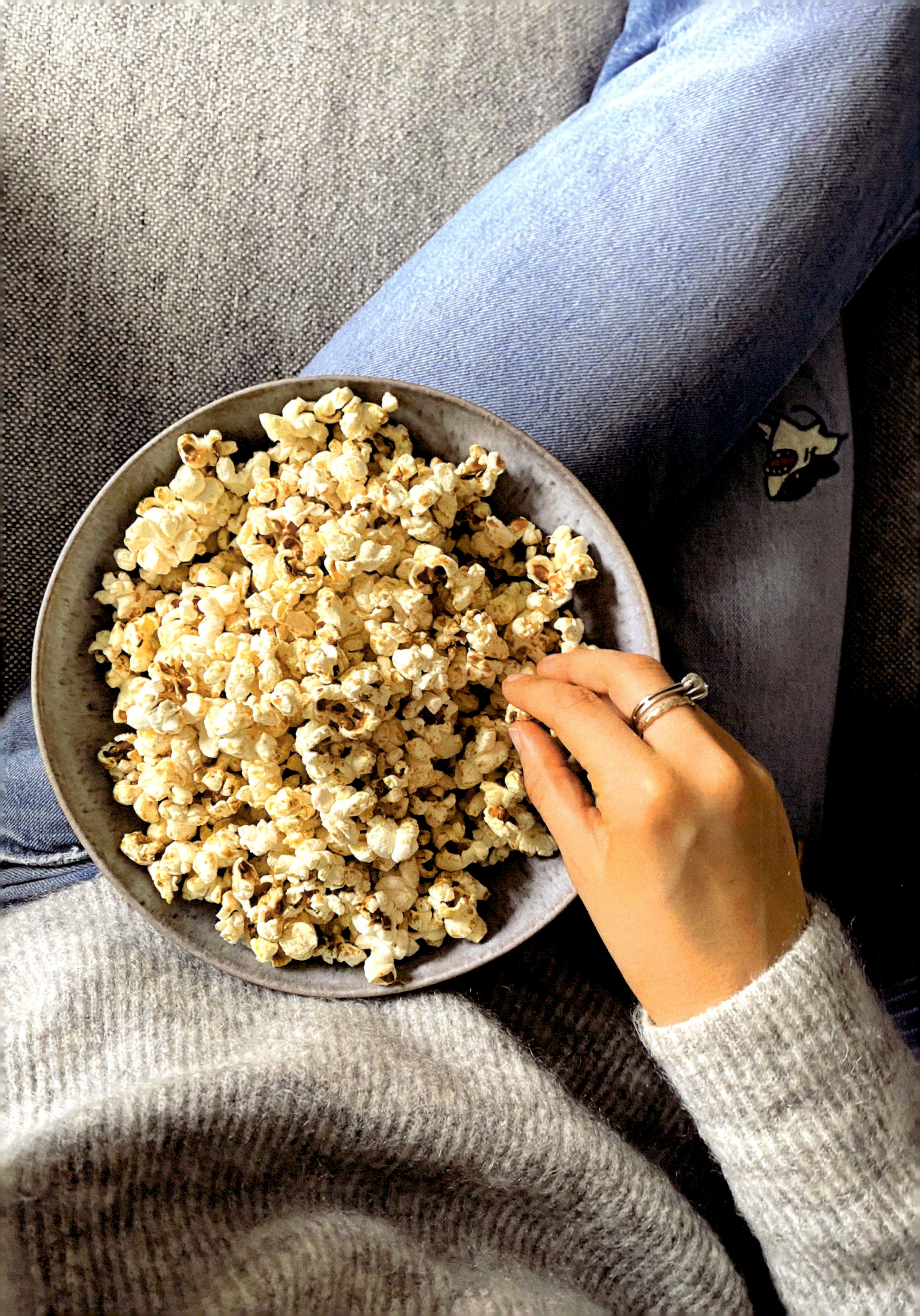

Yacon-Popcorn

HERD | **15 MIN.** | **2 PORTIONEN** | **EASY**

Maiskörner	70 g
Kokosöl	1 EL
Yacon-Sirup	1 EL
Bourbon-Vanille, gemahlen	1/2 TL

ZUBEREITUNG:

Kokosöl in einer Pfanne bei hoher Temperatur erhitzen. Wenn das Öl heiß ist, Maiskörner hineingeben. Deckel auf die Pfanne setzen, Temperatur auf mittlere Hitze herunterstellen und warten bis die Körner zu springen beginnen. Wenn alle Maiskörner aufgesprungen sind und kein Aufpoppen mehr hörbar ist, Pfanne von der Herdplatte nehmen.

Yacon-Sirup über das heiße Popcorn gießen und gut damit vermengen. Deckel nun wieder auf die Pfanne setzen und alles noch einmal für 1–2 Minuten auf die noch warme Herdplatte stellen, damit der Yacon-Sirup karamellisieren kann. Wer mag, kann auch noch gemahlene Vanilleschote hinzufügen.

VEGAN · GLUTENFREI · KINDERGERICHT · MEAL PREP

Süßkartoffel-Cookies

VEGAN · KINDERGERICHT · MEAL PREP · VORBEREITUNGSTAGE

OFEN | 30 MIN. | 20–25 STÜCK | EASY

Kokosöl	1 TL
Süßkartoffel	200 g
Ingwer, gemahlen	1/2 TL
Kurkuma, gemahlen	1/2 TL
Zimt, gemahlen	1 TL
Yacon-Sirup	1 EL
Bananen, reif	2
Haferflocken, grob	100 g
Haferkleie	1 EL
Hanfsamen	1 EL
Zartbitterschokolade (mind. 70%) oder zuckerfreie Schokolade	30 g

ZUBEREITUNG:

Ofen auf 190 °C (Umluft 170 °C/Gas Stufe 3) vorheizen. Süßkartoffel raspeln. Kokosöl in einer Pfanne bei mittlerer Temperatur erhitzen und die Süßkartoffelraspel darin 2–3 Minuten anbraten. Ingwer- sowie Kurkumapulver, Zimt und Yacon-Sirup hinzufügen und alles gut miteinander verrühren. Noch einmal weitere 2 Minuten in der Pfanne rösten, damit sich die Aromen entfalten können.

Bananen in einer Schüssel mit einer Gabel zerdrücken. Gebratene Süßkartoffel, Haferflocken, Haferkleie und Hanfsamen hinzufügen und alles gut miteinander vermengen. Schokolade grob mit der Hand in kleine Stückchen zerkleinern und ebenfalls unter die Masse heben.

Backblech mit Backpapier auslegen. Für die Cookies nun je 1 Esslöffel Teig auf das Backblech geben und platt drücken, bis eine Cookieform entsteht (mit einer Dicke von ca. 1 Zentimeter). Nach diesem Prinzip alle Cookies auf dem Blech mit ca. 1 Zentimeter Abstand platzieren und 20–25 Minuten im Ofen backen.

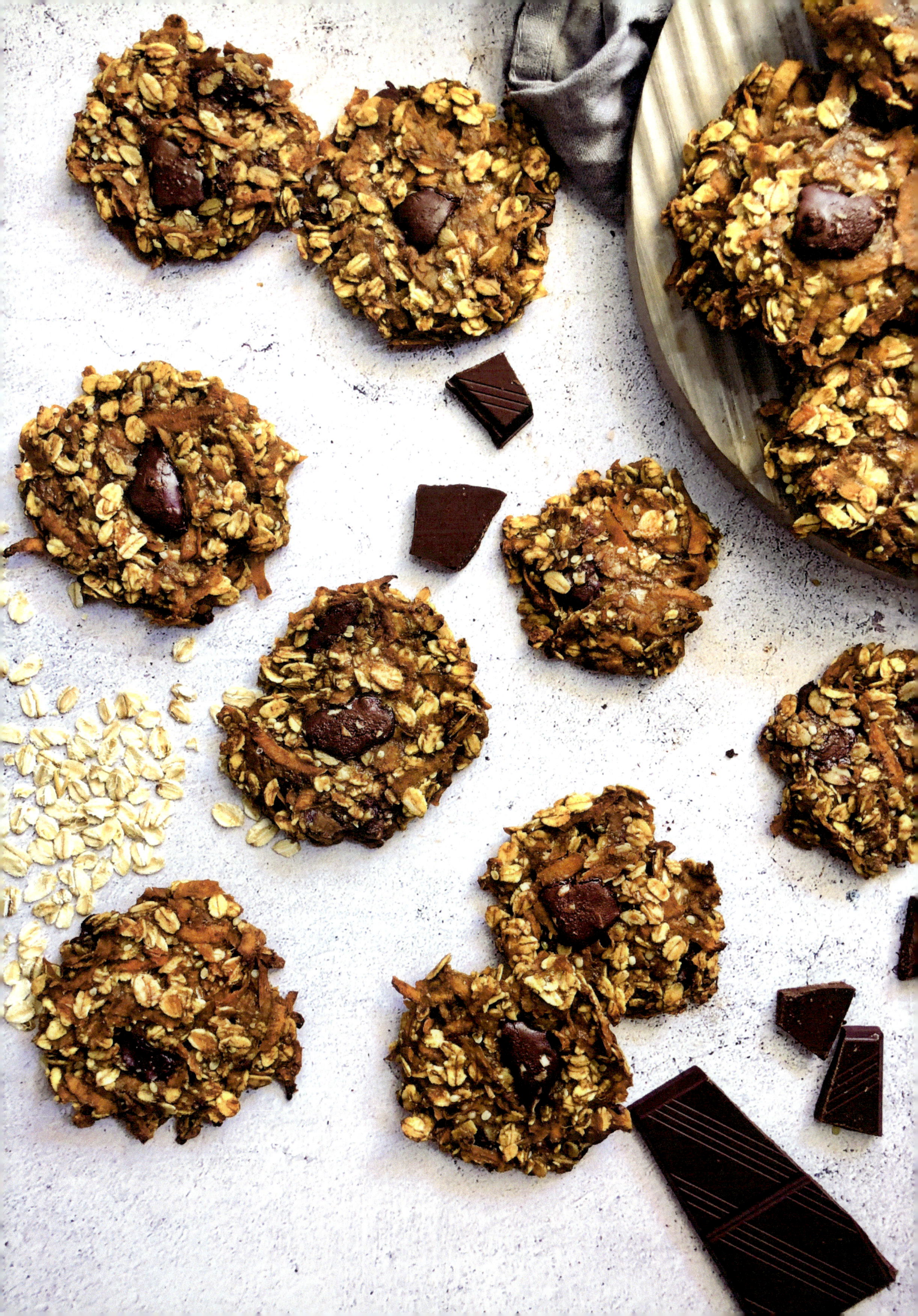

Ofen-Gemüsechips

VEGAN | GLUTENFREI | KINDERGERICHT

OFEN | 45 MIN. | 1 SCHALE | EASY

Pastinake	1
Süßkartoffel	1
Rote Beete	1
Olivenöl	3 EL
Weißweinessig	1 EL
Salz und Pfeffer	je 1/2 TL
Paprika, edelsüß	1/4 TL
Knoblauch, granuliert	1/4 TL
Oregano, getrocknet	1/4 TL
Rosmarin, gemahlen	1/4 TL

ZUBEREITUNG:

Ofen auf 160 °C (Umluft 140 °C/Gas Stufe 2) vorheizen. Pastinake, Süßkartoffel und Rote Beete schälen. Die Knollen mit einem Messer oder einem Sparschäler in ganz dünne Scheiben schneiden.

Pastinakescheiben in eine Schüssel mit 1 Esslöffel Olivenöl und 1 Esslöffel Weißweinessig geben und gut mit den Händen vermengen. Mit Salz und Pfeffer würzen. Scheiben nebeneinander auf einem Backblech mit Backpapier verteilen.

Süßkartoffelscheiben in einer weiteren Schüssel mit 1 Esslöffel Olivenöl, Paprikagewürz, Knoblauchpulver, Salz und Pfeffer verrühren. Scheiben auf einem weiterem Backblech verteilen.

Nach demselben Prinzip nun die Rote-Beete-Chips vorbereiten. Dafür Olivenöl, Oregano, Rosmarin, Salz und Pfeffer mit den dünnen Rote-Beete-Scheiben mischen und auf einem weiteren Backblech auslegen.

Alle Chips für ca. 15 Minuten im Ofen backen. Dann Temperatur auf 90 °C (Umluft 70 °C/Gas Stufe 1) herunterstellen und weitere 30 Minuten backen, bis die Chips knusprig werden.

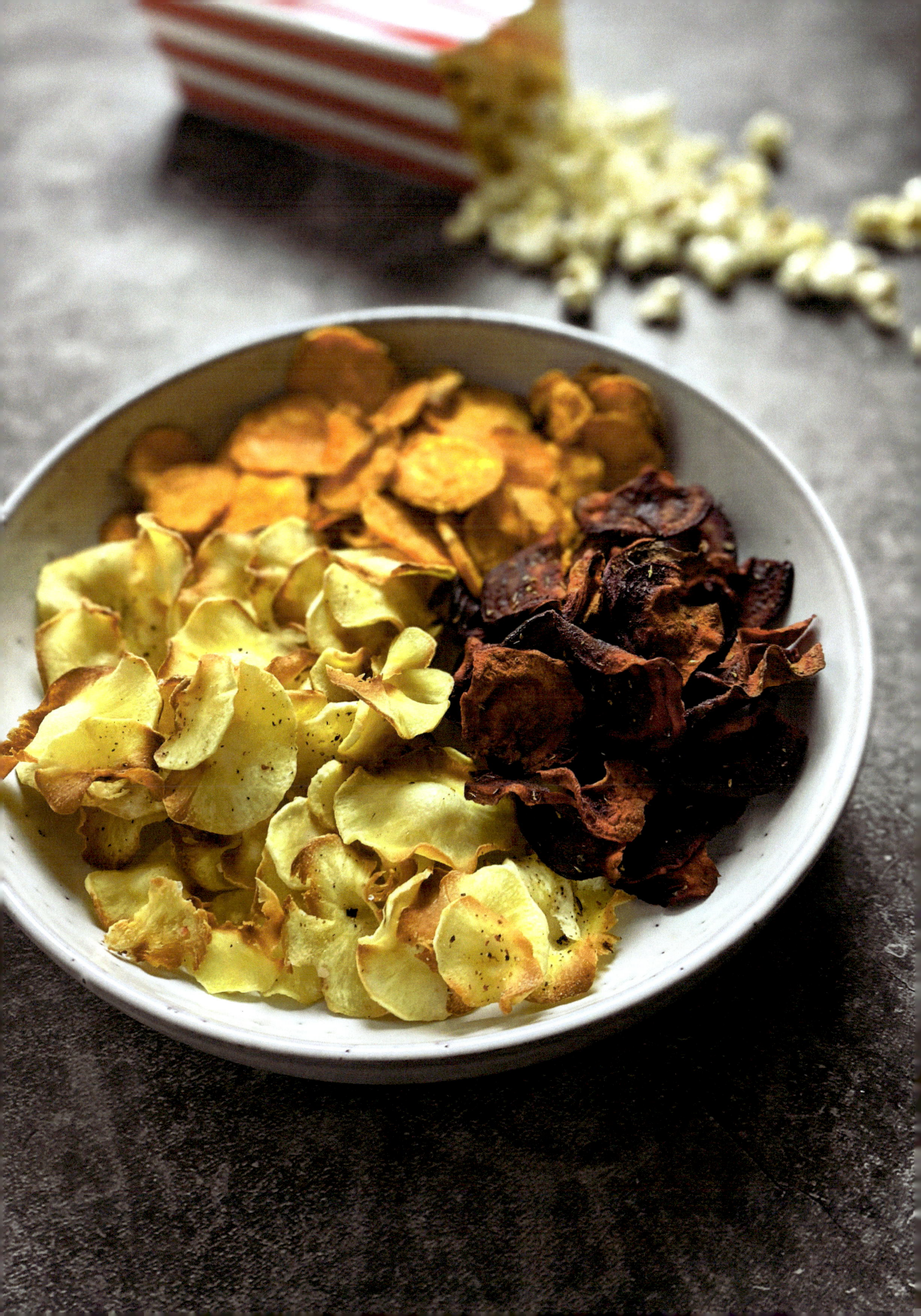

Gut-Food

Glossar

Gut-Food-Glossar

PFEILWURZELMEHL

Pfeilwurzelmehl, auch Arrowroot genannt, ist ein weißes, feines Stärkemehl, das aus den Wurzeln tropischer Pfeilwurzelpflanzen gewonnen wird. Du findest es online, in Bioläden und in gut sortierten Supermärkten mit einer großen Bio-Abteilung. Es ist geschmacksneutral und glutenfrei. Für Menschen mit Zöliakie eignet es sich ideal zum Binden von Suppen, Saucen, Cremes und Desserts. Statt Pfeilwurzelmehl kannst du auch normales Mehl verwenden, wenn du Gluten gut verträgst.

HAFERKLEIE

Haferkleie wird nicht aus dem gesamten Korn gewonnen, sondern aus den Randschichten und dem Keim des Hafers. Genau in diesen Teilen befindet sich ein Großteil an Vitaminen, Mineralstoffen, Eiweiß und Ballaststoffen. In Haferkleie steckt darum das Beste des Hafers hoch konzentriert. Auf 100 g Haferkleie kommen ca. 15 g Ballaststoffe. Mit 1–2 Löffeln dieser Kleie in Kuchenteig, in Porridge, Müsli oder Brot kann der Anteil an Ballaststoffen ganz einfach erhöht werden. Darüber freuen sich insbesondere die guten schlank machenden Darmbakterien. Da die Kleie quellende Eigenschaften hat, solltest du dem Teig oder den Gerichten gegebenenfalls etwas mehr Flüssigkeit hinzufügen. Du findest Haferkleie im Onlinehandel, im Supermarktregal bei Haferflocken oder in der Bio-Abteilung.

HANFSAMEN

Hanfsamen haben nichts mit dem Hanf zu tun, das uns berauschen kann. Das Tetrahydrocannabinol, kurz THC, wurde bei diesen Pflanzen für den Verzehr vollständig herausgezüchtet. Die kleinen Samen zeichnen sich besonders durch ihren Nährstoffwert aus. Sie sind mit allen essenziellen Aminosäuren ausgestattet. Zudem liefern sie reichlich Eiweiß. Sie punkten des Weiteren mit hohen Anteilen an Vitamin B1, B2 und E, Kalzium, Magnesium, Kalium und Eisen sowie den gesunden Omega-3- und Omega-6-Fettsäuren. Hanfsamen sind glutenfrei und auch für Allergiker geeignet. Man kann sie ideal als Topping für Süßspeisen oder Salate verwenden.

LEINSAMEN & LEINÖL

Leinsamen quellen durch ihre Schleimstoffe im Darm auf und regen dadurch die Verdauung an. Diese Wirkung ist intensiver, wenn die Samen geschrotet sind. Da die ungesättigten Fette der Samen jedoch schnell mit Sauerstoff reagieren, ist es besser, diese frisch zu schroten, als bereits geschrotete Leinsamen zu kaufen. Dies kannst du mit einem Blitzhacker oder einer Haferquetsche, wenn du so ein Küchengerät besitzen solltest, machen. Leinsamen sind reich an Omega-3-Fettsäuren und wirken darum entzündungshemmend auf unseren Organismus. Zudem weisen die Samen ca. 22 g Ballaststoffe auf 100 g auf und ebenso viel Eiweiß. Leinsamen lassen sich super in Porridge, Gebäck, Müsli, Brot- oder Brötchenteig integrieren. Du solltest jedoch ausreichend trinken, wenn du sie vermehrt ist, da sie viel Wasser binden. Leinöl ist das reine Öl aus den Samen, es lässt sich prima für Salatdressings und als Beigabe zu Quark oder Joghurt verwenden.

CHIASAMEN

Chiasamen stammen aus Mexiko und gehören zur Gattung der Salbeipflanzen. Sie sind wie Leinsamen reich an Proteinen und gesunden Fettsäuren. Auch ihr hoher Kalzium- und Eisenanteil ist bemerkenswert. Zudem liefern sie zahlreiche Antioxidantien wie Phenolsäuren. Chiasamen enthalten auf 100 g ca. 34 g Ballaststoffe. Sie bieten den guten Bakterien im Darm jede Menge Bakterienfutter, fördern die Verdauung und sättigen lang anhaltend. Sie binden viel Wasser und sollten darum mit ausreichend Flüssigkeit verzehrt werden. Chiasamen sind durch ihre Geliereigenschaften vielseitig einsetzbar. Sie eigenen sich hervorragend als Alternative zu Gelierzucker für Marmeladen. Auch Gelatine und Agar-Agar sind durch sie ersetzbar. Außerdem kann man Chiasamen wunderbar als Ei-Ersatz verwenden. Dafür mischt man für 1 Ei, Größe M, 3 Esslöffel Wasser mit 1 Esslöffel Chiasamen. Sobald die Samen geliert sind, kann man sie zum Teig geben.

TAHINI

Tahini findet man auch unter den Begriffen Tahina, Tahin, Sesampaste oder Sesammus im Bioladen oder Supermarkt. Es ist ein Paste aus pürierten Sesamsamen. Tahini hat einen nussig, leicht herben Geschmack. Ich empfehle dir zum hellen Tahini zu greifen, das aus geschälten Sesamsamen hergestellt wird. Es enthält zwar nicht ganz so viele Nährstoffe wie die ungeschälte Version, ist im Geschmack aber milder und so wunderbar in herzhaften wie auch süßen Speisen einsetzbar. Tahini ist reich an Proteinen und Vitaminen, speziell Vitamin E und B-Vitaminen. Es enthält zahlreiche Mineralstoffe und ist eine hervorragende pflanzliche Kalzium- und Eisenquelle. Zudem enthält es viele gesunde ungesättigte Fettsäuren.

YACON-SIRUP

Alles über das ballaststoffreiche Süßungsmittel erfährst du im Detail auf den S. 78–81 in diesem Buch.

BIO-ERYTHRIT

Erythrit, auch Erythritol genannt, sieht Zucker ähnlich und schmeckt auch so. Seine Süßkraft entspricht 60–75 % vom Haushaltszucker, dabei ist es nahezu kalorienfrei. Es gehört wie Xylit, auch Birkenzucker genannt, zu den Zuckeralkoholen. Diese können in großen Mengen zu Blähungen und Durchfall führen. Erythrit gilt jedoch als verträglicher. Bio-Erythrit wird durch Fermentation von Maisstärke gewonnen. Durch den aufwendigen Verarbeitungsprozess ist es letzten Endes ein synthetisches, nährstofffreies Produkt. Jedoch ist es eine ideale Ergänzung zu Yacon-Sirup. Die Kombination spart Kalorien und reichert Süßspeisen gleichzeitig mit Ballaststoffen an. Das hält den Blutzuckerspiegel stabil und verhindert schnell wiederkehrenden Heißhunger. Menschen mit Fruktoseintoleranz oder Reizdarmsyndrom sollten mit Bio-Erythrit vorsichtig sein, da sie häufig sensibel auf Zuckeralkohole reagieren.

MEDJOOL-DATTELN

Die Medjool-Datteln sind groß, saftig und lassen sich wunderbar in allerlei Gerichten verwenden. Auch wenn Datteln nicht so viele Ballaststoffe wie Yacon-Sirup ausweisen, so sind sie doch im Vergleich zu anderen Süßungsmitteln ballaststoffreicher. Mit 9 g Ballaststoffen auf 100 g, Vitaminen, Mineralstoffen und Antioxidantien sind Datteln, zum Beispiel als Dattelmus verarbeitet, eine gute Süßungsalternative zu Ahornsirup, Honig oder Agavendicksaft. Wichtig ist, den Sirup selbst herzustellen. Denn der Dattelsirup im Handel ist so stark industriell verarbeitet, dass er kaum noch gesundheitliche Vorteile bietet. Datteln wirken aufgrund ihres hohen Fruktose- und Glukosegehalts auf den Blutzuckerspiegel. Die Ballaststoffe dämpfen diese Wirkung jedoch etwas ab. Aus diesem Grund sind sie vorteilhafter als klassischer Zucker, Ahornsirup oder Honig.

SEIDENTOFU

Ursprünglich kommt Seidentofu aus Japan. Dort wird er „Kinugoshi" genannt. Er ist deutlich weicher als die geläufigen Tofu-Varianten, da er mehr Wasser enthält. Dank seiner weichen Konsistenz kannst du ihn ideal für cremige Süßspeisen, Saucen, Suppen und Dips verwenden.

RÄUCHERTOFU

Tofu ist ein kulinarisches Chamäleon und ein wertvoller Eiweißlieferant. Während Seidentofu sich für Desserts und Dips eignet, kann Naturtofu, je nach Marinade, unterschiedliche Aromen annehmen. Räuchertofu hingegen besitzt ein mildes Buchenholzraucharoma. Sowohl Natur- wie auch Räuchertofu ist zum Anbraten geeignet. Damit lassen sich wunderbare Toppings für Salate und Einlagen für Suppen, Eintöpfe oder Gemüsepfannen zubereiten. Tofu enthält Mineralstoffe, Vitamine und nur wenig Kalorien. Die These, dass Sojaprodukte aufgrund ihres Phytoöstrogengehalts den Hormonhaushalt beeinflussen können, wurde durch Studien am Menschen entkräftet.

MISOPASTE

Miso gilt als typische Zutat der japanischen Küche. Es ist eine Würzpaste aus fermentierten Sojabohnen, oft mit Getreide wie Reis oder Gerste gemischt. Je nach verwendetem Getreide und Reifezeit variiert der Geschmack. Mugi Miso wird mit Gerste hergestellt. Es hat einen angenehmen Geschmack und passt gut zu europäischen Gerichten. Hatcho Miso, das nur aus lang gereiften Sojabohnen besteht, schmeckt sehr kräftig. Shiro Miso und Genmai Miso werden aus Reis und Sojabohnen hergestellt. Beide Sorten schmecken mild und etwas süßlich. Misopaste ist durch die Fermentation reich an Milchsäure-Bakterien und darum wertvoll für eine gesunde Darmflora.

HEFEFLOCKEN

Hefeflocken haben nichts mit Backhefe zu tun. Bei ihnen handelt es sich um inaktive Hefe, die durch Erhitzen nicht mehr als Backtriebmittel verwendet werden können. Hefeflocken, auch Nährhefe oder Edelhefe genannt, schmecken nussig bis käsig. Sie sind reich an B-Vitaminen, Spurenelementen, Mineralstoffen und Eiweiß. Hefeflocken verleihen Gerichten eine Extraportion Würze. Sie enthalten natürliche Glutaminsäure, die zum Beispiel auch in Parmesan vorkommt. Im Gegensatz zu dem umstrittenen chemisch hergestellten Glutamat, das ein isoliertes und industriell verarbeitetes Salz der Glutaminsäure ist und gentechnisch veränderte Inhaltsstoffe enthalten kann, ist die Glutaminsäure der Hefeflocken rein natürlich.

NO-FISH-SAUCE

No-Fish-Sauce ist die vegane Alternative zur klassischen Fischsauce, die häufig in asiatischen Gerichten Anwendung findet. Sie wird auf Basis von veganer Sojasauce, auch Tamari genannt, und Meeresalgen hergestellt. No-Fish-Sauce ist im Einzelhandel nicht so einfach zu bekommen. Einige Bioläden führen das Produkt. Online ist es aber auf jeden Fall zu erwerben.

HARISSAPASTE

Harissa ist eine scharfe Gewürzpaste aus frischen Chilis, Kreuzkümmel, Koriandersamen, Knoblauch, Salz und Olivenöl. Es wird häufig in der nordafrikanischen und israelischen Küche verwendet. Es ist sehr scharf und sollte darum mit Bedacht verwendet werden. Man findet die Paste mittlerweile in vielen gut sortierten Supermärkten.

AQUAFABA

Aquafaba ist der vegane Ei-Schnee, den man aus Kichererbsenwasser herstellen kann. Darum das Wasser in der Kichererbsendose nicht weggießen. Mit 3 Esslöffeln davon kann ein klassisches Eiweiß super ersetzt werden. Durch ein paar Prisen Sahnesteif, Johannisbrotkernmehl oder Guarkernmehl gelingt beim Aufschlagen eine wunderbar feste Konsistenz.

QUINOA & AMARANTH

Quinoa und Amaranth sind Pseudogetreide. Sie erinnern optisch an Getreide, zählen aber botanisch nicht dazu. Die kleinen Körner schmecken leicht nussig und sind reich an hochwertigen Proteinen und essenziellen Aminosäuren. Des Weiteren enthalten sie viel Eisen und Magnesium sowie jede Menge Ballaststoffe. Beide Pseudogetreide sind glutenfrei und eignen sich daher gut für Menschen mit Zöliakie. Quinoa und Amaranth sollten vor dem Kochen einmal gewaschen werden. Längeres Wässern entzieht ihnen zudem die Bitterstoffe, wodurch speziell Quinoa im Geschmack milder wird. Amaranth und Quinoa gibt es auch als Flocken oder als gepopptes Korn. In dieser Form kann man sie wunderbar in Müslis oder Süßspeisen verwenden. Man findet sie mittlerweile in fast allen Supermärkten.

BUCHWEIZENMEHL

Buchweizen ist ebenfalls ein glutenfreies Pseudogetreide. Es bietet viel hochwertiges Eiweiß und ist reich an Vitamin E und Mineralstoffen wie Kalium, Eisen, Kalzium, Magnesium. Zudem enthält es Kieselsäure, die gut für Haut, Haare und Nägel ist. Buchweizen schmeckt nussig. Man kann es in süßen wie auch herzhaften Speisen hervorragend verwenden.

WEIZENKEIME

Weizenkeime sind ein Abfallprodukt bei der Mehlherstellung, dabei sind die kleinen Keimlinge reich an Vitaminen, Mineralien und Spurenelementen. Sie haben des Weiteren viel Eiweiß, wertvolle, ungesättigte Fettsäuren und Ballaststoffe. Man kann sie super Panaden, Brotteigen oder Kuchenstreuseln beimischen, um so deren Nährstoffgehalt zu erhöhen. Weizenkeime findet man in gut sortierten Supermärkten und in Bioläden.

REISESSIG

Reisessig stammt aus dem asiatischen Raum und wird aus fermentiertem Reis oder Reiswein hergestellt. Da er einen geringen Anteil an Essigsäure im Vergleich zu anderen Essigsorten ausweist, ist der asiatische Essig sehr viel milder im Geschmack.

FLOHSAMENSCHALEN

Flohsamenschalen wirken mild abführend bei Verstopfung sowie regulierend bei Durchfall. Ebenso wie Lein- und Chiasamen sind sie reich an Ballaststoffen und haben starke Quelleigenschaften. Darum sollten sie mit ausreichend Flüssigkeit verzehrt werden. Die Samen lassen sich super zum Backen verwenden, binden hier jedoch viel Wasser. Das ist bei der Menge der Flüssigkeit zu berücksichtigen. Flohsamenschalen sorgen dafür, dass der Teig besser zusammenhält – welches insbesondere wichtig ist, wenn du glutenfreie Mehle verwendest. Für 500 g glutenfreies Mehl sind 2–3 Esslöffel Flohsamenschalen ideal.

RAS EL HANOUT

Ras el Hanout ist eine nordafrikanische Gewürzmischung aus 15 Gewürzen. Sie ist eine tolle Ergänzung für Ofengemüse, Pfannengerichte oder Dips, die einen orientalischen Touch verleiht. Ras el Hanout ist in den meisten Supermärkten im Gewürzregal zu finden.

KURKUMA

Kurkuma hat seinen Ursprung in der indischen Küche. Es lässt sich aber auch super in Smoothies, Ingwershots oder in Brot verarbeiten. Mit seinem entzündungshemmenden Pflanzenstoff Kurkumin ist es ein besonders wertvolles Gewürz für die Gesundheit. Das Piperin im schwarzen Pfeffer verstärkt die Wirkung des Kurkumin um ein 2.000-Faches. Darum sollte zu jedem Gericht, in dem Kurkuma Anwendung findet, immer eine Prise Pfeffer gegeben werden.

Rezeptverzeichnis

Antientzündlicher Krautsalat	178
Artischocken-Nudelsalat	167
Avocado-Deluxe-Stüllchen	145
Avocado-Dip	202
Avocado-Sellerie-Apfelsalat mit Kichererbsen	181
Ayurveda-Bratkartoffeln mit Gurken-Raita	212
Auberginen-Shakshuka	246
Beeren-Chia-Marmelade	123
Bircher-Overnight-Oats	107
Blumenkohl-Süßkartoffel-Curry	249
Bunter Reisnudelsalat	162
Bratapfelkuchen mit Tonkabohne	262
Carrot-Cake-Energyballs	277
Cashew-Dill-Creme	146
Choco-Dream-Cream	108
Crunchy Tofusticks	165
Easy-peasy-Nussmilch	105
Energieriegel	124
Fiberpower-Granola	103
Geröstete Paprika-Kürbis-Süßkartoffelsuppe	198
Geröstete Zimttomaten mit Brokkoli-Linsen-Quinoa	215
Gesunde Müslibrocken	126
Gesunde Quinoa-Nippons	259
Glasnudelbowl mit crunchy Tofu	168
Golden-Apple-Kokos-Crumble	254
Gratinierter Feta auf Yacon-Zwiebeln	216
Gurken-Spinat-Smoothie	110
Hafermilch	105
Haselnuss-Spekulatius	272
Haselnuss-Zwetschgen-Kuchen	257
Hummus mit gerösteter Roter Beete	150
Karotten-Frühstückskuchen	128
Kokos-Hirse-Porridge	121
Kokosmakronen mit Schokoglasur	267
Koriander-Zucchini-Puffer	182
Kräuter- und Zwiebelbaguette	142
Kurkuma-Apfel-Granate	110
Kurkuma-Ingwer-Shot	75
Kurkuma-Karotten-Salat	177
Kurkuma-Ziegenkäse im Kürbismantel	174
Linsenaufstrich	147
Linsen aus Fernost	250
Mandel-Karotten-Batzen	133
Mango-Avocado-Lassi	112
Mein weltbester Veggie-Burger	232
Mousse au Chocolat	260
Ofenfalafel mit Sesamsauce	240
Ofen-Gemüsechips	284

Omega-3-Beerenquark	115
Omega-3-Sauerteigbrot	141
Paprika-Tomaten-Creme	146
Peanut-Banana-Porridge	118
Pink Power	112
Pizzasauce à la Yacon	237
Pizza Skinny-Bella-Donna	238
Powerlinsensalat mit Kürbis	154
Probiotischer Cole Slaw	184
Präbiotische Reisbowl	161
Präbiotische Rote Grütze	271
Quinoa-Hirse-Taboulé	243
Ratatouille – Roter Evergreen	204
Reiswaffeln für zwischendurch	278
Rosmarin-Kichererbsen-Kräcker	217
Rote-Beete-Meerrettichcreme	137
Sadis türkische Linsensuppe	195
Safranquinoa mit kandierten Feigen	244
Sauerteig-Panzanella	172
Scharfer, beschwipster Linseneintopf	196
Schmorgurken mit Räuchertofu	210
Schneller, gesunder Pizzateig	235
Sellerieschnitzel mit Wurzel-Zwiebelpüree und Bohnen	192
Sesam-Miso-Knäckebrot	138
Spitzkohl-Koriander-Salat	171
Sri-Lanka-Brei mit Zimtpflaumen	116
Süßkartoffel-Cookies	282
Süßkartoffel-Pommes	200
Vegane Möhren-Sellerie-Schupfnudelpfanne	190
Veganer Kaiserschmarrn	274
Veggie-Bullar in Schlemmersauce	206
Veggie-Lasagne deluxe	224
Veganes Orangentiramisu	264
Veganes Pesto Rosso-Verde	227
Vinschgauer Kurkumastangen	135
Vollkornnudeln à la Tuscany	222
Weltbester Som Tam-Salat	156
Wildkräuter-Koriander-Pesto	228
Yacon-Nüsse	115
Yacon-Popcorn	281
Yacon-Tahini-Dressing	186
Yacotella	122
Zebra-Erdnuss-Bananeneis	268
Ziegenkäse-Rucola-Salat mit Johannisbeeren	159
Zoodles alla Norma	220
Zuckerfreier Ketchup	201
Zwetschgenmus	123
Zwiebel-Aprikosen-Chutney	230

Literaturverzeichnis

BÜCHER/FACHMAGAZINE:

Axt-Gadermann (2019) Schlank mit Darm – Mit der richtigen Darmflora zum Wunschgewicht

Zschocke (2014) Darmbakterien als Schlüssel zur Gesundheit – Neueste Erkenntnisse aus der Mikrobiom-Forschung

Enders (2014) Darm mit Charme – Alles über ein unterschätztes Organ

Axt-Gadermann (2018) Power für die Schilddrüse – Alles für einen gesunden Hormonhaushalt

Schulze-Lohmann (2012) Ballaststoffe Grundlagen – präventives Potenzial – Empfehlungen für die Lebensmittelauswahl

Elmadfa, Aign, Muskat, Fritzsche (2018/2019) Die große GU-Nährwert-Kalorien-Tabelle

Kast (2018) Der Ernährungskompass – Das Fazit aller wissenschaftlichen Studien zum Thema Ernährung

Chaudhary, Kulreet, Adamson, Eve (2017) Wie neugeboren mit durch modernes Ayurveda

Biesalski, Köhrle, Schümann (2002) Vitamine, Spurenelemente und Mineralstoffe – Prävention und Therapie mit Mikronährstoffen

Arens-Azevêdo, Pletschen, Schneider (2015) Ernährungslehre – zeitgemäß – praxisnah

Bechtold (2016) Yacon – „Superfood" aus den Anden. Ernährungsumschau

Rittenau (2019) Vegan-Klischee ade! Wissenschaftliche Antworten auf kritische Fragen zu veganer Ernährung

STUDIEN & WEITERE LITERATURQUELLEN:

Deutsche Apotheker Zeitung (2013) Schützen Probiotika vor Asthma und Allergien? Veröffentlichung: deutsche-apotheker-zeitung.de

Genta, Cabrera, Habib, Pons, Carillo, Grau, Sánchez (2009) Yacon syrup: beneficial effects on obesity and insulin resistance in humans. Veröffentlichung: Clinical Nutrition Journal

Schemann (2001) Das enterische Nervensystem. Veröffentlichung: spektrum.de

University of California – L. A. ScienceDaily (2020) Study shows how serotonin and a popular anti-depressant affect the gut's microbiota

Campos, Harvard Health Pusblishing/Harvard Medical School (2017) Leaky gut: What is it, and what does it mean for you?

Frontiers in Immunology (2017) Leaky Gut As a Danger Signal for Autoimmune Diseases

Nature Reviews Gastroenterology & Hepatology (2016) The intestinal epithelial barrier: a therapeutic target?

Negt (2019) Regulationszentrum Darm. Darm-Hirn-Achse: Kopf gegen Bauch. Veröffentlichung: apotheke-adhoc.de

Bundesministerium für Bildung und Forschung Wir sind besiedelt: Darmbakterien beeinflussen unsere Gesundheit. Veröffentlichung: gesundheitsforschung-bmbf.de

Lobionda, Sittipo, Kwon, Lee (2019) The Role of Gut Microbiota in Intestinal Inflammation with Respect to Diet and Extrinsic Stressors. Veröffentlichung: Microorganisms

Bäckhed (2011) Programming of host metabolism by the gut microbiota. Ann Nutr Metal 58 Suppl 2

Bäckhed, Ding, Wang, Hooper, Koh, Nagy, Semenkovich, Gordon (2004) The gut microbiota as an environmental factor that regulates fat storage. Veröffentlichung: National Academy of Sciences

Kato-Kataoka, Nishida, Takada, Kawai, Kikuchi-Hayakawa, Suda, Ishikawa, Gondo, Shimizu, Matsuki, Kushiro, Hoshi, Watanabe, Igarashi, Miyazaki, Kuwano, Rokutan (2016) Fermented Milk Containing Lactobacillus casei Strain Shirota Preserves the Diversity of the Gut Microbiota and Relieves Abdominal Dysfunction in Healthy Medical Students Exposed to Academic Stress. Veröffentlichung: Environ Microbiol.

Knezevic, Starchl, Tmava Berisha, Amrein (2020) Thyroid-Gut-Axis: How Does the Microbiota Influence Thyroid Function? Veröffentlichung: Nutrients

Baker, Al-Nakkash, Herbst-Kralovetz (2017) Estrogen-gut microbiome axis: Physiological and clinical implications. Veröffentlichung: Maturitas

Leonard (2018) Biggers – What are the symptoms of high estrogen? Veröffentlichung: medicalnewstoday.com

Galan (2018) Nwadike – Can estrogen levels affect weight gain? Veröffentlichung: medicalnewstoday.com

Batterham, Cohen, Ellis et al. (2003) Inhibition of Food Intake in Obese Subjects by peptide YY. Veröffentlichung: Cell Metabolism

Batterham, Heffron, Kapoor et al. (2006) Critical role for peptide YY in protein-mediated satiation and body-weight regulation. Veröffentlichung: The New England Journal of Medicine

Kimura, Ozawa, Inoue et al. (2013) The gut microbiota suppresses insulin-mediated fat accumulation via the short-chain fatty acid receptor GPR43. Veröffentlichung: Nature Communications

Ruiz-Ojeda, Plaza-Diaz, Sáez-Lara, Gil (2020) Effects of Sweeteners on the Gut Microbiota: A Review of Experimental Studies and Clinical Trials. Veröffentlichung: Advances in Nutrition

Vieira, Teixeira, Martins (2013) The role of probiotics and prebiotics in inducing gut immunity. Veröffentlichung: Front Immunol.

Bundesamt für Strahlenschutz (2019) Natürliche Radioaktivität in der Nahrung – Veröffentlichung: bfs.de

Freeman, Zehra, Ramirez, Wiers, Volkow, Wang (2018) Impact of sugar on the body, brain, and behavior. Veröffentlichung: Frontiers in bioscience (Landmark edition)

Shell (2015) Artificial Sweeteners may change our gut bacteria in dangerous ways. Veröffentlichung: scientificamerican.com

Ärzteblatt: Süßstoffe – Studie belegt Störung von Darmflora und Glukosestoffwechsel

Zeit online: Ernährung – Die süße Illusion

Deutsche Gesellschaft für Ernährung – Fachinformationen – Trans-Fettsäuren

Deutsche Gesellschaft für Ernährung – Fachinformationen – Rauchen und Körpergewicht

Mozzaffarian, Rimm, King, Lawler, McDonald, Levy (2004) Trans fatty acids and systemic inflammation in heart failure. Veröffentlichung: American Journal of Clinical Nutrition

Chassaing, Koren, Goodrich, Poole, Srinivasan, Ley, Gewirtz (2015) Dietary emulsifiers impact the mouse gut microbiota promoting colitis and metabolic syndrome. Veröffentlichung: Nature.

Xu, Surathu, Raplee et al. (2020) The effect of antibiotics on the gut microbiome: a metagenomics analysis of microbial shift and gut antibiotic resistance in antibiotic treated mice. Veröffentlichung: BMC Genomics

Francino (2016) Antibiotics and the Human Gut Microbiome: Dysbioses and Accumulation of Resistances. Veröffentlichung: Frontiers in Microbiology

Martino (2019) Concept Paper – The Effects of Chlorinated Drinking Water on the Assembly of the Intestinal Microbiom. Veröffentlichung: mdpi.com

Bajaj (2019) Alcohol, liver disease and the gut microbiota. Veröffentlichung: nature reviews gastroenterology & hepatology

Bridger, Lee, Bjarnoson, Lennard Jones, Macpherson (2002) In siblings with similar genetic susceptibility for inflammatory bowel disease, smokers tend to develop Crohn's disease and non-smokers develop ulcerative colitis. Veröffentlichung: Gut. BMJ Journal

Lee, Jung, Shin et al. (2017) Cigarette smoking triggers Colitis by IFN g+ CD4+ T cells. Veröffentlichung: Frontiers in Immunology

Savin, Kivity, Yonath et al. (2018) Smoking and the intestinal microbiome. Veröffentlichung: Archives of Microbiologie

Fontana, Eagon, Trujillo et al. (2007) Visceral fat adipokine secretion is associated with systemic inflammation in obese humans. Veröffentlichung: Diabetes

Allen, Mailing, Niemiro, Moore, Cook, White, Holscher, Woods (2018) Exercise Alters Gut Microbiota Composition and Function in Lean and Obese Humans. Veröffentlichung: Medicine & Science in Sports & Exercise

Mach, Fuster-Botella (2017) Endurance exercise and gut microbiota: A review. Veröffentlichung: Journal of Sport and Health Science, Volumen 6, Issue 2

Axt-Gadermann, Lorenz (2018) Einfluss eines Synbiotikums auf den Gewichtsverlauf – Studie zur Modulation der Bacteroidetes-Firmicutes-Ratio. Veröffentlichung: Ernährung & Medizin

Parnell, Reimer (2009) Weight loss during oligofructose supplementation is associated with decreased ghrelin and increased peptide YY in overweight and obese adults. Veröffentlichung: American Journal of Clinical Nutrition

Guerin-Deremaux, Pochat, Reifer et al. (2013) Dose-response impact of a soluble fiber, NUTRIOSE®, on energy intake, body weight and body fat in humans. Veröffentlichung: Global Epidemic Obesity

Kadooka, Sato, Imaizumi (2010) Regulation of abdominal adiposity by probiotics (Lactobacillus gasseri SBT2055) in adults with obese tendencies in a randomized controlled trial. Veröffentlichung: European Journal of Clinical Nutrition

Sanchez, Darimont, Drapeau et al. (2014) Effect of Lactobacillus rhamnosus CGMCC1.3724 supplementation on weight loss and maintenance in obese men and women. British Journal of Nutrition

Bjerg, Sørensen, Krych et al. (2015) The effect of Lactobacillus paracasei subsp. paracasei L. casei W8® on blood levels of triacylglycerol is independent of colonisation. Veröffentlichung: Benef Microbes.

Bjerg, Kristensen, Ritz et al. (2014) Lactobacillus paracasei subsp paracasei L. casei W8 suppresses energy intake acutely. Veröffentlichung: Appetite

Mayo Clinic Proceedings (2017), Volume 92 (1) A Meta-Analysis of randomized controlled trials and prospective cohort studies of Eicosapentaenoic and Docosahexaenoic long-chain Omega-3-fatty acids and coronary heart disease risk

Buyken, A. UGB-Forum (2003), Glykämischer Index: Revolution oder Sturm im Wasserglas, S. 201–204

Prof. Dr. Chrubasik-Hausmann (2020) Fachärztin für Allgemeinmedizin, Bereich Phytotherapie im Institut für Rechtsmedizin der Universität Freiburg im Breisgau, Kurkuma. Veröffentlichung: uniklinik-freiburg.de

https://eatsmarter.de/lexikon/warenkunde/

Danksagung

Als die Idee zu diesem Ernährungsratgeber und Kochbuch entstand, hatte ich keinen Schimmer, was es wirklich bedeutet, ein solches Buch zu schreiben. Es ist eine Mammutaufgabe, für die es weit mehr Menschen als eine ambitionierte Autorin braucht. Von der Art Direction über das Lektorat bis hin zum Projektmanagement wirken viele tolle Menschen mit. Eigentlich müssten sie alle mit auf dem Cover stehen. Ohne ihre Hilfe wäre ich gnadenlos aufgeschmissen gewesen. Zu meinem Glück konnte ich bei diesem Projekt 100 % auf mein Umfeld zählen. Dieses Buch ist für mich darum der gedruckte Beweis, dass ich einfach die besten Freunde und die tollste Familie der Welt habe.

Auch wenn eine Seite nicht ausreicht, um allen gebührend zu danken, möchte ich es versuchen. Ich starte mit meiner lieben Freundin Linda Sebek, die das Buch vorkorrigiert und mit ihrem kritisch-analytischen Blick so viel besser gemacht hat. Maria und Philipp Treuner, die das Buch ebenfalls für mich eingehend studiert haben, verdienen des Weiteren viel Anerkennung. Sie haben mir beim Aufbau und der Struktur wahnsinnig weitergeholfen.

Ein echter Engel war auch meine liebe Freundin Maria Barow, die voller Herzblut als Projektmanagerin den Druck und die Reinzeichnung organisiert und mir in stressigen Phasen den Rücken freigehalten hat. Sie war mein Fels in der Brandung, wenn ich vor lauter Arbeit nicht mehr wusste, wo vorne und hinten ist.

Ein riesen Dankeschön gebührt auch meinem Freund Florian Grill, ohne den es die wunderbaren Portaitbilder und das schöne Cover nicht gäbe. Er hat mich trotz wenig Schlaf vorm Shooting-Tag wie das blühende Leben aussehen lassen. Ich glaube, da war ein wenig Magie im Spiel.

Eine große Umarmung geht im Besonderen an meine Freundin Sina Thiessen, auf die ich zu jeder Tages- und Nachtzeit zählen konnte. Als Design-Feuerwehr war sie immer sofort zur Stelle, wenn mein Kopf wieder bei Gestaltungsfragen rauchte. Katharina Riggert, die dem Treuton Books Verlag mit ihrem wunderbaren Logo ein Gesicht gegeben hat, möchte ich an dieser Stelle ebenfalls herzlich danken.

Über ein Jahr habe ich an diesem Buch geschrieben. In dieser Zeit hat im Besonderen mein bessere Hälfte Jan-Simon Treuner viel Verständnis und ein großes Herz bewiesen. Er hat mich unterstützt, mir den Rücken freigehalten, mich aufgebaut und motiviert, wenn ich an meine Grenzen gestoßen bin. Auch Lennart, der kleine Sonnenschein der Familie, hat einen dicken Kuss verdient. Denn er hat alle Rezepte auf Kindertauglichkeit getestet und sein ehrliches Urteil gefällt.

An dem Feinschliff dieses Buches waren außerdem zwei Frauen maßgeblich beteiligt. Zum einen Andrea T., die 304 Seiten mit viel Liebe zum Detail in Rekordzeit reingezeichnet hat und dafür all meinen Respekt verdient. Zum anderen die fantastische Katja Kempin, die meine Texte mit einem herausragenden Sprachgefühl abgerundet hat und dem Fehlerteufel ganz nebenbei den rechten Haken verpasste.

Zu guter Letzt möchte ich auch Stevan Paul und seiner Frau, die mir beratend zur Seite standen, von Herzen danken. Mit seiner Erfahrung als renommierter Kochbuchautor hat mir Stevan so manchen wertvollen Tipp gegeben. Julian Stock und Sadet Dayan möchte ich ebenfalls unbedingt dankend erwähnen. Sie haben mir inspirierende Rezeptideen geliefert. Zudem waren Clic, die uns die Räumlichkeiten für das Portrait-Fotoshooting zur Verfügung gestellt haben und LUV Interieur, durch deren Requisten die Location wunderbar wohnlich wurde, eine unfassbar große Hilfe und verdienen darum ein riesiges Dankeschön. Last but not least möchte ich auch noch Mama und Papa, Tatjana Michaelis, Sandra Görth, Norman Störl und Lars Kempin für ihr offenes Ohr danken.

Adrienne Tonner

IMPRESSUM:

1. Auflage 2020
© 2020 von Treuton Books – by Treuton GmbH
Treuton GmbH, Semperstraße 62, 22303 Hamburg

HINWEISE:

Die Verwertung der Texte und Bilder, auch auszugsweise, ist ohne Zustimmung der Treuton GmbH urheberrechtswidrig und strafbar. Dies gilt auch für Vervielfältigungen, Übersetzungen, Mikroverfilmungen und für die Verarbeitung mit elektronischen Systemen.

Das vorliegende Buch wurde mit viel Sorgfalt erarbeitet. Dennoch erfolgen alle Angaben ohne Gewähr. Weder die Autorin noch die Treuton GmbH können für eventuelle Nachteile oder Schäden, die aus den im Buch gegebenen Tipps und Hinweisen resultieren, eine Haftung übernehmen.
Die Treuton GmbH weist ausdrücklich darauf hin, dass bei Links, die im Buch genannt werden, zum Zeitpunkt der Linksetzung keine illegalen Inhalte auf den verlinkten Seiten erkennbar waren. Auf die aktuelle und zukünftige Gestaltung, die Inhalte oder die Urheberschaft der verlinkten Seiten hat die Treuton GmbH keinen Einfluss. Deshalb distanzieren wir uns hiermit ausdrücklich von allen Inhalten der verlinkten Seiten, die nach der Linksetzung verändert wurden und übernehmen für diese keine Haftung.

BILDNACHWEIS:

Titelbild: Florian Grill Photography, Hamburg

Portraitschüsse auf den Seiten 10, 11, 13–14, 35, 66–67, 80, 87: Florian Grill Photography, Hamburg

Rezeptbilder auf den Seiten 76–77, 102–233 sowie 239–285: Adrienne Tonner, Hamburg

Weitere Bilder stammen aus folgenden Quellen: pexels.com: 16/17 (Karolina Grabowska), 37 (Davia Shevtsova), 38/39/42/43/98/99 (Polina Tankilevitch), 46/47 (Alleksana), 48 (Somben Chea), 55 (Susy Hazelwood) // unsplash.com: 6 Oriol Portell, 24 (Mockup Graphics), 27 (Heather Barner), 28 (Annie Spratt), 43 (Stepan Babanin), 44/45 (Revel Apacionada), 52 (Sarah Gualtieri), 75 (foodism 360), 79 (Sebastien Goldberg), 83 (Ryan Christodoulou), 234 (Nadya Spetnitskaya), 236 (Ewa Fournier le Ray)

Redaktion & Rezepte: Adrienne Tonner, Hamburg

Gestaltung & Layout: Adrienne Tonner & Sina Thiessen, Hamburg

Satz & Reinzeichnung: Andrea T., Hamburg

Litho Cover: Greenseven, Hamburg

Herstellung/Druck/Bindung: CPI books GmbH, Leck

Lektorat: Korrifee Katja Kempin, Darmstadt

Printed in Deutschland // ISBN 978-3-9822676-0-9